AF526729

व्यथित जम्मू-कश्मीर

व्यथित जम्मू-कश्मीर

नरेंद्र सहगल

सत्साहित्य प्रकाशन, दिल्ली

प्रकाशक : सत्साहित्य प्रकाशन, 205-बी चावड़ी बाजार, दिल्ली-110006
सर्वाधिकार : सुरक्षित / संस्करण : 2018 / मूल्य : पाँच सौ रुपए
मुद्रक : एस. बी. एम. इन्डस्ट्रीस प्रा० लि०, राई, हरियाणा ISBN 978-81-7721-185-6

VYATHIT JAMMU-KASHMIR *by* Narender Sehgal ₹ 500.00
Published by Satsahitya Prakashan, 205-B Chawri Bazar, Delhi-110006

समर्पण

जम्मू-कश्मीर में राष्ट्रीय अस्मिता की रक्षा
के लिए जीवन भर समर्पित रहे
सामाजिक नेताओं को समर्पित

डॉ. ओम प्रकाश मैंगी

पंडित प्रेमनाथ डोगरा

श्यामलाल शर्मा

जम्मू-कश्मीर को भारत का अभिन्न अंग बनाए रखने के लिए संपन्न हुए प्रजा परिषद् आंदोलन के नायक **स्वर्गीय पंडित प्रेमनाथ डोगरा**, जम्मू संभाग में राष्ट्र जागरण की प्रत्येक गतिविधि के साथ प्रारंभ से ही जुड़े रहे। पूर्व जम्मू विभाग संघचालक **स्वर्गीय श्यामलाल शर्मा** एवं प्रजा परिषद् आंदोलन से लेकर **श्री बाबा अमरनाथ** भूमि आंदोलन तक सक्रिय रहे। पूर्व प्रांत संघचालक **स्वर्गीय डॉ. ओम प्रकाश मैंगी** की पावन स्मृति में समर्पित

विनम्र श्रद्धांजलि।

"जम्मू-कश्मीर के प्रश्न पर भारत की सरकार को दृढ़ता से काम लेना चाहिए। कश्मीर का भारत में विलय तो बहुत पहले ही हो गया है। वास्तव में अब इस प्रश्न को उठाने की आवश्यकता ही नहीं है। कश्मीर की समस्या का अंतिम रूप से समाधान हो गया है और भारत के साथ जम्मू-कश्मीर का विलय अंतिम एवं अपरिवर्तनीय है। कश्मीर को सुरक्षित रखने का एकमात्र तरीका उसकी भारतीय संघ में पूर्ण एकात्मता है। (भारत के शेष प्रांतों की श्रेणी में लाना) अनुच्छेद 370 के साथ-साथ पृथक ध्वज एवं पृथक संविधान को समाप्त करना आवश्यक है।"

प्रेसवार्त्ता-दिल्ली
नवंबर-1953

—माधवराव सदाशिवराव गोलवलकर
सरसंघचालक रा.स्व.संघ

"भारत की इंच-इंच भूमि पर भारत की समस्त जनता का अधिकार है, किसी खास हलके में रहनेवाली किसी खास जमात का नहीं। कश्मीर भारत में था और रहेगा। वे लोग जो भारत में सम्मिलित नहीं रहना चाहते, दिल चाहे जहाँ जा सकते हैं, किंतु अपने साथ भारत की एक इंच भूमि को भी नहीं ले जा सकते।"

पटियाला
16 अप्रैल, 1953

—डॉ. श्यामाप्रसाद मुकर्जी
संस्थापक अध्यक्ष भारतीय जनसंघ

प्रस्तावना

पिछले 63 वर्षों से कई प्रकार की जातीय, क्षेत्रीय तथा संवैधानिक समस्याओं से निरंतर जूझ रहे जम्मू-कश्मीर के नागरिक व्यथित हैं। देश के विभाजन के साथ ही उत्पन्न हुई ये समस्याएँ इन 63 वर्षों में सुलझने की बजाए कई गुना ज्यादा गहरा गई हैं।

प्रदेश का भारत में अधूरा विलय, अनुच्छेद 370 के औचित्य पर लगा हुआ सवालिया निशान, देश विभाजन के समय पाकिस्तान से आए लाखों लोगों की नागरिकता का लटकता मुद्दा, तीन-चार युद्धों में शरणार्थी बने सीमांत क्षेत्रों के बेकसूर नागरिकों का पुनर्वास, जम्मू और लद्दाख के क्षेत्रीय अधिकारों का हनन, अभिशाप बन चुकी लद्दाख की गरीबी, पूरे प्रदेश में व्याप्त आतंकवाद, कश्मीर घाटी से उजाड़ दिए गए तीन लाख कश्मीरी पंडितों की घर वापसी तथा पूरे प्रांत के लोगों की अनेकविध जातीय कठिनाइयाँ कुछ भी तो हल नहीं हो सका इस लंबे काल खंड में। यहाँ तक कि जिस तिरंगे झंडे को फहराकर स्वतंत्रता की वर्षगाँठ मनाने की रस्म अदायगी की जाती है, उसी झंडे को अपना राष्ट्रीय ध्वज न मानकर उसको जलाने की रस्म अदायगी प्रदेश की राजधानी श्रीनगर के लाल चौक पर पचासों बार हो चुकी है।

दरअसल, स्वतंत्रता के साथ ही जो समस्याएँ देश को मिलीं उनका अधिकांश असर जम्मू-कश्मीर पर ही हुआ। देश के शेष प्रांतों की संवैधानिक तथा भौगोलिक समस्याएँ धीरे-धीरे निपटा ली गईं। प्रांतीय पुनर्गठन आयोग के माध्यम से प्रांतों का पुनर्गठन, निर्माण तथा जोड़-तोड़ करके एक ही बार में देश का प्रशासनिक ढाँचा सुधारने का एक सफल प्रयास हुआ। परंतु जम्मू-कश्मीर देश की इस संवैधानिक परिधि में नहीं आ सका। परिणामस्वरूप इस प्रदेश की सब समस्याएँ जटिल होती चली गईं। कोई भी समाधान जम्मू-कश्मीर को शेष देश के समकक्ष खड़ा नहीं कर सका। अलबत्ता अलगाववाद की भावना खतरनाक मोड़ लेकर देशद्रोह में बदल गई और आतंकवाद के भयंकर अजगर ने सर उठा लिया जिसे कुचलने में देश की फौज, सरकार तथा अरबों का धन लग रहा है। समस्या बढ़ती ही जा रही है।

छह दशक बीत जाने के बाद भी जम्मू-कश्मीर की संवैधानिक व्यवस्था पर प्रश्न चिह्न लग रहे हैं। इससे बढ़कर दुर्भाग्य और क्या होगा कि देश के शासकों को बार-बार यह घोषणा करनी पड़ती है कि "जम्मू-कश्मीर भारत का अभिन्न हिस्सा है" इस घोषणा से ही संसार भर को यह गलत संकेत मिलता है कि कहीं कोई गड़बड़ है। दिलचस्प और हैरत की बात तो यह है कि इस स्पष्ट घोषणा के बावजूद भी देश के शासक कहते चले आ रहे हैं कि यह प्रदेश भारत का अभिन्न हिस्सा है।

दुर्भाग्य से भारत का संविधान अभी तक पूर्ण रूप से जम्मू-कश्मीर पर लागू नहीं हो सका। जम्मू-कश्मीर की भौगोलिक सीमाओं में शेष भारत के नागरिक स्वतंत्र नहीं हैं। उन्हें जम्मू-कश्मीर का नागरिक बनने का हक नहीं है। वे जमीन-जायदाद नहीं खरीद सकते, वोट नहीं दे सकते, सरकारी नौकरी नहीं ले सकते और अब तो स्थिति इतनी विस्फोटक हो गई है कि भारत के लोगों के लिए कश्मीर घाटी में स्वतंत्रतापूर्वक घूमना-फिरना भी असंभव है। यह कैसी विडंबना है कि जम्मू-कश्मीर में भारत का राष्ट्रपति, संसद् तथा जनता आज भी विदेशी माने जाते हैं। राष्ट्रपति महोदय वहाँ आपात् स्थिति घोषित नहीं कर सकते, देश की सर्वोच्च संस्था संसद् द्वारा बनाए गए कानून वहाँ लागू नहीं होते। देश के नागरिक वहाँ के नागरिक नहीं हैं। यह दयनीय स्थिति यहाँ तक है कि देश के राष्ट्रीय ध्वज को फहराने के लिए प्रदेश के हल वाले हरे झंडे का सहारा लेना पड़ता है। अनुच्छेद 370 के अंतर्गत बनी इन देशघातक परिस्थितियों को बदलने के स्थान पर भारत सरकार अलगाववादियों और कट्टरपंथी राजनीतिक दलों के दबाव में आकर जम्मू-कश्मीर को 'स्वायत्तता' प्रदान करने की तैयारियाँ कर रही है।

भारत के नागरिकों की बात तो छोड़िए, जम्मू-कश्मीर में 1947 में पाकिस्तान से आकर बसे लाखों लोगों को अभी तक नागरिकरता नहीं दी गई। ये लोग अपने मूल अधिकारों से भी वंचित किए जा रहे हैं। विभाजन के समय जितने भी हिंदू लोग पाकिस्तान से आकर भारत के भिन्न-भिन्न हिस्सों में बसे, सबको पाकिस्तान में रह गई उनकी जायदादों के मुआवजे दिए गए। परंतु जम्मू-कश्मीर में आकर बसे लोगों को कुछ नहीं दिया गया। शर्म की बात तो यह है कि जो लोग जम्मू-कश्मीर से पाकिस्तान में जाकर बसे हैं वे आज भी वापस आकर अपनी जमीन-मकान वापस लेकर उसे बेचकर फिर से पाकिस्तान चले जाते हैं। उन्हें कोई रोकता नहीं, कोई पकड़ता नहीं।

जम्मू-कश्मीर में आज तक जम्मू तथा लद्दाख के लोगों को बराबरी के हक नहीं दिए गए। भारत सरकार ने अरबों का धन जम्मू-कश्मीर के विकास के लिए दिया है। परंतु इस धन का 10 प्रतिशत हिस्सा केवल कश्मीर घाटी में खर्च हो रहा है। परिणाम उलटा निकला। इस धन का दुरुपयोग करके कश्मीरी पृथकतावादियों ने आतंक का रास्ता पकड़ लिया। शायद जम्मू और लद्दाख के देशभक्त लोगों को उनके भारतप्रेम की सजा

देने के लिए ही उन्हें पिछड़ा रखा जा रहा है। विधान सभा में प्रतिनिधित्व, शिक्षा एवं रोजगार में पक्षपात, विकास कार्यों में असंतुलन इत्यादि सभी क्षेत्रों में जम्मू और लद्दाख, कश्मीर घाटी से बहुत पीछे हैं। आज लद्दाख के लोगों की दयनीय आर्थिक स्थिति अभिशाप बनी बैठी है।

पाकिस्तान द्वारा थोपे गए चारों युद्धों में जम्मू-कश्मीर के सीमांत क्षेत्रों के लोगों को अपने घर-जमीन छोड़कर दूसरे क्षेत्रों में अस्थायी रूप से जाने के आदेश दिए गए। परंतु ये लोग आज भी भटक रहे हैं। इनके पुनर्वास की कोई व्यवस्था नहीं हो सकी है। राजौरी तथा पुंछ के सीमांत ग्रामों से विस्थापित लोग तो इतने परेशान हैं कि इनके बच्चों की पढ़ाई-लिखाई तक समाप्त हो गई है। 1965 तथा 1971 के युद्धों में विस्थापित हुए लोगों की पूरी एक पीढ़ी तबाह हो गई है।

विदेश प्रेरित आतंकवाद से प्रभावित होकर कश्मीर से उजड़े तीन लाख से भी ज्यादा कश्मीरी पंडित अपनी मातृभूमि से दूर दर-दर भटक रहे हैं। जम्मू-कश्मीर की निर्वाचित सरकारें भी इनको अपने घरों में भेजने की व्यवस्था नहीं कर सकीं। अब तो हालात इस हद तक बिगड़ रहे हैं कि कश्मीर के मुसलमान भाई भी आतंकवादियों से तंग आकर पलायन करने पर मजबूर हो रहे हैं।

यह देखकर कितना अजीब लगता है कि जब सारा देश स्वतंत्रता की खुशियाँ मनाने में व्यस्त होता है, उस समय जम्मू-कश्मीर के अधिकांश नागरिकों के पास मनाने के लिए कुछ भी नहीं होता। इस प्रदेश के कई लोगों को वोट का हक नहीं, कइयों को अपने घरों में रहने का हक नहीं, कइयों को अपना स्वतंत्र कारोबार करने का हक नहीं। केंद्र और प्रदेश की सरकारों की राजनीतिक मजबूरी, एक विशेष समुदाय के तुष्टीकरण पर आधारित वोट बैंक की लालसा, ठोस नीति और सख्त काररवाई के अभाव में पाकिस्तान समर्थक अलगाववादी तत्त्व निरंतर मजबूत होते जा रहे हैं। हिंसक आतंकवाद थम नहीं रहा। इस विदेश प्रेरित आतंकवाद ने हिंदू-मुसलमानों समेत प्रत्येक वर्ग के लोगों के अमन-चैन को बारूदी पलीता लगा दिया है। लगातार बिगड़ रही परिस्थितियों में जी रहे हैं जम्मू-कश्मीर के लोग।

उपर्युक्त सभी तथ्यों के मद्देनजर यह पुस्तक 'व्यथित जम्मू-कश्मीर' लिखी गई है। पुस्तक में जम्मू और कश्मीर के गौरवशाली अतीत, राष्ट्रवादी महापुरुषों के देशभक्ति से ओतप्रोत जीवन-प्रसंगों, वर्तमान दयनीय परिस्थितियों के लिए जिम्मेदार कारणों, अभी तक प्रकाश में न आए गौरवशाली ऐतिहासिक तथ्यों और जम्मू-कश्मीर के उज्ज्वल भविष्य के लिए संभावित/संवैधानिक प्रक्रिया पर तथ्यपरक सामग्री दी गई है।

भारत के प्रथम प्रधानमंत्री पंडित जवाहरलाल नेहरू द्वारा जम्मू-कश्मीर के संबंध में की गई भयंकर भूलों का प्रामाणिक/विस्तृत ब्योरा, राष्ट्रीय स्वयंसेवक संघ के द्वितीय

सरसंघचालक स्वर्गीय पूज्य माधवराव सदाशिवराव गोलवलकर (श्री गुरुजी) का जम्मू-कश्मीर का भारत में विलय करवाने के लिए ऐतिहासिक योगदान, कश्मीर को पाकिस्तान के चंगुल में जाने से बचाने के लिए डॉ. श्यामाप्रसाद मुकर्जी का अनुपम बलिदान और जम्मू-कश्मीर में भारत राष्ट्र की अस्मिता को बचाने के लिए संघ के स्वयंसेवकों द्वारा दी गई कुरबानियों का वर्णन इस पुस्तक में किया गया है।

मैं आभारी हूँ उन विद्वान मित्रों का जिन्होंने इस पुस्तक के लिए सामग्री जुटाने में मेरे आग्रह को स्वीकार किया और अपना मूल्यवान समय देकर मेरा मार्गदर्शन किया। जम्मू-कश्मीर की वर्तमान समस्या, ऐतिहासिक पृष्ठभूमि और भविष्य की संभावनाओं की संपूर्ण और विस्तृत जानकारी रखने वाले राष्ट्रीय स्वयंसेवक संघ के जम्मू-कश्मीर प्रांत प्रचारक श्रद्धेय अरुण कुमारजी का मैं विशेष रूप से आभारी हूँ, जिन्होंने इस पुस्तक की तैयारी से लेकर प्रकाशन तक सहयोग और मार्गदर्शन किया। पुस्तक में जुटाए गए तथ्यों एवं भाषा से संबंधित त्रुटियों के लिए मैं स्वयं जिम्मेदार हूँ। सभी मित्रों एवं पाठकों की सुझावों सहित प्रतिक्रिया का मुझे इंतजार रहेगा।

—नरेंद्र सहगल

अनुक्रमणिका

भारत माता के मुकुट कश्मीर का गौरवशाली अतीत

कश्यप निर्मित कश्मीर

नीलमत पुराण में वर्णित कथा के अनुसार भारत का प्राय: सारा क्षेत्र एक भयानक जलप्रलय के परिणामस्वरूप पानी से भर गया। कालांतर में भारत के सभी क्षेत्र पानी निकल जाने के कारण मानव के जीवनयापन के योग्य हो गए और वहाँ सारी सामाजिक व्यवस्थाएँ स्थापित हो गईं। परंतु भारत के उत्तर में हिमालय की गोद में एक विशाल क्षेत्र अभी भी जलमग्न ही था। इस अथाह जल ने एक बहुत बड़ी झील का सा रूप बना लिया। बाद में इस झील में ज्वालामुखी फटने जैसी क्रिया हुई। झील के किनारेवाली पर्वतीय चोटियों में अनेक दरारें पड़ने से झील का पानी बाहर निकल गया। एक सुंदर स्थान उभरकर सामने आया, क्योंकि यह स्थान (देश) अग्नि की शक्ति (ज्वालामुखी विस्फोट) से बना था और अग्नि की शक्ति पौराणिक मतानुसार 'सती' है, इसलिए तत्कालीन भूमि विशेषज्ञों ने इस स्थान का नाम 'सतीदेश' रखा।

इसके पश्चात् कश्यप मुनि ने इस भू-खंड को लोगों के निवास योग्य बनाने का निश्चय करके अपने 'श्रमिक दलबल' के साथ पर्वतों की कटाई एवं भूमि का समतलीकरण प्रारंभ कर दिया। सारा कार्य सफलतापूर्वक संपन्न हो गया, परंतु पानी को स्थायी रूप से बहने का मार्ग देने के लिए एक नदी की आवश्यकता थी। कश्यप ने शंकर से सहायता माँगी। शंकर ने तुरंत नदी बनाने के लिए विशेषज्ञों के दलों को भेजा। कश्यप ने खुदाई का उद्घाटन करने के लिए शंकर से ही आग्रह किया। शंकर ने अपने त्रिशूल से धरती में पहली चोट करके एक वितस्ति (बालिश्त) जितनी भूमि खोदकर खुदाई अभियान प्रारंभ किया। वितस्ति जितने स्थान से निकलने के कारण इस नदी का नाम 'वितस्ता' पड़ा।

इस नदी ने पत्थरों की बड़ी-बड़ी शिलाओं को हटाकर, तोड़कर अपना मार्ग स्वयं प्रशस्त किया और अनेक क्षेत्रों की प्यास बुझाती हुई एवं कृषि-भूमि को उपजाऊ बनाती

हुई यह सिंधु नदी में जा मिली।

जब यह क्षेत्र पूर्णरूप से समतल हो गया और वितस्ता नदी के घाट इत्यादि बनकर तैयार हो गए तब कश्यप मुनि ने भारत के अन्य क्षेत्रों से लोगों को यहाँ आकर बसने का विधिवत् निमंत्रण भेजा। उनके निमंत्रण को शिरोधार्य करते हुए भारत के कोने-कोने से सभी वर्गों एवं जातियों के लोग—उद्योगपति, कृषक, श्रमिक, वैद्य, गृह एवं मार्ग शिल्पी आदि पहुँचे। सभी ने भूमि आरक्षण के लिए प्रयास प्रारंभ किए। योग्यतानुसार, नियमानुसार एवं क्रमानुसार कश्यप मुनि के ऋषिमंडल ने सबको भूमि आवंटित कर दी। कश्यप की नाग जाति एवं अन्य वर्गों के लोगों ने नगर-ग्राम बसाए और देखते-ही-देखते सुंदर घर, मंदिर आदि बन गए।

यह सारा कार्य संपन्न हो जाने के बाद अब प्रश्न खड़ा हुआ कि इस प्रदेश का शासन किसे सौंपा जाए, तो जनता ने सर्वसम्मति से कश्यप के पुत्र नील को राजा घोषित कर दिया। इस प्रकार नील कश्मीर के प्रथम राजा हुए। उन्होंने बड़ी कुशलता से प्रदेश का शासन सँभाला। प्रदेश के मनोरम सौंदर्य के समाचारों ने अनेक लोगों को यहाँ आकर बसते रहने को आकर्षित किया। भिन्न-भिन्न जातियों, धर्मों के लोग यहाँ आकर रहने लगे। राजा नील ने सबका स्वागत किया। और उन्हें अनेक प्रकार की सुविधाएँ प्रदान कीं। चारों ओर शांति थी।

इस कश्मीर घाटी में अनेक मत-पंथ जन्मे और फूले। अनेक बार क्रांतियाँ भी हुईं। परंतु ये क्रांतियाँ पश्चिम की रक्तिम क्रांतियों से भिन्न थीं। पश्चिम में क्रांति का अर्थ मारकाट द्वारा वर्तमान व्यवस्था को उखाड़कर नई व्यवस्था को जबरदस्ती थोप देना है। परंतु भारत में क्रांति का अर्थ उस परिवर्तन से है जिससे किसी का अस्तित्व समाप्त न हो, उसमें वृद्धि हो, उसका विकास हो। नए एवं पुराने के समन्वय के साथ किया गया परिवर्तन किसी संघर्ष को जन्म नहीं देता। 'सब मतों का आदर' यही वह भारतीय जीवन मूल्य है, जिसे कश्मीर की सीमाओं में कश्मीरियत कहा गया है।

नागपूजा मत

कश्मीर घाटी में इस प्रकार के परिवर्तन अनेक बार हुए, परंतु कभी भी अपना मत थोपने की वृत्ति नहीं पनप सकी। इन मतों में परस्पर संघर्ष कभी नहीं हुआ। सर्वप्रथम कश्मीर में नीलमुनि द्वारा नागपूजा पर आधारित दर्शन का विकास हुआ। पूजा का यह मार्ग निर्बाध गति से चला।

बौद्ध मत

सम्राट् अशोक के समय (ईसापूर्व की तीसरी शताब्दी के मध्य) कश्मीर में बौद्ध

मत का प्रवेश हुआ। त्याग में सुख है, भौतिक सुख सच्चाई नहीं है, सुख-लिप्सा का अंत नहीं और अहिंसा सर्वश्रेष्ठ मार्ग है जैसे बौद्ध सिद्धांतों का प्रचार हुआ। अशोक के समय में अनेक बौद्ध विहारों, मठ-मंदिरों का निर्माण हुआ। विश्व के अनेक देशों में कश्मीरी बौद्ध भिक्षु मानवता की प्यास बुझाने गए। कश्मीर में बौद्ध धर्म फैला, परंतु ब्राह्मण उससे अप्रभावित रहे और उन्होंने अपने जटिल कर्मकांड की पवित्रता बनाए रखी। ब्राह्मणों का समर्थन प्राप्त करने के लिए अशोक भी प्राचीन शिवालयों में पूजा करने जाता था।

शैव मत

कश्मीर शैव दर्शन का उद्गम स्थान है। कश्मीर का 80 प्रतिशत हिंदू समाज शिव का ही उपासक है। शैव दर्शन कश्मीरी जीवन की आत्मा है। कर्मफल पर आधारित शैव दर्शन, योग और त्याग को मानव जीवन का आधारस्तंभ मानता है, आत्मा को शाश्वत मानता है। शरीर माया प्रेरित कर्म करता है और माया के नाश से मुक्ति मिलती है। संक्षेप में यही शैव दर्शन है।

शिव की कल्पना गृहस्थ रूप में की गई है। शिव का परिवार है—पत्नी पार्वती हैं, पुत्र कार्तिकेय एवं गणेश हैं। कार्तिकेय युद्ध के देवता हैं। गणेश गणतंत्र के अध्यक्ष हैं। कृषि का आधार वृषभ उनका वाहन है। कृषि का जीवन जल उनके मस्तिष्क पर गंगाजल के रूप में विद्यमान है। उनका ध्यानस्थ योगीतुल्य पद्मासन जगत् में रहते हुए भी जगत् से परे है। ध्यान में लीन है।

कश्मीर की धरती पर जन्मे और विकसित हुए इस शैव दर्शन में क्या नहीं है? मानव के संपूर्ण जीवन की कल्पना है, उसकी उन्नति का मार्ग है। शिव के स्वरूप में घर-गृहस्थी, कृषि, धर्मयुद्ध, गणतंत्र, योग, आत्मिक विकास, असंग्रह (त्याग) शस्त्र विद्या और समन्वय जैसे विषय और क्षेत्र समा गए हैं। विश्व में अन्यत्र कहाँ है ऐसा वैज्ञानिक दर्शन? इसी दर्शन को जानने के लिए संसार के प्रत्येक कोने से लोग कश्मीर आते रहे।

शिक्षा का केंद्र

श्री आनंद कौल अपनी पुस्तक 'द कश्मीरी पंडित' में लिखते हैं—

''भारत-भर में पुरातनकाल से ही काशी और कश्मीर शिक्षा के लिए विख्यात थे। परंतु कश्मीर काशी से आगे निकल गया। काशी के विद्वानों को अपनी शिक्षा पूरी करने के लिए कश्मीर आना पड़ता था। आज भी काशी के लोग बच्चों को अक्षर-ज्ञान समारोह के समय पवित्र जनेऊ सहित कश्मीर दिशा की ओर सात पग चलने को कहते हैं। पवित्र धागा कश्मीर जाने और वहाँ से लौटने का प्रतीक माना जाता है। कश्मीर की भूमि

भारतीय संस्कृति की उद्‌गमस्थली रही है। पूरे विश्व में फैली भारतीय जीवन-पद्धति के प्रचार-प्रसार में कश्मीर का विशेष योगदान है। इस तथ्य से आँखें नहीं मूँदी जा सकतीं।''

कश्मीर के लोग शिक्षा-प्रेमी और सुसंस्कृत हैं। कश्मीर में शिक्षा के लिए शताब्दियों से आदर और प्रतिष्ठा रही है। अल्बरूनी, जिसने 1102 ई. में महमूद गजनवी के साथ पंजाब का भ्रमण किया था, लिखता है—''कश्मीर हिंदू-विद्वानों की सबसे बड़ी पाठशाला है। दूरस्थ और निकटस्थ देशों के लोग यहाँ संस्कृत सीखने आते थे और उनमें से अनेक लोग कश्मीर घाटी की जलवायु व प्राकृतिक छटा से चमत्कृत होकर यहाँ के हो जाते थे।''

कश्मीर घाटी में श्रीनगर से कुछ ही दूरी पर एक विशाल संस्कृत महाविद्यालय पंडित पुरुषोत्तम कौल के मार्गदर्शन एवं प्रधानाचार्यत्व में अनेक वर्षों तक चला। इस विद्यालय में भारत एवं विश्व के कोने-कोने से छात्र संस्कृत पढ़ने आते थे। यह विद्यालय पूर्णतया निःशुल्क था। भारतीय संस्कृति के विद्यादान के पक्ष को उजागर करनेवाला यह उदाहरण अतुलनीय है। श्री गुरुनानक देवजी के पुत्र और उदासी पंथ के संस्थापक बाबा श्रीचंद्र ने भी इस महाविद्यालय में प्रशिक्षण प्राप्त किया था। मुगल राजकुमार मुहम्मद दारा शिकोह भी कश्मीर में संस्कृत पढ़ने आया था।

सभी कश्मीरी 'पंडित' ही क्यों?

यहाँ एक महत्त्वपूर्ण प्रश्न खड़ा होता है कि यदि कश्मीर में सभी क्षेत्रों और वर्गों के लोग आकर बसे तो फिर सभी कश्मीरी पंडित ही क्यों? इस गहरे प्रश्न का उत्तर कश्मीर की सांस्कृतिक और आध्यात्मिक विरासत तथा यहाँ की जातीय पहचान के साथ जुड़ा हुआ है। प्रारंभ से ही कश्मीर विद्वानों की भूमि के नाम से प्रसिद्ध है। ऋषियों, मुनियों, मठों-मंदिरों, विद्यापीठों और आध्यात्मिक केंद्रों की इस भूमि ने दिग्विजयी विद्वान उत्पन्न किए हैं। ये सब विद्वान् पंडित कहलाए। ज्ञान रखनेवाला और बाँटनेवाला 'पंडित' होता है। अत: ज्ञान की भूमि कश्मीर की जातीय पहचान ही 'पंडित' नाम से प्रसिद्ध हो गई। गंगा की पवित्र धारा में जो भी छोटे-बड़े नदी नाले मिले, वे गंगा ही हो गए। 'कश्मीरी' और 'पंडित' दोनों एकाकार होकर समानार्थी बन गए।

'कश्मीरियत' का यह भी एक अति उज्ज्वल और प्रेरणास्पद पक्ष है कि इस धरती ने जाति, बिरादरी इत्यादि बातों को गौण मानकर सभी को एकरस कर दिया। छोटे-बड़े, वनवासी, नगरवासी, पिछड़े इत्यादि सबको विद्वान् 'पंडित' बनने का अधिकार दिया है कश्मीर की धरती ने। इसीलिए यह भूमि 'स्वर्ग' है। अन्यथा कश्मीर में ब्राह्मण, क्षत्रिय, वैश्य और शूद्र चारों वर्णों के लोग थे और आज भी हैं। कश्मीर में प्राचीनकाल से क्षत्रिय वंश यहाँ का प्रभावशाली और शासक वर्ग रहा है। जिस तरह से शेष भारत में क्षत्रिय

लोग अपने नाम के साथ 'सिंह' शब्द जोड़ते हैं, कश्मीर के क्षत्रिय अपने नाम के साथ 'आदित्य' शब्द जोड़ते थे। प्रतापादित्य, ललितादित्य, वज्रादित्य, बालादित्य, रणादित्य, वेदादित्य और विक्रमादित्य इत्यादि। आदित्य सूर्य का संबोधन है, अत: यह वंश 'सूर्यवंशी क्षत्रिय' था। क्षत्रियों के अनेक वंश आज भी कश्मीर में हैं। भले ही वे भय और स्वार्थवश आज पंथांतरित हो गए हैं, परंतु अधिकांश आज भी अपने नाम के साथ अपना वास्तविक वंश और गोत्र लिखना नहीं भूले। लोहर, डामर, राठौर, नायक, ठाकुर इत्यादि वंश परंपराएँ प्रचलित हैं। कश्मीर घाटी के उत्तरी क्षेत्र में लोहर और दक्षिणी भाग में डामर क्षत्रिय वंशों का बाहुल्य है। कश्मीर में व्यापारी (वैश्य) वर्ग भी है। सोपुर क्षेत्र के त्रयंबू और वोरा इसी वंश के हैं। शूद्र वर्ण से संबंधित कुम्हार, चर्मकार इत्यादि वातल कहलाते थे और वे आज भी हैं।

कश्मीर के जातीय चरित्र में विद्वत्ता और क्षत्रियत्व दोनों हैं। इस भूमि का अतिप्रसिद्ध गोत्र भट्ट है। इसमें दोनों भावों का मिश्रण है। 'भट्ट' का अर्थ है—ब्राह्मण, शिक्षक, ज्ञान बाँटनेवाला और 'भट' जिसमें एक 'ट' आता है का अर्थ है सैनिक, लड़नेवाला, रक्षक। अत: यह शब्द ब्राह्मण व क्षत्रिय दोनों के लिए प्रयोग में आने लगा।

'पंडित' शब्द उस कश्मीरियत (भारतीयता) का पर्याय मात्र है जिसने लगातार चार हजार वर्षों तक संसार के विद्वानों को आकर्षित, प्रभावित और संस्कारित किया है। 'पंडित' शब्द कश्मीर की विरासत है। यह शब्द कश्मीर के प्राचीन इतिहास, संस्कृत वाङ्मय, पर्वतों, नदियों, हरी वादियों, शीतल घाटियों—इन सबका स्मृति मंदिर है, कश्मीर के प्राचीन वैभव का प्रतीक है, प्रमाण है।

इस संबंध में डॉ. त्रिलोकीनाथ गंजू ने अपनी पुस्तक 'महर्षि शिर्यभट्ट' में लिखा है—"जो भी कश्मीरी हिंदू अब मुसलमानों की मारकाट और बलात् धर्मपरिवर्तन से बाकी बचे थे, उनमें एक ही वर्ण नहीं था। वास्तव में उनमें ब्राह्मण, क्षत्रिय, वैश्य और शूद्र भी थे। इनकी संख्या इतनी कम थी कि व्यवस्थित वर्ण व्यवस्था को अपनाकर समाजशास्त्रीय व्यावहारिकता को निभाना दुष्कर था। ऐसी स्थिति में महर्षि शिर्यभट्ट ने तत्कालीन जनमानस को एक नवीन वर्णहीन (Classless) समाज के निर्माण के लिए अनुप्रेरित किया। किंतु वर्ण एक ऐसा निगूढ़ सामाजिक अंत:स्थूल संस्कार रहा है कि इसका वर्णन संभव नहीं हो सका है। इस कारण शिर्यभट्ट ने सभी कश्मीरी हिंदुओं को ब्राह्मण वर्ण में दीक्षित करके एक ही वर्ण व्यवस्था अपनाई है। इस तत्कालीन योजना का सारा रहस्य कश्मीरी गोत्रों के विश्लेषण से स्पष्ट होता है। जिस ओर अभी तक किसी भी इतिहासकार का ध्यान नहीं गया है।"

नदी-पर्वतों के नाम क्या बताते हैं?

आज भले ही कश्मीर और कश्मीरियत पर विदेशी और विधर्मी रंग चढ़ाकर उसके प्राचीन और वास्तविक देदीप्यमान स्वरूप को क्षत-विक्षत करने का प्रयास किया जा रहा है परंतु यह बात भगवान् भास्कर के प्रकाश की तरह साफ है कि कश्मीर कभी हिंदू ही था। कश्मीरियत कभी हिंदू संस्कृति ही थी। आज जो इस सांस्कृतिक धरोहर को समाप्त करने हेतु विदेशी और विधर्मी षड्यंत्रों के शिकंजे में आ चुके हैं, वे बरखुरदार भी हिंदू पूर्वजों की ही संतानें हैं।

सुदूर उत्तर में कश्मीर घाटी का सिरमौर है हिंदूकुश पर्वत। नाम से ही पता चलता है इसकी धरोहर का। क्रांतिकारी देशभक्त अश्फाकउल्ला खाँ ने भावुक होकर कहा था—"मेरा हिंदूकुश हुआ हिंदूकश।" (हिंदूकश अर्थात् हिंदू की हत्या करनेवाला)। फिर इस हिंदूकुश से प्रारंभ होती है कश्मीर की पर्वत शृंखला। ब्रह्म शिखर, हरमुकुट पर्वत, महादेव पर्वत, गोपाड़ि पर्वत, चंदनवन, नौबंधन, नागपर्वत सभी संस्कृत नाम हैं। कश्मीर को सतीसार का नाम देवताओं ने ही दिया था। सतीसार पर राज्य करनेवाला नीलनाग कश्मीर को बसानेवाले कश्यप ऋषि का पुत्र ही तो था। कल्हण अपनी राजतरंगिणी में सिंधु नदी को उत्तर गंगा का नाम देते हैं तो नीलमत पुराण में इसी को 'उत्तरमानस' अर्थात् गंगबल बताया गया है। इसी के नजदीक पड़ता है प्राचीन तीर्थस्थल नंदी क्षेत्र। आज यही नंदकोट कहलाता है। पास में ही कनकवाहिनी नदी का प्रवाह है, जो अब विकृत नाम 'कनकई नदी' धारण कर चुका है। झेलम ही वैदिक वितस्ता है। कृष्ण गंगा के किनारे स्थित है शारदा तीर्थ।

अन्य तीर्थों के नाम हैं—अमरेश्वर (प्रसिद्ध अमरनाथ), सुरेश्वर, त्रिपुरेश्वर, हर्षेश्वर, ज्येष्ठेश्वर, शिवभूतेश्वर, शारदा तीर्थ, सरित्शिला। ये नाम किस धर्म दर्शन से जुड़े हुए हैं? और कश्मीर के ही ये दर्रे देखिए, जिनके नाम हैं सिद्ध पथ (आज का बुडिल या सीडन दर्रा), पंचाल धर (पीर पंजाल), दुग्धधर (दुदुकंत), जोजीला दर्रा, चिंतापानी आदि। ये नाम किस इतिहास की ओर इशारा करते हैं? तभी तो अंग्रेज इतिहासकार वर्नियर ने माना कि कश्मीर का नाम कश्यप ऋषि से जुड़ा है। मुसलिम लेखक मलिक हैदर ने भी स्पष्ट लिखा है कि कश्मीर को बसानेवाले कश्यप ऋषि ही थे।

राजतरंगिणी

कश्मीर की धरती पर रचा गया विश्व प्रसिद्ध संस्कृत ग्रंथ राजतरंगिणी चार हजार से भी अधिक वर्षों का प्रामाणिक इतिहास प्रस्तुत करता है। इसके रचनाकारों के समक्ष कश्मीर का सारा घटनाक्रम चला। यह भी अपने आप में एक विश्व कीर्तिमान है कि कोई एक ही ग्रंथ शताब्दियों तक एक के बाद एक, अनेक रचनाकारों ने लिखा हो।

कल्हण, जोनराज, श्रीवर और शुक ने अपने समय में इस ग्रंथ को आगे बढ़ाया। इस ऐतिहासिक ग्रंथ में बौद्ध, शैव, वैष्णव, पिशाच, नाग, गुहज्क, भोट्ट, शिया, सुन्नी, सैय्यद, चक्र, मुगल, पठान, सिख, डोगरा, ईसाई एवं कश्मीरी जनता का अद्‌भुत योगदान है। सभी दर्शनों से प्रभावित शासन-पद्धतियों द्वारा कश्मीर का शासन हुआ है। परस्पर विरोधी तंत्रों, परस्पर विरोधी दर्शनों, परस्पर विरोधी मत-मतांतरों के विश्लेषणात्मक अध्ययन के लिए कश्मीर एक पूर्ण सज्जित प्रयोगशाला है।

सती देश

कश्मीर में आज जितने भी भवनों के खंडहर मिलते हैं वे सब देवस्थानों, पाठशालाओं, मठों, विहारों के ही ध्वंसावशेष हैं। परंतु राजाओं के आमोद-प्रमोद और व्यक्तिगत विलास हेतु राजप्रासाद, राजभवन और स्त्रियों के हरम कहीं दृष्टिगोचर नहीं होते। हिंदू राजाओं ने अपने सुख के लिए जनता के सुख का कभी अपहरण नहीं किया। कश्मीर के राजाओं, संतों, महात्माओं ने क्योंकि इस भूमि को सती देश माना, इसलिए कश्मीरी प्रजा को कष्ट देने का अर्थ भगवती सती को अपमानित करना माना गया।

कश्मीर के राजाओं ने भारत की दिग्विजय परंपरा को सुरक्षित रखा और आगे भी बढ़ाया। परंतु जिस भी प्रदेश को जीता उसकी सत्ता वहीं के स्थानीय लोगों को सौंप दी। अपने उपनिवेश स्थापित नहीं किए। वहाँ की जीवन-प्रणाली को नष्ट नहीं किया, देवस्थान नहीं तोड़े, धर्म परिवर्तित नहीं किया। अपना तंत्र किसी पर जबरदस्ती थोपा नहीं। सम्राट् ललितादित्य ने मध्य एशिया तक का प्रदेश जीता परंतु अपने जीवन को विलासमय नहीं बनने दिया। कश्मीर ने सम्राट् मेघवाहन जैसे दिग्विजयी सम्राट् उत्पन्न किए, जिसकी सैनिक वाहिनियों ने आधे विश्व को विजय किया। उन्होंने विजित प्रदेशों को एक शर्त पर वापस किया कि वहाँ प्राणी हिंसा नहीं होगी। वह जीवधारियों को जीवन का अभयदान देकर वापस लौटा। प्राणी रक्षा हेतु स्वयं बलि को प्रस्तुत होने वाला मेघवाहन अपने आदर्श से कश्मीर को ऊँचा उठा गया।

सूफी मत

चौदहवीं शताब्दी के आगमन के साथ कश्मीर की धरती पर सूफी मत का आगमन भी हुआ। हमदान (फारस) के एक सूफी संत सैय्यद अली हमदानी सन् 1372 में अपने 700 शिष्यों के साथ कश्मीर आए। बाद में अनेक सूफी संत कश्मीर में आए। यद्यपि ये सूफी संत कश्मीर के लोगों को इसलाम में धर्मांतरित करने के एकमात्र उद्‌देश्य से आए थे और अपने उद्‌देश्य में सफल भी रहे तथापि इनके आध्यात्मिक उपदेशों को कश्मीर की जनता ने विशाल फुलवाड़ी में एक और पुष्प के रूप में स्वीकार किया। मानव जीवन

में भक्ति, सरलता, संयम, पवित्रता इत्यादि गुण इस सूफी मत के मार्गदर्शक गुण माने जाते हैं। सूफी मत के अनुसार जिहाद का अर्थ होता है भौतिक इच्छाओं पर नियंत्रण करके अपने अंदर की बुराइयों को दूर हटाना, उनके विरुद्ध लड़ना।

सूफी मत के उपर्युक्त सिद्धांत कितने व्यावहारिक हैं? कश्मीर की जनता ने इन सूफी संतों को अपने महापुरुषों की श्रेणी में स्थान दिया और इनके उपदेशों को कश्मीरियत का हिस्सा बना लिया। यह अलग बात है कि सूफी संतों ने हिंदू समाज का जो धर्मांतरण इसलाम में किया वही आज कश्मीरियत पर उभरे कैंसर के फोड़े के रूप में रिस रहा है।

ऋषि मत

चौदहवीं शताब्दी के ही मध्यकाल में कश्मीर में 'ऋषि परंपरा' अथवा व्यवस्था का जन्म हुआ। संन्यासिनी लालदे और शेख नूरुद्दीन के उपदेशों और प्रयासों से यह आध्यात्मिक संगठन बना। इन ऋषियों की संख्या दो हजार के लगभग थी और ये गाँव-गाँव में फैले हुए थे। अबुल फजल नामक एक मुसलिम संत, जो बाद में 'ऋषि व्यवस्था' के अंग बन गए, ने कहा है—''कश्मीर में सर्वाधिक आदरणीय वर्ग ऋषियों का है।'' हालाँकि उन्होंने पूजा के परंपरागत रीति-रिवाजों को नहीं त्यागा है, फिर भी वे सच्चे भक्त हैं। वे दुनिया की वस्तुओं की इच्छा नहीं रखते। लोगों के फायदे के लिए वे फल वाले वृक्ष लगाते हैं। वे मांस नहीं खाते और विवाह नहीं करते। इन ऋषियों ने कश्मीर की भूमि को वास्तव में स्वर्ग बना दिया।

□

दिग्विजयी कश्मीर

इतिहासकार कल्हण ने माँ भारती के शीर्ष कश्मीर की गौरवमयी क्षात्र परंपरा और अजेयशक्ति पर गर्व किया है। विश्व में मस्तक ऊँचा करके चार हजार वर्षों तक स्वाभिमानपूर्वक स्वतंत्रता का भोग कश्मीर ने अपने बाहुबल पर किया है। इस धरती के शूरवीरों ने कभी विदेशी आक्रमणकारियों और उनके शस्त्रों के सम्मुख मस्तक नहीं झुकाए। अनेक शताब्दियों तक इस वीरभूमि के रणबाँकुरों ने विदेशों से आनेवाली घोर रक्तपिपासु एवं अजेय कहलानेवाली जातियों और कबीलों के जबरदस्त हमलों को अपनी तलवारों की नोक पर रोका है। आधुनिक इतिहास के पन्ने भी साक्षी हैं कि कश्मीरी खड्ग के वार मध्य एशिया के सुदूर क्षेत्रों तक पड़े थे। कश्मीर की इस दिग्विजयी विरासत से मुँह नहीं मोड़ा जा सकता।

गोनंद प्रथम

कश्मीर का ज्ञात इतिहास महाभारत के समय के साथ-साथ चलता है। कल्हण ने राजतरंगिणी ग्रंथ में गोनंद प्रथम नामक सम्राट् से कश्मीर के राजनीतिक इतिहास का श्रीगणेश माना है। यही कालखंड महाराज युधिष्ठिर के राज्याभिषेक का भी है। श्रीकृष्ण द्वारा अत्याचारी राजाओं के नाश हेतु चलाए जा रहे सैनिक अभियान के अंतर्गत जरासंध वध का प्रसंग कश्मीर के राजा गोनंद की मृत्यु के साथ जुड़ा हुआ है।

दामोदर

सम्राट् गोनंद के पश्चात् उसके पुत्र दामोदर का राज्याभिषेक संपूर्ण धार्मिक रीतियों के अनुसार हुआ। दामोदर मथुरा की रणभूमि में वीरगति को प्राप्त हुआ। वह अपने पिता गोनंद की मृत्यु पर क्षुब्ध था। अत: उसने श्रीकृष्ण को युद्ध की चुनौती दी। उस समय श्रीकृष्ण गांधार में एक स्वयंवर से संबंधित उत्सव में भाग ले रहे थे। दामोदर ने एक चतुर राजनेता की भाँति इसी अवसर पर श्रीकृष्ण पर आक्रमण करना उचित समझा।

परंतु राजनीति और रणकौशल में निपुण श्रीकृष्ण ने दामोदर के आक्रमण का वीरोचित उत्तर दिया। युद्ध हुआ और दामोदर मारा गया।

रानी यशोवती

श्रीकृष्ण को समूचे भारत की राज्य-व्यवस्था एवं जनजीवन की कितनी चिंता थी, यह बात इस ऐतिहासिक तथ्य से प्रकट होती है कि जब दामोदर की मृत्यु के पश्चात् कश्मीर के राजसिंहासन का प्रश्न खड़ा हुआ तो श्रीकृष्ण ने ही इस समस्या का समाधान खोजा। दामोदर का उस समय कोई पुत्र नहीं था। श्रीकृष्ण ने उसकी पत्नी रानी यशोवती का अपनी योजना एवं व्यवस्था के अंतर्गत राज्याभिषेक करवा दिया। उस समय रानी यशोवती गर्भवती थी। उसने एक पुत्र को जन्म दिया, जिसका नाम गोनंद रखा गया। यही इतिहास में गोनंद द्वितीय के नाम से प्रसिद्ध हुआ। रानी यशोवती के राज्याभिषेक में समस्त भारत के राजा-महाराजाओं का भाग लेना यह प्रकट करता है कि कश्मीर राज्य के संबंध भारत के शेष राज्यों के साथ मधुर थे। उस समय तक कौरवों-पांडवों की पारिवारिक कलह एक बहुत बड़े राजनीतिक संघर्ष में बदल चुकी थी, जिसकी परिणति महाभारत नामक महायुद्ध के रूप में हुई। इस युद्ध में कश्मीर के भाग न लेने का एक कारण यह भी था गोनंद द्वितीय उस समय छोटा था, अत: उससे किसी ने युद्ध में भाग लेने को नहीं कहा। श्रीकृष्ण की व्यवस्था में संभवतया कश्मीर राज्य को युद्ध की ज्वालाओं से दूर रखना ही था, ताकि भारतीय दर्शन के इस उद्‌गमस्थल को रणक्षेत्र की आँच से सुरक्षित रखा जाए।

पांडव नरेशों का आधिपत्य

महाभारत युद्ध के पश्चात् पांडव नरेशों द्वारा कश्मीर पर राज्य करने के ऐतिहासिक तथ्य राजतरंगिणी में मिलते हैं। श्री गोपीनाथ श्रीवास्तव अपनी पुस्तक 'कश्मीर : समस्या और पृष्ठभूमि' में लिखते हैं—"कल्हण के अनुसार गोनंद द्वितीय के बाद 35 राजा हुए। उनके संबंध में सारे अभिलेख नष्ट हो गए। इसलिए उनका कोई विवरण नहीं मिलता है। कश्मीरियों का विश्वास है कि पांडव वंश के राजाओं ने भी कश्मीर पर राज किया था और इन 35 लुप्त राजाओं में 23 राजा पांडव वंश के थे। मार्तंड तथा अन्य मंदिरों के भग्नावशेष पांडवलरी या पांडव भवन कहलाते हैं।"

कश्मीर घाटी में शंकराचार्य मंदिर आज भी अस्त-व्यस्त अवस्था में देखा जा सकता है, जिसे पांडव नरेश संदीपन की देख-रेख में बनाया गया था। संदीपन के समय कश्मीर राज्य की सीमाएँ गांधार से कन्नौज तक फैली हुई थीं। इसी वंश परंपरा में एक राजा भीमसेन था जिसने कश्मीर की सैन्य शक्ति के बल पर मध्य एशिया के कई बड़े

एवं वैभवशाली क्षेत्रों पर कब्जा जमाया। इस कालखंड में समस्त भारत में पांडव नरेशों के राज्यों का जो वर्णन संस्कृत ग्रंथों में मिलता है, उससे पूरे भारतवर्ष में एक ही प्रकार की राज्य-व्यवस्था के होने की वास्तविकता से इनकार नहीं किया जा सकता। राजतरंगिणी में इस कालखंड के वर्णन में पूरे भारत की राजनीतिक और सामाजिक परिस्थितियों की विस्तृत जानकारी प्राप्त होती है।

सम्राट् अशोक

कल्हण के अनुसार मगध के सम्राट् अशोक (250 ईसा पूर्व) ने कश्मीर को अपने अधिकार क्षेत्र में ले लिया। अशोक के राज्य की सीमाएँ बंगाल से प्रारंभ होकर हिंदूकुश पर्वत (अफगानिस्तान) तक फैली थीं। राजा अशोक ने श्रीनगरी शहर को बनाया और बसाया था। यह पुराना नगर वर्तमान श्रीनगर से मात्र पाँच कि.मी. की दूरी पर है। स्पष्ट है कि वर्तमान श्रीनगर पुराने नगर श्रीनगरी का ही नया रूप है। उस समय कश्मीर की राजधानी 'पुराणाधिष्ठान' (वर्तमान पांद्रेठन) के आसपास थी। इस स्थान पर बना मंदिर आज भी उस काल के उत्कर्ष का मौन साक्षी है। प्रसिद्ध चीनी यात्री ह्वेनसांग, जो कश्मीर में अनेक वर्ष ठहरा था, के अनुसार अशोक के राज्यकाल में पाँच हजार बौद्ध भिक्षुओं को कश्मीर में बसाया गया था। बौद्ध भिक्षुओं और यहाँ के स्थानीय लोगों के मध्य लेशमात्र भी संघर्ष नहीं हुआ। स्वयं अशोक ने भूतेश शिव की उपासना की। उसके द्वारा बनवाए गए एक मंदिर का नाम ही बाद में अशोकेश्वर मंदिर के नाम से प्रसिद्ध हो गया। प्रजा के साथ उसकी सहानुभूति और प्रेम का सबसे बड़ा प्रमाण है उसके द्वारा कश्मीर में बनाए गए 16000 निवासगृह। अशोक के समय का कश्मीर बौद्ध दर्शन का केंद्र बनकर विश्व के अनेक देशों के लिए प्रेरणा का केंद्र भी बन गया।

शिव उपासक जलौक

अशोक के राज्यकाल के अंतिम समय में ही विदेशियों के आक्रमणों का खतरा कश्मीर की भूमि पर बढ़ने लगा। अशोक के पुत्र जलौक का राज्याभिषेक तब तक हो चुका था। प्रतिदिन शिव की पूजा-अर्चना करनेवाला जलौक निडर एवं वीर नरेश था, जिसकी सैन्य संचालन क्षमता के आगे विदेशी सेनापतियों ने अनेक बार घुटने टेके। जलौक के नेतृत्व में कश्मीरी सैनिकों ने इन प्रबल विदेशी आक्रमणों से घाटी को पूर्ण रूप से सुरक्षित रखा।

शक्तिशाली सम्राट् कनिष्क

राजा जलौक के पश्चात् लगभग तीन शताब्दियों तक कश्मीर में राज्य-व्यवस्था

तो चली, परंतु कोई प्रतिभाशाली राज्य प्रमुख नहीं रहा। इन अस्त-व्यस्त राजनीतिक परिस्थितियों का लाभ उठाकर कुषाणों ने कश्मीर पर अपना वर्चस्व स्थापित कर लिया। कुषाण शासकों की परंपरा में प्रसिद्ध तीनों राजाओं हुष्क, जुष्क और कनिष्क की राष्ट्रीयता तुर्क थी। इन तीनों राजाओं ने हुष्कपुर, जुष्कपुर और कनिष्कपुर नामक नगरों का निर्माण करवाया। राजनीति, कूटनीति और सैन्य अभियान की दृष्टि से कनिष्क सबसे योग्य एवं शक्तिशाली सम्राट् सिद्ध हुआ। उसने अपने कुशल नेतृत्व और कश्मीरियों के भुजबल से अपने साम्राज्य को पूरे उत्तर भारत से मध्य एशिया के दूरस्थ क्षेत्रों तक बढ़ा लिया। कश्मीर में रहते-रहते कुषाणों पर भारतीय संस्कृति का प्रभाव क्रमशः जमने लगा। कनिष्क ने तो विधिवत बौद्ध मत अपना लिया और उसे कश्मीर का राजधर्म घोषित कर दिया। तृतीय बौद्ध परिषद् उसी ने कश्मीर में बुलाई थी। तुष्क (तुर्क) राजाओं के शासनकाल में बौद्ध मत को बड़ा प्रश्रय मिला। लंका, बर्मा, जावा में बौद्ध धर्म फैल गया। कनिष्क के समय में इसका प्रचार तिब्बत, केंद्रीय एशिया और चीन में भी हुआ। कल्हण के अनुसार नागार्जुन की देखरेख में बौद्ध मत का प्रसार कश्मीर में हुआ था और महायान का संस्थापन नागार्जुन ने ही किया था। कनिष्क का बसाया कनिष्कपुर अब कनिसपुर के नाम से जिला बारामूला में अवस्थित है।

उपर्युक्त तथ्यों के आधार पर कहा जा सकता है कि कनिष्क द्वारा बौद्ध मत अपना लिए जाने के साथ ही कुषाण जाति के भारतीयकरण की प्रक्रिया पूर्ण हो गई। कुषाण लोग भारतीय समाज में पूरी तरह से घुल-मिल गए।

क्रूर शासक मिहिरकुल

छठी शताब्दी के प्रारंभ (525 ईसवी) में हूणों ने कश्मीर पर विजय प्राप्त करके अपना राज्य स्थापित किया। हूणों का नेता मिहिरकुल, कश्मीर के इतिहास में 'क्रूर शासक' के नाम से जाना जाता है। बौद्ध अनुयायियों पर अत्याचार करने, आम जनता को कष्ट देने जैसे जघन्य कार्य करनेवाले हूण जाति के निर्दयी राजा मिहिरकुल की कश्मीर विजय के रहस्य में भारतीयों की दया भावना छिपी है। हूणों के प्रारंभिक हमले के समय मालव राज्य के प्रतापी सम्राट् यशोवर्मन ने उसे हराकर आगे बढ़ने से रोक दिया था। फिर मगध के सम्राट् बालादित्य ने उसे न केवल रणभूमि में पराजित किया, अपितु उसे गिरफ्तार करके कारावास में डाल दिया। परंतु सम्राट् बालादित्य की कृपालु माता के आदेश से उसे छोड़ दिया गया। वहाँ से मिहिरकुल कश्मीर पहुँचा और राजनीतिक षड्यंत्रों से घाटी का शासक बन बैठा।

कश्मीर में शैव मत इतना प्रभावी एवं ठोस था कि शिव के उपासकों की संगठित शक्ति और कार्यक्षमता ने मिहिरकुल को शिव की शरण में आने के लिए बाध्य किया।

उसने न केवल शैव मत को अपनाया, अपितु प्रसिद्ध मिहिरेश्वर मंदिर की स्थापना भी की। यह मंदिर आजकल पहलगाम में मामलेश्वर नाम से जाना जाता है। इस प्रकार कनिष्क और उसकी कुषाण जाति की भाँति ही मिहिरकुल और उसकी हूण जाति का भी कश्मीरियों ने भारतीयकरण करके उन्हें शैव मत का अनुयायी बनाया।

प्रतिभाशाली मेघवाहन

इसी कालखंड में कल्हण ने राजतरंगिणी की तृतीय पुस्तक में मेघवाहन नामक एक प्रतिभाशाली राजा का उल्लेख किया है। मेघवाहन का जन्म गांधार में हुआ था। गांधार उस समय बौद्ध मत का प्रभाव केंद्र था। कनिष्क के प्रयासों के कारण बौद्ध मत अफगानिस्तान एवं तुर्किस्तान तक फैल चुका था। अत: मेघवाहन ने भी बौद्ध मत के प्रचार हेतु एक अनूठा अभियान प्रारंभ किया जो विश्व इतिहास में अभिनव और अतुलनीय है। उसने समूचे विश्व में प्राणी हिंसा के निषेध का निश्चय किया (राजतंरगिणी 3/27)। कश्मीर में उसने पशुओं के वध पर प्रतिबंध लगाने के पश्चात् इस निषेधाज्ञा को प्रभावी बनाने के उद्देश्य से दक्षिण की ओर लंका तक प्रवास किया।

कश्मीर के राजभवन पर जो ध्वज लहराता था, उसका ध्वजदंड राजा मेघवाहन को श्रीलंका के राजा ने प्रदान किया था। हिमालय से सुदूर दक्षिण तक भारत के एकत्व का यह एक अद्‌भुत उदाहरण है।

राजा दुर्लभवर्धन

मेघवाहन के कालखंड के पश्चात् कश्मीरी इतिहास के उज्ज्वल पृष्ठों पर कर्कोटा वंश का 254 वर्षों का राज्य स्वर्णिम अक्षरों में वर्णित है। इस वंश का संस्थापक राजा दुर्लभवर्धन 625 ई. में कश्मीर की राजगद्दी पर बैठा। यहीं से चौथी राजतरंगिणी का प्रारंभ होता है। कर्कोटा राजवंश का इतिहास अधिक ठोस एवं प्रामाणिक है। 631 ई. में चीन का प्रसिद्ध यात्री ह्वेनसांग कश्मीर पहुँचा। वह राजकीय अतिथि के नाते दो वर्ष तक यहाँ रहा। उसने दुर्लभवर्धन के राज्यकाल का वर्णन अपने लेखन में किया है। उसके अनुसार, ''कश्मीर के राजा का तक्षशिला, हजारा, पुंछ और राजौरी जैसे दूरस्थ स्थानों तक प्रभाव था। वह एक शक्तिशाली राजा था और एक विस्तृत राज्य पर शासन करता था। कश्मीर से काबुल तक के मार्ग पर उसका नियंत्रण था। किंतु वह पूरी तरह स्वतंत्र नहीं था। सम्राट् हर्षवर्धन, जिसकी राजधानी कन्नौज थी, कश्मीर पर साधारण रूप में सत्ता रखता था। कश्मीर की आर्थिक अवस्था अच्छी थी। घाटी फलों और फूलों से भरी थी। बौद्ध मत का अच्छा प्रसार-प्रचार था।''

ह्वेनसांग के उपर्युक्त वर्णन से स्पष्ट होता है कि कश्मीर का राजा भी सम्राट्

हर्षवर्धन की केंद्रीय सत्ता के अंतर्गत आता था। इस तथ्य से उन आधुनिक इतिहासकारों को कुछ सीखना चाहिए, जो यह कहते गर्व अनुभव करते हैं कि भारत में कभी केंद्रीय सत्ता नहीं रही।

अरब हमलावरों का मुख मोड़ने वाला राजा चंद्रापीड़

इसी कर्कोटा वंश में चंद्रापीड़ नामक राजा ने कश्मीर में एक आदर्श एवं शक्तिशाली राज्य की स्थापना की। श्री गोपीनाथ श्रीवास्तव के अनुसार यह राजा इतना शक्तिशाली था कि चीन का राजा भी इसकी महत्ता को स्वीकार करता था। इसने सन् 713 में चीन दरबार में अपना एक दूत इस आशय से भेजा कि चीन की सहायता से वह अरब से युद्ध करे। चंद्रापीड़ न्यायप्रिय राजा था। इससे कश्मीरियों की दिग्विजयी मनोवृत्ति का परिचय मिलता है। अरब देशों तक जाकर अपनी तलवार के जौहर दिखाने की दृढ़ इच्छा और चीन जैसे देशों के साथ सैन्य-संधि जैसी कूटनीतिज्ञता का आभास भी मिलता है।

चंद्रापीड़ के राज्य में न्याय एवं साधारण जनता के अधिकारों की चर्चा भी कल्हण ने राजतरंगिणी में की है। अति साधारण लोगों को भी पूरे अधिकार एवं सम्मान प्राप्त था।

राजतरंगिणी में ही एक लघुकथा का सुंदर वर्णन आता है—

एक बार राजा को एक अति विशाल मंदिर के निर्माण के लिए उचित स्थान पर उपयुक्त भूमि की आवश्यकता थी। सरकारी अधिकारी भूमि की तलाश में अनेक दूरस्थ स्थानों पर गए। जो भूमि उन्हें मंदिर निर्माण के लिए पसंद आई, वह एक साधारण चर्मकार की थी। उसी में उसकी अपनी झोंपड़ी भी थी। चर्मकार ने अपनी झोंपड़ी हटाना अस्वीकार करते हुए वह जमीन देने से मना कर दिया। जब राजा तक यह समाचार पहुँचा तो उसने तुरंत भूमि अधिग्रहण के आदेश को रोक दिया। राजा स्वयं चर्मकार की झोंपड़ी के द्वार तक पहुँचा। चर्मकार से वार्त्तालाप करते हुए राजा ने राष्ट्रहित में झोंपड़ी कहीं अन्यत्र ले जाने की प्रार्थना की। राजा ने उसे समझाया कि मंदिर निर्माण का प्रश्न राष्ट्रीय प्रश्न है, अतः इस राष्ट्रीय कार्य में बाधा बनना श्रेयस्कर नहीं। साधारण से चर्मकार को भी राष्ट्रहित की बात समझ में आ गई और वह राजा के आदेश से झोंपड़ी को कुछ ही दूर सरकारी खर्चे पर उठा कर ले गया।

पराक्रमी सम्राट् ललितादित्य

साहस और पराक्रम की प्रतिमूर्ति सम्राट् ललितादित्य मुक्तापीड़ का नाम कश्मीर के इतिहास में सर्वोच्च स्थान पर है। उसका सैंतीस वर्षों का राज्यकाल उसके सफल सैनिक अभियानों, अद्‌भुत युद्ध कौशल और विजेता बनने की चाह से पहचाना जाता है। सिकंदर की भाँति लगातार बिना थके, युद्ध में व्यस्त रहना और रणक्षेत्र में अपने अनूठे

सैन्य-कौशल से विजय प्राप्त करना उसकी विशेषता थी। ललितादित्य के सफल युद्ध अभियानों के कारण भारत ही नहीं समूचे विश्व में कश्मीर की धरती के पराक्रमी पुत्रों का नाम अमर हुआ।

कश्मीर उस समय सबसे बड़ा शक्तिशाली राज्य था। ललितादित्य के समय यह पूर्व में तिब्बत से लेकर पश्चिम में ईरान और तुर्किस्तान तक तथा उत्तर में मध्य एशिया से लेकर दक्षिण में उड़ीसा और द्वारिका के समुद्रतटों तक पहुँच गया था।

ललितादित्य ने अपने सैनिक जीवन के अतिरिक्त अनेक क्षेत्रों में भी रुचि दिखाई। उसके शासनकाल में व्यापार एवं कला को महत्त्व दिया गया। धार्मिक उत्सवों के आयोजन होते थे। चित्रकला, मूर्तिकला के क्षेत्रों में ललितादित्य ने विशेष प्रोत्साहन एवं सुविधाएँ प्रदान कीं। ललितादित्य स्वयं भी एक कुशल लेखक और वीणावादक था।

सम्राट् ललितादित्य का अत्यंत सुंदर एवं चिरस्मरणीय कार्य है उसके द्वारा निर्मित विशाल मार्तंड मंदिर, जिसे सम्राट् ने भगवान् भास्कर सूर्यदेव के सम्मान में बनवाया। उल्लेखनीय है कि सम्राट् ललितादित्य स्वयं भी सूर्यवंशी क्षत्रिय था। मंदिर निर्माण की अतुलनीय वास्तुकला और इसे बनानेवालों की अद्वितीय क्षमता विश्व के इतिहास में दुर्लभ है।

सम्राट् ललितादित्य अद्वितीय योद्धा, विजेता, वास्तुकला प्रेमी एवं साहित्य प्रेमी तो था ही, वह एक अतिकुशल प्रशासक भी था। अपने राज्य में उसने किसी भी प्रकार के विद्रोह, आंतरिक संघर्ष और सांप्रदायिक वैमनस्य को उभरने नहीं दिया। विश्व के इतिहास में अन्य कोई ऐसा राजनीतिक नेता अथवा सम्राट् दृष्टिगोचर नहीं होता जिसके व्यक्तित्व की तुलना ललितादित्य से की जा सके।

कर्मयोगी सम्राट् अवंतिवर्मन

शांति, विकास और न्याय की दृष्टि से कश्मीर के इतिहास में अवंतिवर्मन का अट्ठाईस वर्षों का शासनकाल विशेष महत्त्व रखता है। इस सारे कालखंड में सम्राट अवंतिवर्मन ने कोई युद्ध नहीं किया। रणक्षेत्र में अपना समय बिताने के स्थान पर उसने अपने राज्य के विकास कार्यों की ओर ध्यान दिया। राज्य की प्रजा के सुख को अपना उद्देश्य घोषित करते हुए उसने सारे प्रदेश में जन-सुविधाएँ जुटाने हेतु अनेक परियोजनाओं को प्रारंभ किया।

अवंतिवर्मन ने विकास, निर्माण और जन-कल्याण के प्रत्येक क्षेत्र में अपनी प्रजा को उन्नति के पूरे अवसर और सुविधाएँ उपलब्ध करवाईं। उसने अनेक मठ मंदिर अपनी देख-रेख में बनवाए। उसके द्वारा बनवाए गए दो वैभवशाली मंदिर 'अवंतीश्वर' और

'अवंतिस्वामिन' के खंडहर आज भी हमारे देश के प्राचीन वैभव के ऊँचे शिखरों का परिचय देते हैं। जो भी पर्यटक पहलगाम जाता है, वह अवंतिपुर इन मंदिरों के दर्शनार्थ जरूर जाता है।

भारतीय संस्कृति के इन अनूठे प्रतीकों, स्मृतियों और ध्वंसावशेषों को देखकर इन्हें तोड़ने और बरबाद करनेवाले जालिम यवन सुल्तानों और उनके कुकृत्यों का परिचय मिलता है। ये टूटे और बिखरे खंडहर जहालत और अमानवीय विचारदर्शन के जीते जागते सबूत हैं।

काबुल पर आधिपत्य जमाने वाला राजा शंकरवर्मन

अवंतिवर्मन के पश्चात् उसका पुत्र शंकरवर्मन राज्यसिंहासन पर बैठा। अपने पिता के समय प्राय: बंद सैनिक अभियानों को फिर से प्रारंभ करके उसने ललितादित्य के समय में विजित प्रदेशों को पुन: कश्मीर में मिलाने का निश्चय किया। इसी उद्देश्य के साथ वह अपनी सेना के विजय अभियान हेतु कश्मीर से बाहर निकला और अनेक छोटे-बड़े राज्यों को विजित करता हुआ काबुल तक जा पहुँचा। उस समय काबुल पर एक हिंदू राजा लल्लैय्या का ही राज्य था। उसकी प्रजा ने उसका साथ नहीं दिया। शंकरवर्मन विजयी हुआ और काबुल कश्मीर के आधिपत्य में आ गया। शंकरवर्मन के समय में कश्मीर राज्य सैन्य और आर्थिक दोनों दृष्टियों से मजबूत हुआ। यहाँ यह बात विशेषतया उल्लेखनीय है कि सम्राट् ललितादित्य के समय कश्मीर सैन्य दृष्टि से शक्तिशाली बना। सम्राट् अवंतिवर्मन के शासन में कश्मीर आर्थिक दृष्टि से संपन्न हुआ, परंतु शंकरवर्मन के समय में कश्मीर दोनों क्षेत्रों में ही उन्नति की मंजिलें पार करने लगा।

महमूद गजनवी को धूल चटानेवाला महाराज संग्रामराज

ईरान, तुर्किस्तान तथा भारत के कुछ हिस्सों को अपने पाँव तले रौंदनेवाला सुल्तान महमूद गजनवी दो बार कश्मीर की धरती से पराजित होकर लौटा। यह एक ऐतिहासिक सच्चाई है कि कश्मीरी सैनिकों की तलवार के वार वह सह न सका और कश्मीर की वादियों को जीतने की तमन्ना जिंदगी भर पूरी न कर सका। कश्मीर के इस शौर्य को इतिहास के पन्नों पर लिखा गया महाराज संग्रामराज के शासनकाल में। इस शूरवीर राजा ने कश्मीर प्रदेश पर 1003 ई. से 1028 ई. तक राज्य किया। महमूद गजनवी का अंतिम आक्रमण भारत पर 1030 ई. में हुआ था।

संग्रामराज महमूद की आक्रमण शैली को समझता था। धोखा, फरेब, देवस्थानों को तोड़ने, बलात्कार इत्यादि महाजघन्य कुकृत्य करने वाले महमूद गजनवी के आक्रमण की गंभीरता को समझते हुए उसने पूरे कश्मीर की सीमाओं पर सख्त चौकसी रखने के

आदेश दिए। सीमावर्ती क्षेत्रों के लोगों को विशेष रूप से प्रशिक्षित किया गया, ताकि पूरी सतर्कता से प्रत्येक परिस्थिति का सामना किया जा सके।

गजनवी ने सन् 1015 ई. में कश्मीर पर आक्रमण किया। कश्मीर की सीमा पर स्थित लोहकोट नामक किले के पास तौसी नामक मैदान में उसने सैनिक पड़ाव डाला। महमूद के आक्रमण की सूचना, सीमाक्षेत्रों पर बढ़ाई गई चौकसी और गुप्तचरों की सक्रियता के कारण तुरंत संग्रामराज तक पहुँची। कश्मीर की सेना ने एक दक्ष सेनापति तुंग के नेतृत्व में कूच कर दिया। कश्मीर प्रदेश के साथ लगे काबुल राज्य पर त्रिलोचनपाल का राज्य था। राजा त्रिलोचनपाल स्वयं भी सेना के साथ तौसी के मैदान में आ डटा। गजनवी की सेना को चारों ओर से घेर लिया गया। महमूद की षड्यंत्रयुक्त युद्ध शैली कश्मीरी सेना की चातुर्यपूर्ण पहाड़ी व्यूहरचना के आगे पिट गई। तौसी का युद्धस्थल महमूद के सैनिकों के शवों से भर गया।

कश्मीरी सेना के हाथों इतनी मार खाने के बाद महमूद ने संग्रामराज की सैनिक क्षमता का लोहा तो माना, परंतु उसके मन में कश्मीर विजय के लड्डू फूटते रहे। वह अपनी आकांक्षा पर नियंत्रण न कर सका। अतः 1021 ई. में पुनः कश्मीर पर आक्रमण करने आ पहुँचा। इस बार भी उसने पुनः लोहकोट किले पर ही पड़ाव डाला। काबुल के हिंदू राजा त्रिलोचनपाल ने फिर उसे घेरकर खदेड़ना शुरू किया। परंतु इस बार महमूद अधिक शक्ति के साथ आक्रमण की तैयारी करके आया था। पिछले घावों का दर्द अभी बाकी था। नई मार से वह पागल जानवर की तरह हताश हो गया। त्रिलोचनपाल की सहायता के लिए संग्रामराज ने भी तुरंत सेना भेज दी। महमूद की सेना चारों खाने चित्त पिटने लगी। महमूद गजनवी की पुनः पराजय हुई और वह दूसरी बार कश्मीरियों के हाथों पिट कर गजनी पहुँचा था। इसके बाद मरते दम तक उसकी कश्मीर की ओर देखने की हिम्मत नहीं हुई। महमूद की इस दूसरी अपमानजनक पराजय के संबंध में एक मुसलिम इतिहासकार नजीम ने अपनी पुस्तक 'महमूद ऑफ गजनी' में लिखा है—

''महमूद गजनवी ने अपनी पिछली पराजय का बदला लेने और अपनी खोई इज्जत पुनः प्राप्त करने हेतु 1021 ई. में कश्मीर पर पुराने रास्ते से ही फिर आक्रमण किया। परंतु फिर लोहकोट के किले ने उसका रास्ता रोक लिया। एक मास की असफल किलेबंदी के बाद, बरबादी की संभावना से डरकर महमूद ने दुम दबाकर भाग जाने में कुशलता समझी। इस पराजय से उसे कश्मीर राज्य की अजेय शक्ति का आभास हो गया और कश्मीर को हस्तगत करने का इरादा उसने सर्वदा के लिए त्याग दिया।''

अनूठी शूरवीरता का धनी राजा त्रिलोचनपाल

उपर्युक्त दोनों युद्धों में राजा त्रिलोचनपाल के शौर्य प्रदर्शन का अपना विशेष महत्त्व

है। त्रिलोचनपाल राजा आनंदपाल का पुत्र था। काबुल के राजवंश का अंतिम हिंदू राजा त्रिलोचनपाल वीर और परिश्रमी था और मुसलमानों की रणनीति से पूर्णतया परिचित था। अपने पिता के समय वह सेनापति रहा था। अनेक युद्धों में उसने प्रबल मुसलिम आक्रमणों के मुख मोड़ने में सफलता प्राप्त की थी। पर्वतीय युद्ध का वह एक सफल और कुशल सैन्य संचालक था।

शूरवीर जयसिंह

सन् 1128 से सन् 1150 तक कश्मीर पर राजा जयसिंह का राज्य रहा। दृढ़निश्चयी जयसिंह ने अनेक कठिनाइयों एवं संघर्षों का सामना सफलतापूर्वक किया। भारत के उत्तर पश्चिमी क्षेत्र पर मुसलिम शक्ति के बढ़ते प्रभाव से वह अत्यधिक चिंतित था। उसने इस खतरे के संभावित परिणामों के दृष्टिगत अपने कश्मीर राज्य से लगते अनेक राज्यों के प्रमुखों से इस विषय पर वार्त्तालाप प्रारंभ किया। उसने कन्नौज के राजा गोविंदचंद्र से अनेक मैत्री वार्त्ताएँ चलाईं। राजा जयसिंह ने अपनी विदेश नीति का स्वरूप भी इन्हीं परिस्थितियों के अनुसार ढाला। पड़ोस के हिंदू राजाओं के सहयोग से जयसिंह ने उभरती हुई मुसलिम ताकत को दबाने में सफलता प्राप्त की। इस समय कश्मीर पर विदेशी राजाओं (विशेषतया मुसलिम सुल्तानों) की कुदृष्टि पड़ चुकी थी। हर्ष की उदारता और उसके द्वारा किए गए सेना के अनुचित पुनर्गठन के दुष्परिणामस्वरूप कश्मीर की सेना एवं प्रशासन की सेवाओं में पेशेवर मुसलिम सैनिक तथा अन्य लोग प्रवेश कर चुके थे।

कश्मीर में विकसित इस नई उदार नीति ने कश्मीर की पारंपरिक एवं स्वाभाविक एकता को भंग करना प्रारंभ किया। कश्मीर की शक्ति घटनी प्रारंभ हुई, सहअस्तित्त्व की भावना में दरारें पड़ीं, आंतरिक संघर्षों की शुरुआत हुई, धर्मांतरण का जहर फैला और हिंदू कश्मीर को मुसलिम कश्मीर बनाने का मार्ग प्रशस्त हो गया।

□

धर्मांतरण से राष्ट्रांतरण

कश्मीर घाटी के अनेक कट्टरपंथी मुसलिम नेता यह दावा करते हैं कि पाँच हजार वर्ष पूर्व के हिंदू कश्मीर को मुसलिम राष्ट्र बनाने के लिए हिंदू कश्मीरियों ने अपनी इच्छा से इसलाम कबूल किया, यह ऐतिहासिक झूठ है। वस्तुस्थिति पर मजहबी जुनून का परदा डालने की सोची-समझी चाल है। सच्चाई तो यह है कि शेष देश में चली धर्मांतरण की खूनी आँधी की तरह ही कश्मीर में भी विदेश से आए हमलावरों की एक लंबी कतार ने तलवार के जोर पर हिंदुओं को इसलाम कबूल करवाया है। इन विदेशी आक्रमणकारियों ने कश्मीर के हिंदू राजाओं और प्रजा की उदारता, धार्मिक सहनशीलता, अतिथि सत्कार इत्यादि मानवीय गुणों का भरपूर फायदा उठाया है।

हालाँकि कश्मीर की हिंदू शासक कोटा रानी (सन् 1339) के समय में ही कश्मीर में अरब देशों के मुसलिम व्यापारियों, मजहबी रहनुमाओं और लड़ाकू इसलामिक झंडाबरदारों का आना शुरू हो गया था, परंतु कोटा रानी के बाद शाहमीर मुसलिम सुल्तान के समय हिंदुओं का हर तरीके से इसलाम में धर्मांतरण शुरू हो गया। इसी कालखंड में हमदान (तुर्कीस्थान-फारस) से मुसलिम सइदों की बाढ़ कश्मीर पहुँची। सइद अली हमदानी और सईद शाहे हमदानी इन दो मजहबी नेताओं के साथ हजारों इसलामिक धर्म प्रचारक सईद भी कश्मीर आए (सन् 1372)। इन सइदों ने मुसलिम शासकों की मदद से कश्मीर के गाँव-गाँव में मसजिदें, खनकाहें, दरगाहें, मदरसे और इसी प्रकार के इसलामिक केंद्र खोले। ऊपर से दिखनेवाले इन मानवीय प्रयासों के पीछे वास्तव में कश्मीरी हिंदुओं के जबरन धर्मांतरण की नापाक दास्तान छिपी है। सईद अली हमदानी ने कश्मीर की एक प्रभावशाली संन्यासिनी लल्लेश्वरी देवी की तारीफ के पुल बाँधे और उसके प्रभाव का इस्तेमाल कर इसलामिक सूफी रिवाजों पर आधारित जबरी धर्मांतरण की शुरुआत की। हमदानी ने कश्मीर के तत्कालीन सुल्तान कुतुबुद्दीन को धार्मिक फतवा सुनाकर इसलामी देशों की वेषभूषा, राज्य का इसलामी मॉडल, शासन-प्रणाली में शरियत के कानून लागू करवाए और राज्य के भवनों पर हरे इसलामी झंडे लगाने जैसी व्यवस्थाएँ लागू करवा

दीं। इन सबका विरोध करने वाले हिंदुओं को सताने और सजाए मौत देने का सिलसिला यहीं से शुरू हुआ।

इन सइदों के मजहबी जुनून, इसलामी साम्राज्यवादी इरादों और हिंदू कश्मीर को इसलामी राष्ट्र में बदलने के खतरनाक षड्यंत्र को एक मुसलिम इतिहासकार एम.डी. सूफी ने अपनी पुस्तक 'कश्मीर' में स्पष्ट किया है—''सइदों ने मुसलिम राजाओं में बहुत प्रसिद्धि प्राप्त की। इनका प्रभाव राजाओं पर पड़ा। इन्होंने अनेक प्रचार केंद्र स्थापित किए, जहाँ लोगों को निःशुल्क भोजन दिया जाता था और बाद में उन्हें जबरदस्ती इसलाम में शामिल कर लिया जाता था।'' वास्तव में इसी जबरदस्ती ने बाद में खून की नदियाँ बहाकर हिंदुओं को मुसलमान बनाना शुरू किया। इसे कश्मीर, भारत, हिंदू समाज और संपूर्ण मानवता का दुर्भाग्य ही कहा जाएगा कि इन्हीं धर्मांतरित कश्मीरियों ने विदेशी धर्म-प्रचारकों का न केवल धार्मिक स्तर पर सहयोग किया अपितु उनकी ओर से चलाई गई बलात् धर्मांतरण की खुली प्रक्रिया तेज करने में भी साथ दिया। कश्मीर की प्राचीन मान्यताओं को तहस-नहस कर विधर्मी मान्यताओं की प्रतिष्ठा करने में जितना उत्साह इन धर्मांतरित मुसलमानों ने दिखाया वह कश्मीर के इतिहास का एक अति कलंकित अध्याय है। इन्होंने अपने ही बाप-दादाओं के बनाए हुए मठ-मंदिरों को तोड़कर उन्हें मसजिदों में तब्दील करने में जरा भी शर्म महसूस नहीं की। मुसलिम सुल्तानों ने पढ़े-लिखे कश्मीरी हिंदुओं को अपने राज दरबारों में वजीर बनाया। ऊँचे-ऊँचे पदों पर रखा और बाद में इन कथित वजीरों को जागीरें देकर राजा शमसूद्दीन और राजा सैफूद्दीन बनाकर इन्हीं से हिंदुओं पर जुल्म की चक्की चलवाई। अन्यथा मुट्ठी भर विदेशी हमलावरों की क्या हिम्मत थी कि इस धरती पर अपने पाँव जमाने में कामयाब होते।

कश्मीर में हुए जबरन धर्म-परिवर्तन के कुछ संक्षिप्त उदाहणों से स्वतंत्र कश्मीर राष्ट्र की पृष्ठभूमि समझी जा सकती है। मुसलिम इतिहासकार हसन ने अपनी पुस्तक 'हिस्टरी ऑफ कश्मीर' में इस एकतरफा धर्मांतरण का जिक्र इस तरह किया है—''सुल्तान सिकंदर बुतशिकन (सन् 1393) ने हिंदुओं को सबसे ज्यादा दबाया। शहरों में यह घोषणा कर दी गई थी कि जो हिंदू मुसलमान नहीं बनेगा, वह या तो देश छोड़ दे, या मार डाला जाए। परिणामस्वरूप कई हिंदू कश्मीर छोड़कर भाग गए और कइयों ने इसलाम कबूल कर लिया। अनेक ब्राह्मणों ने मरना बेहतर समझा और प्राण दे दिए। इस तरह सुल्तान सिकंदर ने लगभग तीन खिर्बार (सात मन) पवित्र जनेऊ हिंदू धर्म परिवर्तन करने वालों से जमा किए और जला दिए। हजरत अमीर कबीर (तत्कालीन धार्मिक नेता) ने यह सबकुछ अपनी आँखों से देखा। उसने सिकंदर को समझाया कि ब्राह्मणों की क्रूरतापूर्वक हत्याएँ करने के बजाए वह उन पर जजिया/हिंदू होने का टैक्स लगा दे···सुल्तान

सिकंदर नहीं माना। हिंदुओं के सारे धर्मग्रंथ डल झील में फेंक दिए गए और कई जला दिए गए। कइयों को मिट्टी और पत्थरों के नीचे दबा दिया गया।''इस देश (कश्मीर) में हिंदू राजाओं के समय में अनेक मंदिर थे, जो संसार के आश्चर्यों की तरह थे। उनकी कला इतनी बढ़िया और कोमल थी कि दर्शक ठगा सा रह जाता था। सुल्तान सिकंदर ने ईर्ष्या और घृणा से भरकर मंदिरों को नष्ट कर मिट्टी में मिला दिया। मंदिरों के मलबे से अनेक मसजिदें और खानकाहें बनवाईं।''

ऐतिहासिक ग्रंथ राजतरंगिणी के दूसरे लेखक जोनराज के अनुसार—''कोई भी ऐसा नगर, कस्बा, गाँव और वन नहीं बचा जहाँ हिंदू देवताओं के मठ-मंदिर टूटने से बचे हों। इन गैर-इनसानी जुल्मों के सामने अनेक हिंदुओं ने हार मानी और धर्मांतरित हो गए तथा अनेकों ने आत्महत्याएँ कर लीं।'' एक अंग्रेज इतिहासकार डॉ. अर्नेस्ट ने अपनी पुस्तक 'बियोंड द पीर पंजाल' में सुल्तानों के अत्याचारों को इस तरह लिखा है—''दो-दो हिंदुओं को जीवित ही एक बोरे में बंद कर झील में फेंक दिया जाता था। उनके सामने केवल तीन मार्ग शेष थे। या तो वे मुसलमान बनें या मौत को स्वीकार करें अथवा फिर संघर्ष करें। सिकंदर ने सरकारी आदेश जारी कर दिया इसलाम, मौत अथवा देश निकाला।''

क्रूर और पाश्विक प्रवृत्तिवाले सुल्तानों ने हिंदुओं के आध्यात्मिक श्रद्धा केंद्रों पर भी अपनी आँखें गड़ाईं। सईद मोहम्मद हमदानी ने सुल्तान बुतशिकन को समझाया कि जब तक इन बुत-परस्त काफिरों के मंदिरों में लगे बुतों को समाप्त नहीं किया जाता तब तक इनके बलात् धर्मांतरण का लाभ नहीं होगा। यही देवस्थल इनके प्रेरणा-केंद्र हैं। यही इन्हें भविष्य में संगठित होकर इसलाम त्यागने की प्रेरणा दे सकते हैं, अतः इन नए मुसलमानों को भारत राष्ट्र की मूल धारा से जोड़नेवाले इन देवस्थलों को समाप्त करना बहुत जरूरी है। सईद की इस भारत और हिंदू विरोधी सूझ-बूझ को सुल्तान ने शिरोधार्य किया और मानव इतिहास की सर्वश्रेष्ठ कृतियों को बरबाद करने के कुकृत्य शुरू कर दिए। मुसलमान इतिहासकार हसन ने लिखा है कि सबसे पहले सुल्तान सिकंदर की दृष्टि मटन (कश्मीर) के विश्व प्रसिद्ध मार्तंड सूर्य मंदिर पर पड़ी।

मार्तंड सूर्य मंदिर तोड़कर पूर्णतः बरबाद करने में एक वर्ष का समय लगने के बाद भी सुल्तान अपने काम में सफल नहीं हो सका। तब कला, संस्कृति और ईश्वरीय सौंदर्य के इस शत्रु ने मंदिर को लकड़ियों से भरकर आग लगवा दी और मंदिर के स्वर्णजड़ित गुंबद की तबाही के आदेश देता रहा। मंदिर की नींव से पत्थरों को निकलवाया गया''मंदिर के चारों ओर के गाँवों को इसलाम कबूल करने के आदेश दे दिए गए। जो नहीं माने उनको परिवारों सहित तलवार की भेंट चढ़ा दिया गया। इस तरह सैकड़ों गाँव इसलाम में धर्मांतरित कर दिए गए। इस मार्तंड मंदिर के खंडहरों को देखकर आज भी इसके निर्माणकर्ताओं के कलाकौशल पर आश्चर्य होता है। इसी प्रकार कश्मीर के

प्रसिद्ध विजबिहार स्थान पर एक विशाल और सुंदर देवस्थल विजवेश्वर मंदिर और उसके आस-पास के तीन सौ से भी ज्यादा मंदिरों को सुल्तान के आदेश से तुड़वा दिया गया। इतिहासकार मोहम्मद हसन के अनुसार इस विजवेश्वर मंदिर की मूर्तियों और पत्थरों से वहीं एक मसजिद का निर्माण किया गया और उसी क्षेत्र में एक खनक बनवाई गई, जिसे आज भी विजवेश्वर खनक कहते हैं।

हिंदू उत्पीड़न और बलात् धर्मांतरण का यह खूनी फाग प्रत्येक मुसलिम सुल्तान के समय तेजी से चला, परंतु औरंगजेब के समय हिंदुओं के हाथ-पाँव काटने, उनकी संपत्ति हथियाने, तरह-तरह के बहाने बनाकर उन्हें कारावास में डालने, सजा-ए-मौत देने और अपहरण कर मुसलमान बनाने के अत्यंत अमानवीय हथकंडे शुरू हो गए। औरंगजेब ने अपने शासनकाल के 49 वर्षों में 14 सूबेदार कश्मीर में अपने नापाक इरादे पूरे करने के लिए भेजे। उनमें सबसे वफादार निकला इफ्तार खान (सन् 1671-75) जिसने कश्मीर के हिंदुओं पर अत्याचारों के पिछले सभी रिकॉर्ड तोड़कर आनेवाले सुल्तानों और सूबेदारों को बलात् धर्मांतरण का रास्ता दिखाया। इतिहासकार मोहम्मद फाक ने धर्मांतरण के इन राक्षसी तौर-तरीकों को अपनी पुस्तक 'हिस्टरी ऑफ कश्मीर' में इस प्रकार लिखा है—"कश्मीर में मजहबी आतंक चरमसीमा पर पहुँच गया। पंडितों के विनाश के लिए एक क्रमबद्ध विधि अपनाई गई। उसने पंडितों को बोरियों में बाँधकर डल झील में डालकर मार डाला...बारामूला के अनेक प्रतिष्ठित पंडितों को बंदी बनाकर यातनाएँ दी गईं। उन्हें कारावास में यातनाएँ देने के बाद झेलम नदी में डुबो दिया गया। जब उसे विश्वास हो गया कि पूरी जाति का विनाश संभव नहीं है तो सुल्तानों ने बचे हुए पंडितों का जीना असंभव कर दिया। पूरी जाति पर जजिया टैक्स लगा दिया। गरीब और बेसहारे पंडित इसे सहन नहीं कर सके और जबरदस्ती मुसलमान बना दिए गए।"

हिंदू कश्मीर के धर्मांतरण की यह दर्दनाक कहानी बहुत लंबी है। सन्1339 से शुरू हुआ कश्मीर का असली चेहरा बिगाड़नेवाला यह काला इतिहास जो सन् 1989 में हुए कश्मीरी पंडितों के सामूहिक पलायन तक जारी रहा। कश्मीर के इसलामीकरण की इसी प्रक्रिया को आज के कश्मीरी नेता पूरा कर रहे हैं। यदि भारत की सरकार न चेती और देश के हिंदुओं ने संगठित होकर इसका प्रतिकार न किया तो कश्मीर को इसलामिक राष्ट्र बनाने का अलगाववादियों का सुनहरा ख्वाब हकीकत में बदलने में देर नहीं लगेगी।

□

डुग्गर धरती का गौरवशाली अतीत

डोगरा वीरों की धरती डुग्गर प्रदेश अर्थात् संपूर्ण जम्मू क्षेत्र अपने अजय पौरुष, वीरता, स्वाभिमान, स्वावलंबन और अटूट राष्ट्रभक्ति के लिए प्रसिद्ध है। प्राचीन भारत राष्ट्र के प्रमुख जनपदों में एक मद्र जनपद की रीढ़ जम्मू क्षेत्र की सीमाएँ पश्चिमी पंजाब (पाकिस्तान) के सियालकोट, भारतीय पंजाब के पठानकोट/गुरुदासपुर, हिमाचल प्रदेश के काँगड़ा/चंबा, वर्तमान जम्मू-कश्मीर प्रांत के किश्तवाड़/रामबन/पुंछ/बनिहाल और पाकिस्तान अधिकृत कश्मीर के मुजफ्फराबाद/मीरपुर तक फैली हुई थीं। विश्व के विशाल हिमालय पर्वत की गगनचुंबी चोटियों/पर्वत मालाओं पीर पंजाल, त्रिकुटा और शिवालिक की तलहटियों में बसे हुए इस क्षेत्र के लोगों ने न केवल विदेशी आक्रमणकारियों को ही धूल चटाई है, अपितु राक्षसी शक्तियों अथवा हमलावरों द्वारा सताए एवं भगाए लोगों को शरण भी दी है।

शरणागत् की रक्षा

भारत विशेषतया जम्मू-कश्मीर के ऐतिहासिक ग्रंथ नीलमत पुराण में वर्णन मिलता है कि जब राक्षस जलोद्भव ने कश्मीर के नागरिकों पर अत्याचार करने प्रारंभ किए तो मद्र जनपद के भाग जम्मू क्षेत्र के लोगों ने कश्मीर से पलायन करके आए लोगों को तब तक अपने पास सुरक्षित रखा जब तक जलोद्भव की उद्दंडता समाप्त नहीं हुई। कश्मीर के निर्माता महर्षि कश्यप के मार्गदर्शन और योजनानुसार जलोद्भव और उसकी राक्षसी गतिविधियाँ समाप्त हुईं। उल्लेखनीय है कि वर्तमान में कश्मीर के जनजीवन पर काबिज जलोद्भवों की राक्षसी जुंडली के जुल्मों के शिकार कश्मीर के राष्ट्रवादी एवं भारत भक्त नागरिकों को भी जम्मू क्षेत्र ने अपनी गोद में शरण दी है। उम्मीद करनी चाहिए कि बहुत शीघ्र इस वर्तमान जलोद्भव का भी विनाश होगा और कश्मीर की धरती के पुत्र वापस अपनी शीतल वादियों में जाकर भारतीयता की अलख जगाएँगे। ईश्वरीय अनुकंपा से इतिहास करवट बदलेगा।

प्रखर राष्ट्रवादी डोगरे

कश्मीर के गौरवशाली अतीत का वर्णन इसी पुस्तक के प्रारंभिक पृष्ठों पर किया गया है। इसी तरह जम्मू क्षेत्र का भी अपना एक गौरवशाली अतीत है। जिस तरह से कश्मीर की धरती पर एशिया माईनर तक भारत की सीमाएँ पहुँचानेवाले सम्राट् ललितादित्य, अवंतिवर्मन जैसे कुशल योद्धा हुए हैं उसी प्रकार जम्मू की धरती ने भी ऐसे वीर योद्धाओं को जन्म दिया है जिन्होंने अफगानों, मुगलों और यूरोप के अनेक हमलावरों को धूल चटाई है। भारत को पराजित करने का ख्वाब देखनेवाले तथाकथित ढोंगी विश्वविजेता सिकंदर को मौत की सजा देने का ऐतिहासिक गौरव भी डुग्गर की धरती के वीरों ने प्राप्त किया है। डोगरा वीरों के रक्त में ही प्रखर राष्ट्रवाद इतने गहरे तक समाया हुआ है कि इन्होंने कभी देश और हिंदुत्व के स्वाभिमान पर आए संकट के समय कायरों की तरह पलायन नहीं किया। डोगरों की यह स्वाभिमानी और विजयी परंपरा आज तक निरंतर चलती आ रही है। कुछ अपवाद अवश्य हो सकते है, परंतु मूलतः सत्य के लिए संघर्ष करने की मनोवृत्ति आज भी विद्यमान है।

श्रीराम के पुत्र कुश के वंशज बाहू तोचन/जम्बू लोचन

अनेक इतिहासकारों ने जम्मू प्रदेश के प्राचीन इतिहास को रामायण काल के साथ जोड़ा है। अयोध्या के राजा श्रीराम के पुत्र कुश के वंशज राजा अग्नीबरन और उसके अनेक राजकीय सहयोगियों ने अयोध्या को छोड़कर उत्तर भारत के पर्वतीय इलाकों की ओर प्रस्थान किया। अग्नीबरन के नेतृत्व में इस शाही कुनबे ने पहले वर्तमान हिमाचल की काँगड़ा घाटी में प्रवेश किया। तत्पश्चात् ये लोग पंजाब की सीमा के निकटवर्ती इलाके जम्मू-कश्मीर के कठुआ जिला के पैरोल पहाड़ी क्षेत्र में जाकर बस गए। अग्निबरन के पुत्र सूर्यसर्व ने एक छोटी सी सेना बनाकर पंजाब, हिमाचल के कई इलाकों समेत जम्मू तवी (नदी) तक का क्षेत्र अपने अधीन कर लिया। अग्निबरन के ही वंशजों में पाँचवें सूर्यवंशी राजा अग्निगर्भ ने तवी नदी के आसपास के सारे क्षेत्र को अपने आधिपत्य में लेकर एक सुदृढ़ राज्य व्यवस्था की स्थापना की।

राजा अग्निगर्भ की मृत्यु के पश्चात् उसके बड़े बेटे बाहू लोचन ने राजगद्दी सँभाली। पूरे प्रदेश के राजकाज को सुचारु ढंग से चलाने के लिए बाहू लोचन ने तवी नदी के बाईं ओर के पहाड़ी क्षेत्र में अपनी राजधानी बनाने की योजना बनाई। इस क्षेत्र में एक नगर और एक किला बनवाया गया। कालांतर में यही बाहू नगर और बाहू फोर्ट कहलाए। बाहू लोचन ने तब निकटवर्ती मैदानी इलाके पंजाब को सैन्य बल के सहारे अपने कब्जे में लाने की कोशिश की। बाहू लोचन पंजाब के राजा चंद्रहास के हाथों मारा गया। बाहू राज्य की बागडोर इसके छोटे भाई जम्बू लोचन ने अपने हाथों में ली और अपने राज्य की सीमाएँ तवी के

दाईं ओर के क्षेत्र तक ले जाने के प्रयास प्रारंभ कर दिए।

एक ही घाट पर शेर और बकरी

अपने इस अभियान में जब राजा जम्बू लोचन तवी नदी के दूसरे किनारे तक शिकार करते हुए पहुँचे तो उन्होंने एक अनूठा दृश्य देखा। एक शेर और एक बकरी एक साथ एक ही घाट पर पानी पी रहे थे। राजा जम्बू लोचन ने इस तरह का अद्‌भुत नजारा पहले कभी नहीं देखा था। राजा इस रहस्य को जानने के लिए उत्तावला हो गया। इस विचित्र घटना की पृष्ठभूमि जानने के लिए उसने क्षेत्र के विद्वानों से संपर्क स्थापित किया। विद्वानों ने राजा को जानकारी दी कि इस क्षेत्र में कोई किसी का शत्रु नहीं है। इस पवित्र इलाके में सभी प्रेमपूर्वक एक-दूसरे के सहायक बनकर रहते हैं। कोई भी तालुका अथवा नगर प्रमुख एक-दूसरे पर अधिकार नहीं चलाते। यहाँ तक कि छोटी-छोटी रियासतों के प्रमुख भी एक-दूसरे पर आक्रमण नहीं करते। एक-दूसरे की स्वतंत्रता और अधिकारों का सम्मान किया जाता है। इस पवित्र वातावरण का प्रभाव जंगल में वास करने वाले जानवरों पर भी पड़ता है। इसीलिए यहाँ की नदियों के घाटों पर शेर और बकरी एक साथ पानी पीते हैं।

जम्बूपुरा से जम्मू

राजा जम्बू लोचन ने इस क्षेत्र की पवित्रता और महानता से प्रभावित होकर अपने राज्य की राजधानी तवी के दाएँ किनारे पर बनाने की घोषणा कर दी। एक नगर बनाया और बसाया गया। पहले इसका नाम जम्बूपुरा रखा गया। समय बीतने के बाद यही नगर जम्मू के नाम से प्रसिद्ध हो गया। राजा जम्बू लोचन ने अपने बड़े भाई द्वारा निर्मित बाहू नगर और बाहू फोर्ट का भी पूरा ध्यान रखा। विभिन्न इतिहासकार इस पर एकमत हैं कि जम्बू लोचन और बाहू लोचन इन दोनों पराक्रमी राजाओं ने तवी नदी के आर-पार के क्षेत्रों में जम्मू और बाहू दो नगरों को ईसा पूर्व 14वीं शताब्दी में बनाया और बसाया था। जम्मू प्रदेश में कई छोटे-छोटे राज्य और रियासतें शामिल थीं। इस तरह के 22 राज्यों का समूह यह जम्मू प्रदेश वीर डोगरों की धरती डुग्गर प्रदेश कहलाया।

द्विगर्त गणराज्य (जम्मू प्रदेश)

यूनान के इतिहासकारों ने जम्मू क्षेत्र अथवा डुग्गर प्रदेश का वर्णन किया है, जिस पर आधुनिक भारतीय इतिहासकारों ने सहमति जताई है। इस वर्णन के अनुसार जम्मू के पहाड़ी एवं मैदानी क्षेत्र को अभिसार और कीथी ओई इन दो राज्यों में विभक्त किया गया है। पुंछ के क्षेत्र को अभिसार कहा गया और रावी नदी के किनारे पर दूर तक बसे क्षेत्र को कीथी ओई कहा गया। आज यही क्षेत्र कठुआ के नाम से जाना जाता है। कीथी ओई

गणतंत्र की राजाधानी सियाल कोट थी। 'हिंदू पोलिटी' नामक पुस्तक के लेखक बैरिस्टर काशीप्रसाद जायसवाल ने डोगरों के इस संपूर्ण क्षेत्र को वीरभूमि के रूप में प्रस्तुत करते हुए लिखा है कि—"हिमालय के दामन में तत्कालीन काँगड़ा और जम्मू के साथ-साथ फैले हुए छह त्रिगर्त गणराज्य थे। इन सभी गणराज्यों ने मिलकर अपना एक संघ 'त्रिगर्त शष्ठा' के नाम से बनाया था। त्रिगर्त शष्ठा अर्थात् छह गणराज्यों का संघ। (1) कोंडोवपार्थ (2) डंडकी (3) कोशटकी (4) जलमणी (5) ब्रह्म मुप्ता और जलाकी।"

नरवीरों की धरती

इन छह त्रिगतों में प्रत्येक व्यक्ति सैनिक था और पूरे साम्राज्य की अपनी एक संगठित सेना थी। डोगरों के गणतंत्र कीथी ओई और साभूति के संघ को द्विगर्त कहा जाता था। इस द्विगर्त प्रदेश में सैनिक शिक्षा अनिवार्य थी। द्विगर्त पूर्व में रावी और पश्चिम में चिनाव तक था। कीथी ओई और साभूति के डोगरा गणतंत्रों में राज्य के संविधान के अंतर्गत चुनाव हुआ करते थे। राजा का चुनाव प्रजा करती थी और जनता को किसी भी समय राजा को गद्दी से उतारने का अधिकार प्राप्त था। स्पष्ट है कि भारत के लोकतंत्र की जड़ें बहुत पुरानी और गहरी हैं और चुने हुए प्रतिनिधि को वापस बुलाने के अधिकार का लोकतांत्रिक हक भी डोगरों की धरती पर सर्वप्रथम विद्यमान था। इस तरह द्विगर्त राज्य में लोकतांत्रित मूल्यों और वीरता की कोई कमी नहीं थी। बाह्य आक्रमणकारियों को डोगरा वीरों ने अनेक बार धूल चटाई थी।

डोगरों के हाथों मारा गया तथाकथित विश्व विजेता सिकंदर

विश्वविजेता बनने के ख्वाब देखनेवाले तथाकथित सिकंदर महान् के इरादों को डोगरा वीरों ने अपने पौरुष के बल पर दफन करके विश्व के इतिहास में एक स्वर्णिम पृष्ठ जोड़ा था। यह वीरतापूर्ण अध्याय यूनान के इतिहास का भी एक महत्त्वपूर्ण भाग बन गया जहाँ के रहने वाले सिकंदर ने पूरे भारत को रौंदने के लिए कंधार की पहाड़ियों को पार किया था। यह समय 325 ई.पू. का है। डोगरे वीरों ने सिकंदर और उसकी सेना का सफाया करके उसे चंद्रभागा क्षेत्र (चिनाव) से आगे नहीं बढ़ने दिया। इतिहासकार सटरेयो के अनुसार कीथी ओई गणतंत्र (डुग्गर प्रदेश) की फौज ने पहाड़ की तहलटी में 'वासीलोई' (वसौहली) के निकट सिकंदर का सामना किया था। डोगरे लोग बहादुरी और मर्दानगी में अतुलनीय थे। वे सिकंदर के विरुद्ध संगठित होने के पूर्व अभिसार (पुंछ) और पोरस के राज्यों (चिनाव और झेलम के मध्य जिसमें जम्मू व कश्मीर का कुछ भाग भी सम्मिलित था) को परास्त कर चुके थे। डोगरे सैनिकों ने सिकंदर का सामना करने के लिए 'शाक्त व्यूह युद्ध रचना' तैयार की। वे बड़ी बहादुरी से लड़े और हथियार डालने को तैयार नहीं हुए। कीथी लोई

(कठुआ) तक पहुँचने के लिए सिकंदर ने रावी नदी के साथ-साथ उत्तर की ओर प्रस्थान किया और रास्ते में कई छोटे-छोटे राज्यों को जीता। (उत्तरम हिंदू-समाचार पत्र)

सिकंदर का काल बनी चंद्रभागा

सिकंदर की सेना टूट चुकी थी। जब यह सेना व्यास नदी के पूर्वी तट पर पहुँची तो डोगरे वीरों ने उसका रास्ता अपने तीरों की नोकों से रोक दिया। वी.डी. महाजन द्वारा लिखित 'प्राचीन भारत' के अनुसार सिकंदर की सेना ई.पू. 325 के अक्तूबर महीने में व्यास नदी के पश्चिमी किनारे से ही अपने देश वापस लौट गई। इसी स्थान पर डोगरे सैनिकों ने सिकंदर की फौज के छक्के छुड़ाए थे। प्रखर राष्ट्रभक्ति, धर्मपरायणता और स्वाभिमान के लिए आत्म बलिदान के धनी डोगरों ने सिकंदर की अधीनता स्वीकार न करते हुए शहादतें देकर अपनी मातृभूमि की रक्षा की। एक डोगरा वीर के हाथों सिकंदर के मारे जाने की घटना को इतिहासकार अनिल भारती ने अपने एक लेख 'चंद्रभागा क्षेत्र के युद्ध में सिकंदर की मृत्यु' में बड़े सुंदर शब्दों में दरशाया है—"…चंद्रभागा के क्षेत्र में एक डोगरा वीर ने अपने तुणीर से एक विषाक्त बाण निकालकर प्रत्यंचा चढ़ाई और सोने का छत्र धारण कर, अपना मार्ग साफ करने में संलग्न ग्रीकों के सेनापति सिकंदर का लक्ष्य साध उस पर अमोघ बाण छोड़ दिया। वह बाण था भारत के स्वाभिमान के प्रतिशोध का स्वरूप। बाण लगते ही शरीर से रक्त की धार बहाते हुए सिकंदर भूमि पर गिर पड़ा। भारतीय डोगरा वीर के अचूक निशानेवाला यह बाण सीधे सिकंदर के हृदय स्थल में प्रवेश कर गया। मूर्छित होकर सिकंदर के पृथ्वी पर गिरते ही ग्रीक सैनिकों ने अपनी ढाल से उसे ढक दिया। किसी प्रकार बचते बचाते हाथों हाथ घायल, लहूलुहान सिकंदर को रणक्षेत्र से बाहर निकालकर ग्रीक सैनिकों ने अपने शिविर में पहुँचाया। सिकंदर की वहीं पर मृत्यु हो गई। इसीलिए चंद्रभागा नदी को 'सैंडरो फेगज' के नाम से ग्रीक लेखकों ने सिकंदर को खा जाने वाली नदी कहा है।

"भारत का इतिहास इस प्रकार लिखा गया है कि हिंदुओं द्वारा की गई विजयों का उल्लेख नाममात्र का है। जबकि हिंदुओं की पराजयों का उल्लेख विस्तृत रूप में बार-बार किया गया है, ताकि स्मृति पटल पर केवल हतोत्साहित करने वाली बातें ही स्मरण रहें। सिकंदर को विश्व विजेता या महान् कहना भी ऐसी ही मानसिकता का परिणाम है। वास्तव में जब सिकंदर की पोरस के हाथों पराजय हुई थी तो विवश होकर उसे पोरस के साथ संधि करनी पड़ी थी। इसके बाद के युद्ध में डोगरा वीरों ने सिकंदर और उसकी सेना का सफाया कर दिया था।"

तुर्कों/मुगलों को धूल चटाई

ज्ञात इतिहास के प्रारंभिक कालखंड से लेकर आज तक डोगरा लोग भारत राष्ट्र, हिंदुत्व

और भारतीय परंपराओं में आस्था रखते हुए किसी ना किसी रूप में विदेशी और अधर्मी तत्त्वों के साथ लोहा लेते चले आ रहे हैं। शेष भारत में घटित जय-पराजय के इतिहास की तरह डोगरा इतिहास में भी यश-अपयश के अनेकों प्रसंग आते हैं। डोगरा इतिहास में—दत्ता, राय और देव राजवंशों की बहादुरी के अनेक उदाहरण मिलते हैं। सूर्यवंशी राजपूतों का जम्बवाल वंश अपनी कीर्ति के लिए प्रसिद्ध है। इसी तरह चाढ़क, बिलौवरिया, जसरोटिया इत्यादि राजवंशों ने डुग्गर क्षेत्र की रक्षा और विकास के लिए भरपूर योगदान दिया है।

देव राजवंश के राजाओं ने तुर्क, मुगल और अफगान आक्रांताओं के छक्के छुड़ाए हैं। भारत पर आक्रमण करनेवाले इन हमलावरों को पराजित करते हुए डोगरा वीरों ने भारत के गौरवशाली इतिहास में अपना स्थान बनाया है। उत्तर भारत के अनेक स्थानों को रौंदने, बरबाद करने और लूटनेवाले महमूद गजनवी को दो बार पराजित करनेवाले डोगरे वीर ही थे। देव राजवंश के वंशज डोगरा जम्बवाल राजाओं ने 1947 तक समस्त जम्मू-कश्मीर पर राज किया है। वास्तव में पूरे डुग्गर क्षेत्र के 22 छोटे-छोटे राज्यों को संगठित करके एक छत्र डोगरा साम्राज्य का निर्माण करने में देव एवं जम्बवाल राज घरानों का बहुत बड़ा हाथ था।

जाग्रत् रहा डोगरा स्वाभिमान

यह भी एक ऐतिहासिक सत्य है कि यदा-कदा कुछ अपवादों को छोड़कर डोगरों ने कभी भी तुर्कों, मुगलों, पठानों और यहाँ तक कि अंग्रेजों के भी आधिपत्य को पूरी तरह स्वीकार नहीं किया। 16वीं शताब्दी के अंतिम दौर में डुग्गर क्षेत्र के सभी राज्यों के शासकों ने मिलकर एक संयुक्त रणनीति के तहत मुगल बादशाह अकबर से टकराने का प्रयास किया। अपनी 'पुस्तक हिस्टरी ऑफ जम्मू स्टेट' में परवेज दीवान लिखते हैं कि "बाहू के राजा परस राम को छोड़कर शेष सभी राज्यों के राजा एकजुट हो गए। लखनपुर के बलभद्र, जसरोटा के बाजुअर्ग, कोट भग्वाल के दौलतराम, मनकोट के प्रताप सिंह, बिलावार के राम कृष्ण और वर्तमान हिमाचल प्रदेश के कई राजाओं ने काँगड़ा के राजा बिधि चंद कटोच के नेतृत्व में कई दिनों तक मुगल सेना को अपने जौहर दिखाए। यद्यपि इस युद्ध में डोगरे शासक अकबर की कटूक्ति और धूर्त रणनीति का शिकार होकर पराजित हो गए, परंतु उन्होंने—निरंतर विद्रोह करने और अपनी स्वतंत्रता को कायम रखने के प्रयास एक दिन भी नहीं छोड़े। हार, जीत, संघर्ष और युद्धों में डोगरा स्वाभिमान सदैव जाग्रत् रहा।"

□

आत्म बलिदान की अनूठी मिसाल डुग्गर रत्न बाबा जित्तो

बाबा जित्तो (जीवन ते कारक) शीर्षक नामक एक डोगरी रचना के विवेचन के अनुसार जित्तो का जन्म कटड़ा (वैष्णो देवी) से पाँच-छह किलोमीटर दूर अग्हार नाम के एक अर्द्ध-पहाड़ी गाँव में 1420 ई. के आस-पास हुआ था।

जित्तो का विवाह भी किसी समीप के ही गाँव में हुआ। उसकी पत्नी का नाम था माया। एक कन्या को जन्म देने के बाद, माया असमय इंतकाल कर गई। वैष्णो-भक्त जित्तो के जीवन में माया की मृत्यु के साथ ही दुःख-विपदाओं का एक अविछिन्न नाटक शुरू हो गया। उसकी चाची जोजा अत्यंत निर्मम और कुनबा-परवर औरत थी। उसके जीवन की एक ही साध थी—जित्तो को अपने रास्ते से हटाकर परिवार की सारी जमीन-जायदाद को अपने सात बेटों के लिए हथिया लेना। वे सातों उजड्ड और मूढ़ बेटे भी अपनी माँ के उस मनसूबे में उसके आलाकार थे। इन लोगों ने गाँव में जित्तो और उसकी कमसिन बेटी गौरी का जीना, रहना दूभर कर दिया। उसकी पकी हुई फसल को बरबाद कर दिया जाता, उसके ढोर-डंगर दूर भगा दिए जाते, उस पर फब्तियाँ कसी जातीं।

एक बार जोजो के लड़कों ने उसे पहाड़ी पर से नीचे धकेल कर मारने का यत्न भी किया, लेकिन जित्तो घायल होकर भी बच गया। जोजो ने जित्तो की कमसिन बेटी पर भी तरस नहीं खाया। उसने उसे भी डराया-धमकाया और अंत में दोनों को विष देकर मार डालने का नीच प्रयास भी किया। इस चिंताकुल मानसिक दशा में, उसे अपने एक दूर के परिचित व्यक्ति का स्मरण हो गया। वह व्यक्ति था रुल्लो लुहार जो पंजोड़ गाँव का रहनेवाला था। पंजोड़ गाँव, झिड़ी-शमाचक (जहाँ बाबा जित्तो और बुआ गौरी का समाधि मंदिर है) के पास ही था। लेकिन अग्हार से पंजोड़ तक का सफर उन दिनों भी कोई आसान सफर नहीं होगा। बाबा जित्तो ने यह हिजरत सन् 1457 ई. के मई जून में की थी। शिद्दत की गरमी होगी उस समय और कन्या के अलावा बैलों की जोड़ी भी उसके साथ थी। अपना हल भी वह साथ लेकर आया था।

रुल्लो लुहार ने दोस्ती निभाई

रुल्लो लुहार ने अपने दोस्त का हृदय से स्वागत किया। यह जानकर कि जित्तो अपना गाँव छोड़ आया है, और चाहता है कि उसी प्रदेश में किसी जमींदार से काश्त करने के लिए उसे कुछ जमीन मिल जाए, रुल्लो जित्तो को अंबे-गड़ाटा नाम के एक बड़े गाँव में धग्गी (अंबालिया) के पास ले गया। धग्गी उस प्रदेश के एक बड़े जमींदार महता वीर सिंह रुकवाल का कारमुख्तार था। महता वीर सिंह, जम्मू के शासक अजायब सिंह का मामू भी था और उसका एक बार बड़ा अधिकारी भी। धग्गी ने जित्तो की मुलाकात महता से करवा दी। महता ने जित्तो को कहा कि तुम ब्राह्मण हो, तुम्हें हम कई देवालय सौंप देते हैं। पूजा-पाठ करो और दान-धंधे पर अपना निर्वाह चलाओ। जित्तो ने महता का यह सुझाव नहीं माना तो शायद उसके हठीले स्वभाव से खीझकर ही महता ने शामाचक नाम के गाँव के पास एक जंगल में काश्त करने के लिए उसे 8-10 कनाल धरती साफ कर लेने की आज्ञा दे दी। महता जित्तो को जमीन देने के संबंध में एक इकरारनामा भी लिखवा लिया, जिसके अनुसार निश्चय हुआ कि जित्तो उस धरती की पैदावर का चौथा भाग जमींदार को देगा।

बरसात के दिनों में जित्तो ने दिन-रात परिश्रम करके 8-10 कनाल का टुकड़ा साफ कर लिया और साथ के एक गड्ढे को और चौड़ा और गहरा करके पानी इकट्ठा करने के लिए एक छोटा सा तालाब भी बना लिया। जैसा कि स्वाभाविक था। पहलोठी संतान की तरह उस परती पड़ी उर्वरा धरती से भी गंदुम की फसल सारे प्रदेश में चर्चा का विषय बन गई। जित्तो के प्रति लोगों में श्रद्धा की भावना ने जन्म लिया। लोग मानने लगे कि अवश्य ही उसे किसी प्रकार की अलौकिक साधना का वर प्राप्त है।

धोखेबाज जमींदार महता वीर सिंह

लोकगाथाकार हमें बताता है कि महता वीर सिंह अपने कारिंदों से यह जान चुका था कि जित्तो के खेतों में जैसी फसल पैदा हुई है, वैसी उन्होंने जीवन में न कभी देखी है न सुनी। कारिंदों ने महता से यह भी कहा था कि सोने के दानों जैसी वह कनक जित्तो जैसे मामूली बे-घर-बार किसान के खाने लायक नहीं है। वैसी कनक तो हाकिमों की ही पाकशालाओं के उपयुक्त है। महता को भी लगा फसल का चौथा हिस्सा लेनेवाली बात मानकर उसने एक गलती की थी। लेकिन लिखा हुआ इकरारनामा तो उसी के अधिकार में है। महता ने लिखित इकरारनामा जला दिया और अपने कारिंदे और लठैत कर्मचारी साथ लेकर जित्तो के खलिहान पर जा पहुँचा। जित्तो ने महता के प्रति आदरभाव दिखाते हुए, उसको बैठने के लिए आसन पेश किया, पीने के लिए ठंडा पानी सामने रखा। लेकिन कनक के ढेर को देखकर महता का लोभ भड़क उठा। उसने अपने कारिंदों को हुक्म दिया कि उपज का आधा हिस्सा 'छट्टों' में भर लो।

जित्तो यह सुनकर सकते में आ गया। उसने महता को इकरारनामा याद दिलाया कि उसके मुताबिक केवल एक-चौथाई भाग ही आप ले सकते हैं। महता ने ऐसे किसी इकरारनामे की सत्ता से भी इनकार कर दिया। जित्तो इस स्थिति के लिए बिलकुल तैयार नहीं था। वह सोच भी नहीं सकता था कि इतना बड़ा जमींदार और प्रदेश का हाकिम इस हद तक झूठ बोल सकेगा, यहाँ तक गिर जाएगा। वे क्षण जित्तो के जीवन के लिए कितने महत्त्वपूर्ण क्षण रहे होंगे।

अनुपम बलिदान

उन कुछ क्षणों में ही उसे फैसला करना था कि वह महता के उस निर्लज्ज अत्याचार के आगे परास्त होकर अपमानित हो जाए अथवा अपने अधिकार की रक्षा के लिए अपने जीवन की बाजी लगा दे? यह विचार उसके मन में बिजली की तरह कौंध गया, और उसी क्षण जित्तो तेजी से पंजोड़ गाँव की ओर भागा। महता ने समझा—ब्राह्मण कायर था, भाग गया है।

उधर जित्तो अपने मित्र रुल्लो लुहार के घर पहुँचा और वह नई बनी हुई एक कटारी लेकर उसी तेजी से खलिहान की ओर भागा। तब तक महता के कारिंदों ने आधी कनक बोरियों में भर ली थी। तभी लोगों में एक सरसराहट हुई। उन्होंने वापिस आते हुए जित्तो को देख लिया था। जित्तो के खलिहान पहुँचते ही, कारिंदे भय और आश्चर्य से पीछे हट गए। जित्तो ने कटारी से एक-एक करके सभी बोरियों की रस्सी काटकर सारी कनक के ढेर में इकट्ठी कर दीं और तब स्वयं उस कनक के ढेर के ऊपर आकर खड़ा हो गया। महता का अंत:करण काँपने लगा। उसने जित्तो को सोने के कंगन उतारकर देने का लालच दिया। लेकिन जित्तो ने कहा—"महता, तेरे लोभ की सीमा नहीं है। तू मनुष्य के रूप में भेड़िया है। तू आदमखोर है, तुझे निरीह लोगों का खून पीने की आदत है। तो ले आज इस अनाज के ढेर में अपना लहू मिला देता हूँ। यह ले तू सारी कनक ही ले जा।" इतना कहकर जित्तो ने वह कटारी अपने हृदय में घोंप ली। उसके लहू से कनक लाल हो गई। सारा वातावरण ही जैसे रक्त-रंजित हो उठा।

विक्रमी संवत 1515 के आषाढ़ महीने की पूर्णिमा के दिन (अर्थात् सन् 1458 के जून महीने में) जित्तो ने आत्मबलिदान देकर डोगरों की धरती को अधिकार-चेतना का एक नया उजाला दिया था। जित्तो की सात-आठ साल की बेटी गौरी अपने बापू की लाश के साथ ही चिता पर चढ़कर भस्म हो गई।

(रामनाथ शास्त्री-तवीदीपिका नवंबर 1986)

□

शहीद की स्मृति में झिड़ी का मेला

सामंतशाही के बूटों तले रौंदे जा रहे गरीब किसान और मजदूरों को अपने हकों के लिए संघर्ष की राह दिखाने वाले मनस्वी किसान डुग्गर रत्न बाबा जित्तो की स्मृति में जम्मू के निकट झिड़ी नामक स्थान पर प्रत्येक वर्ष मेला लगता है। इस स्थान पर स्यालकोट के दो खत्री भाइयों ने चार महीने मेहनत करके एक स्मारक का निर्माण किया था। उन दोनों ने बाबा जित्तो और उसकी नन्ही कन्या के आत्मदाह का बलिदानी स्वरूप अपनी आँखों से देखा था। स्मारक के रूप में जो 'मोहरे' उन्होंने स्थापित किए, उन्हीं की पूजा-अर्चना हेतु प्रत्येक कार्तिक पूर्णिमा को मेले का आयोजन होता है।

डुग्गर पौरुष के प्रतीक वीर बंदा वैरागी

अपनी वीरता तथा वचन-बद्धता के लिए विख्यात राजपूत रामदेव राजौरी(जम्मू) के पास पर्वतीय रियासत पुंछ के एक छोटे से गाँव राकोर में रहता था। आस-पास के क्षेत्रों में वह धनुष-बाणवाला के नाम से ख्याति अर्जित कर चुका था। संवत् 1727 (सन् 1670 ई.) में कार्तिक महीने के शुक्ल पक्ष में रामदेव के घर एक मेधावी बालक का जन्म हुआ। जिसका नाम उसने बड़ा होने पर लक्ष्मणदेव रखा। बड़ा होने पर वह निर्भय और साहसी निकला। उसके मुख, नेत्र और आँखों में विचित्र चमक थी।

उसने एक बार वन में भूल से हिरनी पर तीर चला दिया। हिरनी तत्काल मर गई। उसके पेट में से बच्चे निकले। यह देख लक्ष्मणदेव का मन करुणा से भर गया। उसने अपना धनुष-बाण वहीं तोड़कर फेंक दिया और संन्यासी बन गया। उसने दक्षिण दिशा की ओर दूर जाकर वन में धूनी रमानी शुरू कर दी। इस तरुण तेजस्वी संन्यासी का यश दूर-दूर तक फैल गया। अब वह लक्ष्मणदेव से माधवदास वैरागी बन गया, भगवे वस्त्र धारण करके तपस्या में लीन हो गया। उस समय उत्तर भारत में आक्रामक मुसलमानों के अत्याचार अपनी चरम सीमा पर थे। दिल्ली में श्री गुरु तेग बहादुर हिंदुओं का धर्म बचाने को अपना बलिदान दे चुके थे। उनके पुत्र श्री गुरु गोबिंद सिंह के दो बालक दीवार में जीवित चिनवा दिए गए और दो बालक चमकौर दुर्ग में युद्ध करते हुए वीर गति को प्राप्त हुए। इन घटनाओं की कहानी माधवदास वैरागी के कानों में पड़ चुकी थी।

श्री गुरु गोबिंद सिंह ने अपने अनुयायियों को तलवार धारण करने का उपदेश दिया। उन्होंने धर्म की रक्षा के लिए खालसा पंथ की नींव रखी। श्री गुरु गोबिंद सिंह घूमते-फिरते लोगों को जगाते, संगठित करते दक्षिण की ओर निकल गए। पिता का बलिदान, पुत्रों की बलि उन्हें मुसलमानों से बदला लेने को प्रेरित कर रही थी। तभी

उन्हीं दिनों गोदावरी नदी के किनारे एक कुटिया में उनकी भेंट इस तरुण संन्यासी बाबा माधव दास वैरागी से हुई। लक्ष्मणदेव यहाँ अब भी इसी नाम से जाने और पहचाने जाते थे। वैरागी ध्यान-मग्न बैठा था। उसके चेहरे से तेज टपक रहा था। श्री गुरु गोबिंद सिंह उसे निहारते रहे।

थोड़ी देर बाद वैरागी ने अपनी आँखे खोलीं। दोनों ने एक-दूसरे को अपलक दृष्टि से देखा। दोनों के बीच एक अज्ञात आकर्षण उत्पन्न हो गया। श्री गुरु गोबिंद सिंह ने वैरागी से कहा, "तुम यहाँ एकांत में मोक्ष-प्राप्ति में लगे हो। देश में हा-हाकार मचा हुआ है। मंदिर तोड़े जा रहे हैं। बच्चों को जिंदा दीवार में चिनवाया जा रहा है। माँ-बहनों का अपमान हो रहा है। हिंदुओं को बरबस मुसलमान बनाया जा रहा है। क्या तुम्हें यह सब देख और सुनकर ग्लानि उत्पन्न नहीं होती? क्या तुम्हारा डोगरा रक्त उबाल नहीं खाता? क्या तुम्हें देश, धर्म और जाति से बढ़कर एकांत साधना अच्छी लगती है? सोचो, देखो, भारत माँ तुम्हें पुकार रही है।"

यह सुन वैरागी का मुँह लाल हो गया। वह श्री गुरु गोबिंद सिंह के चरणों में गिर पड़ा और कहने लगा, "मैं आज से आपका बंदा हूँ। आप मुझे आदेश दें कि मुझे क्या करना है? मैं भारत माता का पुत्र हूँ। मैं धर्म, देश और हिंदुओं की रक्षा के लिए सर्वस्व अर्पण कर दूँगा। मैं इन सभी अपमानों का बदला चुकाए बिना चैन से नहीं बैठूँगा।"

श्री गुरु गोबिंद सिंह ने वैरागी को उठाकर हृदय से लगा लिया। तभी से वह वैरागी कहलाने लगा। उसने धूनी में ठोकर मार दी, गेरुआ वस्त्र त्याग दिए और धनुष-बाण उठा लिया। अब देश और धर्म की रक्षा ही उसकी पूजा-आराधना और साधना थी। खड्ग उसकी जीवन-संगिनी।

इस प्रकार श्री गुरु गोबिंद सिंह दक्षिण से आए और उन्होंने वैरागी को कर्मयोग का पाठ पढ़ाकर धर्म रक्षा के लिए शस्त्र उठाने के लिए तैयार कर लिया। इस समय वैरागी की आयु 36 वर्ष की थी। संवत् 1764 में श्रावण मास में वैरागी अपनी टोली के साथ खंडा पहुँचा। यहाँ पर अनेक लोग उसकी टोली में सम्मिलित हो गए और हिसार पहुँचते-पहुँचते वीर वैरागी के पास एक छोटी सी सेना तैयार हो गई।

सबसे पहले उन्होंने सरहिंद के नवाब को सजा देने का संकल्प लिया जहाँ गुरु पुत्रों को दीवार में चिना दिया गया था। संवत् 1765 ज्येष्ठ मास को एक ओर नवाब सरहिंद की विशाल सेना खड़ी थी और दूसरी ओर वैरागी की यशस्वी सेना। वैरागी के तीरों ने नवाब के तोपचियों का सफाया कर दिया। जो कुछ बचे वे तोपें छोड़-छोड़कर भागे। इसके बाद वैरागी ने म्यान से तलवार खींच ली और भयंकर मारकाट आरंभ कर दी। अकेले वैरागी को शत्रु सेना पर इतनी बुरी तरह से छाया देखकर सिख सेना ने सरहिंद सेना पर धावा बोल दिया। इस बार सिखों ने इतनी भयंकर मारकाट मचाई कि

सैकड़ों पठान सैनिक धराशायी हो गए। वजीर खाँ भयभीत होकर भाग निकला। परंतु वैरागी के सैनिकों ने उसको बंदी बना लिया। वैरागी की साध पूरी हो गई। गुरु पुत्रों के बलिदान का प्रतिशोध लेने हेतु उसने पूरे सरहिंद को तहस-नहस करने का आदेश दिया। वजीर खाँ का मुँह काला करके सारे नगर में जलूस निकाला गया, उसे खूब अपमानित और तिरस्कृत करने के बाद, एक जलती हुई चिता में जीवित ही दग्ध कर दिया गया।

अंत में मुसलिम शासकों ने षड्यंत्र से काम लेकर सिखों को वैरागी से अलग करने हेतु तरह-तरह की अफवाहें फैला दीं। संवत् 1773 को अमृतसर में वैसाखी का विशाल मेला लगा था। सारे भारत से सिख जनता एवं वैरागी भी मेले में आए हुए थे। वहीं वैरागी के विरुद्ध तत्त-खालसा नामक दल बना। उसने वैरागी का अपमान कराने के लिए उसका बहुत सारा सामान भी लूट लिया। वैरागी के सम्मुख विषम परिस्थिति उत्पन्न हो गई, किंतु वैरागी ने हिम्मत नहीं हारी, उसने बड़े धैर्य के साथ एक बार पुनः सेना का संगठन किया और निश्चय किया कि वह लाहौर पर आक्रमण करके जीवन-मरण की लड़ाई लड़ेगा और उसने शालामार उद्यानों के समीप बागबाँपुरा स्थल पर पड़ाव डाल दिया। यह सुनकर सूबा लाहौर असलम खाँ घबरा उठा और उसने तत्त-खालसा की सेना को अपने पक्ष में आमंत्रित किया। तत्त-खालसा ने सरदार मीरसिंह के नेतृत्व में 5000 सैनिकों की सिख सेना सूबा लाहौर की सहायता के लिए रवाना कर दी। उधर वैरागी की सेना सूबा की सेना पर टूट पड़ी। सूबा की सेना पराजित हो चुकी थी, कुछ भाग भी चुकी थी, लेकिन असलम खाँ ने तुरंत तत्त-खालसा सेना को ही आगे कर दिया। वैरागी ने जब सिख सेना को अपने सामने देखा तो उसका हृदय टूक-टूक होकर बिखर गया। यद्यपि वैरागी की सेना का मनबोल इतना उन्नत था कि वह बड़ी से बड़ी सेना से भी टक्कर ले सकती थी तथापि वैरागी ने वापस लौट जाने का आदेश दे दिया। उसकी आत्मा ने इस बात को अस्वीकार कर दिया कि वह अपने ही हाथों उनका वध करे जिन्हें उसने स्वयं लहू पिलाया है।

भारी मन से वैरागी अपनी सेना के साथ वापस गुरदासपुर के किले में आ गया। बादशाह ने संवत् 1776 में एक बहादुर तथा निडर सेनापति अब्दुल समद खाँ को 30,000 सैनिकों की एक विशाल सेना देकर वैरागी को कुचल देने का आदेश देकर रवाना कर दिया। एक ओर से लाहौर तथा दूसरी ओर से जालंधर की सेना आ पहुँची और गुरदासपुर के दुर्ग के सभी मार्ग अवरुद्ध हो गए। वैरागी ने अपना बलिदान देने का निश्चय कर दुर्ग के सभी द्वार खुलवा दिए। द्वार का खुलना था कि शाही सेना उसमें प्रविष्ट हो गई । वैरागी की सेना ने आत्मसमर्पण कर दिया। वैरागी तथा उसके सभी साथियों को भारी-भारी जंजीरों में जकड़कर दिल्ली के लिए रवाना कर दिया गया। अंत

में वह समय भी आ गया कि दिल्ली के काजी ने इसलाम धर्म स्वीकार करने हेतु वैरागी एवं उसकी सेना को तरह-तरह के लालच और भय दिए। परंतु किसी ने भी इसलाम धर्म स्वीकार नहीं किया। काजी समझ गया और उसने प्रतिदिन 100 व्यक्तियों का वध करने का निर्णय किया। कोतवाली के सामने वैरागी की सेना के 100 व्यक्तियों का प्रतिदिन वध किया जाने लगा।

दिल्ली की जनता हैरानी के साथ देखती थी कि वैरागी का हर सैनिक हँसते-हँसते प्राण देता था। आठवें दिन वैरागी की बारी आने पर उसको देखने के लिए सारे दरबारी उमड़ पड़े। वैरागी के ललाट पर इस समय भी ऐसी शांति विद्यमान थी कि लोग अनायास ही उसकी ओर आकर्षित हो उठते थे। उसी समय बादशाह फर्रूखसियर भी वैरागी के बलिदान का तमाशा देखने को लालायित हो वहाँ आ पहुँचा। बादशाह ने पूछा वैरागी तुम कैसी मौत मरना पसंद करोगे। वैरागी बोला तुम जैसे भी चाहो मेरे प्राण ले सकते हो, मैं वैरागी हूँ, हिंदू हूँ—मेरा आत्मा की अमरता में दृढ़ विश्वास है जिसे कोई नहीं मार सकता। उसके उत्तर पर बादशाह स्तब्ध रह गया। उसके आदेश पर वैरागी के चारों ओर भाले खड़े करके उन पर उसके साथियों के कटे हुए शीश सजा दिए गए। उससे पहले कहा गया कि वह अपने चार साल के बेटे को अपने हाथों मारे मगर उसने ऐसा करने से इनकार कर दिया। बंदा के सामने उसके बेटे को मारकर उसका तड़पता हुआ कलेजा उसके मुँह पर मारा गया। बादशाह के पुनः संकेत पर जल्लादों ने आग पर तपा कर लाल की हुई सलाखों को वैरागी के शरीर में चुभोते रहने के बाद उन्होंने गरम चिमटों के द्वारा उसके शरीर से मांस के लोथड़े नोचने आरंभ कर दिए। यहाँ तक कि वैरागी के शरीर में मांसहीन हड्डियाँ दिखाई देने लगीं। लेकिन उसने उफ तक नहीं की।

वैरागी की यह बात सभी के लिए आश्चर्यजनक थी। बादशाह ने आदेश दिया कि वैरागी को कास हाथी के पैरों तले कुचलवा दिया जाए। तुरंत आदेश का पालन किया गया और वैरागी को एक मस्त हाथी के पैरों तले कुचलवा दिया गया। वैरागी के बलिदान की चर्चा जब सर्वत्र फैली तो लोगों में नवोत्साह जाग उठा। जो सिख उनसे अलग हो गए थे वे भी अपने किए पर पछताने लगे। हिंदू सिख पुनः एकत्र हो गए।

(डॉ. श्यामसुंदर त्रिपाठी—हमारे राष्ट्र निर्माता भाग-1)

□

विजयी डोगरा सेनानायक जनरल जोरावर सिंह

डुग्गर की यह धरती वीरों की धरती है। इस धरती की कोख से ऐसे वीर महापुरुष पैदा हुए हैं जिन्होंने संसार-भर में ख्याति तो अर्जित की ही साथ ही अपनी मातृभूमि के नाम को भी जगत में चर्चित कर दिया। आज भी 'डोगरे' यदि बाहर की दुनिया में परिचित हैं तो दो ही कारणों से, पहला चित्रकला और दूसरा वीरता।

उन्हीं वीर सपूतों में से एक सपूत जनरल जोरावर सिंह भी है। जिसे श्रद्धांजलि देने के लिए आज इसकी अपनी वंशबेल तो है ही, पूरा डुग्गर प्रदेश भी उसकी वीरता एवं पौरुष के आगे नतमस्तक है। यही एक मात्र जनरल ऐसा हुआ है जिसने अखंड भारत से विच्छिन्न हुए क्षेत्रों को जीतकर फिर भारत के साथ मिलाया था।

जोरावर सिंह 1794 ई. में जिला काँगड़ा तहसील हमीरपुर के अनसर गाँव में कल्हूरिया घराने में पैदा हुए। इनके पिताजी का नाम ठाकुर हरजीत सिंह था।

प्रारंभ से ही अनूठी राजपूती शान का धनी

बचपन से ही जोरावर शरारती व 'बखैदी जागत' की संज्ञाओं से सारे गाँव में परिचित रहा। उस समय घुड़सवारी, नेजाबाजी, तलवार चलाना आदि राजपूत युवकों के लिए अनिवार्य माने जाते थे और जोरावर तो इन सभी में अपना 'गुरु' आप था। बीस वर्ष की आयु में अपने दो मित्रों के साथ लाहौर जाकर महाराजा रणजीत सिंह की फौज में सिपाही भरती हो गया। एक दिन वहाँ पर उसकी एक अधिकारी से गरमा-गरमी हो गई। अधिकारी ने उसे तंबाकू पीते देखा था। वह बेतहाशा गालियाँ बकने लगा तो जोरावर ने तैश में आकर तलवार के एक ही वार से उसका सर कलम कर दिया। बाद में तीनों साथ ही फौज से भाग खड़े हुए।

कुछ दिन तीनों साथी जंगल में भूखे-प्यासे भटकते रहे। आखिर काँगड़ा पहुँच ही

गए और वहाँ राजा संसारचंद (कटोच) की फौज में भरती हो गए। उन दिनों संसार चंद और रणजीत सिंह के बीच अनबन थी! युद्ध हुआ व संसार चंद हार गया तथा जोरावर सिंह डेरा गोपीपुर के किले में कैद कर लिया गया। किले के ठीक नीचे व्यास नदी बहती थी। जोरावर ने एक रात अपनी हथकड़ियों को तोड़कर व्यास में छलाँग लगा दी।

वीर पुरुष अपनी भाग्य रेखाएँ स्वयं बनाते हैं।

अँधेरी रात में दरिया का अथाह जल—पर वीर पुरुष अपनी भुजाओं को देखते हैं, प्रतिद्वंद्वी को नहीं। और ऐसे बहादुरों की रक्षा भगवान् करते हैं। दरिया में जोरावर को एक मोटा सा लकड़ी का लट्ठा तैरता मिल गया। वह तैरता-तैरता 'बंगटा' नाम के गाँव में पहुँचा। गाँव में इसका एक साथी धर्म सिंह रहता था। दोनों ने मीयाँ डीडो के जत्थे में शामिल होने का निश्चय कर लिया। भीखम, चौकस व मुसंदा नामक तीन और साथी भी साथ-साथ चलने को राजी हो गए। पाँचों हथियारबंद युवक अपने-अपने घोड़ों पर सवार होकर जम्मू की ओर चल पड़े।

'जगटी,' मियाँ डीडो का गाँव, जहाँ पर पाँचों पहुँचना चाहते थे पर वे 'जगटी' की जगह 'धौंथली' जम्मू आ निकले। यहाँ जोरावर की पहली मुलाकात राजा गुलाब सिंह से हुई। नौकरी की तलाश में आए जानकर गुलाब सिंह ने इन्हें अपनी फौज में भरती कर लिया। कुछ अरसे के बाद जोरावर की नियुक्ति रियासी के किले भीमगढ़ में हुई। यहीं से उसकी किस्मत ने पासा पलटना शुरू किया और उसके नाम को दिन-प्रति-दिन आकाश की ऊँचाइयों तक ले गई। भीमगढ़ किले का किलेदार गुलाब सिंह के खिलाफ कोई षड्यंत्र रच रहा था। जोरावर ने मौका पाकर किलेदार को पकड़कर बुर्ज से नीचे फेंक दिया। इस घटना से जोरावर गुलाब सिंह के कुछ निकट आ गया। एक बार उसने राजा गुलाब सिंह को सलाह दी कि महकमा फूड ऐंड सप्लाई में हो रहे अप-व्यय को काफी रोका जा सकता है। राजा ने यह काम जोरावर को सौंप दिया। अपनी सूझ-बूझ से उसने लाखों का लाभ अर्जित कर दिखाया। जोरावर ने राजा गुलाब सिंह का दिल जीत लिया। उसे थोड़े समय में ही किश्तवाड़ का 'हाकमेआला' नियुक्त करके भेज दिया गया।

डुग्गर की सेना की लद्दाख पर पहली चढ़ाई

यह सारा लश्कर 'डोडे' से चलकर 'मोटो कोल' के रास्ते लद्दाख की सुरु घाटी की ओर बढ़ा। लद्दाख के राजा गियाल्पो ने जब सुना तो वह घबरा गया। सन् 1833 ई. की शरत ऋतु में दोनों फौजें भिड़ीं। लद्दाखी हार गए। उनका जान-माल का भी काफी नुकसान हुआ। डोगरा फौज ने सुरु नदी के किनारे पर 'करत्सेखर' नाम के किले पर

कब्जा कर लिया। 'लंकर सौ' नाम के तंग गले पर, वहाँ की एक तरफ लहलाता गरजता दरिया है और दूसरी तरफ सीधी पहाड़ी, डोगरा, सैनिकों को लद्दाखी फौज ने रोक लिया। मोरचा कठिन बन गया। जोरावर ने मियाँ निधान सिंह को रात के अँधेरे में दुश्मन की फौज में भेज दिया। निधान सिंह ने लद्दाखी जनरल का सिर-धड़ से अलग कर दिया। दुश्मन की फौज में भगदड़ मच गई और मैदान डोगरों ने जीत लिया।

लद्दाख के राजा गियाल्पो ने हार मान ली और 15000 रुपए वार्षिक कर देना मान लिया। पर जब जोरावर के आदमी रुपया लेने 'लेह' पहुँचे तो उनकी निर्मम हत्या कर के ठर्कित पुल से नीचे फेंक दिया। सर्दी की ऋतु शुरू हो गई थी। वजीर जोरावर अपनी सेना को लेकर सुरु घाटी में वापस आ गया और बसंत की प्रतीक्षा करने लगा। बसंत के शुरू होते ही जब जोरावर ने लेह की तरफ मुँह कर के आक्रमण का बिगुल बजाया तो लद्दाखी फौज बिना लड़े ही आत्म-समर्पण कर बैठी। गियाल्पो ने पिछले अपराधों की क्षमा माँगी व सारी शर्ते मान लीं। गियाल्पो को फिर से गद्दी पर बिठा दिया व उसके दरबार में मुंशी दयाराम को अपना वकील नियुक्त का जोरावर जम्मू लौट आया।

जोरावर की फौजें फिर लद्दाख पहुँचीं

ज्योंही डोगरा सेना ने लद्दाख छोड़ा, लद्दाखियों ने फिर से विद्रोह कर दिया। इस बात की खबर वजीर जोरावर को उस समय मिली जब वह जस्कार की ओर बढ़ रहा था। उसने जस्कार के विद्रोह को कुचल कर लेह की ओर रूख किया। इस बार लेह के लिए पाडर का नया रास्ता अख्तियार किया। गियाल्पो को गुमराह करनेवाला मशीर ही भाग गया था। गियाल्पो ने फिर जोरावर से आकर क्षमा याचना की। जोरावर ने उस भूल को फिर क्षमाकर उसे प्राण-दान दे दिया पर उसे राजगद्दी से नीचे उतार देना ही जोरावर को उचित लगा। गियाल्पो को थोड़ी सी जागीर दे दी गई। इस तरह उसका लद्दाख पर शासन बिलकुल समाप्त हो गया। जोरावर सिंह दलेल सिंह की कमांड में 300 डोगरे सिपाही लेह में छोड़कर स्वयं जम्मू की ओर लौट पड़ा। लेह में सिपाहियों के रहने के लिए एक किला भी तामीर करवाया जो कि 'संगतू' नाले के ऊपर है।

रास्ते में, सुरु घाटी के बाकी सरदारों के साथ दो-दो हाथ करने पड़े। इनको वजीर ने ही जागीरें दी हुई थीं। इन्होंने विद्रोह किया, जिसके फलस्वरूप जोरावर ने जागीरें फिर वापिस छीन लीं तथा पूरे इलाके पर अपना एक प्रबंधक रहीम खान नियुक्त कर जस्कार के रास्ते जम्मू लौट आया।

जम्मू में उसका बड़ा भव्य स्वागत हुआ। जम्मू में वजीर जोरावर ने पाँच वर्ष आनंद से काटे। जोरावर जैसे-जैसे इलाके फतह करता गया वैसे-वैसे उससे ईर्ष्या

करनेवाले भी बढ़ते गए। कश्मीर का गवर्नर महाँ सिंह भी उन्हीं में से एक था। उसने लद्दाख के राजा गियाल्पो को भड़काना शुरू कर दिया। उधर रहीम खान भी बागी होकर उसके साथ मिल गया। कारगिल किले के कमांडर ठाकुर निधान सिंह को अन्य डोगरा सैनिकों के साथ मार दिया गया। लद्दाख के डोगरा थानेदार के साथ भद्दा व्यवहार किया गया व पुरग के लोगों ने डोगरा अफसरों को कर देना बंद कर दिया। सन् 1839 ई. को जोरावर सिंह तीसरी मुहिम पर निकला।

तीसरी बार फिर लद्दाख को फतह किया

जम्मू से महाराजा गुलाब सिंह ने बड़ी शानो-शौकत से जोरावर को 5000 डोगरा सैनिक देकर विदा किया। इस मुहिम में जोरावर ने 'चंबे' की सेना और जीजा व पाडर को दुबारा फतह किया। पाडर में एक नया किला बनवाया, जिसका नाम 'गुलाब गढ़' रखा। गियाल्पो की गतिविधियाँ निरंतर बढ़ती जा रही थीं। पर जब उसने सुना कि जोरावर ने भी इस पर पैर पकड़ लिया है तो वह घबरा गया। उसने स्पीती की ओर भागने की कोशिश की, किंतु पकड़ा गया। वजीर ने उसे लेह के किले में कैद कर दिया। लद्दाख के राजवंश को कायम रखने के लिए टिंढल नमगिल को बिना वेतन के लद्दाख का नया गियाल्पो नियुक्त किया तथा उसे रहने के लिए लद्दाख का राजमहल दे दिया।

उधर स्कर्दु के राजा अहमद शाह और उसी के बेटे मुहम्मद शाह के बीच अनबन हो गई। बेटे ने वजीर जोरावर से निवेदन किया। सात हजार डोगरा व लद्दाखी फौज को लेकर जोरावर अहमद शाह की बीस हजार बलती फौज से टक्कर लेने चल दिया। पहाड़ी सफर, राशन की कमी व सर्दी के आगे बड़े धीरज के साथ डोगरा फौज लड़ी और 'थाभू-खून' नामक स्थान पर बलतियों को शिकस्त दे दी।

अहमद शाह भागकर स्कर्दु किले में आ छिपा। दरिया की लपेट में यह किला उस समय 'अजेय' समझा जाता था। वजीर ने युक्ति से अहमद शाह को बाहर बुलवा लिया और उसे कैद कर लिया। मुहम्मद शाह को स्कर्दु का राज-सिंहासन मिल गया। इसके बाद आसपास के इलाके के लोग स्वयं आ-आकर वजीर को नजराने देने लगे और अधीनता स्वीकार करने लगे।

लद्दाख और बालतिस्तान की फतह के बाद इन इलाकों की हिफाजत के लिए जगह-जगह किले बनवाए व डोगरा सैनिक वहाँ तैनात किए। जोरावर ने ल्हासा पर हमला करने और उसे जीतने की यहाँ पर एक नई योजना बनाई। इसके लिए खपलोह के राजा दौलत अली खान ने वजीर को अपनी सेवा पेश की। ल्हासा के लिए कूच करते समय वजीर के साथ पाँच हजार डोगरा व पाँच हजार बलती और लद्दाखी फौज थी।

फौज दो हिस्सों में विभाजित थी। एक मियाँ राय सिंह की कमांड में तथा दूसरी जोरावर सिंह की कमांड में।

दोनों जत्थे तिब्बत की सीमा पर रोडुक नगर के समीप एक-दूसरे से मिले। 'रोडुक' को घेर लिया गया। तिब्बती फौज संख्या में बिलकुल कम थी। थोड़ी सी लड़ाई के बाद तिब्बती सेना का अफसर मारा गया और बाकी सेना ने भी हथियार डाल दिए। रोडुक के किले पर डोगरा सैनिकों का अधिकार हो गया। यहाँ से आगे 'गंगा' के मुकाम पर ल्हासा की फौज ने मुकाबला किया पर उन्हें भी हार खानी पड़ी। अब डोगरा फौज मानसरोवर झील की ओर बढ़ रही थी। रास्ते में कहीं भी तिब्बती फौज ने मुकाबला नहीं किया। कैलाश पर्वत से आनेवाले तीन नालों जो कि आगे जाकर सतलुज से जा मिलते हैं, के दरमियान नाले पर जोरावर की सेना ने अपना शिविर लगाया। इस जगह जिसको 'शेंता कपिन' कहते हैं पर एक अँधेरी रात को अचानक तिब्बती सेना ने धावा बोल दिया। बड़ी खूँखार लड़ाई हुई। पर तिब्बती फौज को ही पीछे हटना पड़ा।

इस जगह से निडर होकर डोगरा सेना मानसरोवर तक जा पहुँची। मानसरोवर झील हिंदुओं का पवित्र तीर्थस्थान है। कहते हैं कि कभी चक्रवर्ती सम्राट् मांधाता का राज्य तिब्बत तक फैला हुआ था। उसी के नाम पर एक पर्वत का नाम 'गुर्ता मधाता' पड़ा हुआ लगता है जो कि मानसरोवर के एक किनारे पर है। दूसरे किनारे पर शिव का कैलाश पर्वत है। दोनों वर्षों से साक्षी हैं भारत की पुरानी सीमाओं के। कभी भारत इतना विशाल भी रहा होगा नई पीढ़ी शायद ही विश्वास करे। जोरावर ने मानसरोवर झील की तीन दिन चलकर परिक्रमा पूरी की। तिब्बती फौज 'तफलाखेर' के मैदान में फिर इकट्ठी होने लगी। इस मैदान से नेपाल की सीमा 15-20 मील दूर है। नेपाल नरेश ने भी जोरावर को बधाई संदेश भेजे। अंग्रेज सरकार जोरावर की गतिविधियों पर नाराज थी। उसने एक तरफ तो कर्नल कनिंघम द्वारा जोरावार को सर्दी के बारे में भय दिया और दूसरी तरफ ल्हासा के शासकों को जोरावर की गतिविधियों की जानकारी दी। ल्हासा सरकार को जब यह पता चला कि जोरावर मानसरोवर से आगे नहीं बढ़ रहा, बल्कि पीछे लौटने की सोच रहा है तो उन्होंने उसे रास्ते में रोकने का फैसला किया।

तिब्बती फौज संख्या में तिगुनी थी। सर्दी भी पूरे यौवन पर थी। राशन की कमी और डोगरा सैनिकों का लगातार गिरता स्वास्थ्य। 'तोए' का मैदान जहाँ दोनों फौजों की आपस में भिड़ंत हुई। लड़ाई तीन दिन तक चलती रही। शायद पलड़ा डोगरों का ही भारी रहता पर जोरावर सिंह से एक भूल हो गई। वैसे भी अब भाग्य उसका साथ छोड़ चुका था। वह अपने सैनिकों में जोश भरने के लिए मोरचे पर आ गया और अपने सिपाहियों को ललकारने लगा। एक गोली वजीर की टाँग पर लगी और वह घोड़े से नीचे गिर पड़ा। वह लड़ता रहा। तलवार हाथ से फिर भी न छूटी। पर पीछे से एक

तिब्बती सिपाही ने 'बरछा' (जिसे वह डाँग कहते हैं) पीठ में घोंप दिया जो कि दूसरी ओर छाती चीरकर आ निकला। इस घातक हमले में रणभूमि में ही डुग्गर के वीर सेनापति का 12 दिसंबर, 1841 ई. को निधन हो गया।

जोरावर की मृत्यु की खबर लगभग डेढ़ माह के बाद जम्मू पहुँची। जम्मू राज दरबार में उसकी मृत्यु पर राजकीय शोक मनाया गया। सबसे अधिक दुःख महाराजा गुलाब सिंह को हुआ।

जोरावर सिंह के तीन विवाह हुए थे, उसकी मृत्यु से पूर्व ही पहली पत्नी मर चुकी थी। मृत्यु के शोक समाचार सुनकर दोनों स्त्रियों ने सती होने का निश्चय किया। पर महाराजा गुलाब सिंह ने अपने जेठ पुत्र ऊधम सिंह को भेजकर लाजवंती जोरावर की एक स्त्री को बचा लिया पर आसा देवी पति की पगड़ी गोद में रखकर चंद्रभागा के किनारे चिता बनाकर सती हो गई।

एक वीर पुरुष का इतिहास समाप्त हो गया। माना कि जोरावर सिंह की इन लड़ाइयों व जीतों से कहीं पर भी स्थिर राज्य कायम नहीं हो सका। पर उस वीर योद्धा ने अपनी खोई हुई सीमाओं को भारतवर्ष के साथ मिलाने का जो अपूर्व प्रयास किया, उसके लिए जोरावर जैसा वीर कभी भी मर नहीं सकता। वह सदियों तक लोगों के दिलों पर राज करता रहेगा। माताएँ आगे भी अपने बेटों को जोरावर की वीरता के किस्से सुनाती रहेंगी।

(शिवदेव सिंह मन्हास—तवी दीपिका अक्तूबर 1986)

□

रियासी के पास विजयपुर नामक स्थान पर जनरल जोरावर सिंह का महल है। विजयपुर निवासी ठाकुर प्रीतम सिंह उनके वंशज हैं। उनके वंश का कुरसीनामा ठाकुर प्रीतम सिंह के पास सुरक्षित है।

राष्ट्रभक्त डोगरा शासक

शाहमीर के राज्यकाल से प्रारंभ हुआ धर्मांतरण का सिलसिला अंतिम अफगान सूबेदार आजिम खान के राज्य तक निरंतर 500 वर्ष तक अबाध गति से चलता रहा। पूर्व का हिंदू कश्मीर अब तलवार के जोर से मुसलिम कश्मीर में बदल दिया गया। इस कालखंड में हिंदू समाज को नष्ट करने के सब प्रकार के घृणित एवं नृशंस उपायों का उपयोग किया गया। परंतु इन क्रूरतम और अमानवीय हथकंडों के बावजूद विधर्मी शासक कश्मीर के मूल समाज को पूर्णतया समाप्त नहीं कर सके। कश्मीर में पंडित समाज ने लगातार पाँच सौ वर्षों तक बलिदानों की अद्भुत परंपरा को बनाए रखते हुए भारतीय जीवन मूल्यों की रक्षा की।

राष्ट्रभक्त बीरबल पंडित

कश्मीर के संभ्रांत पंडितों ने कश्मीर और हिंदू समाज को बचाने का निर्णय किया। किसी भी ढंग से अपने समाज की रक्षा करने के पवित्र एवं राष्ट्रीय उद्देश्य से एक महत्त्वपूर्ण गुप्त बैठक का आयोजन किया गया। विचार-विमर्श के पश्चात् महाराजा रणजीत सिंह से वार्त्तालाप करने एवं सहायता प्राप्त करने का फैसला किया गया। राजनीतिक दृष्टि से चतुर और सुलझे हुए व्यक्ति पंडित बीरबल धर को यह कार्य करने की जिम्मेदारी सौंपी गई।

इस योजना की कुछ धुँधली सी जानकारी किसी तरीके से सूबेदार को मिल गई। उसने तुरंत मिर्जा पंडित को बुलाकर पूछताछ की। परंतु मिर्जा पंडित ने अत्यंत चतुराई से सूबेदार को शांत कर दिया। इस समय तक बीरबल पंडित वेश बदलकर अपने पुत्र राजा काक के साथ घर से निकल चुका था। श्रीनगर से दूर देवसर नामक स्थान पर कुछ देर रुककर दोनों पिता-पुत्र आगे की यात्रा पर निकले। स्थानीय मुसलिम समाज की सहायता से दोनों पीरपंजाल पर्वत को पार करने में सफल हो गए। इस राष्ट्रीय कार्य के लिए स्थानीय एवं साधारण मुसलिम समाज ने उनकी सहायता करके अपने कर्तव्य की पूर्ति की। इन देशभक्त मुसलमानों का नाम भी कश्मीर के इतिहास में उज्ज्वल रहेगा।

पंडित बीरबल और उसके पुत्र का इस प्रकार सूबेदार को चकमा देकर सुरक्षित निकल जाना और वह भी मुसलमानों की ही मदद से, यह बात सूबेदार और मुसलिम दरबारियों के कलेजे पर साँप की तरह लोटने लगी। इस समाचार के प्राप्त होते ही सूबेदार आजिम खान ने अपने सैनिक दौड़ाए। उन्होंने पंडित और उसके पुत्र को पकड़ने के लिए प्रदेश का कोना-कोना छान मारा, परंतु तीर धनुष से निकल चुका था।

सूबेदार आजिम खान पागल जानवर की तरह हड़बड़ाने लगा। जो भी उसके सामने आया तलवार की भेंट चढ़ गया। इस विनाशलीला से जब वह कुछ थक-सा गया तो उसने बीरबल पंडित के परिवार की सब स्त्रियों को पकड़कर लाने का आदेश दिया। परंतु यहाँ भी उसको मुँह की खानी पड़ी।

वीर पत्नी द्वारा तिलक लगाकर विदाई

बीरबल पंडित ने जाने से पूर्व अपनी पत्नी से भेंट की। पत्नी ने सहर्ष पति को राष्ट्रपथ पर बढ़ने की प्रेरणा और अश्रुपूर्ण मौन स्वीकृति दी। उस वीर पत्नी ने स्वयं सब प्रकार के कष्ट सह लेने परंतु कर्तव्य से विमुख न होने का आश्वासन दिया। अपने पति के हाथ को अपने हाथ में लेकर भीष्म प्रतिज्ञा की कि वह अपने प्राण त्यागने में भी संकोच नहीं करेगी और किसी भी विधर्मी को जीते जी अपना शरीर नहीं छूने देगी। राष्ट्रीय कार्य के लिए जाते हुए पति के समक्ष पत्नी द्वारा भी समय आने पर आत्मबलिदान का निश्चय करना, कितना भावुक रहा होगा विदाई का यह क्षण।

पास ही खड़े उनके जवान बेटे राजा काक ने भी माँ के पाँव छूकर आशीर्वाद माँगा। माँ ने बेटे को सीने से लगा लिया। उसे मालूम था कि बेटे के साथ भी उसका यह अंतिम मिलन है। वीर माता ने वीर पुत्र की सशक्त अंगुली पिता के हाथों में थमा दी। जाने से पूर्व बीरबल पंडित ने परिवार की सुरक्षा की जिम्मेदारी अपने एक विश्वस्त मुसलमान सहयोगी और मित्र कादिस खान गोजवारी को सौंपी। अतः दोनों महिलाएँ (सास और बहू) कादिस के घर चली गईं।

अमर बलिदान

सूबेदार आजिम खान ने इन दोनों महिलाओं को ढूँढ़ने में साम-दाम-दंड-भेद सब नीतियों का इस्तेमाल करके देख लिया, परंतु कुछ हाथ न लगा। कादिस खान ने भी इनको छिपाकर रखने में कोई कसर नहीं छोड़ी। परंतु भाग्य ने साथ नहीं दिया। कादिस खान के ही एक विश्वस्त मित्र की स्वार्थलिप्सा और अराष्ट्रीय वृत्ति के कारण यह खबर सूबेदार तक पहुँच गई। इस सूचना पर कादिस खान के घर को घेर लिया गया। कादिस खान ने इन्हें छिपाने की पूरी कोशिश की। परंतु उसे सूबेदार के सैनिकों ने मार दिया।

सास-बहू दोनों को गिरफ्तार कर लिया गया।

जब सूबेदार के सैनिक इन्हें ले जा रहे थे तो रास्ते में सास ने एक हीरा अपने गले से निगलकर पेट में उतार लिया। परंतु बहू ऐसा न कर सकी। दोनों को जब सूबेदार के समक्ष उपस्थित किया गया तो पंडित बीरबल की पत्नी ने नफरत भरी निगाहों से आजिम खान को देखा और शेरनी की तरह दहाड़ते हुए कहा कि "विधर्मी और नीच शासकों द्वारा कश्मीरी पंडितों पर ढाए गए जुल्मों का अंत होगा और अफगान शासन भी तबाह होगा। मेरा पति और बेटा महाराजा रणजीत सिंह के दरबार में पहुँच चुके हैं... ।" उसकी यह बात अभी पूरी भी न हो पाई थी कि उसकी मृत्यु हो गई।

परंतु पंडित बीरबल की बहू और राजा काक की पत्नी को जालिमों ने एक अफगान सरदार के साथ काबुल भेज दिया। कितना अंतर है दो सभ्यताओं का, दो जीवन मूल्यों का। इतिहास के विद्यार्थी जानते हैं कि जब मराठा सैनिकों ने कल्याण (पूना के पास) के मुसलिम सूबेदार को एक लड़ाई में पराजित कर दिया तो सूबेदार के शस्त्र, तोपखाना और उसका किला मराठों के हाथ लग गया। मराठा सैनिकों ने मुसलिम सूबेदार की जवान बहू को लाकर छत्रपति शिवाजी महाराज के समक्ष उपस्थित किया। शिवाजी ने अपने सैनिकों को डाँटा और भविष्य में कभी भी ऐसा घृणित कार्य न करने की आज्ञा दी। फिर उन्होंने सूबेदार की बहू को 'माँ' कहकर पुकारा और उसे स्वर्ण आभूषण भेंट में देकर सुरक्षित सूबेदार के पास पहुँचा दिया। बस यही दोनों सभ्यताओं में अंतर है।

पिता-पुत्र गंतव्य तक पहुँचे

पंडित बीरबल धर और उनका पुत्र राजा काक जम्मू के महाराजा गुलाब सिंह के दरबार में पहुँचने में सफल हो गए। राजा गुलाब सिंह ने महाराजा रणजीत सिंह के प्रधानमंत्री राजा ध्यान सिंह के नाम परिचय पत्र देकर इन्हें लाहौर भेजने की व्यवस्था कर दी। लाहौर पहुँचने पर राजा ध्यान सिंह ने प्रयासपूर्वक इन सबको महाराजा रणजीत सिंह से मिलवा दिया। पंडित बीरबल ने सारी व्यथा महाराजा रणजीत सिंह को सुनाई।

महाराजा ने सारी बात ध्यान पूर्वक सुनी। कश्मीर में हिंदुत्व और भारतीयता पर आए संकट से वे दुःखी हुए। उन्हें लगा कि इस समय इनकी समस्या को राष्ट्रीय संदर्भ में देखा जाना चाहिए। वे एक सच्चे सिख थे। महाराजा ने अपने सहयोगियों के साथ विचार-विमर्श करके तुरंत सेना को तैयार होने का आदेश दे दिया। उन्होंने पंडित बीरबल को सैनिक अधिकारियों के साथ-साथ रहने और उन्हें भौगोलिक जानकारी देते रहने को कहा। पंडित बीरबल ने सब बातें स्वीकार कीं और अपने पुत्र को जमानत के रूप में लाहौर दरबार में ही रहने का आदेश दिया।

सिख सेना का विजय अभियान

महाराजा रणजीत सिंह ने अपने पाँच श्रेष्ठ एवं वीर सेनाधिकारियों के साथ तीस हजार सैनिकों को पंडित बीरबल के मार्गदर्शन में भेजा। जम्मू के राजा गुलाब सिंह, हरिसिंह नलवा, ज्वाला सिंह, हुकम सिंह और श्याम सिंह इत्यादि शक्तिशाली सैनिक अधिकारियों ने अपनी पूरी ताकत से जबर खान की सेना के पाँव उखाड़ दिए। जबर खान दुम दबाकर भाग गया। सिख सेना की विजय हुई और अत्याचारी अफगानों का शासन समाप्त हुआ। 20 जून, 1819 ई. को पंडित बीरबल ने सिख फौज के साथ एक विजयी के रूप में श्रीनगर में प्रवेश किया।

महाराजा रणजीत सिंह की कश्मीर विजय के बाद कश्मीर पर सत्ताईस वर्षों तक उनका आधिपत्य रहा। इस कालखंड में कश्मीर में दस गवर्नर नियुक्त किए गए। शासन की नीतियाँ उदार थीं। हिंदुओं पर मुसलमानों का दमनचक्र पूर्णतया थम गया। मुसलिम जागीरदार, जो हिंदुओं के ऊपर आए दिन अत्याचार करते थे, दुम दबाकर भाग खड़े हुए। हिंदू स्त्रियाँ अब सम्मानपूर्वक एवं स्वतंत्रतापूर्वक नगर में आने-जाने लगीं। मंदिरों में घंटों एवं आरती वंदन के स्वर फिर गूँज उठे। ऐसा आभास होने लगा कि स्वर्णयुग लौट आया है।

महाराजा गुलाब सिंह

महाराजा रणजीत सिंह ने अपने जीवनकाल में ही राजा गुलाब सिंह को प्रदेश का राजा नियुक्त कर दिया था। परंतु सन् 1846 में अंग्रेजों और सिक्खों के युद्ध के बाद हुई अमृतसर संधि के अंतर्गत अंग्रेजों ने जम्मू-कश्मीर पर महाराजा गुलाब सिंह का आधिपत्य तो स्वीकार किया, परंतु सिक्खों के साथ हुई लड़ाई का हरजाना उन्होंने गुलाब सिंह से लिया। प्रदेश में एक ब्रिटिश एजेंट की नियुक्ति भी की गई। वास्तव में एजेंट के माध्यम से अंग्रेजों ने राजा गुलाब सिंह पर अपना नियंत्रण रखा।

जनरल जोरावर सिंह का शौर्य

महाराजा गुलाब सिंह ने अपने सैनिक अभियानों और अपने राजनीतिक प्रभाव से अनेक छोटे-छोटे राज्यों को मिलाकर एक शक्तिशाली जम्मू-कश्मीर प्रदेश का गठन कर लिया। पहाड़ी युद्धों में पारंगत एक कुशल सेनापति जनरल जोरावर सिंह के द्वारा लद्दाख को भी कश्मीर की सीमा में मिलाया गया। यह वीर वहीं युद्ध करता हुआ वीरगति को प्राप्त हुआ। इसके युद्धकौशल और सैन्य संचालन की प्रशंसा प्रसिद्ध इतिहासकार के.एम. पणिक्कर ने भी की है। उन्होंने लिखा है—''समुद्र तल से 15,000 फीट की ऊँचाई पर

लद्दाख और बालटिस्तान की बर्फ से ढकी पर्वत श्रेणियों पर, जहाँ वायु इतनी पतली होती है कि मैदानी आदमी कठिनाई से जीवित रह सकता है, एक-दो नहीं, छह-छह बार पूरी सेना ले जाना आश्चर्यजनक उपलब्धि है। एक के बाद दूसरे लगातार आक्रमणों से उस देश को जीत लेना और उसे एक शांतिपूर्ण प्रदेश बना देना एक ऐसा अद्भुत कार्य है जिसकी समानता भारतीय इतिहास के पृष्ठों में कहीं नहीं मिलती। भारतीय इतिहास के पृष्ठों में उसकी महानता एक महान् योद्धा के रूप में चमकती रहेगी।''

महाराजा रणवीर सिंह

महाराजा गुलाब सिंह के पश्चात् उसका पुत्र रणबीर सिंह प्रदेश के महाराजा के रूप में जम्मू-कश्मीर की गद्दी पर बैठा। हिंदुत्व, संस्कृत, भारतीय संस्कृति इत्यादि विषयों में रुचि रखने के कारण आज तक लोग इन्हें आदर्श हिंदू राजा के रूप में याद करते हैं। संस्कृत की शिक्षा के लिए इन्होंने प्रदेश में अनेक केंद्र खोले, पुस्तकालयों का निर्माण करवाया और हिंदू जीवन मूल्यों की पुनर्स्थापना हेतु प्रयास प्रारंभ किए। इसी महाराजा के मार्गदर्शन में एक 'धर्मार्थ ट्रस्ट' का निर्माण हुआ, जिसके अंतर्गत कई मंदिरों का निर्माण किया गया। इनके इन प्रयासों के फलस्वरूप प्रदेश में हिंदुत्व की एक लहर चल पड़ी। हिंदू समाज भी स्वाभिमान के साथ एक नई अंगड़ाई लेकर उठने लगा। कश्मीर के लोग भी अपने प्राचीन वैभव को लौटा लाने को उतावले हो उठे।

इस हिंदुत्व की लहर का असर इस स्तर तक गहरा उतर गया कि प्रदेश के कई हिस्सों में धर्मांतरित लोग भी अब अपने पूर्वजों के धर्म में वापस आने का मन बनाने लगे। राजौरी पुंछ के राजपूत मुसलमान तथा कश्मीर के भी कुछ मुसलमानों ने एकत्रित होकर महाराजा रणवीर सिंह के दरबार में प्रार्थना की कि उन्हें फिर से उनके मूल हिंदू धर्म में स्वीकार कर लिया जाए। परंतु इस देश का यह दुर्भाग्य ही कहा जाएगा कि ऐसे स्वर्ण अवसरों पर धर्म के चंद ठेकेदारों ने सदैव अवरोध खड़े कर दिए। महाराजा ने जब इन अपने बिछुड़े भाइयों को फिर से वापस लाने हेतु पंडितों से पूछा तो पंडितों ने स्पष्ट मना कर दिया। इन्हीं पंडितों ने रिंचन को हिंदू धर्म में स्वीकार न करके कश्मीर को पाँच सौ वर्षों तक मुसलिम शासकों के पाँव तले रौंदवाया। अब फिर जब मुसलमानों ने हिंदू धर्म में लौटने की इच्छा प्रकट की तो इन्हीं पंडितों ने अपनी संकुचित मनोवृत्ति के कारण बाधा उत्पन्न कर दी।

अगर उस समय महाराजा इन पंडितों के चक्कर में न पड़कर स्वयं ही धर्मांतरित लोगों को हिंदू घोषित कर देते तो यह समस्या सदा के लिए समाप्त हो जाती।

महाराजा हरिसिंह

रणवीर सिंह के बाद उनके पुत्र महाराजा प्रताप सिंह तथा उनके बाद महाराजा हरिसिंह प्रदेश के राजसिंहासन पर बैठे। इस देशभक्त युवा महाराज ने प्रदेश का शासन-सूत्र सँभालते ही अनेक संवैधानिक सुधार किए। भारतीय संस्कृति, हिंदुत्व इत्यादि संस्कारों में संस्कारित होने के कारण महाराजा प्रबल राष्ट्रभक्त थे। इनकी राष्ट्रभक्ति का परिचय भारत की जनता और ब्रिटिश सरकार को उस समय हुआ जब 1931 में लंदन में आयोजित गोलमेज कॉन्फ्रेंस में महाराजा हरिसिंह ने नरेंद्र मंडल (चैंबर ऑफ प्रिंसेज) का प्रतिनिधित्व करते हुए भारत की पूर्ण स्वतंत्रता का पक्ष लिया। महाराज ने स्पष्ट कहा—"...यह पहला अवसर है जब भारत के देशी राज्यों के नरेश प्रत्यक्ष रूप में ब्रिटिश सरकार और ब्रिटिश भारत के प्रतिनिधियों के साथ भारत के राजनीतिक भविष्य के विषय पर विचार करने के लिए आए हैं। भारतीय होने के नाते हम चाहते हैं कि हमारी मातृभूमि ब्रिटिश राष्ट्रमंडल में आदर और बराबरी का स्थान प्राप्त करे।"

□

जम्मू क्षेत्र में संघ

सभी दिशाओं और सभी क्षेत्रों में बढ़ रहे राष्ट्रीय स्वयंसेवक संघ का वर्तमान भव्य स्वरूप देखकर अनायास ही दाँतों तले अंगुली दब जाना स्वाभाविक है। परंतु इस पुष्पित-पल्लवित स्वरूप तक पहुँचने के लिए संगठन को कितने अवरोधों और संघर्षों का सामना करना पड़ा होगा, इसका अंदाज लगाना जरा मुश्किल-सा लगता है। आज की प्रत्येक सुविधाओं एवं सुलभ साधनों की चकाचौंध से संघ के प्रारंभिक दिनों के कष्टों की कल्पना कर सकना कठिन है।

तब संघ कार्यालय नहीं थे, गुरुदक्षिणा नहीं थी, स्वयंसेवक नहीं थे और समर्थक नहीं थे। न रहने की व्यवस्था थी और न पेट भर सकने के साधन। उस समय अपने को हिंदू कहना भी लज्जास्पद लगता था। तब डॉ. हेडगेवार ने नागपुर में संघ का पौधा लगाया। कुछ ही वर्षों बाद उन्होंने अपने जैसे दसियों हेडगेवार तैयार किए और उन्हें देश के कोने-कोने में हिंदू समाज को संगठन सूत्र में पिरोने के लिए भेज दिए। भाषा, रीति-रिवाज, खान-पान सब भिन्न परंतु मन में राष्ट्र-सेवा की अनूठी तड़प लिए यह तरुण तपस्वी घर-बाहर, माँ-बाप इत्यादि छोड़कर निकल पड़े और संकटों को चीरकर संघ का कार्य खड़ा करते चले गए।

जम्मू में संघ की प्रथम शाखा का प्रारंभ भी ऐसी ही परिस्थितियों में हुआ। 1937 में नागपुर से दो प्रचारक संघ की शाखा खोलने के लिए इस ओर आए। सियालकोट में श्री के.डी. जोशी और लाहौर में श्री राजभाऊ पातुरकर। दोनों ने अपनी सूझ-बूझ एवं लगन से इन स्थानों पर संघ का कार्य शुरू किया। इन्होंने भूखे-प्यासे रहकर, मंदिरों-धर्मशालाओं में सोकर, फटा-पुराना पहनकर जन-संपर्क बनाए रखा और इसी में से निकलने लगी तरुणों की टोलियाँ।

दो वर्ष बाद अर्थात् 1939 में सियालकोट से श्री के.डी. जोशी ने एक नवयुवक श्री रवींद्र वर्मा को जम्मू में शाखा प्रारंभ करने के उद्देश्य से संपर्क करने के लिए भेजा। वह प्रातः आते और मिलने का कार्यकर (खोज का कार्य) सायं वापस चले जाते। कुछ दिन

के पश्चात् जब संपर्क बढ़ा और आशा दिखाई दी तो उस समय एक सक्रिय छात्र बलराज मधोक के सहयोग से कुछ हिंदू युवकों की मंडली तैयार कर शाखा की बात चलाई। इस प्रकार धीरे-धीरे दीवान मंदिर में हिंदू युवकों का एक साथ आना-जाना और उठना-बैठना शुरू हो गया।

इन्हीं दिनों सियालकोट में संघ की आई.टी.सी. (इंस्ट्रक्टर ट्रेनिंग कैंप) का आयोजन हुआ, जिसे आजकल प्राथमिक शिक्षा वर्ग कहते हैं। इस शिविर में श्री रवींद्र वर्मा ने श्री बलराज मधोक की मदद से सात हिंदू युवकों को ट्रेनिंग के लिए भेजा। ये सातों युवक दीवान मंदिरवाले एकत्रीकरण के प्रयास से संपर्क में आए थे। यही युवक वास्तव में जम्मू में संघ कार्य के आधार स्तंभ बने। इसी टोली ने एकजुट होकर शाखा के वर्तमान स्वरूप का बीजारोपण किया।

15 जुलाई, 1940 को सियालकोट में आयोजित इस आई.टी.सी. वर्ग का समारोह कार्यक्रम हुआ। तब तक सारे क्षेत्र में संघ कार्य व्यवस्थित करने और इसे गति प्रदान करने के लिए नागपुर से आदरणीय माधव रावजी मूले आ चुके थे। समारोह के इस कार्यक्रम में वही मुख्य वक्ता थे। इस वर्ग की समाप्ति पर अनेक हिंदू युवक घर-बाहर छोड़कर, प्रचारक के नाते संघ कार्य के विस्तार के लिए बाहर जाने के लिए तैयार हुए। श्री माधव रावजी के प्रयास एवं योजना से लाहौर और सियालकोट के सभी विभागों में तरुण प्रचारक भेजे गए। सीमाप्रांत के क्षेत्र में श्री वेदप्रकाश शास्त्री, मुलतान विभाग में श्री लेखराज शर्मा, रावलपिंडी विभाग में डॉक्टर हरबंस लाल, लाहौर विभाग में श्री महावीर और जम्मू के लिए श्री जगदीश अब्रेल को भेजा गया। ये सभी उच्च शिक्षा प्राप्त तरुण कार्यकर्ता अपनी हिम्मत और उत्साह के भरोसे संघ के कार्य के लिए मैदान में उतर गए।

श्री जगदीश अब्रेल सियालकोट के प्रसिद्ध खत्री घराने से निकले। उन दिनों आप कलकत्ते में डाक विभाग में सरकारी नौकरी छोड़कर सियालकोट के शिक्षा वर्ग में पहुँचे थे। वहीं से प्रचारक की घोषणा होने पर जम्मू आ गए। आधुनिकता के वातावरण में शिक्षित परंतु खत्री परिवार के सभी साहसिक गुणों से युक्त श्री जगदीशजी अपने गुजारे के लिए कुछ पूँजी भी साथ लाए थे। प्रारंभ के दिन इसी के सहारे काट लिए।

जम्मू पहुँचने पर पहली रात ब्राह्मण सभा में काटी। इसी प्रकार न जाने कितनी रातें कई स्थानों पर काटकर फिर वेद मंदिर में एक कमरे की व्यवस्था होने पर वहाँ रहना शुरू कर दिया। इन्हीं दिनों एक सरकारी कर्मचारी श्री भक्तराम ने संरक्षक के नाते श्री जगदीशजी की मदद की।

प्रथम शाखा प्रथम कार्यालय

वेद मंदिर के इसी कमरे में हिंदू युवकों का श्री जगदीशजी से मिलने का क्रम प्रारंभ

हुआ। अत: इसे ही जम्मू का प्रथम कार्यालय मानना चाहिए।

सियालकोट से ट्रेनिंग लेकर आए युवकों को दीवान मंदिर में नित्य आने को कहकर विधिवत् शाखा का प्रारंभ कर दिया गया। यह प्रथम सायं शाखा थी। इसे व्यवस्थित करने व इसकी संख्या बढ़ाने के प्रयास में श्री जगदीशजी समय लगाने लगे। उन दिनों पक्के डंगे पर भोला होटलवाला था। यहीं पर श्री जगदीशजी ने भोजन इत्यादि करना शुरू किया। यह सज्जन शाखा के उत्साही हिंदू युवकों एवं श्री जगदीशजी के व्यवहार से प्रभावित होकर संघ के संपर्क में आ गया।

कुछ समय तक एक ही सायं शाखा चलाई गई। इसी में शारीरिक एवं बौद्धिक कार्यक्रमों के आयोजन से कुछ तरुण तैयार हुए। अत: दूसरी सायं शाखा की योजना बनी। राणी मंदिर में दूसरी सायं शाखा प्रारंभ हो गई। इन्हीं दिनों दीवान मंदिर में ही प्रथम प्रभात शाखा का श्रीगणेश कर दिया गया। अब जम्मू नगर में दो सायं एवं एक प्रभात, ऐसी तीन शाखाएँ चलने लगीं।

प्रथम कार्यक्रम

नवंबर 1940 में दीवान मंदिर में विजयादशमी उत्सव मनाया गया। यह उत्सव के रूप में तीनों शाखाओं का प्रथम आयोजन था। इस कार्यक्रम के लिए वक्ता के रूप में उस समय के अखिल भारतीय बौद्धिक प्रमुख श्रीमान बाबा साहेब आप्टे थे। जम्मू की संघ शाखा में बाहर से प्रथम अखिल भारतीय अधिकारी वही थे। कार्यक्रम में 150 स्वयंसेवक गणवेष में उपस्थित हुए। दंड एवं योगचाप के कार्यक्रमों का सुंदर प्रदर्शन हुआ। नगर के कुछ गण्यमान्य लोगों को भी आमंत्रित किया गया। यह प्रथम कार्यक्रम पंडित प्रेमनाथ डोगरा की अध्यक्षता में हुआ। स्वयंसेवकों ने बाकायदा संचालन के साथ उन्हें गार्ड ऑफ आनर दिया। सियालकोट से श्रीमान गंगा विष्णुजी भी इस कार्यक्रम में मार्गदर्शन के लिए पधारे। श्री श्याम लाल शर्मा को प्रथम नगर कार्यवाह घोषित किया गया। इन्हीं दिनों नागपुर में आयोजित ओ.टी.सी. कैंप में दो युवक जम्मू से भी गए। इस कार्यक्रम के पश्चात् भद्रवाह, मीरपुर इत्यादि स्थानों पर संपर्क स्थापित किया गया। राणी मंदिर में एक और प्रभात शाखा खोली गई। यह शाखा खलकी शाखा के नाम से प्रसिद्ध हुई। 1941 के अंत तक जम्मू नगर में चार प्रभात और चार सायं शाखाएँ हो चुकी थीं।

पूजनीय श्री गुरुजी का आगमन

नवंबर 1941 में तत्कालीन सरसंघचालक परम पूजनीय श्री गुरुजी अपने अखिल भारतीय प्रवास के लिए जम्मू पधारे। स्थानीय वेद मंदिर में स्वयंसेवकों एवं नागरिकों की विशाल सभा का आयोजन किया गया। इस कार्यक्रम के पश्चात् पंडितजी के निवास पर

जम्मू नगर के प्रमुख कार्यकर्ताओं की एक भेंट श्री गुरुजी के साथ हुई। पंडित प्रेमनाथ डोगरा और श्री गुरुजी रात देर तक जम्मू-कश्मीर की स्थिति के बारे में बातचीत करते रहे। श्री गुरुजी ने स्वयंसेवकों को आनेवाले राष्ट्रीय संकट के संबंध में सचेत करते हुए हिंदू समाज और देश के प्रति अपना कर्तव्य निभाने की प्रेरणा दी। इस कार्यक्रम के बाद जम्मू नगर से बाहर भी शाखाएँ प्रारंभ हों, ऐसी योजनाएँ बनीं। कटड़ा, रियासी, भद्रवाह और साँबा में संपर्क जोड़े गए। श्री देवेंद्र शास्त्री को रियासी और श्री चमन स्वरूप को कठुआ में प्रचारक के नाते भेजा गया।

हिंदू समाज का नेतृत्व संघ के हाथों आ रहा है, इससे कुछ तथाकथित मौसमी हिंदू नेता घबरा उठे। उन्होंने संघ का विरोध भी किया, परंतु वे शाखा में आनेवाले हिंदू युवकों का कुछ नहीं बिगाड़ सके। 1942 में खंडवा में संघ शिक्षा वर्ग लगा। उसमें से 11 स्वयंसेवक शिक्षण प्राप्त करने गए। इसी समय श्री जगदीश अब्रेल को सरगोधा विभाग प्रचारक, बनाकर भेजा गया। उनके स्थान पर श्री बलराज मधोक जम्मू विभाग के प्रचारक बनकर आए। परंतु श्री बलराज सात-आठ महीने ही प्रचारक के रूप में काम कर सके। तत्पश्चात् उन्होंने श्रीनगर के कॉलेज में इतिहास के प्राध्यापक के रूप में कार्य करना शुरू कर दिया। जम्मू क्षेत्र में फिर श्री जगदीश अब्रेल को वापस बुलाया गया। 1942 में सारे पंजाब प्रांत की आई.टी.सी. का आयोजन हुआ जिसमें पाँच सौ स्वयंसेवकों ने भाग लिया।

1945 में जम्मू के स्वयंसेवकों ने शिवरात्रि महापर्व का प्रबंध सँभाला। संघ की क्षमता एवं शाखा में प्रशिक्षित हिंदू युवकों की सूझबूझ एवं उत्साह से हिंदू समाज प्रभावित हुआ। पहली बार हिंदू महासभा एवं आर्यसमाजी नेताओं ने संघ की संगठित शक्ति का लोहा माना।

प्रथम बार जन्माष्टमी की झाँकियाँ शान से निकलीं

शिवरात्रि महापर्व की सारी व्यवस्था से प्रभावित जम्मू के हिंदू नेता वेद मंदिर में श्री जगदीश अब्रेल से मिले। उन्होंने जन्माष्टमी पर भगवान् श्रीकृष्ण की झाँकियों की सुरक्षा की प्रार्थना की। झाँकियाँ कनक मंडी से आगे नहीं निकाली जा सकती थीं, क्योंकि मुसलिम समाज के भय से इनकी सुरक्षा खतरे में रहती थी। इस सिलसिले में श्री अब्रेल ने तीन शर्तें रखीं। प्रथम, स्वयंसेवकों के बचाव में कानूनी खर्च सारे नेता लोग पहले एकत्र कर दें। दूसरा, स्वयंसेवक शस्त्रों सहित सादे वेश में रहेंगे। तीसरा गड़बड़ होने पर किसी भी नेता को भागने नहीं दिया जाएगा। सारी बातचीत के बाद श्री जगदीशजी ने झाँकियों, हिंदू-नेताओं, संत-महात्माओं और माताओं, बहनों की रक्षा की पूरी जिम्मेदारी संघ के ऊपर ले ली।

उन दिनों जम्मू नगर की दैनिक उपस्थिति दो हजार थी। सभी को सतर्क होकर जन्माष्टमी के जुलूस में भाग लेने का आदेश दे दिया गया। पचास स्वयंसेवक सादे वेश में हथियारबंद होकर भगवान् श्रीकृष्ण का रथ खींचने लगे। पचास को संत-महात्माओं एवं हिंदू नेताओं की सुरक्षा का कार्य सौंपा गया। दो सौ स्वयंसेवक महिलाओं के इर्द-गिर्द पंक्तिबद्ध होकर चलने लगे। एक सौ स्वयंसेवक कनक मंडी, राजेंद्र बाजार की छतों पर शस्त्रों सहित सादे वेश में बैठे। इतनी सुदृढ़ नाकेबंदी संघ के स्वयंसेवकों ने की कि भगवान् श्रीकृष्ण की झाँकी एवं जुलूस स्वाभिमान से निकला। जिसने कहीं भी कोई भी शरारत करने की कोशिश की, वहीं दबोच लिया गया। नवोदित हिंदू शक्ति के इस संगठित स्वरूप को सबने निहारा, परखा और समझने की कोशिश की।

1946 में फिर जन्माष्टमी के जुलूस को विधर्मियों की ओर से चुनौती दी गई। संघ के स्वयंसेवकों ने इसे स्वीकार किया और कर्तव्य पथ पर बलिदान की सौगंध खाकर फिर मैदान में डट गए। संघ अब पहले से अधिक मजबूत था। पूरे जुलूस के मार्ग पर स्वयंसेवक तैनात कर दिए गए। जहाँ झगड़ा होने की संभावना थी, वहाँ पहले ही पूरे बंदोबस्त किए गए। संघर्ष हुआ पर हिंदू समाज स्वाभिमान से विजयी हुआ। उन दिनों ब्रिगेडियर खुदाबख्श जम्मू छावनी का प्रमुख था।

1946 तक देश का विभाजित होना प्रायः निश्चित हो गया था। भावी संकट स्पष्ट दृष्टिगोचर हो रहा था। अतः संघ के स्वयंसेवकों को प्रत्येक प्रकार का बलिदान देकर भी हिंदू समाज की रक्षा आखिरी क्षण तक करने की मानसिकता बनाने के लिए कहा जाने लगा। पाकपरस्त मुसलमानों की देशघातक हरकतें भी बढ़ने लगीं। उधर, संघ की शाखाएँ भी बढ़ती जा रही थीं।

जम्मू नगर के अतिरिक्त पूरी रियासत में साठ से भी अधिक स्थानों पर शाखाएँ शुरू हो चुकी थीं। हजारों की संख्या में हिंदू युवक संगठित हो रहे थे। उधर, कश्मीर घाटी में भी श्री बलराज मधोक के प्रयत्न से श्रीनगर, अनंतनाग और बारामूला में संघ कार्य प्रारंभ हो चुका था। विभाजन का समय आते-आते पूरी रियासत में संघ हिंदू समाज का शक्तिशाली संगठन बन चुका था।

ऊपर कही गई संगठित शक्ति के आधार पर ही संघ देश विभाजन के समय हिंदू समाज की रक्षा कर सका, शरणार्थी बंधुओं को बसा सका और देशद्रोहियों को सजा दे सका। पाकिस्तान के आक्रमण की पूर्व सूचनाएँ एकत्र कर सका और आक्रमण के समय भारतीय सेना के आने तक शत्रु को रोक पाने में समर्थ हो सका। इस शक्ति के आधार पर संघ ने स्थान-स्थान पर भारतीय सेना की मदद की और जम्मू-कश्मीर का भारत में विलय करवाने के लिए पूरे प्रयास किए।

□

जम्मू-कश्मीर का भारत में विलय

महाराजा के दरबारियों, सहयोगियों और मंत्रिपरिषद् के वजीरों ने पूरा जोर लगाया कि राष्ट्र के हित में जम्मू-कश्मीर का विलय भारत में कर देना चाहिए। आचार्य जे.बी. कृपलानी, सरदार पटेल और महात्मा गांधी जैसे राष्ट्रभक्तों एवं महान् नेताओं ने भी प्रयास किए, परंतु महाराजा तैयार न हुए। वे नेहरू की सत्ता स्वीकार नहीं करना चाहते थे। उधर पाकिस्तान की फौज कश्मीर के द्वार पर आ पहुँची।

विलय और संघ

राजनेताओं के प्रयास असफल हो चुके थे। समय की नाजुकता बढ़ती जा रही थी। ऐसी परिस्थिति में सरदार पटेल ने व्यक्तिगत तौर पर मेहरचंद महाजन की तरफ से राष्ट्रीय स्वयंसेवक संघ के सरसंघचालक श्री माधव राव सदाशिव गोलवलकर को विशेष संदेश भेजकर आग्रह किया कि महाराजा को विलय के लिए तैयार करने में वे अपने प्रभाव का उपयोग करें। श्री गुरुजी तुरंत इस नाजुक प्रश्न का समाधान करने और अपने राष्ट्रीय कर्तव्य की पूर्ति के लिए, अपने सभी कार्यक्रम स्थगित कर विमान से नागपुर से दिल्ली और दिल्ली से श्रीनगर पहुँचे। पंडित प्रेमनाथ डोगरा और श्री मेहरचंद महाजन के प्रयास से श्री गुरुजी की भेंट महाराजा हरिसिंह से हुई।

यह भेंट कोई व्यक्तिगत नहीं थी। मकान, जायदाद, जमीन या वोटों की राजनीति पर बहस नहीं थी। यह तो राष्ट्र की अखंडता के प्रश्न पर ऐतिहासिक भेंट थी। जिस महाराजा पर देश के अनेक राष्ट्रीय नेताओं का कुछ भी असर न हुआ, उस महाराजा हरिसिंह ने एक साधारण वेषवाले राष्ट्रीय तपस्वी के समक्ष सर झुका दिया। उसे अपने धर्म और राष्ट्र की रक्षा का महत्त्व समझ में आ गया। महाराजा ने विलय का प्रस्ताव दिल्ली भेज दिया और परम पूज्य श्री गुरुजी स्वयंसेवकों को जम्मू-कश्मीर की रक्षा के

लिए अपने रक्त की अंतिम बूँद तक को बहाने का आदेश देकर चले गए।

स्मरणीय है कि इससे पूर्व भी जुलाई सन् 1947 में पंजाब के प्रांत संघचालक रायबहादुर बद्रीदास ने भी महाराजा से भेंट की थी और उन्हें विलय के लिए तैयार करने की कोशिश की थी, परंतु कोशिश नाकाम रही थी।

राष्ट्रीय स्वयंसेवक संघ, पंजाब व जम्मू-कश्मीर के तत्कालीन प्रांत प्रचारक (जो बाद में संघ के सरकार्यवाह भी रहे) श्री माधवराव मुले ने इस ऐतिहासिक तथ्य की जानकारी, 'श्रीगुरुजी समग्र दर्शन' नामक पुस्तक के खंड एक में छपे अपने संस्मरण में पृष्ठ 172 पर दी है—

"केंद्रीय गृहमंत्री सरदार पटेल ने श्री मेहरचंद महाजन, दीवान जम्मू-कश्मीर रियासत, से हिंदुस्थान के साथ विलीनीकरण (accession) करने के लिए महाराजा हरिसिंह को तैयार कराने को कहा था। श्री मेहरचंद महाजन ने पूजनीय श्री गुरुजी को संदेश पहुँचाया कि वे महाराजा से मिलकर उन्हें इस विलीनीकरण के लिए तैयार करें। श्री महाजन ने ही महाराजा और पूजनीय गुरुजी की यह भेंट तय की थी।

"दिल्ली से श्रीनगर हवाई जहाज से पूजनीय श्री गुरुजी दिनांक 17 अक्तूबर, 1947 को पहुँचे। भेंट 18 को प्रातः हुई। भेंट के समय 15-16 वर्षीय युवराज कर्णसिंह जाँघ की हड्डी टूटने से प्लास्टर में बँधे वहीं लेटे थे। श्री मेहरचंद महाजन भेंट के समय उपस्थित थे। महाराजा का कहना था 'मेरी स्टेट पूरी तरह से पाकिस्तान पर अवलंबित है। सब रास्ते सियालकोट, रावलपिंडी की ओर से हैं। रेल भी सियालकोट की ओर से है। मेरे लिए हवाई अड्डा लाहौर का है। हिंदुस्थान के साथ मेरा किस तरह संबंध बन सकता है।' पूजनीय श्री गुरुजी ने समझाया, 'आप हिंदू राजा हैं। पाकिस्तान से विलय (Acceed) करने से आपकी हिंदू प्रजा को भीषण संकटों से संघर्ष करना होगा। यह ठीक है कि अभी हिंदुस्थान से रास्ते, रेल या हवाई मार्ग का कोई संबंध नहीं है, किंतु यह सब शीघ्र ही ठीक हो जाएगा। आपका और जम्मू-कश्मीर रियासत का भला इसी में है कि आप हिंदुस्थान में विलय कर जाएँ।'

"श्री मेहरचंद महाजन ने महाराजा से कहा कि 'गुरुजी महाराज ठीक कह रहे हैं। आपको हिंदुस्थान के साथ मिलना चाहिए।' अंत में, महाराज ने पूजनीय श्री गुरुजी को 'तुस' की शॉल भेंट की। 'जम्मू-कश्मीर के भारत विलय' में पू. श्री गुरुजी का बहुत महत्त्वपूर्ण योगदान रहा।"

जम्मू-कश्मीर के भारत में विलय संबंधी इतनी महत्त्वपूर्ण घटना इतिहास की किसी मान्यता प्राप्त पुस्तक में स्थान नहीं पा सकी। इसके मुख्य रूप से तीन कारण रहे हैं।

प्रथम यह कि संघ के लोग केवल देश-सेवा करना जानते हैं। उसके प्रचार से

कोसों दूर रहनेवाले स्वयंसेवकों को लिखने-लिखाने में तनिक भी रुचि नहीं है। श्री गुरु गोलवलकर तो आत्मप्रसिद्धि एवं आत्म-प्रचार से घृणा करते थे। अत: संघ की देशभक्तिपूर्ण गतिविधियों पर लिखा हुआ बहुत कम मिलता है। 'प्रसिद्धिपराङ्मुखता' के संस्कारों में पले संघ के लोगों का इतिहास के पृष्ठों से दूर रहना स्वाभाविक है। अन्य राजनीतिक नेताओं की भाँति श्री गुरुजी ने अपनी 'आत्मकथा' भी नहीं लिखी। उन्होंने तो इस ऐतिहासिक घटना की कहीं चर्चा तक नहीं की।

द्वितीय कारण रहा इतिहास लिखवाने का कांग्रेसी स्वभाव। स्वतंत्रता प्राप्ति के पश्चात् जो भी इतिहास की पुस्तकें 'स्वतंत्रता संघर्ष' के संबंध में लिखी गईं, उनमें केवल कांग्रेस के आंदोलन को ही स्थान मिल सका। सुभाष, सावरकर, भगतसिंह, डॉ. हेडगेवार इत्यादि अनेक स्वतंत्रता सेनानियों को किनारे कर दिया गया। इसी मनोवृत्ति के कारण श्री गुरुजी के इस राष्ट्रीय योगदान का कहीं जिक्र नहीं आ सका। सत्ता पर काबिज कांग्रेसी नेताओं की आत्मप्रशंसा की वृत्ति और दूसरों की देशभक्ति को नकारने के राजनीतिक दुष्प्रयासों के दल-दल में फँस गई भारत की सुरक्षा से संबंधित यह ऐतिहासिक घटना।

तृतीय कारण रहा जम्मू-कश्मीर के भारत में विलय होने के तुरंत बाद शेख अब्दुल्ला का प्रधानमंत्री बनना। उसने विलय का सारा श्रेय स्वयं लेने की दृष्टि से अनेक झूठ बोले, अनेक पैंतरे बदले और बहुत से ऐतिहासिक कागजों और फाइलों को नष्ट करवाया। यहाँ तक भी कहा जाता है कि महाराजा हरिसिंह के कई ऐतिहासिक दस्तावेजों और लिखित संस्मरणों को भी शेख ने नष्ट करवा दिया।

साक्षी तथ्य एवं दस्तावेज

राष्ट्रीय स्वयंसेवक संघ के द्वितीय सरसंघचालक स्वर्गीय माधवराव सदाशिव राव गोलवलकर की जम्मू-कश्मीर के महाराजा हरिसिंह से हुई भेंट के परिणामस्वरूप जम्मू-कश्मीर रियासत का विलय भारत में हुआ, यह एक अति महत्त्वपूर्ण ऐतिहासिक सच्चाई है। यद्यपि इस राष्ट्रीय प्रसंग पर अधिक लिखी हुई सामग्री उपलब्ध नहीं है तो भी प्रत्यक्षदर्शियों, श्री गुरुजी के साथ रहे संघ अधिकारियों, श्रीगुरु जी महाराजा भेंटवार्त्ता के आयोजकों और जम्मू-कश्मीर में कार्यरत संघ के प्रचारकों के लिखित संस्मरण इस राष्ट्रीय महत्त्व के प्रसंग के साक्षी हैं। इसके अतिरिक्त देश के कई प्रतिष्ठित लेखकों ने अपनी रचनाओं, लेखों और पुस्तकों में देश की अखंडता और जम्मू-कश्मीर की सुरक्षा के साथ जुड़े हुए इस ऐतिहासिक प्रसंग का वर्णन किया है। सर्वविदित है कि इतिहास का निर्माण सर्वप्रथम प्रत्यक्षदर्शियों के संस्मरणों से ही होता है।

रियासत जम्मू-कश्मीर के महाराजा हरिसिंह के ए.डी.सी. रहे कैप्टन दिवान सिंह

ने अपने एक लिखित बयान में कहा है कि उन्होंने श्रीगुरु गोलवलकर को कर्ण महल (महाराजा का निवास) में प्रवेश करते देखा था। वह वहाँ महाराजा से मिले थे। दोनों के मध्य काफी समय तक विचार-विमर्श हुआ। कैप्टन दिवान सिंह का यह बयान श्री गुरुजी जन्मशताब्दी समारोह समिति द्वारा प्रकाशित पुस्तक 'श्री गुरुजी और जम्मू-कश्मीर' में छपा है। इस पुस्तक का संकलन और संपादन इतिहासकार डॉ. महाराजकृष्ण भरत ने किया है।

राष्ट्रीय स्वयंसेवक संघ के एक वरिष्ठ अधिकारी स्वर्गीय बा.न. वन्हाड़पांडे का उनके संस्मरणों पर आधारित एक लेख जम्मू से प्रकाशित मासिक पत्रिका तवी दीपिका में अक्तूबर 1988 में छपा था। वे स्वयं भी श्री गुरुजी-महाराजा भेंटवार्त्ता के प्रत्यक्षदर्शी थे। इस लेख में इस प्रसंग का पूरा वर्णन है। लेखक ने श्रीगुरुजी के ठहरने और मुलाकात के स्थान और समय की जानकारी दी है।

राष्ट्रीय स्वयंसेवक संघ के पूर्व सरकार्यवाहक एच.वी. शेषाद्रि ने अपनी पुस्तक R.S.S.—A, Vision in action के पृष्ठ क्र : 25-26-27 पर श्री गुरुजी द्वारा महाराजा हरिसिंह को भारत में विलय के लिए तैयार करने के प्रसंग का वर्णन किया है। इस पुस्तक का प्रकाशन Jagarana Prakashan Banglore ने किया है।

दिल्ली से प्रकाशित अंग्रेजी साप्ताहिक Organiser के Vol. XLIV, No Y|, V~~X के पृष्ठ 9 पर विद्वान् लेखक R.C. Batura के लेख R.S.S. ROLE in Accession of Kashmir to India. में वर्णन किया गया है कि अक्तूबर 1947 में जम्मू-कश्मीर के महाराजा हरिसिंह और संघ के सरसंघचालक श्री गुरु गोलवलकर में हुए विचार-विमर्श के 6 दिन बाद 26 अक्तूबर, 1947 को महाराजा ने 'जम्मू-कश्मीर का भारत में विलय' नामक विलय पत्र पर हस्ताक्षर कर दिए।

जम्मू विश्वविद्यालय में इतिहास विभाग के पूर्व अध्यक्ष प्रो. एम.एल. कपूर द्वारा संपादित पुस्तक 'Maharaja Harising' के पृष्ठ 135-136 पर विद्वान लेखक डॉ. डी.सी. शर्मा द्वारा लिखित एक लेख 'The Accession of the J.K. State and Maharaja Hari Singh' में स्पष्ट और विस्तृत वर्णन मिलता है कि संघ के तत्कालीन सरसंघचालक श्री गुरु गोलवलकर के तर्कों से प्रभावित होकर महाराजा हरिसिंह ने जम्मू-कश्मीर का भारत में विलय करने का मन बना लिया। इस पुस्तक का प्रकाशन Har-Anand Publications New Delhi ने किया है।

सुरुचि प्रकाशन, नई दिल्ली द्वारा प्रकाशित पुस्तक 'Partition-days the hiery saga of R.S.S.' के लेखक मानिक चंद्र बाजपेई ने एक अध्याय 'Accession of Kashmir : Sangh's efforts'(पृष्ठ संख्या 256 से 260) में स्पष्ट किया है कि श्री गुरु गोलवलकर ने महाराजा हरिसिंह को प्रभावित करके अपने राष्ट्रीय कर्तव्य की पूर्ति

की। इसी मुलाकात के फलस्वरूप जम्मू-कश्मीर का भारत में विलय हो सका।

संघ के तत्कालीन प्रांत प्रचारक श्रीमान माधवराव मुले ने 'श्री गुरुजी समग्र दर्शन' पुस्तक में अपने संस्मरण (पृष्ठ 172) में इस ऐतिहासिक तथ्य को लिखा है। श्रीमान मुलेजी इस राष्ट्रीय महत्त्व की मुलाकात के मुख्य आयोजकों में से थे। अन्य आयोजक थे श्री बलराज मधोक, श्री हरीश भनोट, श्री वसंतराव ओक, श्री जगदीश अब्रेल और श्री अब्बा साहेब थट्टे।

उपर्युक्त सभी पुस्तकों, लेखों एवं प्रकाशित संस्मरणों के मुख्य अंश इसी पुस्तक के अंत में अपने यथावत रूप में दिए गए हैं। इन सभी साक्षियों से यह बात पूरी तरह स्पष्ट हो जाती है कि भारत में तत्कालीन गृहमंत्री सरदार वल्लभ भाई पटेल की पहल एवं व्यवस्था से संघ के सरसंघचालक ने कश्मीर जाकर महाराजा हरिसिंह से भेंट की और श्री गुरुजी के सुझावों, तर्कों और विद्यमान परिस्थिति की ठोस समीक्षा से प्रभावित एवं सहमत होकर, भेंटवार्त्ता के मात्र एक सप्ताह पश्चात् महाराजा ने विलय पत्र दिल्ली भेज दिया। इस तरह श्री गुरुजी गोलवलकर का राष्ट्र की अखंडता के लिए किया गया योगदान इतिहास का एक स्वर्णिम पृष्ठ बन गया।

श्री गुरुजी महाराजा भेंट

राष्ट्रीय स्वयंसेवक संघ के वरिष्ठ अधिकारी स्वर्गीय वा.ना. वन्हाड़ पांडे के संस्मरणों पर आधारित लेख। वे स्वयं भी इस भेंटवार्त्ता के समय उपस्थित थे। वन्हाड़ पांडेजी का यह लेख देश के अनेक पत्र, पत्रिकाओं में छपा था। जम्मू से प्रकाशित 'तवी दीपिका' में अक्तूबर 1988 में छपा था।

सन् 1947 के अक्तूबर माह के प्रारंभिक दिन थे। महाराजा हरिसिंह कश्मीर रियासत के अधिपति थे। भारत के विभाजन के बाद रियासतों का विलय भारत या पाकिस्तान में हो, यह बात रियासतों के अधिपतियों की इच्छा पर निर्भर थी। कश्मीर को भारत के साथ विलीन किया जाए अथवा उसे स्वतंत्र रखा जाए—इस संबंध में महाराजा हरिसिंह अनिश्चय और अनिर्णय की स्थिति में थे। इसका प्रमुख कारण यह था कि भारत में विलय की वार्त्ता करने के पूर्व शेख अब्दुल्ला को मुक्त कर उन्हें कश्मीर के प्रमुख शासक के रूप में मान्यता देने की पंडित नेहरू की शर्त महाराजा हरिसिंह को मंजूर नहीं थी।

महाराजा हरिसिंह की इस अनिर्णय की मन:स्थिति के दौरान पाकिस्तानी नेताओं ने दुस्साहसिक योजना तैयार की। इस योजना के तहत पाकिस्तानी सेना प्रमुखों के मार्गदर्शन में सादे वेश में असंख्य पाकिस्तानी सैनिकों के रावलपिंडी और अन्य मार्गों से कश्मीर में अवैध घुसपैठ करने, अक्तूबर 1947 के प्रथम सप्ताह में कश्मीर में सामूहिक हिंसा,

लूट-पाट, दंगे और अराजकता मचाने, रियासत की इसलाम धर्मानुयायी सेना को बगावत के लिए उकसाकर पाकिस्तानी सैनिकों से हाथ मिलाने और श्रीनगर व वहाँ के हवाई-अड्डे पर कब्जा करने, अक्तूबर के तीसरे सप्ताह में ईद पर श्रीनगर पर पाकिस्तानी झंडा फहराकर शाही-मसजिद में पाकिस्तानी नेताओं के नमाज अदा करने और कश्मीर की जनता की स्वेच्छा और स्वयंस्फूर्ति से महाराजा के खिलाफ बगावत करने के कारण यह क्रांति हुई, यह दुनिया में घोषित करने की उनकी योजना थी। इस योजना के अनुसार काररवाई शुरू हुई और सादे वेश में पाकिस्तानी सैनिकों की घुसपैठ और शस्त्रास्त्रों का अवैध आयात कश्मीर में होने लगा। पेट्रोल, केरोसिन, (मिट्टी का तेल) और अन्य दैनिक जीवनोपयोगी वस्तुएँ रावलपिंडी मार्ग से कश्मीर में आती थीं। इन वस्तुओं के निर्यात पर पाकिस्तान ने कड़ी पाबंदी लगा दी। इस कारण कश्मीरी जनता बेहाल होने लगी।

श्रीनगर और कश्मीर के प्रमुख स्थानों के संघ स्वयंसेवक जागरूक थे। जम्मू क्षेत्र में संघ की अच्छी शाखाएँ थीं। स्वयंसेवकों ने कश्मीर में पाकिस्तानी सैनिकों की अवैध घुसपैठ और उनके नापाक षड्यंत्र की सही जानकारी प्राप्त की और षड्यंत्रकारियों की हलचल पर कड़ी नजर रखते हुए उसकी जानकारी रियासत के दीवान श्री मेहर चंद महाजन और महाराजा हरिसिंह तक पहुँचाई जाने लगी। सरदार पटेल की इच्छा थी कि कश्मीर भारत का ही अभिन्न अंग बना रहे। किंतु पं. नेहरू की शेख अब्दुल्ला के प्रति नीति को ध्यान में रखते हुए इस संबंध में वे काफी सतर्क थे। कश्मीर में पाकिस्तानी कुटिल काररवाइयों की उन्हें पूरी जानकारी थी, इसलिए वे दिन-प्रतिदिन अधिक चिंतित हो रहे थे।

इसी चिंता में सरदार पटेल को अकस्मात् एक कल्पना सूझी। उन्हें इस बात का पूरा भरोसा था कि परम पूजनीय श्री गुरुजी महाराजा हरिसिंह को राजी कर सकेंगे। पं. नेहरू की एकाध शर्त स्वीकार कर यदि महाराजा विलीनीकरण के लिए तैयार हो जाते हैं तो बाद में गृहमंत्री के नाते वे सब कुछ सँभाल लेंगे। अपना यह दृष्टिकोण परम पूजनीय श्री गुरुजी महाराजा को सफलतापूर्वक समझा सकेंगे, यह सोचकर उन्होंने अपनी सारी हलचल अत्यंत सतर्कतापूर्वक की। सरदार पटेल ने श्री मेहरचंद महाजन को सूचित किया कि वे परम पूजनीय श्री गुरुजी को श्रीनगर आमंत्रित करें और महाराजा से उनकी भेंट आयोजित करें। उन दिनों दिल्ली-श्रीनगर के बीच सार्वजनिक विमान सेवा नहीं थी और जम्मू-श्रीनगर मार्ग भी सुरक्षित नहीं था। इस कारण दिल्ली से विशेष विमान की व्यवस्था की जाएगी, किंतु महाराजा और श्री गुरुजी की भेंट यथाशीघ्र आयोजित करना आवश्यक है, यह संदेश भी सरदार पटेल ने उन्हें भिजवाया।

सरदार पटेल के निर्देशानुसार श्री मेहरचंद महाजन के निमंत्रण पर परम पूजनीय श्री

गुरुजी विशेष विमान से 17 अक्तूबर को श्रीनगर पहुँचे। महाराजा हरिसिंह के साथ हुई उनकी वार्त्ताओं में श्री मेहरचंद महाजन के अलावा अन्य कोई नहीं था। पास में ही युवराज कर्ण सिंह किसी दुर्घटना में आहत होने से पैर पर प्लास्टर बँधी अवस्था में एक पलंग पर लेटे विश्राम कर रहे थे।

औपचारिक वार्त्तालाप के पश्चात् विलय का विषय निकला। श्री महाजन ने कहा—"कश्मीर में आने-जाने के सारे मार्ग रावलपिंडी की ओर से ही हैं। तार, टेलीफोन आदि संबंध भी पाकिस्तान के मार्फत ही हैं। अनाज, नमक, मिट्टी का तेल आदि दैनिक जीवनोपयोगी वस्तुएँ भी इसी मार्ग से कश्मीर में आती हैं। जम्मू-श्रीनगर मार्ग न तो अच्छा है और न ही सुरक्षित। जम्मू का हवाई अड्डा भी काम आने के योग्य नहीं है। ऐसी हालत में भारत के साथ विलय होते ही सभी आवश्यक वस्तुओं के आयात पर पकिस्तान की ओर से तुरंत पाबंदी लगा दी जाएगी। अनाज, नमक, मिट्टी का तेल बंद होने पर प्रजा की जो दुर्दशा होगी। वह हम से देखी नहीं जाएगी। अतः कुछ अवधि के लिए क्यों न हों, कश्मीर का स्वतंत्र अस्तित्व बनाए रखना क्या हितकर नहीं होगा?"

परम पूजनीय श्री गुरुजी ने कहा—"अपनी प्रजा के प्रति आपके अंत:करण में आत्मीयता होने के कारण उनके संबंध में आपकी भावना मैं समझ सकता हूँ। किंतु भारत के शीर्षस्थ स्थित कश्मीर को यदि आप स्वतंत्र रखना चाहें तो भी पाकिस्तान को वह कदापि मंजूर नहीं होगा। आपकी रियासती फौज में तथा प्रजाजनों में पाकिस्तान द्वारा बगावत की आग भड़काने के प्रयास हो रहे हैं। ऐसी जानकारी मिली है कि यदि संघर्ष की स्थिति आएगी तो रियासती फौज के मुसलमान सैनिक आपकी ओर से न लड़कर पाकिस्तानी सेना से हाथ मिला लेंगे। कश्मीर की यह नाकाबंदी अगले छह-सात दिन में ही करने की पाकिस्तान की योजना है। कश्मीर को स्वतंत्र घोषित करते ही पाकिस्तानी सेना रावलपिंडी मार्ग से कश्मीर में प्रवेश करेगी। उस समय आप और आपकी प्रजा पर कितना भीषण संकट आएगा इसकी आप कल्पना कर सकते हैं। रियासत स्वतंत्र घोषित किए जाने के कारण आपकी सुरक्षा के लिए भारत की सेना भी नहीं आ सकेगी। इसलिए मेरे विचार में भारत के साथ यथाशीघ्र विलय ही एकमेव तथा सभी दृष्टियों से हितकर मार्ग अपने सामने बचा रहता है।"

महाराजा हरिसिंह ने कहा—"पं नेहरू का यह आग्रह है कि कश्मीर को भारत में विलय के पूर्व शेख अब्दुल्ला को रिहा कर कश्मीर का शासन सूत्र उसके हाथों में सौंपा जाए। भारत के साथ विलय होने पर यदि शेख अब्दुल्ला प्रमुख शासक बनेंगे तो भी प्रजा बेहाल होगी और भारत-विरोधी गतिविधियों पर रोक नहीं लगेगी।"

श्री गुरुजी—"आपकी शंका उचित है। शेख अब्दुल्ला की गतिविधियों की सरदार पटेल को पूर्ण कल्पना है। वे गृहमंत्री होने के कारण आपकी प्रजा की पूरी चिंता करेंगे

ही। सरदार पटेल पर आप पूरा भरोसा रखें। भारत के हित में बाधक ऐसी शेख अब्दुल्ला की किसी कारवाई को सरदार पटेल बरदाश्त नहीं करेंगे।''

महाराजा ने पूछा—''यदि पाकिस्तान सभी वस्तुओं के निर्यात पर पाबंदी लगा दे तो क्या भारत उन वस्तुओं को उपलब्ध कराने की तुरंत व्यवस्था कर सकेगा? जम्मू-श्रीनगर मार्ग अच्छा नहीं है। जम्मू के निकट ही पाकिस्तानी सेना का खेमा लगा है। जम्मू हवाई अड्डा अभी भी सक्षम नहीं है। ऐसी स्थिति में अनाज, नमक आदि अत्यावश्यक दैनिक जीवनोपयोगी वस्तुओं की पूर्ति की तुरंत व्यवस्था करना भारत सरकार के लिए कैसे संभव हो सकेगा?''

श्री गुरुजी—''इन सब बातों का विचार सरदार पटेल ने किया है। विलय से संबंधित आपके निर्णय की जानकारी मिलते ही सभी आवश्यक वस्तुओं की पूर्ति की व्यवस्था भारत सरकार करेगी। पूर्ति-माँग की सुरक्षा और जम्मू हवाई अड्डे को सक्षम बनाने का काम भी तेजी से किया जाएगा। जम्मू विभाग में संघ के सैकड़ों स्वयंसेवक हैं। शासन के सहयोग से सारे काम अल्प समय में ही पूर्ण हो सकेंगे। इन कामों को पूरा करने के लिए संघ के सभी स्वयंसेवक अपने प्रयत्नों की पराकाष्ठा करेंगे। आप इस विषय में पूर्णतः निश्चिंत रहें।''

महाराजा—''आपके स्वयंसेवकों ने अब तक हमें समय-समय पर अत्यंत महत्त्वपूर्ण जानकारी दी है। पहले तो उन खबरों पर हमें विश्वास नहीं हुआ किंतु अब उन खबरों की सत्यता के बारे में हम पूर्णतः विश्वस्त हैं। पाकिस्तानी सेना की हलचल के संबंध में जानकारी देने में संघ के स्वयंसेवकों ने जो साहस का परिचय दिया है, उनकी जितनी प्रशंसा की जाए, कम ही होगी। शेख अब्दुल्ला की गतिविधियों के संबंध में सरदार पटेल यदि स्वयं सतर्कता बरतेंगे तो हम कश्मीर के भारत में विलीनीकरण के लिए तैयार हैं।''

मेहरचंद महाजन—''श्री गुरुजी जो कह रहे हैं, अपने कश्मीर के हित में है। हमें भारत के साथ विलय की तैयारी तुरंत करनी चाहिए। एक-एक दिन बड़ा महत्त्व का है।''

श्री गुरुजी—''आपकी स्वीकृति मिलते ही सरदार पटेल केंद्रीय शासन की दृष्टि से आवश्यक सारी औपचारिकताएँ तुरंत पूरी करेंगे।''

महाराजा—''आपकी बात से मैं पूर्णतः सहमत हूँ। आप कृपया सरदार पटेल को इसकी जानकारी दे दें।''

श्री गुरुजी—''आपको स्वयं अपनी सुरक्षा की चिंता भी करनी चाहिए। यहाँ के संघ स्वयंसेवक सतर्क हैं ही। जैसे ही आपकी सुरक्षा को किसी खतरे की जानकारी मिलेगी, वे आपको सूचित करेंगे। अब आप कृपया तुरंत जम्मू पहुँच जाएँ। वहाँ आपकी सुरक्षा व्यवस्था अधिक आसानी से की जा सकेगी।''

महाराजा—"आपने हमारे तथा रियासत के हित में सर्वथा उचित सलाह दी है, अन्यथा किन आपत्तियों से हमें गुजरना पड़ता, इसकी कल्पना भी नहीं की जा सकती। हम आपके अत्यंत आभारी हैं।"

श्री गुरुजी—"एक स्वयंसेवक के नाते कश्मीर के हितों के लिए आवश्यक बातों की सूचना देना मैं अपना कर्तव्य ही मानता हूँ।"

महाराजा—"कश्मीर की विशेष प्रकार की ऊन (तूस) की बनी यह शॉल कृपया हमारी ओर से भेंट स्वरूप स्वीकार करें।"

स्नेह के प्रतीक उस शॉल को स्वीकार कर परम पूजनीय श्री गुरुजी 19 अक्तूबर, 1947 को विशेष विमान से दिल्ली वापस लौटे और महाराजा हरिसिंह के साथ हुई वार्त्ता से सरदार पटेल को अवगत कराया। विलीनीकरण की काररवाई के लिए केंद्र सरकार की ओर से गृह सचिव श्री मेनन श्रीनगर पहुँचे। महाराजा के साथ औपचारिक वार्त्ता के बाद विलीनीकरण पर उनकी स्वीकृति की मुहर लगी। भारतीय सेना 27 अक्तूबर, 1947 को विमान से श्रीनगर में उतरी किंतु इसके पहले ही महाराजा को श्रीनगर से जम्मू आना पड़ा।

27 अक्तूबर को भारत की सेना जब श्रीनगर में उतरी तब तक पाकिस्तानी सेनाएँ बारामूला तक पहुँच चुकी थीं। उनमें से एक टुकड़ी श्रीनगर हवाई अड्डे पर कब्जा करने कूच कर चुकी थी। भारतीय सेना श्रीनगर हवाई अड्डे पर उतर चुकी है—यह खबर हवा की तरह चारों ओर फैल गई और पाकिस्तानी सेना को बारामूला से पीछे हटना पड़ा। इस प्रकार श्रीनगर व कश्मीर रियासत की सुरक्षा हो सकी। युद्ध-विराम के कारण 'आजाद कश्मीर' नाम से जाना जाने वाला भू-भाग पाकिस्तान के ही कब्जे में रहा, यह सभी को पता है।

□

कश्मीर घाटी में संघ

जम्मू में लगभग आठ महीने तक संघ प्रचारक रहने के पश्चात् बलराज मधोक अगस्त 1944 में डी.ए.वी. कॉलेज श्रीनगर में इतिहास विषय के प्राध्यापक नियुक्त हो गए। अध्यापन कार्य के साथ-साथ उन्होंने अपना मुख्य काम संघ का कार्य जारी रखा। प्रो. मधोक के अनुसार अपनी जीविका कमाते हुए संघ कार्य करने की उत्कट इच्छा उन्हें श्रीनगर ले गई।

कश्मीरी हिंदू 1930-31 के खतरनाक माहौल अर्थात् सांप्रदायिक दंगों से बहुत कुछ सीख चुका था। शेख अब्दुल्ला के हिंदू एवं राष्ट्र विरोधी इरादे स्पष्ट हो चुके थे। वह किसी भी प्रकार से कश्मीर घाटी में मुसलिम बहुसंख्यकों को अपने पक्ष में रखकर अपने नापाक मंसूबे पूरे करने की चालें चलने लगा। भारत विभाजन की माँग दिन-व-दिन बढ़ती जा रही थी। इस संभावित खतरे के डर से हिंदू समाज किसी सहारे की तलाश में था, इसलिए राष्ट्रीय स्वयंसेवक संघ जैसे अखिल भारतीय हिंदू संगठन के अंग बनने में कश्मीरी हिंदू अपनी आत्मरक्षा की गारंटी समझने लगे।

शेख अब्दुल्ला ने अपनी पार्टी मुसलिम कॉन्फ्रेंस का नाम बदलकर नेशनल कॉन्फ्रेंस कर दिया। इस प्रकार वह भारतीय कांग्रेस और भारतीय प्रेस का समर्थन जुटा पाने में सफल हो गया। महाराजा ने भी उसे भाषण इत्यादि करने की खुली छूट दे दी। शेष भारत में उस समय कांग्रेस के लोग जेल में थे। जम्मू-कश्मीर राज्य में इस प्रकार की धड़-पकड़ न होने की वजह से शेख को काफी लाभ पहुँचा।

कश्मीरी हिंदू परिस्थिति की इस गंभीरता और शेख साहब की नई पैंतरेबाजी समझने लगा। अतः मधोकजी के प्रयास से 1944 में प्रथम संघ शाखा का श्रीगणेश हुआ। परंतु इस शाखा में केवल जम्मू और पंजाब के बंधु ही आते थे। इस शाखा के स्वयंसेवकों की संख्या में कश्मीरी हिंदू आएँ, यह सफलता अभी नहीं मिली थी। परंतु जम्मू और पंजाब के बंधु जो इस शाखा में आते थे, उनके अथक प्रयास से कश्मीरी युवक शाखा की ओर आकर्षित अवश्य होने लगे थे। धीरे-धीरे पढ़ा-लिखा कश्मीरी वर्ग

इस ओर आने लगा। तब तक यह बात बड़ी मशहूर थी कि कश्मीरी लोग, चाहे हिंदू हों चाहे मुसलमान, वे किसी गैर कश्मीरी के साथ एकरस नहीं होते। परंतु पूजनीय डॉ. हेडगेवार द्वारा चलाई गई शाखा पद्धति की यह विशेषता रही कि इसमें रगड़े खाने के बाद प्रांत, भाषा, जाति आदि के कोने घिसते देर नहीं लगती थी।

अत: श्रीनगर की प्रथम शाखा में भले ही जम्मू एवं पंजाब के बंधु ही क्यों न रहे हों, परंतु जब कश्मीरी बंधु भी शाखा में आने लगे तो उनका सारा प्रांतवाद भारत-भू की धूल में समा गया। भूगोल, इतिहास और काल की दूरियों ने उनके मन में जो अलग संसार के भाव भर दिए थे, वे शाखा के कार्यक्रमों के माध्यम से समाप्त होने लगे। श्री बलरास मधोक के अपने शब्दों में...''दो वर्ष मैंने कश्मीर में संघ कार्य फैलाने के लिए कठिन परिश्रम किया। श्रीनगर के पुराने भाग की गली-गली में घूम-घूमकर एक-एक कश्मीरी हिंदू के घर में जाकर, पहले श्रीनगर में संघ की शाखाओं का जाल फैलाया और फिर घाटी के अन्य नगरों में। कश्मीरी युवकों में से ही बहुत अच्छे सहायक कार्यकर्ता मिल गए, जिन्होंने मेरा भार बँटाना शुरू किया। मैं हजूरी बाग के मैदान के पास एक छोटे से मकान की पहली मंजिल में रहता था। उसी के नीचे के अहाते में संघ कार्यालय था।...'' 1946 के मध्य तक श्रीनगर में लगभग एक हजार स्वयंसेवक बन चुके थे। जब रविवार को गणवेष में इकट्ठे होते थे तो उनमें न केवल आत्मविश्वास और उत्साह का संचार होता था अपितु साधारण हिंदू जनता भी इससे अछूती नहीं रहती थी।

कश्मीर में संघ एक शक्ति बन चुका था जिसकी कोई उपेक्षा नहीं कर सकता था। परंतु संघ का प्रभाव मुख्यत: नई पीढ़ी पर था, पुरानी पीढ़ी के कश्मीरी हिंदू अपने पुराने संस्कारों से बँधे हुए थे। उनके उस समय के प्रमुख नेता शिवनारायण फोत्तेदार, जनार्दन टेंग इत्यादि समय-समय पर मुझसे मिलते रहते थे। वे संघ को संकट का साथी समझने लगे और इसलिए इसके प्रति सद्भाव जताते थे। परंतु वे केवल सुविधा के साथी थे। उनका स्वभाव कुटिल था और वे सुविधानुसार हर चलती गाड़ी पर बैठने को तैयार रहते थे। वे एक ही समय महाराज के साथ भी थे और शेख अब्दुल्ला के साथ भी। पं. नेहरू के प्रति उनकी इसलिए आस्था थी कि वे भी कश्मीरी पंडित थे और अब्दुल्ला पर इसलिए कि वह भी कश्मीरी था और वह कभी भी सत्ता में आ सकता था। राष्ट्रहित में व्यापक दृष्टिकोण से उन्होंने सोचना सीखा ही नहीं था। परंतु संघ के संस्कारों का नई पीढ़ी पर जो प्रभाव पड़ रहा था उससे वे चकित थे। यह नई पीढ़ी ही बदलते हालात में कश्मीर में राष्ट्रवाद का संबल और आशा थी।

प.पू. सरसंघचालक कश्मीर में

1946 के मध्य तक कश्मीर घाटी में संघ की शाखाएँ अपने यौवन पर पहुँच चुकी

थीं। चढ़ती उम्र के पढ़े-लिखे जवान संपर्क में आने लगे। अब तो शाखाओं पर आनेवाले स्वयंसेवकों में अधिकांश कश्मीरी हिंदू युवक ही होते थे। सरसंघचालक परम पूजनीय श्री गुरुजी का उत्तर भारत का प्रवास चल रहा था, अत: श्रीनगर में भी एक विशाल जनसभा आयोजन करने की योजना बनाई गई।

सभी स्वयंसेवक, कार्यकर्ता प्रसन्नता से झूम उठे। यह स्वाभाविक ही था, क्योंकि कश्मीर में 90 प्रतिशत मुसलमान समाज था और यहाँ सदियों से हिंदू समाज आस्था विहीन होकर रह रहा था। यहाँ धार्मिक स्थानों की पवित्रता नष्ट हो रही थी। ऐसे में उस स्थान पर एक अखिल भारतीय शक्तिशाली हिंदू संगठन के नेता का आना बड़ी बात थी। डी.ए.वी. कॉलेज, श्रीनगर के प्रांगण में कार्यक्रम हुआ। एक हजार से अधिक स्वयंसेवक पूर्ण गणवेश में उपस्थित हुए। नगर के गण्यमान्य व्यक्तियों को भी आमंत्रित किया गया। वे पूरी निष्ठा एवं उत्साह से आए। पूजनीय श्री गुरुजी ने हिंदू समाज की एकता पर बल देते हुए देशद्रोहियों की हरकतों से सतर्क रहने और उन्हें एकजुट होकर समाप्त करने का आदेश दिया। इस कार्यक्रम से कश्मीर घाटी में एक विशेष उत्साह का संचरण हुआ जिसका स्पष्ट परिणाम पाकिस्तानी आक्रमण के समय दिखाई दिया।

कश्मीर में पूजनीय सरसंघचालक जी का प्रवास शाखा की दृष्टि से असरदार रहा। श्री मक्खनलाल ऐमा एवं ओंकारनाथ काक जैसे कई तरुण स्वयंसेवक प्रचारक के रूप में तैयार हुए। कई प्रतिष्ठित सज्जन संघ के संपर्क में आए। जून 1947 में पंजाब प्रांत का ओ.टी.सी. (प्रशिक्षण शिविर) जालंधर के पास फगवाड़ा में आयोजित किया गया। इस वर्ग में पंजाब, सीमाप्रांत एवं जम्मू-कश्मीर के दो हजार से भी अधिक तरुण स्वयंसेवक प्रशिक्षण प्राप्त करने पहुँचे। कश्मीर घाटी से भी पच्चीस स्वयंसेवक पहुँचे। कश्मीर की सामाजिक एवं राजनीतिक उथल-पुथल के चलते इतने तरुणों का गरमी में फगवाड़ा पहुँचना शाखा की कार्यपद्धति एवं पूजनीय श्री गुरुजी के व्यक्तित्व का ही स्पष्ट प्रभाव था, अन्यथा कश्मीरी अपने खर्चे पर घर से एक माह भी बाहर रहने के आदी नहीं थे।

भारत के विभाजन के समय इन तरुण स्वयंसेवकों ने कश्मीर की रक्षा के लिए जो बलिदान दिए वे भारतीय इतिहास का एक स्वर्णिम अध्याय है।

□

रक्षा मोरचे पर संघ

देश-विभाजन के समय संघ के तरुण स्वयंसेवकों ने कश्मीर की रक्षा के लिए जो बलिदान दिए, वे भारत के इतिहास में स्वर्ण अक्षरों से लिखने योग्य हैं। 15 अगस्त, 1947 को प्रात: श्रीनगर में पाकिस्तानी तत्त्वों ने गड़बड़ी करनी शुरू कर दी। सभी सरकारी भवनों पर पाकिस्तान के हरे झंडे फहरा दिए गए। संघ के देशभक्त स्वयंसेवकों को ये चुनौतियाँ स्वीकार थीं। तुरंत संघ कार्यालय पर योजना बनी। दस बजे तक अमरीका दल के पुल के पास हजारों स्वयंसेवक एवं अन्य हिंदू इकट्ठे हो गए। इनका राष्ट्रप्रेम देखनेवाला था। कश्मीरी पंडितों को डरपोक और कायर कहनेवाले लोगों ने भी उस दिन दाँतों तले उँगुली दबा ली। देखते-ही-देखते पाकिस्तान के झंडे उतार फेंके गए। नगर की प्रमुख सड़कों पर ठाठें मारता हुआ विशाल जुलूस निकाला गया और पाकिस्तानी तत्त्वों को ललकारा गया। सारा वातावरण 'भारत माता की जय' के नारों से गूँज उठा। हिंदू समाज का हौसला बढ़ा और महाराजा को भी संघ की शक्ति और देश भक्ति का आभास हुआ।

संघ के दो प्रमुख प्रचारकों हरीश भनोट और मंगल सेन ने पाकिस्तानी अफसरों से संबंध स्थापित किए और कई महीने तक मुसलमान बनकर पाकिस्तान की सैनिक गतिविधियों और संभावित आक्रमण की सूचना संघ प्रमुख श्री बलराज मधोक को दी। इन्होंने आक्रमण के मार्ग और तिथि तक की जानकारी दी। महाराजा ने बलराज मधोक को बुलाया। श्रीनगर में ही महाराजा के महल में भेंट हुई। सारी जानकारी प्राप्त करने के बाद महाराजा ने संघ के दो सौ स्वयंसेवक उपस्थित करने का निर्देश दे दिया।

रात्रि दो बजे स्वयंसेवकों को आकस्मिक सूचना घरों में भेजी गई कि प्रात: छह बजे आर्यसमाज मंदिर पहुँचो। प्रात: छह बजे दो सौ स्वयंसेवक वहाँ उपस्थित थे। सभी कॉलेज के छात्र थे और देश पर बलिदान होने के लिए आए थे। सामूहिक गीत हुआ। संघ की प्रार्थना की गई। थोड़ी देर बाद फौजी ट्रक आए और इन तरुणों को लेकर बादामीबाग छावनी पहुँच गए। वहाँ कुछ सैनिक तैयार खड़े थे। उन्होंने तुरंत स्वयंसेवकों

को राइफल चलाना सिखाना प्रारंभ किया। शाम तक ये युवक मोरचे पर जा पहुँचे। भारतीय फौजों के आने तक दो दिन तक इन स्वयंसेवक सिपाहियों ने पाकिस्तान की फौजें रोके रखीं। इतिहास के इस अद्‍भुत बलिदानी क्षण को सब जानते हैं, परंतु बोलता कोई नहीं। शेख अब्दुल्ला भी जानता था। वही शेख अब्दुल्ला श्रीनगर पर आक्रमण होने के समाचार की जानकारी मिलते ही कश्मीरी जनता को उनके हाल पर छोड़कर परिवार सहित मुंबई भाग गया था। घाटी को सँभाला और बचाया था पहले संघ के इन स्वयंसेवकों ने और बाद में भारतीय सेना ने, भगोड़े शेख अब्दुल्ला ने नहीं।

कोटली के अमर शहीद

सँकरी घाटी में नाले के उस पार गोला-बारूद के बक्से अपनी हवाई सेना की गलती से पाकिस्तानी सेना की फायरिंग रेंज में गिर गए। उन्हें उठाकर कैसे लाया जाएगा? कौन लाएगा? यदि सैनिकों को यह काम सौंपा जाए तो साक्षात् मृत्यु के खुले जबड़े में पहुँच जाएँगे। बाद में लड़ेगा कौन? बक्से उठाए नहीं जाते तो भी अपने सैनिक निहत्थे मरेंगे। क्या किया जाए?

बारूद के बक्सों को घाटी से उठाकर लाने के काम में अपनी जान हथेली पर रखकर आगे बढ़ने की जरूरत थी। सेना के उस कमांडर को एक मार्ग सूझा। संघ के जवान ही यह काम कर सकते हैं। इसी विश्वास के आधार पर सेनाधिकारी कोटली के संघ कार्यालय पहुँचा। उस समय पंजाब नेशनल बैंक के मैनेजर श्री चंद्र प्रकाशजी कोटली शाखा के नगर कार्यवाहक थे। उन्होंने सैनिक कमांडर की बात ध्यानपूर्वक सुनी और पूछा—"कितने जवान चाहिए?"

सैनिक अधिकारी बोला—"आठ से काम चलेगा"। चंद्र प्रकाशजी, जो देश पर मरने के जुनून में भावुक हो रहे थे, ने कहा—"ठीक है, एक मैं हूँ—बाकी सात को मैं आधे घंटे में लेकर आता हूँ। आप यहाँ निश्चिंत होकर बैठें।"

इतना कहकर चंद्र प्रकाशजी फुरती से शहर गए। स्वयंसेवकों को इकट्ठा किया और बलिदान के लिए नाम माँगे। एक दो नहीं, अपितु तीस से ऊपर जवान तैयार हो गए। चंद्र प्रकाशजी के लिए चुनाव करना कठिन हो गया। आखिर उन्होंने वतन के लिए जिद के साथ जान लुटानेवाले जवानों में से सात को छाँट लिया। परंतु शेष को समझाना कठिन हो गया। अंत में उन्हें 'आज्ञा' शब्द का प्रयोग करना पड़ा। संघ के स्वयंसेवक के लिए अपने अधिकारी की आज्ञा भगवान् के आदेश के समान होती है। सभी रुक गए। सबने सजल नेत्रों से अपने आठों साथियों को भावभीनी विदाई दी। सब इस विदाई का अर्थ समझते थे, इसलिए मौन विदाई थी यह!

चंद्र प्रकाशजी इन सातों युवकों को लेकर आधे घंटे से पहले ही इंतजार कर रहे

सैनिक अधिकारी के पास पहुँच गए।

आठों युवक सैनिक कमांडर के साथ मोरचे पर जा पहुँचे। उन्हें सारा काम समझा दिया गया कि किस तरह पाकिस्तानी सेना की नजरों से बचकर बारूद की पेटियों तक जाना, कैसे उठाना और फिर सारे 'एम्युनिशन' को अपनी सैनिक टुकड़ी के पास सुरक्षित पहुँचाना है। सारी योजना को भलीभाँति समझकर आठों युवक अपने गंतव्य की ओर बढ़ने लगे। रेंगते, फिसलते और गिरते-पड़ते ये आठों जवान उस नाले के करीब जा पहुँचे जिसके दूसरे किनारे पर बारूद के बक्से पड़े थे। नाले का बहाव तेज था। जवान धीरे से पानी में उतरे और तेज गति से तुरंत तैरकर पार हो गए। लक्ष्य तक पहुँच गए थे दीवाने।

हरेक जवान ने एक-एक बक्सा उठाया। किसी ने सर पर तो किसी ने पीठ पर बाँधा। बक्से लेकर पानी में धीरे-धीरे उतरे। परंतु, इस बार पानी भी अपने आपको खामोश न रख सका। हलचल की आहट पाकिस्तानी फौज तक पहुँच गई। बस फिर क्या था? तुरंत मशीनगनों से अंधाधुंध गोलियों की बौछार होने लगी। ये जवान आज घर से ही शहीदी बाना पहनकर निकले थे। मौत का डर किसे था? परंतु प्राण निकलने से पूर्व बारूद के बक्से अपनी सेना के पास पहुँच जाएँ, यह चिंता अवश्य थी। गोलियों की बौछार के बीच नाला पारकर जवान सैनिक कैंप की ओर बढ़ने लगे।

गोलियाँ तेज रफ्तार से आने लगीं। चंद्र प्रकाश और वेद प्रकाश दो युवकों को गोलियाँ लगीं। दोनों घायल होकर गिर पड़े। परंतु उनकी ओर ध्यान देने का समय था ही नहीं। उन दोनों को वहीं छोड़कर बाकी के छह युवक सारा बारूद अपने कंधों पर लादकर बढ़ते गए। इन युवकों ने सफलतापूर्वक सारे बक्से अपनी सेना के हवाले किए। परंतु इनका ध्यान अपने दोनों घायल साथियों की ओर भी था जिन्हें वे पीछे छोड़ आए थे। वे छह युवक गोलियों की बौछार में अपने दोनों साथियों को लेने वापस उसी मार्ग पर चल दिए। कितना जोखिम था! परंतु ध्येयनिष्ठा के साथ-साथ अपने स्वयंसेवक बंधुओं के प्रति अपार स्नेह भी था। ध्येय के प्रति अपने कर्तव्य को वे निभा चुके थे, अब साथी स्वयंसेवकों को बचाने निकल पड़े। परस्पर स्नेह की इतनी अनूठी मिसाल कहाँ मिलेगी?

गोलियों की बौछार अब पहले से कहीं अधिक तेज थी। पेट के बल चलकर जवान उस स्थान पर पहुँचे, जहाँ इनके दोनों साथी जख्मी हालत में रह गए थे। परंतु इन्हें मिले उनके नश्वर शरीर। दोनों जवान मातृभूमि के श्री चरणों में अपने देहपुष्प अर्पित कर चुके थे। उनके पास बैठकर विलाप करने का समय कहाँ था? दोनों के शव उठाए और अपनी पीठों पर बाँधकर लेटकर ही चट्टानी पथ और झाड़ियाँ पार करते हुए अपने सैनिक कैंप की ओर आने लगे।

परंतु लगातार गोली वर्षा से बचना कठिन हो गया था। अभी थोड़ा ही रास्ता चले

होंगे कि एक और साथी की कनपटी पर दो गोलियाँ लगीं और वह भी वहीं शहीद हो गया। उसका शव भी बाकियों ने उठाया और फिर बढ़ने लगे। नीचे दुर्गम मार्ग, पीठ पर साथियों के शव, ऊपर से अंधाधुंध गोलियों की बरसात और चलना भी पेट के बल रेंग कर। कैसी परीक्षा हो रही थी इन राष्ट्रभक्तों की? वे चलते गए। सैनिक कैंप थोड़ी ही दूर था। परंतु नियति को अभी और खून की जरूरत थी। एक गोली आई और एक और साथी को समाप्त कर गई। वह भी अपने बंधुओं की आँखों के सामने मातृभूमि को समर्पित हो गया। इसका शव भी साथ लेकर शेष जवान अपने दिल को पत्थर बनाकर फिर चलने लगे।

हृदय विदारक दृश्य था। युवक वापस अपने कैंप में पहुँच गए। आठ गए थे चार वापस लौटे। प्रत्येक की पीठ पर एक-एक शहीद का शव था। कोटली शहर के सभी स्वयंसेवकों, नागरिकों तथा माताओं व बहनों ने इनके इंतजार में सारा दिन सिसक-सिसक कर गुजारा। सैनिक अधिकारियों के साथ मातृभूमि के सच्चे सपूत नगर में पहुँचे। 'शहीदों की जय', 'भारत माता की जय' के उद्घोष हुए। लोगों ने चारों शवों को फूलों से ढक दिया। कुछ लोग चिता तैयार करने में लग गए। शहीदों को सम्मान के साथ विदाई देने की घड़ी थी। सबकी आँखें अविरल अश्रुधारा प्रवाहित कर रही थीं।

कोटली नगर के बाहर बहुत बड़ी चिता बनाई गई। चारों शहीदों के शवों को उस पर रख दिया गया। सैनिक अधिकारियों ने सलामी दी। स्वयंसेवकों ने प्रणाम किया। माताओं-बहनों ने पुष्प वर्षा की और चिता को आग दिखा दी गई। लपटें आकाश को चूमने लगीं। चारों साथी जो इनकी लाशों को कंधों पर उठाकर लाए थे, फूट-फूटकर रोने लगे। हजारों आँखें झम-झम बरस पड़ीं। परंतु सैनिक अधिकारियों ने सबको शीघ्र अपने-अपने घरों को लौट जाने का आदेश दिया। अँधेरा बढ़ रहा था। पाकिस्तानी फौज भी सामने की पहाड़ी पर से आग बरसा रही थी।

बारूद के बक्से खोले गए। सैनिक एम्युनिशन से लैस हुए। अब हमारी सेना के पास भी गोला-बारूद था। भूखे शेर की तरह उन्होंने पाकिस्तानी टुकड़ी पर हमला बोल दिया। आक्रमण पूरे जोर से किया गया था। पाकिस्तानी फौज के पाँव उखड़ने लगे। रात भर शौर्य से हमारे सैनिक लड़ते रहे। प्रात: जब सूर्य की पहली किरण ने अपनी लालिमा उस पहाड़ी क्षेत्र पर फेंकी तो उस समय वहाँ भारतीय सैनिक विजय श्री में झूम रहे थे। इधर, शहीदों की चिता शांत हुई और उधर पहाड़ी पर तिरंगा लहर गया।

हवाई पट्टियाँ तुरंत तैयार हुईं

भारतीय हवाई सेना को जम्मू-कश्मीर में उतारने के लिए हवाई पट्टियाँ नहीं थीं। अगर थीं तो दयनीय हालत में। जहाजों का उतरना तो दूर, वहाँ आदमी तक नहीं चल

सकते थे। उन्हें शीघ्र ठीक करने की जरूरत थी। परंतु इतनी बड़ी संख्या में मजदूरों का उपलब्ध होना संभव नहीं था। यदि हजारों मजदूर मिल भी जाते तो इतनी मजदूरी देना उस समय कठिन था। यहाँ तो ऐसे सरफिरे मजदूर चाहिए थे जो अपने घर से रोटी खाकर रात-दिन लगातार मेहनत कर हवाई पट्टियों को यथाशक्ति ठीक कर दें। अत: फौजी अफसरों और नागरिक अधिकारियों की निगाहें राष्ट्रीय स्वयंसेवक संघ के स्वयंसेवकों पर चली गईं। उन्हें मालूम था कि जहाँ सरफिरे हैं, वहाँ सरफरोश भी हैं।

संघ के अधिकारी से बातचीत की गई। सब तैयार थे। आदेश मिलते ही हजारों स्वयंसेवकों ने कमर कस ली। श्रीनगर, पुंछ और जम्मू—इन तीन स्थानों पर हवाई पट्टियाँ बनाने और सँवारने का काम शुरू हो गया। यह काम दिन को तो चलता ही था, परंतु समय की कमी और जरूरत की वजह से रात को भी चलने लगा। रोज स्वयंसेवकों की टोलियाँ निक्कर पहनकर निकलतीं। स्वयंसेवक अपनी रोटी भी अपने साथ घर से लेकर आते थे। जमीन साफ करने का सामान अर्थात् गेंती-फावड़ा-खुर्पे इत्यादि की व्यवस्था भी संघ ने ही की। कई घंटे लगातार मेहनत करने के बाद जब ये स्वयंसेवक अपने घर से लाया हुआ भोजन एक स्थान पर इकट्ठा कर सहभोज के रूप में बाँटकर खाते तो वातावरण प्रेम और स्नेह से भरपूर हो जाता।

'देश को सब कुछ देंगे, बदले में कुछ नहीं लेंगे' के सिद्धांत पर चलनेवाले स्वयंसेवकों ने न रात देखी न दिन, अपने कारोबार छोड़े, नौकरियों से छुट्टी ली, पारिवारिक सुखों को ठुकराकर अपने कड़े परिश्रम से निश्चित अवधि के भीतर तीनों हवाई पट्टियों को हवाई जहाजों के उतरने योग्य बना दिया।

गोलियों की बौछार में डट गए

इस बीच कोटली से 20 किलोमीटर उत्तर-पश्चिम में पलंधरी से समाचार आया कि वहाँ पर 1200 हिंदुओं-सिखों को दुश्मन ने घेर लिया है और उनका जीवन खतरे में है। कोटली संघ शाखा के स्वयंसेवक संघ प्रचारक केदारनाथ साहनीजी के नेतृत्व में स्थानीय सेना के बड़े अधिकारियों से मिले और उनसे प्रार्थना की कि पलंधरी में 1200 के लगभग हिंदू-सिख मौत की घड़ियाँ गिन रहे हैं, कृपाकर इन्हें सुरक्षित निकाल लाने का प्रयास किया जाए। सेना के अधिकारियों ने स्थिति की गंभीरता को तो समझा, किंतु मदद करने से इनकार कर दिया। उनका कहना था कि जितने भी सैनिक उनके पास हैं, वे नगर के लिए ही अपर्याप्त हैं तो उन्हें बाहर के क्षेत्र की रक्षा के लिए कैसे भेजा जा सकता है? जब संघ के कार्यकर्ताओं ने जोर दिया कि बड़ी संख्या में हिंदू मौत के कगार पर खड़े जीवन की घड़ियाँ गिन रहे हैं तो सेना के अधिकारियों के दिल पसीज गए। उन्होंने 31 सैनिक, लेफ्टिनेंट ईश्वरी सिंह के नेतृत्व में भेजना स्वीकार कर लिया। उनके

साथ पुलिस इंस्पेक्टर श्री हरिसिंह और संघ के लगभग 100 स्वयंसेवक भी गए।

सेना के साथ संघ के लोगों की पलंधरी के लोगों को छुड़ाने की योजना की सूचना मुसलमान तहसीलदार ने सरसावे के जेलदार और नंबरदार को भेज दी। दोनों मुसलमान थे और उन्होंने इसकी सूचना कबाइलियों को दे दी। दूसरे दिन प्रातःकाल लेफ्टिनेंट ईश्वरी सिंह के नेतृत्व में 30 जवान मिलिटरी, 12-15 जवान पुलिस और 100 के लगभग संघ के स्वयंसेवकों का काफिला पलंधरी की ओर चला। जैसे ही काफिला चढ़ाई चढ़ने लगा तो एकदम अंधाधुंध गोलियों की बौछार होने लगी। दुश्मनों ने अपने मोरचे चढ़ाई पर बनाए थे। मशीनगनों, मोर्टार बमों आदि से दुश्मन लैस था। उनका हमला तेज हो गया।

चारों ओर से अचानक घिर जाने के बावजूद कई घंटों तक संघर्ष चला। शत्रुओं की तुलना में बहुम कम होने और साधनहीन होने पर भी एक भी हिंदू सैनिक या संघ स्वयंसेवक ने पीछे मुड़कर नहीं देखा। गोलियों की दनदनाती बौछार में उनके कदम लड़खड़ाए नहीं। अनेक शत्रुओं को यमलोक पहुँचाते हुए ये सब भी एक-एक कर माँ-भारती की गोद में सोते गए। सैनिकों और स्वयंसेवकों के रक्त से लाल पलंधरी की इस भूमि की मिट्टी को आज भी मस्तक पर लगाने पर हृदय में बलिदानी उमंगें हिलोरें लेने लगती हैं। इन वीर बलिदानियों को शत-शत प्रणाम।

□

शेख अब्दुल्ला का उदय

अंग्रेजों ने भारत जैसे विशाल देश पर अपना आधिपत्य जमाए रखने के लिए दो बातों को अपनी समस्त राजनीतिक गतिविधियों का आधार बनाया। प्रथम, 'फूट डालो और राज करो' के कूटनीतिक सिद्धांत को संवैधानिक मान्यता और द्वितीय, इसी सिद्धांत को राजनीतिक व्यवहार में सुविधापूर्वक परिणत करने हेतु योग्य पिट्ठुओं (एजेंटों) की व्यवस्था।

भारतीय रियासतों के राजा-महाराजाओं ने भी अंग्रेजों के दूसरे राजनीतिक आधार को ही मजबूत करने में अपनी भूमिका निभाई। अपनी सेना, अपनी रियासत, अपनी प्रजा, अपनी सत्ता और अपने ही मौज-मेले में व्यस्त इन भारतीय रियासती राजाओं ने संगठित होकर विदेशी सत्ता का विरोध करने का न कभी साहस किया और न ही कभी इसे उचित समझा। 1857 का स्वतंत्रता संग्राम एक अपवाद है। तब अंग्रेजों के पाँव अभी जमे नहीं थे। इसलिए अंग्रेजों ने भी इन राजाओं के व्यक्तिगत अहं को आकाश पर चढ़ाकर रखा और इनकी रसिक दुनिया में खलल डालने की कभी कोशिश नहीं की। इस कारण अंग्रेज सरकार इनकी ओर से प्राय: निश्चिंत ही नहीं रही, बल्कि इन्हीं में अपने स्थायित्व का आधार तैयार करती रही।

एक राष्ट्रभक्त महाराजा

परंतु जब 1931 में लंदन में आयोजित गोलमेज सम्मेलन में नरेंद्र मंडल (चैंबर ऑफ प्रिंसेज) के अध्यक्ष के रूप में कश्मीर के महाराजा हरिसिंह ने भारत की स्वतंत्रता की बात कही तो अंग्रेज सरकार को गहरा धक्का लगा। भारतीय रियासतों की उपर्युक्त संस्था के प्रमुख द्वारा ऐसी बात कहना राजनीतिक दृष्टि से एक चुनौती भी थी। इन्हीं दिनों भारत के विभाजन और स्वतंत्रता आंदोलन की गतिविधियाँ भी तेजी पकड़ रही थीं। मुसलिम लीग अपने अलग देश पाकिस्तान के लिए अपनी सियासी गोटियाँ चला रही थी। वाइसराय लॉर्ड माउंटबेटन का वरदहस्त मुसलिम लीग पर था ही।

कश्मीर मुसलिम बहुल प्रदेश था और वहाँ के महाराजा ने पूर्ण स्वतंत्रता की बात कहकर अंग्रेजों द्वारा घोषित जातीय राजनीति के आधार पर ही चोट की थी। महाराजा के इस विपरीत व्यवहार से क्रोधित और सचेत होकर माउंटबेटन ने कश्मीर में किसी उपयुक्त ब्रिटिश एजेंट की तलाश प्रारंभ की। कश्मीर में महाराजा की लोकप्रियता को घटाने, उनके राजनीतिक आधार को डगमगाने और अंतत: उनके अस्तित्व को ही समाप्त करने के उद्देश्य से कश्मीर के मुसलिम समाज को इस 'हिंदू महाराजा' के विरुद्ध तैयार करने की आवश्यकता थी। इस हेतु कोई प्रभावशाली मुसलिम नेता खड़ा (प्लांट) करना जरूरी था। अत: इस उद्देश्य की पूर्ति के लिए माउंटबेटन ने कश्मीर घाटी में उभरते हुए एक युवा नेता शेख मुहम्मद अब्दुल्ला को उपयुक्त समझा और उसकी पीठ ठोंक दी।

शेख अब्दुल्ला की फिरकापरस्ती

यह शेख अब्दुल्ला उस अलीगढ़ मुसलिम विश्वविद्यालय की पैदाइश था, जिसने भारतीय मुसलिम समाज को अलगाववाद के रास्ते पर चलाने के लिए अनेक नेताओं का निर्माण किया। भारत में 'मुसलिम राष्ट्रवाद', 'मुसलिम फिरकापरस्ती' और 'पाकिस्तान का निर्माण' इत्यादि विचारधाराओं के जन्मदाता इसी विश्वविद्यालय में निर्मित हुए थे। शेख अब्दुल्ला भी 1930 में यहीं से एम.एस.सी. की डिग्री लेकर कश्मीर आए और गवर्नमेंट हाई स्कूल श्रीनगर में विज्ञान के अध्यापक नियुक्त हो गए। यहीं से उन्होंने अपनी राजनीतिक गतिविधियाँ प्रारंभ कीं। कश्मीर में अपना राजनीतिक आधार बनाने हेतु शेख अब्दुल्ला ने मुसलिम युवकों को हिंदू महाराजा के विरुद्ध भड़काने और संगठित करने का निश्चय किया। अपनी इन गतिविधियों को बढ़ाने के लिए शेख साहब ने अध्यापन कार्य को भी छोड़ दिया।

शेख अब्दुल्ला ने खुलकर फिरकापरस्ती को बढ़ावा देना प्रारंभ किया। मुसलिमों को सरकारी नौकरियों में स्थान, प्रशासन में उनका हिस्सा और धार्मिक आजादी इत्यादि माँगों को आधार बनाकर एक आंदोलन की शुरुआत की गई। मसजिदों से उत्तेजनापूर्ण भाषणों द्वारा सारा माहौल सांप्रदायिकता से भरता चला गया। शेख अब्दुल्ला ने इन सारे आंदोलनों को इसलामी रंग देने में भी सफलता प्राप्त की। यह रंग कैसा था? इसकी जानकारी गोपीनाथ श्रीवास्तव ने अपनी पुस्तक 'कश्मीर' में दी है—"अब्दुल कादिर नाम का एक मुसलमान बावर्ची के रूप में एक यूरोपियन यात्री के साथ कश्मीर आया था। वह भी इस आंदोलन में शामिल हो गया और उसने 21 जून, 1931 को शाह हमदान में आयोजित एक बैठक में राजद्रोहात्मक भाषण दिया। फलस्वरूप वह गिरफ्तार कर लिया गया और उस पर मुकदमा चला। श्रीनगर सेंट्रल जेल में सुनवाई हो रही थी कि चार-पाँच हजार लोग जेल के बाहर जमा हो गए और जेल के फाटक पर टूट पड़े।

उनकी माँग थी कि कादिर के खिलाफ मुकदमा हटा लिया जाए। भीड़ ने तार काट दिए। जेल के कैदी भी उत्तेजित हो गए। गोली चली और 21 आदमी मरे। उनकी लाशें लेकर जुलूस निकाला गया और पूरे शहर में सांप्रदायिक तनाव बढ़ गया। हिंदुओं की दुकानों को लूटा गया और तीन हिंदू मार दिए गए। हिंदुओं और मुसलमानों के बीच अभी तक जो अच्छे संबंध थे, वे कटु हो गए। महाराजा ने गोलीकांड की जाँच कराने के लिए राज्य के मुख्य न्यायाधीश की अध्यक्षता में एक कमेटी बनाई। मुसलमानों ने इस कमेटी का बहिष्कार किया।'' इस प्रकार के तनावपूर्ण वातावरण में शेख अब्दुल्ला मुसलिम नेता के रूप में उभरता गया और महाराजा के विरोध के लिए उसे धरातल मिलता गया।

महाराजा के जन्मोत्सव पर शेख द्वारा दंगे

24 सितंबर, 1932 को महाराजा का जन्म दिवस था। पूरे श्रीनगर शहर को सजाया गया। मुसलमान भी बढ़-चढ़कर अपने महाराजा का जन्मदिनोत्सव मनाने की तैयारियाँ कर रहे थे। शेख को यह सब अच्छा नहीं लगा। मुसलमानों के इस प्रकार महाराजा के समर्थन में एकत्रित हो जाने से उसके अपने राजनीतिक अस्तित्व को खतरा पैदा हो गया। अत: उसने महाराजा के इस जन्मदिनोत्सव में बाधा डालने और वातावरण में तनाव पैदा करने का फैसला किया। योजनानुसार श्रीनगर में जन्मोत्सव से दो दिन पूर्व निकाली गई शोभायात्रा पर पत्थर फेंकवा दिए गए। परिणाम जो होना था सो हुआ। सारा शहर फिरकापरस्ती की आग में झुलसने लगा। इस काम की देखरेख शेख के द्वारा बनाई गई पार्टी 'मुसलिम रीडिंग रूम' के कार्यकर्ताओं ने की। हिंदू घरों को लूटा गया। जज जिया लाल कलिम के घर को मुसलिम युवकों ने घेरकर पत्थरबाजी एवं तोड़फोड़ की। महाराजा और प्रशासन के सभी अधिकारियों का ध्यान नगर में कानून और व्यवस्था की ओर हो गया। मीरपुर इत्यादि दंगा प्रभावित क्षेत्रों में सेना तैनात कर दी गई। इस प्रकार उत्सव की गतिविधियों को अव्यवस्थित करने में शेख सफल रहा।

देशद्रोही गतिविधियों का मंच: मुसलिम कॉन्फ्रेंस

इस तरह बढ़ती हुई मुसलिम धर्मांधता के वातावरण में अब्दुल्ला मुसलमानों का एकमेव नेता बन गया। शेख और उनके साथियों ने अब 'कश्मीर मुसलिम कांफ्रेंस' नामक संस्था का गठन किया, जिसका प्रथम अधिवेशन 14,15,16 अक्तूबर, 1932 को शेख अब्दुल्ला की अध्यक्षता में संपन्न हुआ। इसमें पारित किए गए प्रस्तावों का उद्देश्य मुसलिम समाज की धार्मिक भावनाएँ भड़काकर उन्हें संगठित करना और कश्मीर से हिंदू महाराजा को पदच्युत करके पुन: मुसलिम सत्ता स्थापित करना था। डॉ.एच.एल. सक्सेना ने अपनी पुस्तक 'द ट्रेजडी ऑफ कश्मीर' में मुसलिम कॉन्फ्रेंस के उपर्युक्त

अधिवेशन का उल्लेख किया है। वे लिखते हैं—

"इस अधिवेशन की गतिविधियों का एक महत्त्वपूर्ण पक्ष यह था कि मुसलिम कॉन्फ्रेंस के अध्यक्ष शेख अब्दुल्ला और अन्य किसी भी व्यक्ति ने श्रीनगर और मीरपुर में हिंदुओं पर हुए अत्याचारों के संबंध में एक भी शब्द नहीं कहा। बल्कि यह माँग रखी गई कि इन क्षेत्रों से सेना को तुरंत हटा लिया जाए ताकि हिंदुओं और सिखों के विनाश को पूर्ण किया जा सके।" इस अधिवेशन में दिए गए भाषणों से सारे प्रदेश का वातावरण अत्यंत सांप्रदायिक हो गया। शेख अब्दुल्ला अपनी गिरफ्तारी से डरकर 7 दिसंबर, 1932 को कश्मीर से भागकर पंजाब में किसी सुरक्षित स्थान पर छिप गया। श्रीनगर और अपनी पार्टी मुसलिम कॉन्फ्रेंस के कार्यकर्ताओं को मझधार में छोड़कर भागा हुआ शेख, एक मास के बाद तभी कश्मीर वापस लौटा जब वातावरण शांत हो गया।

शेख ने कश्मीर लौटने पर फिर मुसलिम युवाओं को भड़काकर, जुलूस निकालने प्रारंभ किए और मसजिदों में धार्मिक उद्देश्य से एकत्रित भीड़ को मजहबी उन्माद में बदलने के प्रयास किए। प्रदेश का माहौल फिर बिगड़ गया। सांप्रदायिक दंगे भड़क उठे। महाराजा ने जब अपने गृहमंत्री बजाहत हुसैन और कश्मीर स्थित अंग्रेज सरकार के प्रतिनिधि कर्नल कालविन के माध्यम से शेख को समझाने के प्रयास किए तो शेख ने इनको भी धोखे में रखने के लिए अनेक तथ्यों को छिपाने का प्रयास किया। गृहमंत्री बजाहत हुसैन ने महाराजा को शेख की तुरंत गिरफ्तारी की सलाह दी। इस गिरफ्तारी का पूर्व आभास होते ही शेख फिर अपने साथियों को छोड़कर कश्मीर से भाग गया। इस बार वह चार मास तक लाहौर इत्यादि सुरक्षित स्थानों पर घूमता रहा।

वापस कश्मीर लौटने पर शेख अब्दुल्ला फिर अपने निर्धारित लक्ष्य की पूर्ति हेतु अपनी फिरकापरस्त गतिविधियों में व्यस्त हो गया। उसके अब तक के क्रियाकलापों के परिणामस्वरूप प्रदेश का मुसलिम समाज, हिंदू महाराजा के विरुद्ध तैयार हो चुका था। शेख अब्दुल्ला अब कश्मीर का प्रभावशाली मुसलिम नेता बन गया।

ब्रिटिश एजेंट शेख अब्दुल्ला

अंग्रेज सरकार ने शेख अब्दुल्ला को 'ब्रिटिश एजेंट' के रूप में इस्तेमाल करने की अपनी योजना को साकार करने का उपयुक्त समय देखा और शेख को पूर्णतया अपने 'पिट्ठू' के रूप में बदल दिया। शेख अब्दुल्ला स्वयं भी महाराजा के विरुद्ध अपने भावी आंदोलन को सफल बनाने हेतु अंग्रेज सरकार का आशीर्वाद और भारतीय राष्ट्रीय कांग्रेस के किसी बड़े नेता का सहयोग लेना चाहता था। उसकी दोनों इच्छाओं को क्रमशः लॉर्ड माउंटबेटन और जवाहरलाल नेहरू ने पूरा कर दिया।

बंबई से छपनेवाले एक विख्यात साप्ताहिक 'ब्लिट्ज' ने अपने 24 अप्रैल, 1965

के अंक के मुखपृष्ठ पर अब्दुल्ला को 'ब्रिटिश एजेंट' लिखते हुए एक विस्तृत तथ्ययुक्त लेख प्रकाशित किया था। इस लेख में शेख के सभी राष्ट्रघातक षड्यंत्रों का परदाफाश करते हुए उसके गुप्त पत्र-व्यवहार की मूल प्रतियों को छापा गया था। इस पूरे लेख को डॉक्टर एच.एल. सक्सेना ने अपनी पुस्तक 'दि ट्रेजडी इन कश्मीर' में शामिल किया है।

शेख अब्दुल्ला ने अब एक पूर्णरूपेण 'ब्रिटिश दलाल' के रूप में कश्मीर में कार्य करना प्रारंभ कर दिया। डॉ. गौरीनाथ रस्तोगी लिखते हैं—"कश्मीर का सुल्तान बनना उसके जीवन की सबसे बड़ी आकांक्षा थी। उसके लिए वह कुछ भी कर सकता था। चौथे दशक के आरंभ में उसने अंग्रेजों के इशारे पर कश्मीर में हिंसात्मक उपद्रव आरंभ करवाए और महाराजा हरिसिंह को प्रशासनिक सुधार सुझाने के लिए 'ग्लैंसी आयोग' नियुक्त करने पर विवश कर दिया। ग्लैंसी महोदय भारत सरकार की गुप्तचर सेवा के प्रमुख रह चुके थे। उन्होंने प्रशासनिक सुधार के नाम पर महाराजा को गिलगित का क्षेत्र साठ वर्षों के लिए पट्टे पर देने हेतु विवश किया। उसने एक तीर से दो शिकार किए। उसके निर्णय से जहाँ एक ओर गिलगित अंग्रेजों के अधिकार क्षेत्र में गया, वहीं दूसरी ओर वह अपने पुराने हस्तक शेख अब्दुल्ला को वहाँ एक राजनीतिक हस्ती के रूप में प्रस्थापित करने में सफल हुआ। इससे पहले महाराजा के प्रभाव के कारण गिलगित क्षेत्र में शेख की दाल नहीं गलती थी, यद्यपि वह मुसलिम बहुल क्षेत्र था।"

नेशनल कॉन्फ्रेंस का मुखौटा

शेख अब्दुल्ला ने अब अपने चेहरे पर राष्ट्रीय नकाब ओढ़ने का फैसला लिया। उसे कश्मीर में अपने स्वतंत्र सुल्तान बनने के ख्वाब को व्यवहार में उतारने हेतु कुछ भारतीय नेताओं और हिंदुओं का सहयोग और आशीर्वाद चाहिए था। राष्ट्रीय स्तर पर पहुँचने के लिए शेख अब्दुल्ला, पंडित नेहरू और खान अब्दुल गफ्फार खान जैसे प्रभावशाली राष्ट्रीय स्तर के नेताओं का तथाकथित मार्गदर्शन, सहयोग और आशीर्वाद प्राप्त करने में भी सफल हो गया। प्रो. बलराज मधोक ने अपनी पुस्तक 'कश्मीर, जम्मू और लद्दाख' के पृष्ठ 39 पर शेख के इस नए राजनीतिक नाटक की जानकारी इस तरह दी है—

"1939 में शेख अब्दुल्ला ने मुसलिम कॉन्फ्रेंस का नाम बदलकर उसे 'नेशनल कांफ्रेंस' कर दिया। ऐसा करने का उद्देश्य अपने राजनीतिक गंतव्य के लिए भारतीय राष्ट्रीय कांग्रेस तथा भारतीय प्रेस का समर्थन प्राप्त करना था। खान अब्दुल गफ्फार खान ने भी इसमें महत्त्वपूर्ण भूमिका अदा की। उसने शेख अब्दुल्ला को समझाया कि क्योंकि कश्मीर घाटी की जनसंख्या का 95 प्रतिशत भाग मुसलमान हैं इसलिए सत्ता का हस्तांतरण जब और जैसे भी होगा, कश्मीरियों के नेता के रूप में सत्ता उसी को मिलेगी। इस

रणनीति से उसे प्रचुर लाभ मिला। पंडित जवाहरलाल नेहरू उसमें और उसकी राजनीति में विशेष रुचि लेने लगे। उन्होंने उसे अखिल भारतीय राज्य लोक कॉन्फ्रेंस का अध्यक्ष बना दिया जिससे उसे राष्ट्रीय मंच पर आने का भी अवसर मिल गया।''

इस प्रकार एक क्षेत्रीय नेता, घोर फिरकापरस्त और ब्रिटिश दलाल शेख मुहम्मद अब्दुल्ला अब पंडित नेहरू की कृपा से अखिल भारतीय मंच पर पहुँचने में सफल हो गया।

साम्यवादियों के शिकंजे में

जिस व्यक्ति पर राजसत्ता प्राप्त करने का स्वार्थ हावी हो गया हो, उससे किसी भी प्रकार की राष्ट्रघातक गतिविधि की उम्मीद की जा सकती है। इस शेख अब्दुल्ला को साम्यवादियों ने भी अपने जाल में फँसा लिया। जब 1942 में पूरे देश में 'भारत छोड़ो आंदोलन' जोरों पर था, सभी प्रमुख कांग्रेसी नेता जेल में थे और भारत की जनता अंग्रेजों को भारत से निकालने के इस प्रयास में जी-जान से महात्मा गांधी का साथ दे रही थी, तब भारत के साम्यवादी नेता गांधी को साम्राज्यवादियों का पिट्ठू बताकर इस आंदोलन की पीठ में छुरी घोंपने के अति निंदनीय कार्य में लग गए। इन साम्यवादियों ने शेख को भी 'भारत छोड़ो आंदोलन' को कमजोर करने के काम में लगाना चाहा और वे सफल भी हो गए।

शेख अब्दुल्ला द्वारा प्रारंभ किया गया 'कश्मीर छोड़ो आंदोलन' साम्यवादियों के उपर्युक्त षड्यंत्र का ही हिस्सा था। शेख अब्दुल्ला चाहते थे कि अंग्रेजों के भारत छोड़कर जाने के पूर्व महाराजा हरिसिंह कश्मीर छोड़कर चले जाएँ। इस कार्य को संपन्न करने के उद्देश्य से ही शेख 1931 से कश्मीर में सक्रिय रहा। यही तो अंग्रेज सरकार चाहती थी। शेख को इसी निमित्त उसने कश्मीरी नेता के रूप में खड़ा किया था। अंग्रेज सरकार, साम्यवादी और शेख अब्दुल्ला इन तीनों ने मिलकर 'कश्मीर छोड़ो' आंदोलन को उस समय प्रारंभ किया जब समस्त भारत की जनता 'अंग्रेजों भारत छोड़ो' के नारे के अंतर्गत स्वतंत्रता आंदोलन में व्यस्त थी। महाराजा हरिसिंह भी भारत की स्वतंत्रता के पक्ष में थे। इसीलिए अंग्रेजों ने महाराजा को अपदस्थ करने की एक लंबी योजना बना ली थी और शेख अब्दुल्ला उस योजना को क्रियान्वित कर रहा था। परंतु दुर्भाग्य तो यह है कि पंडित नेहरू भी शेख का ही पक्ष लेते रहे।

'नया कश्मीर' का राजनीतिक शोशा

नेशनल कॉन्फ्रेंस ने शेख अब्दुल्ला के नेतृत्व में 'नया कश्मीर' नामक एक विस्तृत अभियान को अपने घोषणा-पत्र के रूप में स्वीकार किया। इस 'नया कश्मीर' के राजनीतिक

शोशे के पीछे तीन शक्तियाँ अपनी चालें चल रही थीं। माउंटबेटन इसके माध्यम से जम्मू-कश्मीर की देशभक्त ताकतों को भारतीय स्वतंत्रता आंदोलन से दूर रखना चाहता था। साम्यवादी इसे 'स्वतंत्र समाजवाद राज्य की स्थापना' के रूप में प्रस्तुत कर रहे थे और शेख इसके माध्यम से स्वयं को कश्मीर की गद्दी पर बैठाना चाहता था। 'नया कश्मीर' नामक इस घोषणा-पत्र में उत्तरदायित्वपूर्ण सरकार की स्थापना का उद्देश्य घोषित करते हुए सामाजिक, शैक्षणिक और आर्थिक सुधारों के साथ-साथ स्वतंत्र न्यायपालिका और संसदीय प्रजातंत्र जैसी ऊँची-ऊँची बातें कही गईं। शेख अब्दुल्ला के अनुसार यह तभी संभव था जब हिंदू महाराजा को सत्ता से हटाया जाए।

महाराजा के विरुद्ध 'कश्मीर छोड़ो' आंदोलन

पूरे मजहबी उन्माद के साथ 10 मई, 1946 को नेशनल कॉन्फ्रेंस ने 'कश्मीर छोड़ो' आंदोलन प्रारंभ कर दिया। पूरे कश्मीर में मुसलिम समाज को विद्रोह के रास्ते पर उतार दिया गया। यह आंदोलन एक हिंदू महाराजा और जम्मू के डोगरों के विरुद्ध था। 20 मई को शेख और उसके साथियों को गिरफ्तार कर लिया गया। इससे पंडित नेहरू को बड़ा कष्ट पहुँचा। उन्होंने तुरंत महाराजा को पत्र लिखकर शेख को रिहा करने की माँग की। नेहरू केवल माँग करने तक ही सीमित नहीं रहे, उन्होंने शेख की वकालत करने के उद्देश्य से कश्मीर जाने का निश्चय कर लिया। इस संबंध में कांग्रेस के अन्य बड़े-बड़े नेताओं की सलाह को भी उन्होंने ठुकरा दिया। महाराजा ने पंडित नेहरू से प्रार्थना की कि शेख का यह आंदोलन अंग्रेजी सरकार के आशीर्वाद से भारतीय हितों के विरुद्ध है, अत: उन्हें इसका पक्ष नहीं लेना चाहिए।

पंडित नेहरू का आशीर्वाद

पंडित नेहरू जैसे राष्ट्रीय नेता भी शेख से व्यक्तिगत मित्रता और अपने 'कश्मीरीपन' के अहं को रोक नहीं सके, यह एक विडंबना ही है। महाराजा ने अपनी प्रार्थना का कोई असर न देखकर कश्मीर में पंडित नेहरू के प्रवेश पर प्रतिबंध लगा दिया। नेहरूजी जब इस प्रतिबंध को तोड़कर कश्मीर पहुँचे तो उन्हें गिरफ्तार कर लिया गया। इस घटना ने पंडितजी के मन में महाराजा के लिए शत्रुता के बीज बो दिए। नेहरूजी के इस प्रकार से एकपक्षीय निर्णय से कांग्रेस के नेताओं में रोष फैल गया। कांग्रेस के तत्कालीन अध्यक्ष आचार्य कृपलानी ने इस आंदोलन को गलत समय पर किया गया अत्यंत निंदनीय, अशोभनीय और घोर अवसरवादी बताया।

1947 में जब आचार्य जे.बी. कृपलानी ने कांग्रेस अध्यक्ष के रूप में कश्मीर का भ्रमण किया तो उन्होंने यह विचार दोहराया। एक पत्रकार के प्रश्न के उत्तर में उन्होंने

कहा कि ब्रिटिश लोग विदेशी थे इसीलिए उन्हें भारत छोड़ना पड़ा। परंतु महाराजा हरिसिंह तो इसी धरती का बेटा था, उसे जम्मू-कश्मीर रियासत छोड़ने के लिए कैसे कहा जा सकता था? कृपलानी यह समझते थे कि शेख अब्दुल्ला कश्मीर को भारत के साथ नहीं मिला सकता था। एकमात्र कानूनी अधिकारी होने के कारण विलय करने या न करने का कार्य तो महाराजा हरिसिंह ही कर सकता था। यहाँ तक कि शेख के एक समय के मार्गदर्शक जिन्ना ने भी इसे 'राज्य में अव्यवस्था फैलानेवाले असंतुष्टों का उपद्रव' कहकर इसकी भर्त्सना कर डाली। महाराजा ने भी इसे दबाने के पूरे प्रयास किए।

परिणामस्वरूप शेख अब्दुल्ला को मजबूर होकर आंदोलन वापस लेना पड़ा। परंतु उसे गिरफ्तार कर लिए जाने का भय था। अतः उसने अपनी पुरानी कायरतापूर्ण परंपरा के अनुसार भाग जाने की योजना बनाई। सांप्रदायिक आग को भड़काकर स्वयं भाग जाना यही इसके स्वभाव का महत्त्वपूर्ण गुण था। परंतु इस बार राज्य पुलिस की सतर्कता के कारण इसे 21 मई, 1946 को उड़ी के पास भागने का प्रयास करते हुए पकड़ लिया गया। महाराजा के आदेश पर श्रीनगर के बादामी बाग मिलिटरी कैंटोनमैंट में शेख को कैद कर दिया गया। इस तरह से 'कश्मीर छोड़ो' आंदोलन पूर्णतया दबा दिया गया।

परंतु इस सारे घटनाक्रम में पंडित नेहरू द्वारा देशद्रोही अब्दुल्ला का साथ देने और महाराजा द्वारा उन्हें गिरफ्तार करने के फलस्वरूप दोनों के मन में एक-दूसरे के प्रति नफरत और शत्रुता गहराई तक पहुँच गई। अतः भविष्य की कोख से जन्म लेनेवाली 'कश्मीर समस्या' के लिए शेख की गद्दारी, महाराजा की जिद और नेहरू की अदूरदर्शिता ने भूमिका बना दी।

□

पं. नेहरू की अदूरदर्शिता

देश की पूर्ण स्वतंत्रता के लिए अबाध गति से बारह सौ वर्षों तक निरंतर चले स्वतंत्रता संघर्ष की इतिश्री भारत विभाजन के रूप में हुई। परतंत्रता के इस लंबे कालखंड में प्रत्येक पीढ़ी ने अपना अतुलनीय बलिदान देकर संघर्ष की ज्योति जलाए रखी और एक दिन भी परतंत्रता स्वीकार नहीं की। एक पीढ़ी, संघर्ष की बागडोर दूसरी पीढ़ी के हाथ में देती चली गई और इस तरह संघर्ष भिन्न-भिन्न स्वरूपों में चलता रहा। परंतु जब इसकी बागडोर कांग्रेस के हाथ में आई तो उसने इसे नई पीढ़ी को सौंपने के स्थान पर इस संघर्ष को समाप्त करने का निर्णय लेकर 'पूरे देश की पूरी स्वतंत्रता' के राष्ट्रीय लक्ष्य, जातीय निष्ठा और सामाजिक स्वाभिमान की पीठ में छुरा घोंप दिया।

कांग्रेस के थके-हारे और बूढ़े नेताओं के अधिक संघर्ष का इरादा छोड़ देने पर भारत का विभाजन हो गया। नरसंहार की घटनाओं ने मानवता की सभी सीमाएँ पारकर देश के उन नेताओं के मुँह पर करारा तमाचा मारा जो अपनी लाश पर विभाजन स्वीकार करने की दुहाई दे रहे थे। उनकी आँखों के सामने देश के टुकड़े हो गए। सदियों पुराना, जगत् का प्रथम राष्ट्र कुरसी की भूख और नेताओं के उतावलेपन के कारण टुकड़े-टुकड़े हो गया।

स्वतंत्रता प्राप्ति की इस तथाकथित मस्ती में हमारे देश के कर्णधार राष्ट्रद्रोहियों के उन मंसूबों को नहीं भाप सके जो पहले से खंडित देश को और खंडित करने के षड्यंत्रों में व्यस्त थे। कश्मीर ऐसे ही राष्ट्रघातक तत्त्वों का शिकार हो गया।

भयंकर भूल

भारत के विभाजन के समय निर्मित भारतीय स्वाधीनता अधिनियम के तहत भारत की सभी रियासतों को पाकिस्तान अथवा भारत इन दो 'डोमीनियम राज्यों' में किसी भी राज्य में शामिल होने का अधिकार दिया गया। भारत के तत्कालीन गृहमंत्री सरदार पटेल ने अपनी राजनीतिक सूझ-बूझ और निर्णायक क्षमता से लगभग छह सौ रियासतों को

भारत संघ में मिलाने में सफलता प्राप्त कर ली। हैदराबाद और जूनागढ़ के अड़ियल रुख पर सरदार पटेल ने सैनिक शक्ति और स्वयं की दूरदर्शिता से विजय प्राप्त कर इन दोनों को भी पूर्णत: भारत में मिला लिया।

परंतु जम्मू-कश्मीर रियासत का मामला पंडित नेहरू ने अपने हाथ में रखा। शेख से उनका व्यक्तिगत मोह, महाराजा हरिसिंह से उनकी व्यक्तिगत शत्रुता और उनके हृदय में जड़ जमाए बैठा कश्मीरीपन, उनकी निर्णय-क्षमता और उनके राष्ट्रीय दृष्टिकोण को ग्रस गया। इस व्यक्तिगत अहं ने कश्मीर को भारत की शेष रियासतों की पंक्ति से बाहर कर दिया।

महाराजा का असमंजस

संकट की इस घड़ी में कश्मीर के महाराजा हरिसिंह स्वयं भी दुविधा में फँस गए। भारत के साथ विलय करें तो नेहरूजी की हठधर्मिता रास नहीं आती। पाकिस्तान में जाएँ तो जम्मू-कश्मीर और लद्दाख के विशाल हिंदू समाज का भविष्य अंधकार के गर्त में जाता है। उनके पूर्वज महाराजाओं द्वारा निर्मित और सुरक्षित भारतीयता के प्रतीक हजारों मठ-मंदिर, संस्कृत ग्रंथों के भंडार और पुष्पित पल्लवित संस्कृति का नामो-निशान मिट जाने का खतरा स्पष्ट दिखाई दिया। इसी दूरदर्शिता और अपने अंत:करण में संचित भारत-प्रेम के कारण उन्होंने मुहम्मद अली जिन्ना का प्रत्येक प्रलोभन ठुकरा दिया। जम्मू-कश्मीर की भौगोलिक स्थिति भी महाराजा की दुविधा का कारण बनी। भारत से जम्मू-कश्मीर आने-जाने का मार्ग केवल पठानकोट से था। शेष मार्ग पाकिस्तान की ओर से थे। रावलपिंडी व स्यालकोट का मुख्य मार्ग तो था ही पाकिस्तान के पास। अत: महाराजा इच्छा होते हुए भी भारत में विलय का निर्णय न ले सके।

माउंटबेटन : परदे के पीछे

महाराजा का यह असमंजस बनाए रखने में माउंटबेटन ने भी खासी भूमिका निभाई। डॉ. गौरीनाथ रस्तोगी के अनुसार—"माउंटबेटन जानते थे कि यदि जम्मू-कश्मीर राज्य का विलय भारतीय संघ में हो गया तब सामरिक दृष्टि से महत्त्वपूर्ण गिलगित क्षेत्र आंग्ल-अमेरिकी गुट के प्रभाव से निकल जाएगा और सोवियत संघ की सैनिक घेराबंदी की योजना साकार नहीं हो सकेगी। इसके विपरीत पाकिस्तान में कश्मीर का विलय होने से उन्हें यह सुविधा उपलब्ध होती रहेगी। माउंटबेटन एक कुशल सेनाधिकारी के साथ कुशल कूटनीतिज्ञ भी थे। उन्होंने जम्मू-कश्मीर के तत्कालीन प्रधानमंत्री रामचंद्र काक की अंग्रेज पत्नी के माध्यम से काक और काक के माध्यम से महाराजा हरिसिंह को काफी समय तक भारतीय संघ में शामिल होने से रोकने में सफलता प्राप्त की।"

जिन्ना की कूटनीति

इन्हीं दिनों शेख अब्दुल्ला अपनी चतुर चालों में व्यस्त था। उसने पाकिस्तान से साँठ-गाँठ की और जिन्ना को इसलाम की दुहाई देकर कश्मीर को पाकिस्तान में मिलाने की जरूरत पर जोर दिया। प्रधानमंत्री रामचंद्र काक की सलाह पर महाराजा हरिसिंह ने इन सारी विवशताओं को ध्यान में रखते हुए भारत अथवा पाकिस्तान में से किसी के साथ भी विलय न कर 'यथास्थिति समझौता' (Standstill Agreement) का प्रस्ताव प्रस्तुत किया। पाकिस्तान ने इस पेशकश को कश्मीर को भारत से दूर रखने का एक स्वर्णिम अवसर जानकर स्वीकृति दे दी परंतु भारत नहीं माना। रियासती विषयों के राज्यमंत्री गोपालस्वामी आयंगर महाराजा से बात करने श्रीनगर पहुँचे। महाराजा टस से मस न हुए। उधर, पाकिस्तान कश्मीर को जबरदस्ती हड़पने के लिए उतावला हो गया।

जिन्ना ने महाराजा हरिसिंह पर डोरे डालने और उन पर पाकिस्तान में विलय के लिए प्रत्येक प्रकार का नैतिक, अनैतिक और सैनिक दबाव डालने की विस्तृत योजना बनाई। उसने महाराजा से कश्मीर में कुछ दिन रहने की अनुमति माँगी। वह वहाँ रहकर मुसलिम जनता को विद्रोह के लिए तैयार करना चाहता था। श्री मेहरचंद महाजन ने लिखा है—"जिन्ना की योजनाओं के अनुसार कश्मीर उसका होना था। मुगल सम्राटों की तरह वह कश्मीर को पाकिस्तान के हिस्से की शक्ल में देखता था और वहाँ की खुशनुमा आबोहवा का वह पाकिस्तान के गवर्नर जनरल की हैसियत से पूरा-पूरा लुत्फ उठाना चाहता था। वह उसे अपनी जेब में रखा हुआ-सा मानता था, चाहे वह मरजी से शामिल हो या जबरदस्ती से।"

रामचंद्र काक का राष्ट्रद्रोह

कश्मीर के तत्कालीन प्रधानमंत्री पंडित रामचंद्र काक ने जिन्ना को उसके इस उद्देश्य के लिए पूरा सहयोग देने का विश्वास दिलाया। रामचंद्र काक ने महाराजा को प्रभावित करने का पूरा प्रयास किया। परंतु भारतभक्त महाराजा जिन्ना और काक की मिलीभगत समझ गए और उन्होंने चतुराई से जिन्ना को श्रीनगर आने से रोक दिया। रामचंद्र काक को यह सब अच्छा नहीं लगा।

तब पाकिस्तान ने अपने दूसरे अस्त्रों का इस्तेमाल किया। उसने जम्मू-कश्मीर की आर्थिक नाकेबंदी कर दी। कश्मीर के सभी रास्ते बंद कर दिए। डाक-तार व्यवस्था अस्त-व्यस्त हो गई। जीवनोपयोगी वस्तुएँ, अनाज आदि रोक दिए गए। पाकिस्तान ने अपनी इस आर्थिक नाकेबंदी से उस 'यथास्थिति समझौते' को तोड़ दिया, जिसे रामचंद्र काक ने स्वीकृत करवाया था। रामचंद्र काक की इस पाकपरस्ती से उत्पन्न देशद्रोह का पर्दाफाश होते ही महाराजा ने उसे प्रधानमंत्री पद से हटाकर जनरल जनक सिंह को अंतरिम प्रधानमंत्री बना दिया।

पाकिस्तानी आक्रमण : मेहरचंद महाजन प्रधानमंत्री

आर्थिक नाकेबंदी का अस्त्र भी जब नाकाम हो गया तो पाकिस्तान ने तीसरा अस्त्र भी चला दिया। सीमावर्ती क्षेत्रों से पाकिस्तानी कबाइलियों ने कश्मीर में सशस्त्र घुसपैठ शुरू कर दी। यह भारत पर पाकिस्तान का खुला आक्रमण था। इस गंभीर परिस्थिति में महाराजा ने सरदार पटेल की मदद से पंजाब उच्च न्यायालय के न्यायाधीश श्री मेहरचंद महाजन को जम्मू-कश्मीर रियासत का प्रधानमंत्री नियुक्त कर दिया। परंतु शेख अब्दुल्ला इस दूरदर्शी एवं प्रभावशाली व्यक्ति को जम्मू-कश्मीर का प्रधानमंत्री नहीं देखना चाहता था। इसलिए उसने अपने घनिष्ठ मित्र पंडित नेहरू से संपर्क साधा। परंतु सरदार पटेल ने उसके समस्त इरादों पर पानी फेर दिया।

मेहरचंद महाजन के प्रधानमंत्री बनते ही पाकिस्तान ने पूरे प्रदेश की सीमा पर अपनी आक्रामक गतिविधियों का विस्तार कर दिया। पाकिस्तान ने आक्रमण के साथ-साथ महाराजा पर पाकिस्तान में विलय के लिए दबाव डालना जारी रखा। श्री मेहरचंद महाजन के अनुसार, ''लाहौर के पूर्व मुख्य न्यायाधीश के दामाद मेजर शाह, जो पाकिस्तान के महत्त्वपूर्ण सचिवों में से एक थे, इस समय श्रीनगर में थे, और वे एक हाथ में चाबुक तथा तलवार और दूसरे में विलय-पत्र लिए घूम रहे थे। वे जनरल जनक सिंह और उप प्रधानमंत्री बतरा पर दबाव डाल रहे थे कि वे महाराजा को पाकिस्तान के साथ विलय की सलाह दें। लेकिन अब तक सफल नहीं हुए थे।''

महाराजा के अपहरण की योजना

पाकिस्तान एक के बाद एक दबाव डालता चला गया और महाराजा भी अपनी जगह पूरे विश्वास के साथ टिके रहे। पाकिस्तान ने महाराजा के अपहरण की योजना बनाई। इस योजना की जानकारी श्री महाजन ने अपनी पुस्तक 'कश्मीर का कड़वा सच' में इस प्रकार दी है—

''मुझे और महाराजा साहब को अपहृत कर बंदूक की नोक पर जबरदस्ती विलय करा लेने की योजना थी। हमारी गतिविधियों की खबरें तुरंत पाक अधिकारियों को पहुँचा दी जाती थीं। इसी कारण सीमा पर हमारे दौरे का कार्यक्रम बनते ही पाकिस्तान के हाथों पहुँच गया था। जम्मू का पुलिस अधीक्षक पाकिस्तान का जासूस था। उसकी योजना थी कि जब हम भिंबर डाक बँगले पर भोजन कर रहे हों तब हमें कैद कर लिया जाए। भिंबर गुजरात जिले की ओर पाकिस्तान सीमा के किनारे पर है और मुगलों के प्रसिद्ध कश्मीर मार्ग पर पड़ता है। यह सड़क सीमा के साथ-साथ जाती है और इसका एक किनारा पाकिस्तान से लगता है। इरादा किया गया था कि हम 20 तारीख को कठुआ की तरफ जाएँगे, और 21 को भिंबर एवं मीरपुर की तरफ। पाकिस्तानियों ने हथियारबंद गाड़ी से हमारे ऊपर 21

अक्तूबर को भिंबर में हमला करने की योजना बनाई थी। उनका उद्‌देश्य हमें कैद कर बँगले को तहस-नहस करना, शहर पर कब्जा करना, हिंदू आबादी को नष्ट करना और उनकी संपत्ति को लूट लेना था।

''एक अप्रत्याशित घटना-चक्र ने हमें बचा लिया। 20 की सुबह जब हम कठुआ की ओर पहुँचे तो एक चौराहा आया, जिससे एक सड़क कठुआ की ओर जाती थी और दूसरी अखनूर तथा भिंबर की ओर। महाराजा ने जीप चालक को कठुआ जाने की बजाय भिंबर चलने के लिए हुकुम दिया। मैंने इस आधार पर प्रतिरोध किया कि कठुआ और बीच के सारे पड़ावों पर अफसर महाराजा का इंतजार कर रहे होंगे, जबकि भिंबर की तरफ हमने अभी तक कार्यक्रम नहीं भेजा है और कोई इंतजाम नहीं हुए है। महाराजा ने मेरे प्रतिरोध को टाल दिया और कहा मैं किसी कार्यक्रम में बँधा नहीं हूँ और शायद ही कभी उसके मुताबिक चलता हूँ। चुनाँचे हम अखनूर और भिंबर गए और बहुत देर हो जाने के कारण मीरपुर न पहुँच पाए। सारी सीमा पर पाक-हमलावर सक्रिय थे और दूर-दूर तक श्मशान दिखाई देता था। हिंदू जनता सुरक्षित स्थानों में जा रही थी। हमसे जो बना, हमने उन्हें आश्वासन दिया और रक्षा के कुछ इंतजाम किए। दोपहर का खाना भिंबर डाक बँगले में खाया, शहर की सुरक्षा के लिए निर्देश दिए और रात दस बजे तक जम्मू लौट आए। जम्मू वापसी में सारे रास्ते सड़क के दोनों किनारों पर जलते घर दिखाई दिए। सेना अपनी थोड़ी सी संख्या से व्यवस्था कायम करने और लोगों की सहायता में लगी हुई थी। चीफ ऑफ आर्मी स्टाफ मौके पर मौजूद था और कत्लेआम और व्यापक अग्निकांड रोकने के लिए जो कुछ हो सकता था, कर रहा था। और तब जैसी योजना थी, 21 अक्तूबर को गुजरात से सशस्त्र हमला आयोजित हुआ और भिंबर डाक बँगला जलाकर खाक कर दिया गया। हम भी उसके साथ जल मरे होते, अगर हम महाराजा की ओर से निर्देशित पहले कार्यक्रम के अनुसार चलते। परंतु हमें महाराजा की भीतरी प्रेरणा ने पाकिस्तान के हाथों उस भयानक मौत के फंदे से बचा लिया।''

आक्रमण का प्रतिरोध : ब्रिगेडियर राजेंद्र सिंह

पाकिस्तान के इस प्रबल आक्रमण का मुकाबला महाराजा की सेना ने हिम्मत के साथ किया। उन्होंने अपने सेनापति ब्रिगेडियर राजेंद्र सिंह को अंतिम साँस तक प्रदेश की रक्षा करने का आदेश दिया। ब्रिगेडियर राजेंद्र सिंह ने जम्मू के पी.डब्ल्यू. कॉलेज से स्नातक की डिग्री लेने के बाद राज्य बलों में सीधे बतौर लेफ्टिनेंट कमीशन प्राप्त किया। उन्होंने बड़ी जल्दी तरक्की की। एक अनुशासित सैनिक के गुणों से संपन्न होने के कारण 14 अगस्त, 1947 को वे राज्य-सेनाओं के चीफ ऑफ स्टाफ बने।

22 अक्तूबर का दुर्भाग्यपूर्ण दिन। वे श्रीनगर छावनी में अपनी सरकारी ड्यूटी कर

रहे थे। समाचार मिला कि मुजफ्फराबाद पर बड़ा आक्रमण हुआ है और हमलावर श्रीनगर की ओर बढ़ रहे हैं। फिलहाल रिजर्व सेना भी निकट नहीं थी। सभी उपलब्ध सैनिकों और अन्य असैनिक लोगों को मिलाकर बड़ी कठिनता से वे 150 व्यक्तियों की एक छोटी सी टुकड़ी जमा कर पाए। परंतु नगर को बचाना जरूरी था और यह काम करने का एकमात्र रास्ता यही था कि बारामूला की निचली सड़क पर हमलावरों को बढ़ने से रोका जाए। ब्रिगेडियर राजेंद्र सिंह ने श्रीनगर से 112 किलोमीटर दूर दोमेल के लघु आश्रय की चोटी पर कूच करने का फैसला किया।

परंतु दोमेल हाथ से निकल गया और शत्रु सेनाएँ आगे बढ़ गईं। शत्रु ने 16 किलोमीटर आगे गढ़ी में अच्छी तरह पोजीशन सँभाल ली। उन्होंने राजेंद्र सिंह की नन्ही सैनिक टुकड़ी दृढ़ता से रोके रखी। भारी क्षति के बावजूद राजेंद्र सिंह कुछ समय तक पूरी तरह टिके रहे और जब हमलावरों ने उनके सैनिकों की घेराबंदी का प्रयास किया तो उनके सैनिकों ने बाहर निकलकर बारामूला की ओर लौटने का फैसला किया।

आखिरी साँस तक संघर्ष

इस वापसी से शत्रु के हौसले बढ़ गए और वह उड़ी तक बढ़ गया। बारामूला में अपनी अस्त-व्यस्त टुकड़ी पुनर्गठित कर, ब्रिगेडियर उड़ी की तरफ दौड़ पड़े। वहाँ शत्रु के भरे-पूरे बल का सामना करते हुए उसने जो कार्य-विधि अपनाई, वह हमलावरों को श्रीनगर की ओर बढ़ने से ज्यादा से ज्यादा रोके रखने की थी। उसने उस पुल को नष्ट कर दिया, जिससे बेस से हमलावरों का अगला स्थान कट गया। तीन दिशाओं के आक्रमणों से ब्रिगेडियर को भारी क्षति हुई। उन्होंने अपनी टुकड़ी को पहले महोरा की ओर और फिर रामपत (झेलम घाटी सड़क) की ओर लौटाया। इस बीच शत्रु बराबर पीछा करता रहा। यहाँ ब्रिगेडियर ने शत्रु के साथ जमकर ग्यारह निर्णायक घंटों तक लड़ाई की। परंतु ब्रिगेडियर को भारी क्षति उठानी पड़ी। अंत में उन्होंने बचे-खुचे सैनिकों को पीछे मुड़ने का आदेश दिया। जब सैनिक लड़ते हुए सुरक्षा की स्थिति तलाश कर रहे थे, तो राजेंद्र सिंह अकेले निरंतर गोली चलाते हुए पिछली टुकड़ी की रक्षा कर रहे थे। इसी स्थान पर शत्रु की एक गोली उनकी दाहिनी बाँह पर लगी और दूसरी दाहिनी टाँग में। परंतु इससे उनकी बंदूक मौन न हुई। शीघ्र ही शत्रुओं ने उन्हें घेर लिया और वे भारत माता की गोद में समर्पित हो गए।

श्री बमजई 'हिस्टरी ऑफ कश्मीर' पुस्तक में लिखते हैं—''ब्रिगेडियर राजेंद्र सिंह और उनके कुछ स्थायी सैनिकों, रसोइयों, मेस के बेयरों और अर्दलियों के विलक्षण दल के वीरतापूर्ण कारनामे के तहत इन लोगों ने हथियार उठा लिए और विश्व के सैनिक-इतिहास में एक अद्वितीय कार्य किया।'' माँ भारती के इन सपूतों ने तीन दिन तक पाकिस्तान की सेना को बढ़ने से रोके रखा।

विलय में पं. नेहरू का अड़ंगा

राष्ट्रीय स्वयंसेवक संघ के स्वयंसेवकों ने अपनी गुप्तचर व्यवस्था के माध्यम से इस पाक आक्रमण की समस्त योजना और महाराजा की सेना में मुसलिम सैनिकों के विद्रोह की सूचना महाराजा को काफी समय पहले दे दी थी। वही हुआ जिसकी आशंका थी। महाराजा की सेना के मुसलमान सिपाही अपने कमांडर कर्नल नारायण सिंह की हत्या कर पाकिस्तानी फौज में जा मिले। जम्मू-कश्मीर पर आए इस घोर संकट से अपनी प्रजा को बचाने और भारत की अखंडता के महान् उद्देश्य के लिए महाराजा ने अपना व्यक्तिगत अहं छोड़ना ठीक समझा। उन्होंने अपने प्रधानमंत्री जस्टिस मेहरचंद महाजन को तुरंत विलय प्रस्ताव पर हस्ताक्षर कर दिल्ली भेजा और भारत सरकार से सेना भेजने का आग्रह किया। यह बात 25 अक्तूबर, 1947 की है।

महाराजा हरिसिंह ने अपने (26 अक्तूबर) पत्र में गवर्नर लॉर्ड माउंटबेटन को स्पष्ट शब्दों में लिखा था—

''मेरे राज्य की इस समय जो स्थिति है और जैसा संकट उपस्थित है, उस समय मेरे पास भारत से सहायता माँगने के अलावा कोई विकल्प नहीं। यह स्वाभाविक है कि जब तक मैं अपने राज्य का विलय नहीं करता, वे मेरे द्वारा माँगी गई सहायता नहीं भेज सकते। अत: मैंने वैसा ही करने का निर्णय लिया है और आपकी सरकार की स्वीकृति के लिए मैंने अधिमिलन-पत्र संलग्न कर दिया है।''

यह देश और कश्मीर की बदकिस्मती है कि फिर पंडित नेहरू की जिद और व्यक्तिगत अहं ने अड़ंगा डाल दिया। नेहरूजी ने महाराजा से साफ कह दिया— ''पहले जम्मू-कश्मीर की सत्ता शेख अब्दुल्ला को सौंपो, स्वयं जम्मू-कश्मीर छोड़कर बाहर चले जाओ, फिर विलय स्वीकार होगा और तभी भारतीय फौज श्रीनगर पहुँचेगी।''‘मैं न मानूँ’ की इस तोता रटंत में दो दिन बीत गए। उधर पाकिस्तान की फौज तबाही और बलात्कार जैसे जघन्य जुल्म करती हुई श्रीनगर तक आ पहुँची। सरदार पटेल, गोपालस्वामी आयंगर, आचार्य कृपलानी और महात्मा गांधी की सब नेक सलाहों पर नेहरू की हठधर्मिता भारी पड़ी। अंत में महाराजा ने राष्ट्रहित में शेख अब्दुल्ला को सत्ता सौंप देना स्वीकार कर लिया। 27 अक्तूबर, 1947 को भारत की फौज श्रीनगर के हवाई अड्डे पर उतरी जिसे राष्ट्रीय स्वयंसेवक संघ के हजारों स्वयंसेवकों ने रात-दिन एक कर पहले ही सेना के उतरने योग्य बना दिया था। भारतीय फौज ने ऐसे शौर्य का प्रदर्शन किया कि पाकिस्तानी सैनिक अपने सिर पर पाँव रखकर भाग खड़े हुए। शेख साहब, जो पाकिस्तानी आक्रमण के शुरू होते ही अपने परिवार को लेकर अपने साले के यहाँ इंदौर भाग गया था, भारतीय सेना की सुरक्षा में इंडियन एअरफोर्स के एक विमान से सरकारी दूल्हे की तरह श्रीनगर पहुँचा। महाराजा अपना सर्वस्व दाँव पर लगाकर अपना सबकुछ श्रीनगर छोड़कर जम्मू आ गए।

नेहरू नीति : देशभक्त को सजा, देशद्रोही को पुरस्कार

पंडित जवाहरलाल नेहरू ने शेख जैसे राष्ट्रद्रोही, अलगाववादी और फिरकापरस्त के साथ अपनी निजी मित्रता को राष्ट्र की सुरक्षा और अखंडता से ऊपर माना। उन्होंने महाराजा जैसे देशभक्त का अपमान करने और उन्हें शेख के मुकाबले बेहद छोटा साबित करने के सारे प्रयास किए। जब मेहरचंद महाजन विलय पत्र लेकर नेहरू के पास पहुँचे तो उन्हें लगा कि यदि इसे सीधा स्वीकार कर लिया गया तो सारा श्रेय महाराजा को चला जाएगा। नेहरू यह श्रेय शेख को देना चाहते थे। कहते हैं कि उस समय नेहरूजी के कक्ष के दूसरे कमरे में शेख बैठा हुआ था। आक्रमण के समय कश्मीर छोड़कर भागा शेख इस अवसर पर न जाने कैसे आ टपका। कल तक पाकिस्तान के साथ साँठ-गाँठ करनेवाले पैंतरेबाज शेख ने जब विलय के लिए हाँ भरी तो पंडित नेहरू ने विलय स्वीकार कर लिया। गद्दार को सातवें आसमान पर चढ़ा दिया नेहरूजी ने।

"यह कहा जाता है कि नेशनल कॉन्फ्रेंस के नेता महाराजा हरिसिंह को पसंद नहीं करते थे। मैं पूछना चाहता हूँ क्या हैदराबाद की जनता हैदराबाद के निजाम को चाहती थी? यह कहा जाता है कि महाराजा हरिसिंह ने विभाजन के बाद और विलय से पूर्व जो कुछ किया, वह एकदम खेदजनक था। मैं पूछता हूँ निजाम ने लियाकत अली और कासिम रिजवी के माध्यम से जो कुछ किया, क्या वह भारत के साथ मैत्री बढ़ानेवाला और सांप्रदायिकता की प्रचंड आग के विरुद्ध था? मैं चाहता हूँ कि भारत सरकार अपना ही हैदराबाद के निजाम संबंधी श्वेत-पत्र निकालकर पढ़े और फिर बताए कि हरिसिंह बुरा था या हैदराबाद का निजाम? इसके बावजूद, किया यह गया है कि निजाम 'राजप्रमुख' है और वार्षिक एक करोड़ रुपए वेतन निकलवाता है। महाराजा हरिसिंह अपने जीवन के अंतिम प्रवासीय दिन मुंबई में बिता रहा है। मैं पूछना चाहता हूँ यह भेद-भाव क्यों है? क्या यह महाराजा हरिसिंह का दोष था कि उसने कश्मीर को भारत में विलय की घोषणा की। उसकी विलय संबंधी घोषणा के अभाव में हमारे पास आज भी कश्मीर को भारत का अंग मानने का आधार नहीं है।...अन्य बड़े भारतीय राजाओं की भाँति कश्मीर के महाराजा को भी एक संवैधानिक शासक बनाया जा सकता था। उसकी उपस्थिति, कश्मीर की एकता की गारंटी होती। इस गारंटी को अब खत्म कर दिया गया है और कश्मीर को झगड़े और गड़बड़ी के हवाले कर दिया गया है।"

(उर्दू दैनिक मिलाप—अप्रैल 1952)

पंडित नेहरू और उनके कांग्रेसी मित्रों की मुसलिम तुष्टीकरण की नीति ने कश्मीर को ऐसे हाथों में सौप दिया जिन्होंने पहले ही देश को खंडित कर दिया था। अगर राष्ट्रहित का जरा भी ध्यान कांग्रेसी नेताओं को होता तो महाराजा को ही जम्मू-कश्मीर की सत्ता सौंपते। परंतु इस देशभक्त महाराजा, जिसने स्वयंस्फूर्ति से जम्मू-कश्मीर का

भारत में विलय किया था, को अपने जीवन के अंतिम दिन मुंबई में एक निष्कासित व्यक्ति के तौर पर बिताने पड़े। उन्हें अपने अंतिम समय में अपनी भूमि की मिट्टी भी नसीब नहीं हुई। परंतु दूसरी ओर हैदराबाद का मुसलिम निजाम, जिसने पाकिस्तान की राय से भारतीय सेना पर आक्रमण किया, को हैदराबाद का 'राजप्रमुख' बनाकर एक करोड़ रुपए सालाना वेतन दिया जाता रहा।

महाराजा का अपमान और पराजय भारत की समस्त राष्ट्रवादी शक्तियों का अपमान और पराजय थी। शेख अब्दुल्ला का यह राजनीतिक अभिनंदन और विजय, देश के उन अराष्ट्रीय तत्त्वों की विजय थी जिन्होंने भारत को 'दारुल इसलाम' में तब्दील करने के लिए सातवीं शताब्दी में अपने कदम इस धरती पर रखे थे। इसे समस्त भारतवर्ष और कश्मीर का दुर्भाग्य ही कहा जाएगा कि यहाँ राष्ट्रीय शक्तियाँ अपने ही लोगों की वजह से सदैव पराजित होती आई हैं।

बिल्ली थैले से बाहर

श्री बलराज मधोक ने लिखा है—''जम्मू-कश्मीर को सरदार पटेल के अधिकार क्षेत्र से बाहर रखने से भी बड़ी भूल शेख अब्दुल्ला को न केवल कश्मीर घाटी अपितु सारी रियासत के प्रशासन की बागडोर देना था। यह बात 27 अक्तूबर शाम श्रीनगर में शेख अब्दुल्ला के पहले भाषण से स्पष्ट हो गई। लेखक ने वह भाषण अपने कानों से सुना था। अपने एक घंटे के भाषण में शेख ने एक बार भी भारत सरकार और भारतीय सेना, जिसके कंधों पर सवार होकर वह श्रीनगर लौटा था और उसको सत्ता मिली थी, का नाम नहीं लिया। वह अपने श्रोताओं की मजहबी भावनाओं को भड़काता रहा और उन्हें बार-बार कलमा दोहराता रहा। उसने जोर देकर कहा—'हमने कश्मीर का ताज खाक से उठाया है। हम हिंदुस्तान में जाएँ या पाकिस्तान में, यह बाद का सवाल है, पहले हमें अपनी आजादी मुकम्मल करनी है।' उसके एक वाक्य से ही उसके इरादे स्पष्ट हो गए। उसकी रुचि कश्मीर को स्वतंत्र बनाने में थी, भारत के साथ मिलाने में नहीं।''

शेख ने खाक में से उठाया ताज पहना और कश्मीर को खाक करने में जुट गया। यह ताज कौन सा था? यह खाक कौन सी थी? और यह मुकम्मल आजादी क्या होती है? यह प्रश्न आज तक अनुत्तरित हैं। परंतु इनके उत्तर में शेख अब्दुल्ला का सारा राष्ट्रघाती चरित्र समाया है। यह 'खाक' कश्मीर के डोगरे राजा (हिंदू) थे जिनके सिर से उसने 'ताज' उतारकर पहना था। और यह 'ताज' वे मुसलमान सुल्तान थे, जिनकी पाँच सौ वर्षों तक की सतत अमानवीय कारगुजारियों के कारण कश्मीर 'मुसलिम कश्मीर' हो गया। 'मुकम्मल आजादी' का अर्थ था शेख का सुल्तान बनना।

विजयी सैनिकों के पाँव में सुरक्षा परिषद् की बेड़ियाँ

सत्ता पर कब्जा होते ही शेख की गद्दार और देशद्रोही मनोवृत्ति ने सभी आवरण हटाकर अपना वास्तविक स्वरूप बेशर्मी से प्रकट कर दिया। परंतु पंडित नेहरू के इरादों में परिवर्तन नहीं आया। सारे देश का मुसलिम वोट बैंक मुँह बाए खड़ा था। पंडितजी ने कबूतर की तरह आँखें बंद कर लीं। शेख अब्दुल्ला ने भारतीय फौजों पर अपने मनमाने हुकुम चलाकर उन्हें निरुत्साहित करने में कोई कसर नहीं छोड़ी। श्रीनगर की सुरक्षा हो जाने के बाद जब भारतीय फौजें शेष कश्मीर घाटी (मीरपुर-कोटली-भिंबर आदि) को बचाने के लिए कूच करने लगीं तो शेख ने उन्हें रोक दिया। इन क्षेत्रों के हजारों हिंदू नागरिक तड़पाकर मार दिए गए। भारतीय फौज के मुख्य कमांडर जनरल परांजपे ने जब शेख की इन हरकतों की जानकारी पंडित नेहरू को दी तो नेहरूजी ने स्पष्ट कर दिया—''जो शेख साहब कहते हैं वही करो।'' इस 'वही करो' का परिणाम यह हुआ कि उस समय कश्मीर का जो हिस्सा पाकिस्तान के पास था, वह पाकिस्तान के पास रह गया और आज भी पाकिस्तान के पास रहते हुए भारतीय शासकों की नीतियों पर फब्तियाँ कस रहा है।

गुलाब की पंखड़ियों को अपने सीने से लगाने के शौकीन पंडित नेहरू अपनी कश्मीरियत और मुसलिमपरस्ती की धुन में मदहोश होकर एक के बाद एक कुल्हाड़ी अपने पाँव पर मारते चले गए और उनकी अपनी ही इस निर्मम व दिशाहीन कुल्हाड़ी की चोटों से भारत माँ के ललाट कश्मीर की धरती में दरारें पड़ती चली गईं। जब भारत की फौजें पाकिस्तान अधिकृत कश्मीर को स्वतंत्र कराने के लिए लगातार आगे बढ़ रही थीं और सारी घाटी की स्वतंत्रता चंद घंटों का सवाल था, उसी समय अब्दुल्ला के कहने पर पंडित नेहरू ने 19 जनवरी को एकतरफा युद्धविराम की घोषणा कर दी। पंडितजी के इस व्यवहार से दुःखी होकर न्यायमूर्ति कुँवर दिलीप सिंह, जो कश्मीर में भारतीय 'एजेंट जनरल' थे, ने त्यागपत्र दे दिया। पंडित नेहरू इतने से ही संतुष्ट नहीं हुए। वे बिना किसी से सलाह मशविरा किए फौजी कमांडरों की पूर्ण अवहेलना कर केवल शेख और माउंटबेटन के कहने पर कश्मीर के मामले को संयुक्त राष्ट्र की सुरक्षा परिषद् में ले गए और कश्मीर के भाग्य का फैसला जनमत संग्रह से करने की घोषणा करवा डाली। बिना बुलाए, बिना माँगे, 'आ बैल मुझे मार' की कहावत नेहरूजी ने चरितार्थ कर डाली। आज पाकिस्तान सुरक्षा परिषद् के इसी प्रस्ताव की दुहाई देकर कश्मीर के युवकों की पीठ ठोंक रहा है। राजनीतिक दिवालिएपन की ऐसी मिसाल समूचे विश्व में कहीं नहीं मिलेगी। अदूरदर्शिता की पराकाष्ठा थी यह।

शेख अब्दुल्ला तो इस मसले को उलझाकर अपने कई उल्लू सीधे करना चाहता था। अगर भारत की सेना को दो-चार दिन का समय और मिल जाता तो पाकिस्तान को

करारी चोट पहुँचती, पूरा कश्मीर भारत के पास होता और भारतीय सेना की श्रेष्ठता सिद्ध होती। शेख यह नहीं चाहता था। पंडित नेहरू की अदूरदर्शिता ने शेख की इस इच्छा की पूर्ति कर दी। कश्मीर का मसला अब संयुक्त राष्ट्र की फाइलों में पड़ा-पड़ा अंतरराष्ट्रीय राजनीति की दीमक का ग्रास बन गया है। शेख ने पंडित नेहरू द्वारा इस मसले को सुरक्षा परिषद् में उलझाकर अपने सारे मार्ग सुलभ कर लिए।

महाराजा की पटेल से शिकायत

शेख अब्दुल्ला के इस हिंदू-विरोधी कारनामों से जम्मू-कश्मीर के संवैधानिक प्रमुख महाराजा हरिसिंह दुःखी हो गए। उन्हें लगा कि शेख तो पूर्णतः भारत-द्रोह पर उतर आया है। वह केवल कश्मीर और कश्मीर के मुसलमानों के लिए चिंतित है। इससे तो कश्मीर के हिंदू, जम्मू-लद्दाख के हिंदू व मुसलमान दोनों के ही समाप्त हो जाने का भय है। डॉ. गौरीनाथ रस्तोगी के अनुसार, ''भारत तो क्या, जम्मू-कश्मीर राज्य के संपूर्ण क्षेत्र की भी रक्षा करने में शेख की कोई रुचि नहीं थी। उसका ध्यान तो मात्र कश्मीर घाटी बचाने का था। इसका स्पष्ट प्रमाण गिलगित, कोटली, बालटिस्तान, मीरपुर, मुजफ्फराबाद और भिंबर आदि की घटनाएँ हैं। 27 अक्तूबर, 1947 को जम्मू-कश्मीर का भारत में विलय होते ही भारतीय सेना वायुमार्ग से श्रीनगर पहुँची। उसने मात्र दस दिन में 7 नवंबर तक पूरी कश्मीर घाटी को पाक आक्रमणकारियों से मुक्त करा लिया। अब उसको राज्य के शेष क्षेत्रों की मुक्ति के लिए बढ़ना था। गिलगित के सैनिक गवर्नर ब्रिगेडियर धनसारा सिंह और मीरपुर, भिंबर, कोटली और मुजफ्फराबाद आदि की जनता तथा जम्मू घाटी के हिंदू नेता इन क्षेत्रों को पाकिस्तानी चंगुल से मुक्त कराने के लिए सेना के अधिकारियों के सामने गिड़गिड़ा रहे थे। किंतु भारतीय सेना को आगे बढ़ने नहीं दिया गया। जम्मू क्षेत्र के सेनाधिकारी ब्रिगेडियर परांजपे ने स्पष्ट शब्दों में हिंदू नेताओं को इसका कारण बताते हुए कहा था कि 'श्री नेहरू ने भारतीय सेना की ओवरआल कमान शेख अब्दुल्ला को सौंप रखी है, इसलिए उसकी आज्ञा के बिना सेना नहीं बढ़ सकती।''

शेख मोहम्मद अब्दुल्ला के कट्टरपंथी ओर षड्यंत्रकारी व्यवहार की जानकारी देते हुए महाराजा हरिसिंह ने सरदार पटेल को लंबा पत्र लिखा—''**दो महीने गुजर चुके हैं और भारतीय सेनाएँ अभी उड़ी में ही हैं—मीरपुर और कोटली का मुख्य स्थल झंगड़ एक पराजय के बाद खो दिया गया। पराजय हमारे लिए बहुत बड़ा आघात है और उन्होंने भारतीय सेनाओं की प्रतिष्ठा को चोट पहुँचाई है। अभी तक भारतीय सेनाओं ने एक कस्बा तक वापस नहीं लिया है।**''**इस मामले में मेरी स्थिति संकटपूर्ण है। आप जानते हैं कि मैंने पूरी तरह भारतीय संघ का साथ दिया है, इस विचार के**

साथ कि भारत संघ हमें झुकने नहीं देगा ''यदि भारत संघ हमारे खोए इलाके वापस नहीं ले सकता और सुरक्षा परिषद् के भावी निर्णय के अधीन हमें पाकिस्तान को सौंपने तक को तैयार होगा तो फिर रियासत को भारतीय संघ के साथ मिलाए रखने में कोई तुक नहीं। मैं अपनी सेनाओं और भारतीय सेनाओं की कमांड सँभालने को तैयार हूँ। जिस देश को आपके जनरल महीनों और वर्षों में भी नहीं जान सकते, उसे मैं बहुत बेहतर ढंग से जानता हूँ'''।''

इस पत्र से महाराजा की अत्यंत दयनीय एवं अपमानजनक स्थिति का पता चलता है। इससे उन्हें अपने प्रिय राज्य जम्मू-कश्मीर को लुटते, उजड़ते और पराजित होते, सेना के मुसलिम सैनिकों की भितरघात, भारत सरकार की ढुलमुल नीति और सुरक्षा परिषद् की टालमटोल से कष्ट पहुँचा। परंतु वे मजबूर थे। अपनी प्रजा के ऊपर आए संकट को देखकर उनका अंतर्मन रो उठा।

मेहरचंद महाजन ने भी पटेल को लिखा

मेहरचंद महाजन ने भी सरदार पटेल को पत्र लिखकर महाराजा की व्यथा की जानकारी दी। उन्होंने शेख अब्दुल्ला को 'निरीह' शब्द से संबोधित करते हुए उसके फासिस्टवादी कुशासन की जानकारी दी। श्री मेहरचंद महाजन ने अपने पत्र में लिखा—

''यह निरीह प्रजाजन (शेख) जिसने महामान्य महाराजा कश्मीर के प्रति असंदिग्ध निष्ठा का अभिवचन दिया था अब उन पर जन अदालत के सम्मुख मुकदमा चलाना चाहता है और चाहता है कि हरिसिंह अधिक से अधिक जम्मू, कठुआ और ऊधमपुर को अपने पास रखकर रियासत के शेष भू-भाग पाकिस्तान सरीखे मुसलिम गणराज्य को सौंप दे। अब वह जेल में बंद मुसलिम कॉन्फ्रेंस के नेता अब्बास के साथ भेंटकर अपने इस प्रस्ताव पर उसका समर्थन प्राप्त करने का प्रयास कर रहा है।

''सच पूछा जाए तो शेख अब्दुल्ला अब सभी प्रकार से महामान्य महाराजा कश्मीर की खुली अवज्ञा कर रहा है और अपनी बढ़ती हुई सांप्रदायिक मनोवृत्ति का रोज परिचय दे रहा है। यदि आपकी अनुमति हो तो मैं आपके समक्ष शेख की प्रशासनिक क्षमता, दक्षता, सांप्रदायिक मनोवृत्तियों से संबंधित घटनाओं और महामान्य महाराजा कश्मीर की खुली अवज्ञा करनेवाले उन सभी मामलों का विस्तृत विवरण पेश कर सकता हूँ जो वह श्रीनगर के नेशनल गाड्‌र्स की सहायता से कर सकता है। उसने यह समझ रखा है कि वह अपनी इच्छा के अनुसार जो चाहे सो कर सकता है। आपका प्रत्युत्तर प्राप्त होते ही मैं शेख के पूरी तरह भ्रष्ट शासन और फासिस्टवादी कुशासन के कुछ महत्त्वपूर्ण उदाहरण आपको लिपिबद्ध कर भेज दूँगा।''

महाराजा और मेहरचंद महाजन के सरदार पटेल को लिखे दोनों पत्र पंडित

नेहरू की हठधर्मिता के कारण रद्दी की टोकरी में समा गए। नेहरू के समक्ष महाराजा, मेहरचंद महाजन, पटेल, आचार्य कृपलानी, श्यामाप्रसाद मुकर्जी, पंडित प्रेमनाथ डोगरा और जम्मू-कश्मीर के अनेक राष्ट्रवादी मुसलमान और हिंदू नेता सब नासमझ थे, केवल एक शेख अब्दुल्ला ही 'कश्मीर का रक्षक' और प्रखर 'देशभक्त' था।

धारा 370 ने अलगाववाद को संवैधानिक मान्यता दे दी

अब शेख मुहम्मद अब्दुल्ला सीना तानकर सगर्व कश्मीर के पूर्ण इसलामीकरण और उसकी 'मुकम्मल आजादी' के प्रयासों को अमली जामा पहनाने में व्यस्त हो गया। शेख अब जम्मू-कश्मीर का मुख्यमंत्री नहीं, प्रधानमंत्री था। उसका संविधान समस्त देशवाला भारतीय नहीं, अपना अलग रियासती संविधान था। रियासत का झंडा तिरंगा न होकर उनकी दिमागी उपज नेशनल कॉन्फ्रेंस का झंडा था। भारतवासियों को जम्मू-कश्मीर में आने के लिए परमिट की जरूरत थी। ऐसे बीसियों अलगाववादी रीति-रिवाज पंडित नेहरू की ओर से शेख साहब को रियासत के सुल्तान बनने की खुशी में बतौर तोहफा थे। परंतु शेख इतने से भी प्रसन्न नहीं हुआ। भारत के प्रधानमंत्री का पूरा आशीर्वाद, संयुक्त राष्ट्रसंघ की सुरक्षा परिषद् का सहारा और पाकिस्तान की पूरी शह पाकर भी शेख साहब की तसल्ली न होने का एक विशेष कारण था। उसे डर था कि कहीं भारत के हिंदू महाऋषि कश्यप की भूमि कश्मीर की वादियों में आकर बसना न शुरू हो जाएँ। कहीं कश्मीर का मुसलमान भारत के राष्ट्रीय जीवन की मुख्य धारा में न आ जाए। कहीं कश्मीरियत अपने प्राचीन सांस्कृतिक दर्शन की पहचान न बन जाए। कहीं पंडित नेहरू के बाद भारतीय संसद् देश के अन्य प्रदेशों की तरह कश्मीर के ऊपर भी सर्वोच्च संस्था न बन जाए। ये सभी भय उसकी रातों की नींद हराम कर रहे थे। 'मुकम्मल आजादी' के उसके सुनहरे ख्वाब की पूर्ति के लिए यह जरूरी था कि जम्मू-कश्मीर को स्थायी रूप से भारत से अलग रखा जाए। उसे ऐसा शस्त्र चाहिए था जिससे वह कश्मीर में अपनी ओर से बोए जा रहे अलगाववाद को सुरक्षित रख सके। उसने पंडित नेहरू को फिर झाँसे में डालकर उन्हें अपने गुप्त मंसूबों के शिकंजे में जकड़ लिया। पंडितजी ने भारतीय संविधान में धारा 370 जोड़कर वह शस्त्र शेख को मुहैया करा दिया।

धारा 370 ने शेख अब्दुल्ला के अलगाववादी विचारों और अंतरराष्ट्रीय कृत्यों को संवैधानिक मान्यता प्रदान की और जम्मू-कश्मीर को सारे देश से भिन्न 'विशेष' बना दिया और इस ऐतिहासिक सच्चाई पर मोहर लगा दी कि मुसलिम बहुल क्षेत्र भारत के साथ जुड़कर नहीं रह सकता। (इस धारा की विस्तृत जानकारी आगे एक अध्याय में दी गई है।)

शेख ने इन तमाम देशघातक इरादों और भारतद्रोह की हरकतों को व्यावहारिक रूप देना शुरू कर दिया। जनमत संग्रह मोरचा और नेशनल कॉन्फ्रेंस के सदस्यों की प्रशासनिक सेनाओं में भरती, पाकिस्तान के नेताओं के साथ गुप्त साँठ-गाँठ, कश्मीरी पंडितों पर अत्याचार, जम्मू और लद्दाख के हितों की बलि देकर केवल कश्मीर घाटी में विकास कार्य इत्यादि अनेक योजनाएँ कार्यान्वित होने लगीं। इन सब षड्यंत्रों की जानकारी दिए जाने पर पंडित नेहरू 'मैं न मानूँ' का पहाड़ा पढ़ने लग जाते। कोई चारा न बचने पर जम्मू-कश्मीर की देशभक्त जनता ने पंडित प्रेमनाथ डोगरा के नेतृत्व में प्रजा परिषद् नामक मंच बनाकर एक प्रचंड आंदोलन शुरू किया। यह संघर्ष तीन वर्ष तक चलता रहा। शेख ने इस जनज्वार को कुचलने के लिए जुल्मों के रिकॉर्ड तोड़ दिए। लोगों ने बलिदान दिए, जेलें भरीं, कश्मीरी पुलिस के अत्याचार सहे, परंतु संघर्ष की ज्योति जलाए रखी। लेकिन तब भी पंडित नेहरू की आँखें नहीं खुलीं।

शेख की कलई खुली, पंडित नेहरू कुछ झुके

पंडित नेहरू को अन्य अनेक नेताओं ने भी शेख के दोहरे चरित्र की जानकारी दी। इन्हीं दिनों भारतीय संविधान सभा के सदस्य श्री एम.एल. चट्टोपाध्याय अपने साथी डॉक्टर रघुवीर के साथ कश्मीर के प्रवास पर गए। इन दोनों ने वहाँ जनप्रतिनिधियों तथा सामाजिक एवं धार्मिक नेताओं से बातचीत करके शेख के संबंध में एक विस्तृत रपट तैयार की और उसे दिल्ली आकर कांग्रेस संसदीय दल की बैठक में रखा। शेख के 'स्वतंत्र कश्मीर' के इरादे और योजना का परिचय इस रपट में था। डॉक्टर गौरीनाथ रस्तोगी लिखते हैं—''संयुक्त राष्ट्रसंघ से लौटते हुए स्वयं शेख अब्दुल्ला ने ब्रिटेन के पत्रकार माइकल डेविडसन और वार्ड प्राइस को अपनी एक भेंटवार्त्ता में स्वतंत्र कश्मीर की योजना स्पष्ट शब्दों में बताकर इस बात की पुष्टि कर दी थी। जब इसकी जानकारी समाचार पत्रों में प्रकाशित हुई तो सरदार पटेल ने शेख अब्दुल्ला को बुलाकर कड़ी फटकार लगाई। शेख ने भविष्य में ऐसी गलती न करने का आश्वासन दिया। लेकिन वस्तुतः उसके इरादों में कोई परिवर्तन नहीं आया। उलटे उसके इस साक्षात्कार की भारत सरकार को सूचना देनेवाले इंटेलिजेंस ब्यूरो के अधिकारी को ही कश्मीर छोड़ने के लिए बाध्य किया गया। नवंबर 1952 में अमेरिकी राष्ट्रपति के चुनाव में पराजित डेमोक्रेटिक पार्टी के उम्मीदवार स्टीवेंसन से उसकी गहरी साँठ-गाँठ बनी रही और आजाद कश्मीर के ताने-बाने बुने जाते रहे।''

पंडित नेहरू मई 1953 में स्वयं श्रीनगर गए। संयोगवश इन्हीं दिनों नेशनल कॉन्फ्रेंस का पाँच दिवसीय अधिवेशन चल रहा था। इस अधिवेशन में शेख के भारत विरोधी, पाकपरस्त और मजहबी उन्माद से भरे अलगाववादी भाषण नेहरू के कानों तक पहुँचे।

पंडितजी ने नेशनल कॉन्फ्रेंस के सभी बड़े नेताओं को अपने आवास पर बुलाया। शेख भी पहुँचा। नेहरूजी ने भारतीय इतिहास, कश्मीर की विरासत और देश की एकता की बड़ी-बड़ी बातें कर इस जुंडली को सीधे रास्ते पर लाने की कोशिश की। शेख अब्दुल्ला ने नेहरू के उपदेशों को मानने के स्थान पर उलटा नेहरूजी का उपहास तक उड़ाने का प्रयास किया। भारतीय गुप्तचर सेवा के निदेशक श्री जी.के. हांडू, जो नेहरूजी के साथ उनके सुरक्षा प्रमुख के नाते श्रीनगर गए थे और गृहमंत्री श्री कैलाशनाथ काटजू ने शेख के कई गुप्त दस्तावेज पंडितजी के आगे रखे। नेहरूजी ने यह सब कुछ देखने के बाद शेख से कहा—"शेख साहब, अभी तक मैं तुम्हारे साथ जवाहरलाल नेहरू के नाते व्यवहार कर रहा था। लेकिन अब भारत के प्रधानमंत्री के रूप में तुम्हारे साथ पेश आऊँगा।" अर्थात् पंडित नेहरू ने स्वयं स्वीकार किया कि कश्मीर संबंधी अब तक के सारे निर्णय शेख के दोस्त जवाहरलाल नेहरू के थे, भारत के प्रधानमंत्री के नहीं।

इसके बाद पंडित नेहरू ने मौलाना अबुल कलाम आजाद को शेख को सीधे रास्ते पर लाने के लिए श्रीनगर भेजा। मौलाना अस्वस्थ होते हुए भी पंडित नेहरू के कहने से श्रीनगर गए। मौलाना साहब ने शेख से हुए एक लंबे वार्तालाप में उसे समझाने का प्रयास किया। उन्होंने कहा कि कश्मीर का भला भारत के साथ जुड़े रहने में ही है। मुसलमान और मुसलमानों का मजहब भारत में ही सुरक्षित है। शेख ने मौलाना जैसे इतने बड़े नेता को मुसलमानों का शत्रु और हिंदुओं का पिट्ठू करार दे दिया। मौलाना आजाद ने दिल्ली आकर नेहरूजी को अपने अनुभव बताते हुए शेख को तुरंत बरखास्त करने का सुझाव दे दिया।

यू.एन.सी.आई.पी. मिशन के सदस्य जोसेफ कॉर्बेल ने अपनी कृति 'डेंजर इन कश्मीर' में शेख अब्दुल्ला के विषय में सही-सही व सारगर्भित बात कही है—

"मई 1949 में शेख अब्दुल्ला ने पंडित जवाहरलाल नेहरू को आश्वासन दिया कि 'मैं चाहता हूँ कि आप विश्वास करें कि कश्मीर आपका है। संसार की कोई शक्ति हमें अलग नहीं कर सकती। हर कश्मीरी महसूस करता है कि वह एक भारतीय है और यह कि भारत उसकी मातृभूमि है।' समय-समय पर उसने कश्मीर की पूर्ण स्वतंत्रता की रट लगाई और अन्य अवसरों पर उसने घोषणा की कि स्वतंत्रता का विचार व्यावहारिक नहीं है। 1952 में उसने घोषणा की 'हमारी रियासत पर न तो भारतीय पार्लियामेंट का न्यायप्रभुत्व है और न ही रियासत से बाहर की ही किसी पार्लियामेंट का। भारत या पाकिस्तान, कोई भी देश हमारी प्रगति के पहिए में आड़े नहीं आ सकता।' कुछेक दिनों बाद उसने कश्मीर को 'पाकिस्तान और भारत के मध्य एक ऐसा पुल, जो दुबारा एक हो सकता है और एक देश बन सकता है' बताया। परंतु दो दिन बाद उसने विचार व्यक्त किया कि 'भारत और पाकिस्तान के मध्य संबंध अखंड हैं और धरती की कोई शक्ति हमें जुदा

नहीं कर सकती।' फिर उसने घोषणा की कि 'कश्मीर का अस्तित्व भारत के पैसे, व्यापार या सुरक्षा-बलों पर निर्भर नहीं है और वह भारतीय सहायता की रस्सियों को कोई महत्त्व नहीं देता। धमकियों या व्यंग्योक्तियों से उसे झुकने पर बाध्य नहीं किया जा सकता।' वास्तविक तथ्य यह है कि उसने कश्मीर को एक-एक कदम उठाते हुए भारत से दूर कर दिया। उसके एक राजनीतिक प्रतिद्वंद्वी ने उसके चरित्रानुसार उसे 'कश्मीर में सांप्रदायिक, जम्मू में कम्युनिस्ट और भारत में राष्ट्रवादी' बताया है।''

जोसेफ कार्बेल के इन शब्दों में शेख का वास्तविक चेहरा सामने आ जाता है। अपने इसी चरित्र का प्रदर्शन उसने प्रजा परिषद् के आंदोलन को कुचलने में किया। इस समय तक यह आंदोलन पूरे भारत का समर्थन प्राप्त कर चुका था। शेख की तानाशाही और उसके काले कानूनों की जानकारी नेहरू को भी दी गई। नेहरू दुविधा में फँस गए। जब डॉ. श्यामाप्रसाद मुकर्जी इन काले कानूनों को तोड़कर जम्मू की सीमा में पहुँचे और गिरफ्तारी की हालत में बीमार होकर श्रीनगर जेल के अस्पताल पहुँचे तो रहस्यमय परिस्थितियों में उनकी मृत्यु हो गई। इस बलिदान से सारा देश हिल उठा। जब कोने-कोने से इस कत्ल और शेख की करतूतों के विरुद्ध बगावत के शोले उठने लगे तो पंडित नेहरू की आँखें खुलीं। वे हरकत में आए। कश्मीर की स्थिति का जायजा लेने वे खुद श्रीनगर पहुँचे। परिणामस्वरूप शेख कारावास पहुँचा।

सवालों के घेरे में पंडित नेहरू

यहाँ अनेक महत्त्वपूर्ण प्रश्न पैदा होते हैं। पंडित जवाहरलाल नेहरू जैसे नेता को इतने वर्षों तक शेख के देशद्रोही इरादों का पता क्यों नहीं चला? यदि उन्हें पता था तो फिर क्यों वे राष्ट्र का अहित बरदाश्त करते रहे? जान-बूझकर उन्होंने ऐसी नीति क्यों अपनाई जिससे कश्मीर एक स्थायी समस्या बन गया? क्या उनके मन में व्यक्तिगत मित्रता का महत्त्व देश से अधिक था? क्या वे कश्मीर को 'स्वतंत्र कश्मीर' के रूप में देखना चाहते थे?

भारत की स्वतंत्रता के लिए संघर्ष करनेवाले देशभक्त पंडित नेहरू ने क्यों लॉर्ड माउंटबेटन की कुटिलता, जिन्ना की भारत और हिंदू विरोधी साजिश, रामचंद्र काक के देशद्रोह को बरदाश्त किया? पंडित नेहरू ने महात्मा गांधी, सरदार पटेल, आचार्य कृपलानी, डॉ. श्यामाप्रसाद मुकर्जी, महाराजा हरिसिंह, पंडित प्रेमनाथ डोगरा जैसे राष्ट्रवादी नेताओं के परामर्शों को रद्दी की टोकरी में क्यों डाल दिया? शेख अब्दुल्ला जैसे देशद्रोही के हाथों में जम्मू-कश्मीर की सत्ता क्यों सौंपी? कश्मीर के मोरचे की ओर बढ़ रहे विजयी भारतीय सैनिकों के पाँव में एकतरफा युद्धविराम की बेड़ियाँ क्यों डालीं? कश्मीर पर पाकिस्तानी आक्रमण के मुद्दे सुरक्षा परिषद् में ले जाने के पीछे क्या मजबूरी थी? शेख

अब्दुल्ला की जिद के सामने समर्पित होकर जम्मू-कश्मीर के लिए अनुच्छेद 370 की व्यवस्था क्यों की? जब जम्मू-कश्मीर का पूर्ण विलय भारत में हो गया तो उसके बाद इस प्रदेश को विशेष दर्जा क्यों दिया गया? प्रजा परिषद् जैसे राष्ट्रवादी आंदोलन को कुचलने के लिए शेख की तरफ से किए गए अमानवीय अत्याचारों को पंडित नेहरू क्यों आँख मूँदकर बरदाश्त करते रहे? **जाहिर है कि भारत के प्रधानमंत्री पंडित जवाहरलाल नेहरू लॉर्ड माउंटबेटन, रामचंद्र काक और शेख मुहम्मद अब्दुल्ला के पाकिस्तान समर्थक इरादों से सहमत थे। अगर डॉ. श्यामाप्रसाद मुकर्जी ने अपना बलिदान देकर देश जगाने, शेख की कलई खोलने और पंडित नेहरू का भ्रम दूर करने का काम न किया होता तो आज जम्मू-कश्मीर पाकिस्तान में होता और भारत को तोड़नेवाले इस काले अध्याय के मुख्य नायक के रूप में पंडित नेहरू जाने जाते।**

उन दिनों भारतीय गुप्तचर सेवा के उपाध्यक्ष श्री बी.एन. मलिक ने अपनी पुस्तक 'माई डेज विद नेहरू' में इस रहस्य से परदा उठाया है—"तब हमारे आश्चर्य का ठिकाना न रहा, जब पंडित जवाहरलाल नेहरू एकाएक शेख अब्दुल्ला की सांप्रदायिकता के विरुद्ध कटुता से बात करने लगे। उन्होंने 1930 के बाद का शेख का इतिहास कह सुनाया और बताया कि शेख ने मुसलिम कॉन्फ्रेंस जैसे सांप्रदायिक संगठन के साथ कैसे जीवन शुरू किया। उन्होंने बताया कि बाहरी दबाव और देशव्यापी जन-आंदोलन को देखते हुए और मात्र चालबाजी के तौर पर (और संभवत: अपने थोड़े विशालहृदय समर्थकों के सहयोग पर) शेख को असांप्रदायिक रंगत देने के लिए मुसलिम कॉन्फ्रेंस को पोलिटिकल 'नेशनल कांफ्रेंस' में बदल दिया। उस समय पंडित नेहरू ने अचानक मेरी ओर देखकर पूछा कि क्या मेरे पास आंदोलन में संभव ब्रिटिश सहयोग होने की कोई सूचना आई है? मैंने 'हाँ' में उत्तर दिया। नेहरू शेख के विरुद्ध बोलते रहे और नेशनल कॉन्फ्रेंस के साथ रहकर शेख की ओर से जारी सभी सांप्रदायिक गतिविधियों पर रोशनी डालते रहे। पाकिस्तानी आक्रमण ने शेख को थोड़े समय के लिए विचलित जरूर कर दिया था, क्योंकि कबाइलियों ने घाटी की मुसलमान आबादी पर अत्याचार किए थे। परंतु प्रधानमंत्री बनते ही शेख फिर असली रंग में आ गया। उसने हिंदू-विरोधी गतिविधियाँ शुरू कर दीं। इसके विपरीत उसने बख्शी और सादिक के असांप्रदायिक व्यवहार की प्रशंसा की और कहा कि ये दोनों नेता सचमुच धर्मनिरपेक्षता-प्रेमी थे और उन्हें भारत से हर सहयोग मिला। नेहरूजी ने कहा कि कश्मीर का सारा संकट शेख के सांप्रदायिक-दृष्टिकोण का नतीजा है। शेख ही रियासत को शांति और समृद्धि से फलने नहीं देता।"

श्री बी.एन. मलिक ने उपर्युक्त रहस्योद्घाटन कर पंडित नेहरू के संपूर्ण जीवन, उनके अंतर्मन और राष्ट्रीय चरित्र को ही कई गहरे प्रश्नचिह्नों के घेरे में बाँध दिया है।

□

प्रजा परिषद् आंदोलन

पृष्ठभूमि

जम्मू-कश्मीर के वजीर-ए-आला शेख मुहम्मद अब्दुल्ला के हिंदू विरोधी व्यवहार से जम्मू संभाग में त्राहि-त्राहि मच गई। अब्दुल्लाशाही के जुल्मों की चक्की बौद्ध बहुमतवाले लद्दाख में भी चलने लगी। जिस तरह अंग्रेजों के शासन काल में समस्त भारत की जनता पीड़ित थी, उसी प्रकार जम्मू और लद्दाख के लोग शेख अब्दुल्ला की मुसलिम परस्त नीतियों से तंग आ गए। शेख का सारा ध्यान कश्मीर के विकास पर केंद्रित था। जम्मू के लोग, विशेषतया हिंदू समाज को उसके जायज और कानूनी अधिकारों से भी वंचित किया जाने लगा। हिंदुओं को अपने सामाजिक और धार्मिक रस्मों-रिवाजों को पूरा करने के लिए शेख के राजनीतिक दल नेशनल कॉन्फ्रेंस का सहारा लेना पड़ता था। हिंदुओं को भारत के अन्य प्रांतों में अपने तीर्थ स्थानों पर जाने के लिए परमिट बनवाने में भी नेशनल कॉन्फ्रेंस के ही किसी स्थानीय नेता के आगे गिड़गिड़ाना पड़ता था। सरकारी मशीनरी पर शेख के खास लोगों का एकाधिकार स्थापित हो गया। नेशनल कॉन्फ्रेंस के झंडे तले शेख के 'नया कश्मीर' का शगूफा छोड़ा जाने लगा।

शेख के मार्गदर्शन और सरकारी मशीनरी, विशेषतया जम्मू-कश्मीर मिलीशिया (पुलिस) के सक्रिय सहयोग से नेशनल कॉन्फ्रेंस की एक नई इकाई 'अमन बिग्रेड' की स्थापना की गई। इस अमन बिग्रेड के नेताओं और सदस्यों द्वारा हिंदुओं का विधिवत उत्पीड़न शुरू हो गया। जम्मू क्षेत्र के कंडी इलाके के अधिकांश डोगरा जवान भारतीय सेना में भरती होते थे। इन फौजियों के परिवारों की खेतीहर जमीन को हड़पने के लिए 'जमीन सुधार कानून' के तहत एकतरफा पुलिस काररवाई की गई। हिंदू फौजियों की मेहनत की कमाई इन जमीनों को काले कानून के तहत छीनकर नेशनल कॉन्फ्रेंस के नेताओं और पिछलग्गुओं में बाँट दी गई। इन जमीनों के हिंदू मालिकों को मुआवजा तक नहीं दिया गया। शेख सरकार की इस तानाशाही से हिंदू-मुसलमानों में वैमनस्य बढ़ने लगा। इस तरह माहौल को सांप्रदायिक रंग देना ही शेख की राजनीति थी। शेख की

अमन ब्रिगेड, कश्मीर मिलीशिया और निरंकुश सरकारी दादाओं के हिंदू विरोधी दमन चक्र की वजह से महाराजा हरिसिंह द्वारा स्थापित हिंदू-मुसलिम सौहार्द, सामाजिक एकता और कुशल प्रशासन की धज्जियाँ उड़ गईं। चारों ओर शेख के अत्याचारों की भर्त्सना होने लगी।

शेख अब्दुल्ला द्वारा महाराजा हरिसिंह को जम्मू-कश्मीर राज्य से जबरदस्ती निर्वासित कर दिए जाने से भी जम्मू संभाग के लोग दुःखी थे। महाराजा के जाते ही शेख अब्दुल्ला ने रायशुमारी की माँग का शोर मचाना प्रारंभ कर दिया। जम्मू-कश्मीर को स्वतंत्र देश बनाने के लिए राजनैतिक माहौल को गरम करने के सभी हथकंडे अपनाए जाने लगे। 5 मई, 1949 को शेख अब्दुल्ला ने कश्मीर स्थित पत्रकारों के सामने अपने इरादों को स्पष्ट करते हुए कहा—"भारत या पाकिस्तान किसी एक के साथ विलय से जम्मू-कश्मीर में स्थायी शांति नहीं हो सकती। हम इन दोनों देशों के साथ मित्रता के संबंध रखना चाहते हैं। इसी तरह 10 अप्रैल, 1952 को शेख मुहम्मद अब्दुल्ला ने रणवीरसिंह पुरा में एक विशाल जनसभा को संबोधित करते समय कहा कि पंडित जवाहरलाल नेहरू के न रहने के बाद कश्मीरियों को अपना भविष्य अनिश्चित दिखाई देता है क्योंकि प्रत्येक स्थान पर सांप्रदायिक तत्त्व (हिंदू) हावी हैं।

शेख साहब के उपर्युक्त भाषण से यह बात स्पष्ट हो जाती है कि वे पंडित नेहरू की दोस्ती का फायदा अपने राजनीतिक उद्देश्यों की पूर्ति, अपने स्वयं के इरादों को लादने और मात्र कश्मीर (जम्मू नहीं) की भलाई के लिए उठा रहे थे। इसीलिए पंडित नेहरू के बाद भी कश्मीर के वर्चस्व को बनाए रखने के लिए वे स्वतंत्र जम्मू-कश्मीर के ख्वाब देख रहे थे। शेख की सरकार ने कुछ ऐसे राजनीतिक और संवैधानिक कदम भी उठाए जिनसे उनके जहन में छिपे हिंदू विरोध और कट्टरपंथी मुसलिम जुनून का परिचय मिलता है। उदाहरण के लिए हिंदू बहुमतवाले उधमपुर जिले को प्रशासनिक व्यवस्था की सुविधा के नाम पर तोड़ दिया गया। इसमें से मुसलिम बहुल डोडा जिले का निर्माण कर दिया गया। इसी प्रकार रियासी जिले को तोड़कर मुसलमानों के बहुमत वाला राजौरी जिला बना दिया गया।

शेख अब्दुल्ला की सांप्रदायिक और हिंदू विरोधी मनोवृत्ति यहीं पर समाप्त नहीं होती। उल्लेखनीय है कि 1947 के पूर्व जम्मू-कश्मीर के महाराजा हरिसिंह की सरकार की 10 फौजी बटालियनें थीं। इनमें अधिकांश संख्या डोगरा जवानों और अफसरों की थीं। शेख अब्दुल्ला ने सत्ता के सूत्र सँभालते ही इन डोगरा पलटनों को तोड़कर इनके स्थान पर कश्मीर मिलीशिया बल का गठन कर दिया और सभी डोगरा जवानों को निकालकर शत-प्रतिशत मुसलमानों की भरती कर दी गई। गौरतलब है कि कश्मीर मिलीशिया ने बाद में जम्मू संभाग में प्रारंभ हुए प्रजा परिषद् के आंदोलन को कुचलने के

लिए जमकर अमानवीय जुल्म किए। अत्यंत दुःख की बात तो यह है कि भारत के प्रधानमंत्री पंडित नेहरू आँखें मूँदकर अपने मित्र शेख अब्दुल्ला द्वारा किए जा रहे जम्मू और हिंदू उत्पीड़न को देखते रहे।

उपर्युक्त संदर्भ में यह जान लेना भी जरूरी है कि पंडित नेहरू और शेख के मध्य हुआ 'दिल्ली एग्रीमेंट' मात्र एकतरफा एक वार्त्तालाप ही था। शेख और उनके सत्ताधारी दल नेशनल कॉन्फ्रेंस ने इसी बातचीत को 'भारत और कश्मीर' के बीच समझौता बना दिया। इस तथाकथित समझौते के अंतर्गत जम्मू-कश्मीर को अपना अलग संविधान बनाने और अलग झंडा बनाने की अनुमति दे दी गई। यही नहीं मुख्यमंत्री के स्थान पर प्रधानमंत्री और राज्यपाल के स्थान पर सदरे-रियासत का नामकरण करने की भी छूट दे दी गई। इसके साथ ही जम्मू-कश्मीर राज्य की सुरक्षा, विदेश नीति और दूर संचार व्यवस्था को छोड़कर शेष सभी मामलों में राज्य को पूर्ण स्वतंत्रता दे दी गई। इसी स्वतंत्रता का फायदा उठाकर शेख की सरकार ने जम्मू के लोगों को लताड़ना शुरू कर दिया। यहीं से शुरू हुआ राजनीतिक, आर्थिक, सामाजिक और धार्मिक भेदभाव का काला दौर।

जम्मू-कश्मीर का अपना संविधान बनाने के लिए शेख सरकार ने 1952 में संविधान सभा के चुनाव करवाए। इन चुनावों में राजनीतिक पक्षपात सरकारी धाँधलियों, मजहबी गुंडागर्दी का खुलकर प्रदर्शन किया गया। संविधान सभा की 75 सीटों में से 73 पर सत्ताधारी नेशनल कॉन्फ्रेंस के प्रत्याशियों को निर्विरोध विजयी घोषित कर दिया गया। अब्दुल्लाशाही की इस मजहबी अँधेरगर्दी के खिलाफ जम्मू संभाग के लोग तिलमिला उठे। चारों ओर शेख की जम्मू विरोधी राजनीतिक कार्यशैली के खिलाफ आवाजें उठने लगीं। दरअसल 1952 में हुए एकतरफा दिल्ली समझौते के पश्चात् जम्मू के लोगों को यह समझ में आने लगा कि शेख अब्दुल्ला पंडित जवाहर लाल की छत्रछाया में 'स्वतंत्र जम्मू-कश्मीर' के अपने इरादों को अमली जामा पहनाने की फिराक में है। अगर जम्मू की जनता ने एकजुट होकर शेख की खतरनाक साजिशों के खिलाफ संघर्ष न किया तो जम्मू संभाग के साथ लद्दाख का भविष्य भी गर्त में चला जाएगा।

जम्मू क्षेत्र में विरोध की चिंगारियाँ सुलगने लगीं। परंतु इस भारत समर्थक माहौल को दिशा देने और देशभक्त जनता को संगठन सूत्र में बाँधने के लिए कोई सक्षम राजनीतिक दल नहीं था। नेशनल कॉन्फ्रेंस तो शेख अब्दुल्ला की अपनी सियासी जमात थी ही जो कश्मीरियों, खासतौर पर मुसलिम समाज को भारत और हिंदुओं के विरोध में भड़का रही थी। कांग्रेस पार्टी पंडित नेहरू की जिद का शिकार होकर एन.सी. की लकीरों पर चलने के लिए मजबूर थी। जम्मू क्षेत्र में राष्ट्रीय स्वयंसेवक संघ ही एक ऐसी गैर-राजनीतिक सामाजिक संस्था थी जो जम्मू क्षेत्र, विशेषतया हिंदू समाज का नेतृत्व

कर सकती थी। संघ के स्वयंसेवकों की संख्या और शक्ति बढ़ रही थी। देश विभाजन के समय स्वयंसेवकों द्वारा हिंदू समाज की रक्षा और कश्मीर पर पाकिस्तानी आक्रमण के समय भारतीय एवं रियासती फौज की मदद करने जैसे साहसपूर्ण कार्यों को करते हुए सबने देखा था। लिहाजा जम्मू क्षेत्र के लोगों की निगाह संघ पर टिक गई। इधर संघ के स्वयंसेवक और अधिकारी भी शेख की हिंदू विरोधी नीतियों के विरुद्ध लड़ने के लिए किसी राजनीतिक दल की स्थापना पर विचार करने लगे। यह समय की आवश्यकता और स्वयंसेवकों की देशभक्ति और समाज सेवा की परीक्षा की घड़ी थी।

अत: शेख अब्दुल्ला की एकतरफा इसलामिक मनोवृत्ति, जम्मू-कश्मीर को आजाद मुल्क बनाने के षड्यंत्र, जम्मू के हिंदुओं के उत्पीड़न और जम्मू को बचाकर रखने की आवश्यकता के गहरे मंथन में से निकलकर सामने आई थी एक प्रचंड सत्याग्रह की योजना। इस योजना को पूरा करने के लिए किसी राजनीतिक मंच की जरूरत महसूस की गई। एक ऐसा मंच जिस पर सभी जम्मूवासी मजहब और क्षेत्र की दीवारें तोड़कर अब्दुल्लाशाही की निरंकुश तानाशाही के विरुद्ध एकजुट हो सकें। इन दिनों में पूरे जम्मू-कश्मीर में राष्ट्रीय स्वयंसेवक संघ की शाखाओं का जाल बिछ चुका था। वास्तव में उस समय संघ ही एकमात्र ऐसी शक्ति थी जिस पर जम्मू-कश्मीर के पूर्व शासक महाराजा हरिसिंह को भरोसा था। उधर शेख अब्दुल्ला की आँख में संघ तीखी रड़क पैदा कर रहा था। लिहाजा संघ और शेख एक-दूसरे से टकराने के लिए तैयार हो गए।

प्रजा परिषद् की स्थापना

जम्मू के एक देशभक्त और निष्ठावान नेता पंडित प्रेमनाथ डोगरा की जम्मू स्थित कोठी में 9.11.1947 को हिंदू नेताओं की एक विचार बैठक संघ की कश्मीर इकाई के प्रमुख प्रो. बलराज मधोक की अध्यक्षता में आयोजित हुई। प्रो. बलराज मधोक की ही पहल पर बुलाई गई इस बैठक में राष्ट्रीय स्वयंसेवक संघ के प्रांतीय प्रचारक श्री माधवराव मुले, जम्मू क्षेत्र के संघ प्रचारक श्री जगदीश अब्रोल, श्री दुर्गादास वर्मा, श्री केदारनाथ साहनी, श्री श्यामलाल शर्मा, श्री भगवद् स्वरूप, डॉ. ओमप्रकाश मैंगी, श्री सहदेव सिंह और श्री हंसराज शर्मा उपस्थित थे। दो दिन तक चली इस चिंतन बैठक में जम्मू की जनता की आवाज बुलंद करने के लिए 'प्रजा परिषद्' नामक राजनीतिक संगठन की स्थापना की गई। इस राजनीतिक दल के सभी पदाधिकारी सर्वसम्मति से चुने गए। जम्मू क्षेत्र के एक कर्मठ हिंदू नेता हरि वजीर को प्रधान और हंसराज शर्मा को महामंत्री बनाया गया। बाद में जब हरि वजीर को सेना में कमीशन मिल गया तो उनके स्थान पर लाला रूपचंद नंदा प्रजा परिषद् के अध्यक्ष बने।

परिस्थितियाँ तेज गति के साथ बदल रही थीं। राष्ट्रीय स्वयंसेवक संघ के प्राय:

सभी प्रचारक प्रजा परिषद् के संगठन को गाँवों तक पहुँचाने के लिए कार्य में जुट गए। पंडित प्रेमनाथ डोगरा, श्याम लाल शर्मा और दुर्गादास वर्मा को क्रमशः अध्यक्ष, संगठन मंत्री और महासचिव का पदभार सौंपा गया। जम्मू संभाग के सभी जिलों और तहसीलों में प्रजा परिषद् की इकाइयाँ गठित कर दी गईं। अनेक महिला नेता भी प्रजा परिषद् के काम में लग गईं। शक्ति शर्मा, माता पार्वती, असरोदेवी, बिमला डोगरा, सुहागरानी, शांति देवी इत्यादि वीर नारियों ने प्रजा परिषद् के आंदोलन में महत्त्वपूर्ण भूमिका निभाई। जम्मू क्षेत्र के अनेक युवा स्वयंसेवक वकीलों, अध्यापकों, प्राध्यापकों एवं व्यापारियों ने प्रजा परिषद् का काम संभाला। ठाकुर बलदेव सिंह, मुलख राज परगाल, पृथ्वीपाल सिंह, ज्वाला प्रकाश इत्यादि युवाओं ने रात-दिन मेहनत करके प्रजा परिषद् के कार्य को मजबूती प्रदान की। इसी तरह संघ की कश्मीर इकाई के अनेक स्वयंसेवक एवं प्रचारक भी इस राष्ट्रीय यज्ञ में अपनी आहुतियाँ देने के लिए तैयार हो गए। श्री मक्खन लाल ऐमा, जानकी नाथ धोबी, ओंकार नाथ, देवकी नंदन, स्वासी निरंजननाथ कौल इत्यादि संघ प्रचारकों ने अनेक प्रकार की कठिन जिम्मेदारियाँ सँभाल लीं। जम्मू क्षेत्र के तीन प्रमुख हिंदू नेता ऋषि कुमार कौशल, शिवचरण गुप्ता और वेद मित्र गडोत्रा भी अपने-अपने क्षेत्रों में प्रजा परिषद् का झंडा बुलंद करते रहे। उल्लेखनीय है कि इस समय पूरे जम्मू संभाग में दूरदराज के गाँवों तक फैल चुके प्रजा परिषद् आंदोलन के मुख्य सूत्रधार, संगठन मंत्री और प्रचारक प्रमुख की जिम्मेदारी युवा संघ प्रचारक भगवद् स्वरूप के कंधों पर थी।

प्रचंड सत्याग्रह

प्रजा परिषद् ने अपने जन्मकाल 9.11.1947 से लेकर नवंबर 1952 तक प्रदर्शनों, जलसों, जनसभाओं इत्यादि के माध्यम से जम्मू की आवाज को बुलंद किया। नेशनल कॉन्फ्रेंस की भेदभाव पूर्ण नीतियों का पर्दाफाश होने लगा। जम्मू-कश्मीर राज्य को भारत के शेष प्रांतों की श्रेणी में लाने की माँग उठाई जाने लगी। परंतु इस प्रकार के प्रयासों और साधारण संघर्ष का शेख की सरकार पर तनिक भी असर नहीं हुआ। इसलिए पूरे जम्मू संभाग समेत भारत के अन्य प्रांतों, विशेषतया दिल्ली में प्रचंड सत्याग्रह की जरूरत महसूस की गई। इस योजना के अंतर्गत नवंबर 1952 से अप्रैल 1953 तक चार चरणों में सफल सत्याग्रह किया गया।

प्रथम चरण

प्रजा परिषद् के अध्यक्ष पंडित प्रेमनाथ डोगरा के नेतृत्व में 21 नवंबर, 1952 को जम्मू में सत्याग्रह का पहला चरण प्रारंभ हुआ। जम्मू संभाग के सभी जिलों और तहसील

केंद्रों पर गिरफ्तारियाँ दी गईं। "एक देश में दो विधान, दो प्रधान, दो निशान नहीं चलेंगे, नहीं चलेंगे" के उद्घोष आकाश में गूँज उठे। सत्याग्रही हाथों में तिरंगे झंडे लेकर तहसील और जिला मुख्यालयों पर धरना देते और पुलिस द्वारा पकड़ लिए जाते। इन देशभक्तों को विदाई देने के लिए हजारों की संख्या में लोग एकत्रित होकर नारे लगाते। शेख की पुलिस ने सत्याग्रहियों पर जुल्म ढाने में कोई कोर कसर नहीं छोड़ी।

पुलिस सत्याग्रहियों के गले से हार तोड़कर उन्हें घसीटते हुए थाने में ले जाती थी। पहली रात कोई खाना नहीं मिलता था, केवल यातनाएँ दी जाती थीं। थाने के आसपास रहनेवाले लोगों के अनुसार रात-रात भर चीखने-चिल्लाने की आवाजें आती थीं। सर्दी के दिनों में मार-पीट कर ठंडे पानी से उनको नहलाया जाता था। अखनूर व रामबन में तो ऐसी घटनाएँ काफी संख्या में हुईं। जेल भेजने से पहले 15-15 दिनों तक इन लोगों को थानों में रखकर यातनाएँ दी जाती थीं, जहाँ रात को सोने के लिए कोई कपड़ा आदि न होता था। दस आने रोज का खाना मिलता था। हर थाने के अंदर दो-तीन कश्मीरी मुसलमान अफसर रहते थे, ताकि सत्याग्रहियों से किसी पुलिसकर्मी द्वारा अच्छा व्यवहार न हो। सत्याग्रह का पहला चरण करीब डेढ़ मास चला।

दूसरा चरण

सत्याग्रह का दूसरा चरण दिल्ली में आरंभ हुआ। जम्मू की खबरों पर पूरा प्रतिबंध होता था। दिल्ली से 'प्रताप', 'वीर अर्जुन' एवं 'तेज' समाचार-पत्रों को जम्मू में लाने पर कई महीनों तक प्रतिबंध रहा। लोगों तक इस आंदोलन की सारी खबर पहुँचे, इसलिए लिथो/स्टेंसल से एक पत्र 'ललकार' एवं अन्य अखबार निकाले गए। चोरी छिपे लोगों तक पहुँचाए जाते थे। डुप्लीकेटिंग मशीनें गुड़ा सलाथिया, भदरवाह और रायपुर दुमाना में छिपाकर रखी गई थीं। वहीं से ये सारे समाचार-पत्र छापे जाते थे। पोस्टर जालंधर से छपकर आते थे। उन पोस्टरों को लगाने के लिए कार्यकर्ताओं ने कई तरीके निकाले। शहर में जगह-जगह जे.के. मिलीशिया पहरा देती थी, इसके साथ-साथ नेशनल कॉन्फ्रेंस के गुरगे भी रहते थे। वामपंथी विचारधारा के कामरेड भी आंदोलन के कार्यकर्ताओं की गतिविधियों पर नजर रखने के लिए इनको सहयोग देते थे।

अनेक लोग, जिन्होंने इस सत्याग्रह में अपने प्राणों को न्योछावर किया, उनकी अस्थियाँ किसी तरह से दिल्ली पहुँचा दी गईं, जहाँ डॉ. श्यामाप्रसाद मुकर्जी, मौली चंद्र शर्मा, डॉ. सूर्य प्रकाश, हरदयाल देवगण, डॉ. भाई महावीर और इस आंदोलन के मार्गदर्शक माननीय माधवराव मुले के नेतृत्व में इन अस्थियों की एक भव्य झाँकी निकाली गई।

तीसरा चरण

सत्याग्रह के तीसरे चरण में देश के अन्य भागों से सत्याग्रही जम्मू आकर गिरफ्तारी देते थे। इन लोगों को जम्मू आने के लिए दीनानगर (पंजाब) से रावी नदी पार करके आना पड़ता था। सत्याग्रही अलग-अलग स्थानों से पैदल चलकर छिपते-छिपाते जम्मू, कठुआ या हीरानगर आकर गिरफ्तारी देते थे। उस समय पंजाब, उत्तर प्रदेश, मध्य प्रदेश, राजस्थान, महाराष्ट्र और बंगाल से सत्याग्रहियों ने आकर जम्मू व अन्य स्थानों पर हजारों की संख्या गिरफ्तारियाँ दीं।

चौथा चरण

आंदोलन के चौथे चरण में अप्रैल 1953 के अंत में असहयोग आंदोलन (Non-Cooperation Movement) का नारा दिया गया, जिसमें लोगों से कहा गया कि—

1. गाँव में सरकार को मालिया न दिया जाए।
2. खेती के लिए पानी के प्रयोग पर सरकार द्वारा लिए जानेवाला टैक्स न दिया जाए।
3. खेती से पैदा होने वाले अन्न का एक भाग 'मुआवजा' सरकार को न दिया जाए।
4. पटवारी, नंबरदार, जेलदार और चौकीदार इस्तीफा दें।
5. गाँव में जो भी राजस्व अधिकारी आए उसे किसी प्रकार का सहयोग न दिया जाए।

सैकड़ों लोगों ने इस पर अमल किया। महुगला (नौशहरा) में प्रजा परिषद् ने एक समानांतर सरकार बनाई। ठाकुर सहदेव सिंह को लोगों ने डी.सी. और तिलकराज शर्मा को पुलिस अधीक्षक बनाया। सैहर इलाका (कालाकोट) में लक्ष्मण सिंह लंबरदार ने इस्तीफा देने से इनकार किया तो बागी सरकार ने उसको गिरफ्तार करके एक निजी (प्राइवेट) घर को जेल बनाकर उसमें बंद रखा। इस तरह अनेक सरकारी कर्मचारियों को पकड़ा गया। समानांतर सरकार में बहुत बड़ा सहयोग ठाकुर ज्ञान सिंह सयालासूई ने किया। इस सरकार का मुख्यालय ठाकुर हरिसिंह के घर मोगला में था।

सरकार आम जनता व सत्याग्रहियों पर भारी सख्ती कर रही थी और केंद्र सरकार भी उसका ही अंधा समर्थन कर रही थी। सरकार ने गाँव-गाँव में सामूहिक जुरमाना लगाया। अखनूर के पास गाँव दानु के सारे पशु सरकार ने नीलाम करके घर की महिलाओं और बूढ़े लोगों को घर से बाहर कर कई मकान गिरा दिए। हल चलाकर जमीन को समतल कर दिया गया। ऐसे सैकड़ों परिवारों से सरकार ने उनकी संपत्ति बेचकर जुरमाना वसूल किया। लोगों से कहा गया कि इस सख्ती से बचने के लिए वे नेशनल कॉन्फ्रेंस में

शामिल हो जाएँ। परंतु सरकारी जुल्म के बावजूद कोई नेशनल कॉन्फ्रेंस में शामिल नहीं हुआ। दुमाना में प्रबल प्रदर्शन हुआ। पुलिस थाना छोड़कर भाग गई। कार्यकर्ताओं द्वारा थाने पर तिरंगा झंडा लहराया गया।

दूसरा स्वतंत्रता आंदोलन

देश की रक्षा के लिए शुरू हुए इस दूसरे स्वतंत्रता आंदोलन में लोगों ने तन-मन-धन के साथ अपना खून और कुरबानियाँ देने में भी कोई कसर नहीं छोड़ी। संघ के तत्कालीन प्रांत प्रचारक श्री माधवराव मुले ने जब समस्त हिंदू समाज, खासतौर पर संघ के स्वयंसेवकों से धन जुटाने की मार्मिक अपील की तो जम्मू संभाग के संघ कार्यवाह श्री श्यामलाल शर्मा की पत्नी शक्ति शर्मा ने समस्त गहने उनके समक्ष रख दिए। महिलाओं, बच्चों, वृद्धों की ओर से आंदोलन में तन-मन-धन अर्पित करने की होड़ लग गई। गोद के बच्चों को उठाए महिला सत्याग्रहियों के साथ लाखों युवक गिरफ्तारियाँ देकर जेलों में पहुँचने लगे।

छात्रों की भूख हड़ताल

इसी समय जम्मू के सरकारी कॉलेज के वार्षिकोत्सव में वजीर-ए-आला शेख अब्दुल्ला ने राष्ट्रीय ध्वज तिरंगे की जगह नेशनल कॉन्फ्रेंस का झंडा फहरा दिया। रियासती झंडे को इस तरह 'आजाद कश्मीर' का राष्ट्रीय ध्वज बनाकर स्वयं शेख के फहराने से कॉलेज के हिंदू युवक भड़क गए। छात्रों ने पुलिस और शेख के गुर्गों की परवाह न करते हुए रियासती झंडा उतारकर उसकी जगह राष्ट्रीय ध्वज तिरंगा फहरा दिया। अनेक छात्रों को थाने में ले जाकर बुरी तरह पीटा गया। इस सरकारी जुल्म के खिलाफ कॉलेज के लगभग 50 छात्रों ने प्राचार्य के दफ्तर के सामने सामूहिक भूख हड़ताल की। हड़ताली छात्रों के समर्थन में जम्मू शहर और आस-पास के इलाकों में हजारों छात्रों ने जबरदस्त प्रदर्शनों का ताँता लगा दिया। मिलीशिया पुलिस की लाठियों और गोलियों की वर्षा से सैकड़ों छात्रों को चोटें आईं। शहर में 72 घंटे का कर्फ्यू लगा दिया गया। करीब 40 छात्रों को गिरफ्तार कर जेल में बंदकर दिया गया। इन छात्रों ने जेल में भी भूख हड़ताल जारी रखी। जेल अधिकारियों ने कई तरह के अमानवीय अत्याचार कर छात्रों के इस आंदोलन को कुचलने की विफल कोशिश की। परंतु आत्म-बलिदान देने का निश्चय कर मरण व्रत पर बैठे छात्रों ने आंदोलन समाप्त करने की सरकारी अपील ठुकरा दी। यह भूख हड़ताल 39 दिन तक चली। जब इन छात्रों की हालत बहुत ज्यादा खराब हो गई तब मृत्यु के कगार पर पहुँचे इन छात्रों को पुलिस ने उठाया और बेहद घायल अवस्था में उनके घरों के दरवाजों पर फेंक दिया।

16 देशभक्त शहीद

प्रजा परिषद् के नेताओं ने आंदोलन तेज कर दिया। आंदोलनकारियों के जख्मों पर नमक छिड़कने के लिए सरकार ने जम्मू के सचिवालय और प्राचीन किले पर लहरानेवाला महाराजा का झंडा उतारकर जला डाला और उसके स्थान पर हरे रंग का रियासती झंडा फहरा दिया। लोगों के सब्र का प्याला फूट गया। अपने हाथों में तिरंगा लेकर सत्याग्रहियों के जत्थे निकलने लगे। हिंदू नेताओं ने सरकारी भवनों और सार्वजनिक स्थानों पर तिरंगे फहराने शुरू कर दिए। इस आंदोलन रूपी राष्ट्र यज्ञ में पहली आहुति दी छम्ब क्षेत्र के मेला राम ने। यह युवक अपने साथियों के साथ सारे शहर में प्रदर्शन करता हुआ कचहरी जा पहुँचा। इस देशभक्त ने जैसे ही कचहरी की छत पर तिरंगा फहराया, उसे गोलियों से भून डाला गया। इसी तरह हीरानगर के तहसील कार्यालय पर तिरंगा फहराने पर पुलिस ने दो युवकों, माखन सिंह और बिहारी लाल को गोलियों से छलनी कर दिया। पुलिस ने दोनों शहीदों के शवों को घसीटते हुए रावी नदी के किनारे फेंका और मिट्टी का तेल डालकर जला डाला। आंदोलन और भी गरमा गया।

'अखंड भारत अमर रहे' और 'कश्मीर को पाकिस्तान नहीं बनने देंगे' के उद्घोषों के साथ देश की बलिवेदी पर शहीद होने की होड़ लग गई। ज्यौड़ियाँ तहसील के नहते गाँव के करीब 60 युवक अपने गले में राष्ट्रपति राजेंद्र प्रसाद के चित्र डालकर, हाथों में तिरंगे लेकर जैसे ही आगे बढ़े पुलिस ने बिना किसी चेतावनी के गोलियाँ दागनी शुरू कर दीं। छह युवक शहीद हो गए। शेष लहूलुहान हो गए। इनके परिवारों में जाकर कश्मीर मिलीशिया के बर्बर अत्याचारियों ने गुंडागर्दी की सारी हदें पार कर दीं। 'एक विधान, एक प्रधान, एक निशान' की प्राप्ति के लिए छिड़े आंदोलन में जी-जान से कूदनेवाले राष्ट्रभक्तों की संख्या बढ़ती गई और सरकारी दमनचक्र भी भीषण रूप लेता चला गया। सरकार खंजर आजमाती रही और देशभक्त सीना तानकर अपने गरम खून से मातृभूमि का शृंगार करते रहे। संघ की शाखाओं में राष्ट्रभक्ति के संस्कारों में तपे हुए कुंदन रूपी युवाओं ने बढ़कर प्रजा परिषद् के आंदोलन को दूर-दराज के गाँवों तक पहुँचा दिया।

जेलों में अत्याचार

हजारों सत्याग्रही जेल के सींखचों में बंद कर दिए गए। बीमार लोग बिना दवाई के छटपटाने लगे। जेलों में बंद सत्याग्रही जवानों की खुलेआम पिटाई का सिलसिला बढ़ता गया। जेलों के छोटे-छोटे कमरों में 50-50 लोग ठूँस दिए जाते। कइयों को एकांत में रखा गया। वहाँ न गरम कपड़े थे और ना ही पर्याप्त भोजन, फर्श पर सोना पड़ता था। अगर कोई बोलता तो उसके शरीर पर पट्टा बाँधकर कई घंटे तक छत से लटका दिया जाता। ऐसा व्यवहार प्रायः डाकुओं और कातिलों के साथ किया जाता है। इस प्रकार के अमानुषिक

अत्याचारों की संख्या बढ़ती गई। श्रीनगर जेल में दो खूँखार पठान कैदियों—अली अहमद और पैंदे खाँ को नंबरदार बना रखा था। इन दोनों ने देशभक्त सत्याग्रहियों के साथ ऐसे पाशविक कृत्य किए जिन्हें लिखा तक नहीं जा सकता।

नेहरू की चुप्पी

प्रजा परिषद् के अनेक नेताओं ने दिल्ली जाकर प्राय: सभी राजनीतिक दलों के नेताओं, प्रमुख सांसदों, केंद्रीय मंत्रियों और समाचार पत्रों को जम्मू क्षेत्र में हो रहे सरकारी जुल्मों की जानकारी दी। परंतु प्रधानमंत्री जवाहरलाल नेहरू ने जम्मू के नेताओं को मिलने का समय नहीं दिया। बाद में, जम्मू की दो प्रमुख महिला नेताओं—शक्ति शर्मा और सुशीला मैंगी ने दिल्ली जाकर जनसंघ के अध्यक्ष डॉ. श्यामाप्रसाद मुकर्जी, श्रीमती विजय लक्ष्मी पंडित, मृदुला साराभाई और इंदिरा गांधी से मुलाकातें कर जम्मू के लोगों पर ढाए जा रहे अत्याचारों की जानकारी दी। प्रो. बलराज मधोक के प्रयास से 80 सांसदों की एक बैठक बुलाई गई जिसमें जम्मू की दोनों महिला नेताओं ने सरकारी दमन-चक्र का पर्दाफाश किया। अंत में इन 80 सांसदों के कहने पर पंडित नेहरू ने महिला नेताओं को मिलने का समय दिया। किंतु उन्होंने सारी दु:खद कथा सुनने के बाद भी शेख की करतूतों पर अंकुश लगाने के लिए कोई संवैधानिक कदम नहीं उठाया।

29 जून, 1952 को भारतीय जनसंघ ने सारे देश में कश्मीर दिवस का आयोजन कर जम्मू में चल रहे प्रजा परिषद् के आंदोलन का समर्थन किया। अक्तूबर 1952 में जनसंघ के अध्यक्ष डॉ. श्यामाप्रसाद मुकर्जी ने जम्मू आकर प्रजा परिषद् की ओर से आयोजित एक महारैली को संबोधित किया। डॉ. मुकर्जी ने शेख अब्दुल्ला की भारत विरोधी नीतियों और जम्मू क्षेत्र में हो रहे भेदभाव के विरुद्ध सारे देश में आंदोलन का एलान कर दिया। उन्होंने स्वयं श्रीनगर जाकर शेख अब्दुल्ला से भेंट की, परंतु कोई परिणाम सामने नहीं आया। परिस्थितियाँ गंभीर रूप धारण करती जा रही थीं। दुर्भाग्य यह था कि भारत की अखंडता के लिए किए जा रहे इस जनसंघर्ष की आग को नेहरू और जम्मू-कश्मीर के 'वजीर-ए-आला' अपने जिद्दी व्यवहार से और ज्यादा भड़काते रहे। नेहरू ने तो एक प्रेस वार्त्ता में यहाँ तक कह दिया—"अगर मैं शेख के स्थान पर होता तो इससे भी ज्यादा सख्ती करता।"

डॉ. मुकर्जी की सिंह-गर्जना

जम्मू क्षेत्र में चल रहे आंदोलन की तपिश सारे देश में पहुँची। जनसंघ के कार्यकर्ताओं ने दिल्ली समेत सभी बड़े शहरों में सत्याग्रह शुरू कर दिया। देश के कोने-कोने से सत्याग्रहियों के जत्थे जम्मू पहुँचकर गिरफ्तारियाँ देने लगे। इन पर होने वाले अत्याचारों की कहानियाँ

सारे देश में पहुँचनी शुरू हुईं। डॉ. श्यामाप्रसाद मुकर्जी ने भारत सरकार और प्रजा परिषद् के बीच समझौता कराने की पुरजोर कोशिश की। उन्होंने पंडित नेहरू और शेख के साथ पत्र-व्यवहार भी किया। परंतु नेहरू नहीं पसीजे। अंत में डॉ. मुकर्जी ने स्वयं जम्मू जाकर सत्याग्रह में भाग लेने का एलान करते हुए कहा—"मैं देश की अखंडता के लिए अपने प्राण त्याग दूँगा। हम सत्य के लिए संघर्ष छेड़ रहे हैं। सच्चे स्वराज और वास्तविक लोकतंत्र की स्थापना का यही एकमेव मार्ग है। जम्मू-कश्मीर सौ फीसदी भारत का अभिन्न अंग हैं।"

उन्होंने जम्मू में 6 मार्च, 1953 को शहीदों की अस्थियों के जुलूस पर लगे कड़े प्रतिबंध तोड़कर आंदोलन को तेज करने के लिए बिगुल बजा दिया। हजारों लोग अपने घर-बार छोड़कर आंदोलन में कूद पड़े। डॉ. मुकर्जी गिरफ्तार कर लिए गए परंतु सर्वोच्च न्यायालय के आदेश से रिहा हो गए। रिहाई के बाद उन्होंने देश के कोने-कोने में जाकर प्रजा परिषद् की ओर से छेड़े गए आंदोलन की अलख जगा दी। लोकसभा में वित्त विनियोग विधेयक पर बोलते हुए डॉ. मुकर्जी ने पुनः पंडित नेहरू को जम्मू में हो रहे हिंदू उत्पीड़न और शेख अब्दुल्ला के भारत विरोधी इरादों की जानकारी दी। उन्होंने संसद् में स्पष्ट रूप से कहा कि जम्मू-कश्मीर को भारत से काटने की साजिश रची जा रही है। पंडित नेहरू ने डॉ. मुकर्जी पर ही संदेह व्यक्त कर दिया। कोई भी समझौता अथवा रास्ता दिखाई न देने पर डॉ. मुकर्जी ने बिना परमिट जम्मू-कश्मीर में प्रवेश करने का फैसला कर लिया। उनकी इस घोषणा में देश की अखंडता के लिए बलिदान देने की उमंग स्पष्ट झलकती थी।

बलिदान पथ पर डॉ. मुकर्जी

9 मई, 1953 को प्रातः 6.30 बजे डॉ. मुकर्जी रेलगाड़ी से अपने चंद साथियों, जिनमें अटल बिहारी वाजपेयी भी थे, के साथ जम्मू के लिए रवाना हुए। रास्ते में प्रत्येक स्टेशन पर उनका जोरदार स्वागत हुआ। 'परमिट सिस्टम तोड़ दो', 'कहाँ मिलेंगे जम्मू में', 'एक देश में दो विधान, दो प्रधान, दो निशान नहीं रहेंगे, नहीं रहेंगे' इत्यादि नारों से आकाश गूँजने लगा। डॉ. मुकर्जी ने अमृतसर और पठानकोट में विशाल जनसभाओं को संबोधित किया। अपने दो दिन के पंजाब प्रवास के बाद वे 11 मई को अमृतसर से पठानकोट पहुँचे। गुरुदासपुर के उपायुक्त ने सूचना दी कि सरकार ने उन्हें बिना परमिट जम्मू जाने की इजाजत दे दी है। परंतु जब वे अपने साथियों सहित जम्मू की सीमा रावी नदी के किनारे लखनपुर पहुँचे तो कश्मीर मिलीशिया पुलिस ने उन्हें गिरफ्तार कर लिया। डॉ. मुकर्जी ने अटल बिहारी वाजपेयी से कहा—"वापस जाओ और सारे देश को बताओ कि मैंने बिना परमिट जम्मू-कश्मीर में प्रवेश कर लिया है, परंतु एक कैदी की हैसियत से।"

डॉ. श्यामाप्रसाद मुकर्जी को गिरफ्तार कर सीधा श्रीनगर की जेल में डाल दिया

गया। किसी सचिव, सहायक, निजी चिकित्सक को उनके साथ नहीं रखा गया। जेल की काल कोठरी में डॉ. मुकर्जी को एकांत में रखा गया। डॉ. साहब बीमार हो गए। उनकी बीमारी का समाचार बाहर नहीं आने दिया गया। सारे देश में हाहाकार मच गया। देश भर से रोज सैकड़ों सत्याग्रही बिना परमिट के जम्मू-कश्मीर में घुसने लगे। दिल्ली और कोलकाता में विशाल प्रदर्शन हुए। शेख अब्दुल्ला की देशघातक करतूतों की कलई खुलने लगी। पूरे भारत वर्ष में प्रजा परिषद् और जनसंघ के झंडे फहराने लगे।

डॉ. मुकर्जी समेत पूरे देश में लाखों देशभक्तों की गिरफ्तारी से पंडित नेहरू की शेख के साथ कुटिल दोस्ती पर उँगलियाँ उठने लगीं। शेख की पाकिस्तान के इशारे पर भारत विरोधी षड्यंत्र रचने की पोल भी खुली। प्रजा परिषद् का आंदोलन इतना प्रचंड और देशव्यापी हो गया कि भारत सरकार काँप उठी। डॉ. मुकर्जी को जेल में ज्यादा देर रखना गैरकानूनी साबित होने लगा। पंडित नेहरू जब प्रजा परिषद् के नेताओं से बात करने को तैयार हुए तो शेख अब्दुल्ला तैश में आ गए। तब अचानक 23 जून, 1953 को प्रातः रेडियो से समाचार आया कि डॉ. श्यामाप्रसाद मुकर्जी का निधन हो गया है। सारे देश में दुःख की लहर-व्याप्त हो गई। लोग कराह उठे। डॉ. श्यामाप्रसाद मुकर्जी को शेख अब्दुल्ला ने जेल में मरवा दिया, उन्हें जहर का टीका लगाकर समाप्त कर दिया गया, इस प्रकार की शंकाएँ चारों ओर उठने लगीं।

डॉ. श्यामाप्रसाद मुकर्जी की मृत्यु के बाद जारी मेडिकल रिपोर्ट पर देश के अनेक गण्यमान्य डॉक्टरों ने सवालिया निशान लगा दिए। रात्रि को 9.30 बजे कौन सा इंजेक्शन दिया गया? अकेले डॉ. अली मुहम्मद ने उनका इलाज क्यों किया? बिगड़ती हालत देखकर अन्य डाक्टरों को क्यों नहीं बुलाया गया? उनके साथियों को मृत्यु से पहले जेल के अस्पताल में क्यों नहीं जाने दिया गया? उनके कानूनी सलाहकार बैरिस्टर त्रिवेदी को किसने और क्यों रोका? बीमारी की सूचना डॉ. मुकर्जी के घर क्यों नहीं दी गई? मृत्यु का समाचार आठ-नौ घंटे देर से क्यों प्रसारित किया गया?

कौन जानता था कि 9 मई, 1953 की प्रातः दिल्ली से देश की अखंडता के लिए रवाना होने वाले लोकप्रिय नेता की यह अंतिम विदाई होगी। परंतु एक महापुरुष ऐसा जरूर था जिसे कुछ संदेह था। अपने इसी संदेह के कारण श्री गुरुजी गोलवलकर ने नागपुर से एक व्यक्ति को संदेश देकर भेजा था कि डॉ. मुकर्जी जम्मू-कश्मीर न जाएँ, उनकी जान को खतरा है। परंतु वह व्यक्ति विलंब से पहुँचा। तब तक डॉ. मुकर्जी जम्मू की सीमा के निकट पहुँच चुके थे। उन्होंने संदेशवाहक को इतना ही कहा—"श्री गुरुजी का संदेश सर माथे, परंतु मेरे पग जम्मू-कश्मीर में लागू परमिट सिस्टम को तोड़ने के लिए बढ़ चुके हैं। वे पग अब वापस नहीं लौट सकते। मैं श्री गुरुजी से क्षमा चाहता हूँ।"

नेहरू झुके, कश्मीर बच गया

डॉ. मुकर्जी की रहस्यमय परिस्थितियों में हुई मृत्यु ने पंडित नेहरू को भी झकझोर दिया। उनके बलिदान ने नेहरू सरकार को झुका दिया। नेहरूजी ने जनसंघ और प्रजा परिषद् के नेताओं के साथ बातचीत की। नेहरू ने आंदोलन वापस लेने की सीधी अपील कर दी। प्रजा परिषद् के नेताओं को सरकार की कश्मीर नीति में परिवर्तन कर भारत द्रोहियों को दंड देने के आश्वासन दिए गए। 7 जुलाई, 1953 को पंडित प्रेम नाथ डोगरा ने आंदोलन समाप्त करने की घोषणा की। पंडित नेहरू ने अपने मित्र शेख की देश विरोधी हरकतों पर अफसोस जाहिर किया। शेख को गिरफ्तार कर जेल की सींखचों में बंद कर दिया गया। कश्मीर संविधान सभा ने एक प्रस्ताव पारित कर जम्मू-कश्मीर का भारत में विलय करने की घोषणा की। 'परमिट सिस्टम' समाप्त कर दिया गया। सदर-ए-रियासत और वजीर-ए-आला के स्थान पर राज्यपाल और मुख्यमंत्री पद नाम स्वीकार किए गए।

इस तरह डॉ. मुकर्जी ने भारत विरोधी, विघटनकारी और पाकिस्तानपरस्त शक्तियों से लोहा लिया। वे भारत माँ के मुकुट कश्मीर को पाकिस्तानी शिकंजे में जाने से रोकने में सफल हुए। अखंड भारत के लिए वीरगति प्राप्त करनेवाले शहीद डॉ. मुकर्जी ने यह सिद्ध कर दिया कि यदि भारत की जनता और नेता एकजुट होकर पूरी ताकत से देश द्रोहियों का प्रतिकार करें तो विदेश प्रेरित शक्तियाँ अवश्य परास्त होंगी।

डॉ. श्यामाप्रसाद मुकर्जी की माता योगमाया का नेहरू के नाम पत्र

"....मैं जानती हूँ कि उसे अब वापस नहीं लाया जा सकता, परंतु मैं चाहती हूँ कि भारत की जनता इस दुःखद घटना के कारणों को जाने और स्वयं इस बात को पहचाने कि इस स्वतंत्र देश में इस दुर्घटना के पीछे इन कारणों में कौन सा हिस्सा तुम्हारी सरकार ने पूरा किया?...यदि कहीं भी, किसी भी व्यक्ति से कोई अपराध हुआ है, चाहे वह कितने भी बड़े पद पर क्यों न हो, न्याय को निर्णय देने की खुली छूट दो। इस प्रकार देश की जनता को इन कुकर्मियों से सतर्क होने का खुला अवसर दो ताकि मेरे समान भारत की अन्य किसी माता को इस प्रकार के दुःख और शंका के आँसू फिर न बहाने पड़ें..."

नेहरू का उत्तर

"मैंने उन लोगों से पूछताछ की है जो वास्तविकता को जानते हैं, मैं केवल इतना ही कह सकता हूँ कि मैं इसी सच्चे और स्पष्ट निर्णय पर पहुँचा हूँ कि इस घटना में कोई रहस्य नहीं..."

माता योगमाया का उत्तर

"मैं तुम्हारी सफाई नहीं चाहती, जाँच चाहती हूँ। तुम्हारी दलीलें थोथी हैं और तुम सत्य का सामना करने से डरते हो। याद रखो, तुम्हें जनता और ईश्वर के आगे जवाब देना होगा। मैं अपने पुत्र की मृत्यु के लिए कश्मीर सरकार को ही जिम्मेदार समझती हूँ और उस पर आरोप लगाती हूँ कि उसने ही मेरे पुत्र की जान ली। मैं तुम्हारी सरकार पर भी यह आरोप लगाती हूँ कि मामले को छिपाने और उसमें साँठ-गाँठ करने का यत्न किया गया।"

शहीद नरकेसरी

सत्याग्रह में शहीद हुए वे नरकेसरी जिन्होंने शेख अब्दुल्ला के क्रूर शासन की संगीनों को अपने सीने पर झेला और अब्दुल्लाशाही के हिंदू और भारत विरोधी षड्यंत्र को विफल कर दिया।

	नाम	**स्थान**	**तहसील**
1.	श्री मेलाराम	छम्ब	अखनूर
2.	श्री नानकचंद	ज्यौड़ियाँ	अखनूर
3.	श्री बसंतचंद	ज्यौड़ियाँ	अखनूर
4.	श्री बलदेव सिंह	ज्यौड़ियाँ	अखनूर
5.	श्री साईं सिंह	ज्यौड़ियाँ	अखनूर
6.	श्री वर्याम सिंह	ज्यौड़ियाँ	अखनूर
7.	श्री त्रिलोक सिंह	ज्योड़ियाँ	अखनूर
8.	श्री कृष्णलाल	सुंदरवनी	नौशहरा
9.	श्री बाबा रामजीदास	सुंदरवनी	नौशहरा
10.	श्री बेलीराम	सुंदरवनी	नौशहरा
11.	श्री बिहारीलाल	हीरानगर	हीरानगर
12.	श्री भीष्म सिंह	हीरानगर	हीरानगर
13.	श्री शिब्बा	बल्योत	रामबन
14.	श्री देवीशरण	बल्योत	रामबन
15.	श्री भगवानदास	कैंठी	रामबन
16.	डॉ. श्यामाप्रसाद मुकर्जी	श्रीनगर	श्रीनगर

ज्यौड़ियाँ, सुंदरवनी, हीरानगर व रामबन में इन शहीदों की समाधियाँ बनीं हैं, जहाँ हजारों नर-नारी श्रद्धांजलि अर्पित करने एकत्रित होते हैं।

□

आत्मनिर्णय का इसलामी जुनून

पंडित जवाहरलाल नेहरू की भयंकर भूल के परिणामस्वरूप संयुक्त राष्ट्र सुरक्षा परिषद् की फाइलों में पिछले 6 दशकों से दबा पड़ा कश्मीर का प्रश्न और आत्म निर्णय का अधिकार आज भी कश्मीर में लगी अलगाववाद की आग में तेल छिड़कने का काम कर रहा है।

वास्तव में भारत ने कश्मीर के संबंध में सुरक्षा परिषद् से इतना ही कहा था कि वह पाकिस्तान को भारत पर आक्रमण करने से रोके और भारतीय क्षेत्र से पाकिस्तानी सेना के वापस लौटने की व्यवस्था करे। बस, इतनी ही बात कही गई थी जिसे सुरक्षा परिषद् आज तक कार्यान्वित करवाने में पूरी तरह नाकाम रही है। उलटे 'आत्मनिर्णय' और 'विलय' जैसे शब्दों के भ्रमजाल में उलझकर इस अंतरराष्ट्रीय संस्था ने अपनी स्थिति हास्यास्पद बना ली है। तत्कालीन राजनीतिक घटनाक्रम की वस्तुस्थिति के जानकार लोग इस सच्चाई को भली-भाँति समझते हैं कि 'कश्मीर का भारत में पूर्ण विलय' हो जाने के बाद इन दोनों शब्दों 'आत्मनिर्णय' और 'विलय' का कोई अर्थ नहीं रह गया है। भारत, पाकिस्तान और सुरक्षा परिषद् तीनों के अधिकार क्षेत्र इन दोनों शब्दों के संदर्भ में समाप्त हो चुके हैं। 27 अक्तूबर, सन् 1947 को भारत के तत्कालीन गवर्नर जनरल माउंटबेटन द्वारा कश्मीर के भारत में विलय के प्रश्न को 'पुनर्विलय की बात' में परिवर्तित करने का कानूनी अधिकार किसी को क्यों और कौन दे सकता है? इस विषय की गहराई तक उतरने के लिए तत्कालीन घटनाक्रम का संक्षिप्त अवलोकन करना आवश्यक है।

'पूर्ण विलय' के पश्चात् आत्मनिर्णय का औचित्य?

जम्मू-कश्मीर के शासक महाराजा हरिसिंह ने 26 अक्तूबर, 1947 को एक विलय-पत्र पर हस्ताक्षर कर उसे भारत सरकार के पास भेज दिया—"अत: अब मैं श्रीमान् राजराजेश्वर महाराजधिराज श्री हरिसिंह जम्मू एवं कश्मीर नरेश तथा तिब्बत आदि देशाधिपति, जम्मू-कश्मीर राज्य का शासक, अपने उक्त राज्य में तथा उसके ऊपर

अपनी संप्रभुता का उपयोग करते हुए एतद्द्वारा भारत अधिराज्य में विलय के लिए अपने इस लिखित विलय-पत्र को कार्यान्वित करता हूँ।'' इस प्रकार महाराजा द्वारा जम्मू-कश्मीर रियासत के भारत में विलय का प्रस्ताव रखा गया और फिर 27 अक्तूबर, 1947 को भारत के गवर्नर जनरल की ओर से इसे स्वीकृत कर लिया गया—''मैं एतद् द्वारा इस विलय-पत्र को स्वीकार करता हूँ। दिनांक अक्तूबर उन्नीस सौ सैंतालीस का यह सत्ताईसवाँ दिन (27 अक्तूबर, 1947)।''

हस्ताक्षर

(बर्मा के लॉर्ड माउंटबेटन, भारत के गवर्नर जनरल)

इस पूर्ण विलय के बाद भारत सरकार को भी अदूरदर्शितापूर्ण बातें करने का कोई अधिकार नहीं था। इस तरह की बिना सिर-पैर की बातों से महाराजा हरिसिंह के विलय प्रस्ताव का अपमान तो हुआ ही साथ ही इससे 'स्वतंत्रता अधिनियम' का भी उल्लंघन हुआ। इस अधिनियम के अनुसार रियासतों के राजाओं को ही विलय के अधिकार दिए गए थे। रियासत की जनता के लिए आत्मनिर्णय के अधिकार की बात नहीं कही गई थी। वस्तुस्थिति तो यह है कि माउंटबेटन स्वयं कश्मीर के भाग्य को अधर में लटकाने का इच्छुक था और उसने यह कार्य पंडित नेहरू और रामचंद्र काक के माध्यम से करवा लिया। 26 जनवरी, 1950 को भारत का संविधान लागू हुआ। इस संविधान में जनमत-संग्रह जैसे उपक्रमों का कोई प्रावधान नहीं है। इस प्रकार भारत सरकार को भी इस उपक्रम की बात करने का हक नहीं है। जब भारतीय संविधान ने भारत सरकार को भी जनमत-संग्रह एवं विलय पर पुनर्विचार का अधिकार ही नहीं दिया तो किसी अंतरराष्ट्रीय संगठन की ओर से भारत के संदर्भ में इस प्रकार की बात करना एकदम गैरकानूनी है।

फिर जम्मू-कश्मीर की जनता की ओर से चुनी गई संविधान सभा ने भी 17 नवंबर, 1956 को कश्मीर के भारत में विलय की पुष्टि कर दी तो सारा विवाद स्वतः समाप्त हो जाना चाहिए था। इस पुष्टि के बाद पाकिस्तान सरकार और सुरक्षा परिषद् को भी कश्मीर के संबंध में कुछ भी कहने और करने का अधिकार नहीं रहता।

जिस प्रदेश की जनता के लिए 'आत्मनिर्णय' की बात कही गई थी, उसी जनता की तरफ से चुनी गई संविधान सभा ने प्रदेश के भारत में विलय को मान लिया। इस सभा ने अपना प्रादेशिक संविधान स्वीकार कर लिया। इस संविधान की धारा तीन में स्पष्ट लिखा है—''जम्मू-कश्मीर प्रदेश भारतीय संघ का अभिन्न अंग है और रहेगा।''

इसी संविधान की धारा चार इस प्रकार है—इस प्रदेश की सीमाओं में वह सारा क्षेत्र रहेगा जो 15 अगस्त, 1947 को इस प्रदेश के राजा के आधिपत्य में था।

15 अगस्त को तो पाक अधिकृत कश्मीर भी रियासत के राजा के अधीन था। अतः

स्पष्ट है कि सारा जम्मू-कश्मीर प्रदेश भारत का अभिन्न अंग है। महाराजा ने इसी अखंडित कश्मीर का विलय भारत में किया था। इसलिए पाकिस्तान का कश्मीर की एक इंच धरती पर भी बने रहना, भारत पर आक्रमण माना जाएगा। जम्मू-कश्मीर के संविधान की इस धारा को इसी संविधान की धारा 147 ने सुरक्षात्मक कवच पहना दिया है। इसके अनुसार धारा 4 को निरस्त नहीं किया जा सकता। सुरक्षा परिषद् के पास कश्मीर के संबंध में भारत को दिशा-निर्देश देने का अधिकार नहीं बचता। सुरक्षा परिषद् केवल पाकिस्तान को भारतीय क्षेत्र खाली करने की सलाह दे सकती है और अगर पाकिस्तान ऐसा नहीं करता तो इसके विरुद्ध प्रस्ताव पारित कर अन्य देशों के साथ राजनीतिक संबंध तोड़ने के लिए कह सकती है। परंतु सुरक्षा परिषद् स्वयं राजनीतिक गुटों का एक अखाड़ा मात्र है, इसलिए इस बलहीन और जिह्वा-रहित अंतरराष्ट्रीय संगठन से कोई भी आशा रखना बुद्धिमानी नहीं।

सुरक्षा परिषद् की आँख-मिचौनी

भारत ने पाकिस्तानी आक्रमण के विरोध में जब सुरक्षा परिषद् को लिखा तो यह परिषद् तमाशा देखने के सिवाय कुछ न कर सकी। वह एक के बाद एक प्रस्ताव पारित करती गई, परंतु पाकिस्तान को स्पष्टत: आक्रमणकारी घोषित कर उससे भारतीय प्रदेश खाली करवाने के लिए जोर नहीं दे सकी। भारत ने अगर अपनी ओर से युद्धबंदी घोषित कर लड़ाई न रोकी होती तो न केवल एक-तिहाई कश्मीर भारत के पास वापस आता अपितु भारत की सेना पाकिस्तान के क्षेत्र में भी घुस सकती थी। अगर उस समय भारत का प्रधानमंत्री कोई सावरकर, सुभाष या डॉ. हेडगेवार जैसा दृढ़प्रतिज्ञ महापुरुष होता अथवा सरदार पटेल को ही प्रधानमंत्री बनने दिया गया होता तो वह भारतीय सेना को बढ़ने का आदेश देकर भारत के विभाजन की कृत्रिम रूपरेखा को ही समाप्त कर देता। अंग्रेज तो भारत से जा ही चुके थे। सारी सेना अपने नियंत्रण में थी। कांग्रेसी नेताओं के माथे पर लगा विभाजन का कलंक मिट जाता। परंतु इतनी कूटनीतिक क्षमता और समयोचित राजनीतिक सूझ-बूझ 'ऑक्सफोर्ड' के स्नातक पंडित नेहरू में नहीं थी।

कश्मीर का फैसला सुरक्षा परिषद् की आँख-मिचौनी का विषय बनता चला गया। 5 जुलाई, 1948 को सुरक्षा परिषद् ने एक कमीशन मौके की जानकारी प्राप्त करने के उद्देश्य से वहाँ भेजा। इस कमीशन के कराची पहुँचने पर एक पाक अधिकारी सर जफरूल्ला खाँ ने कमीशन के सम्मुख स्वीकार किया कि पाकिस्तानी सेना की तीन ब्रिगेड कश्मीर की सीमा पर लगी हैं। परंतु उसने इसे आत्मरक्षा के लिए उठाया गया कदम बताया अर्थात् इस पाक अधिकारी ने भारत को ही आक्रमणकारी सिद्ध करने का प्रयास किया। इसके दो वर्ष पश्चात् 15 सितंबर, 1950 को इसी प्रकार के एक कमीशन

के सर्वेसर्वा और अंतरराष्ट्रीय कानून के विशेषज्ञ सर ओवन डिक्सन ने संयुक्त राष्ट्र के प्रतिनिधि के रूप में निम्न निष्कर्ष निकाला—

> ''जब जम्मू-कश्मीर प्रदेश की सीमाओं में विरोधी तत्त्वों ने प्रवेश किया तो यह अंतरराष्ट्रीय कानून का उल्लंघन था। जब मई 1948 में पाकिस्तानी सेना ने इस प्रदेश में प्रवेश किया तो यह भी अंतरराष्ट्रीय कानून का उल्लंघन था।''

इस प्रकार सर ओवन डिक्सन ने पाकिस्तान पर अंतरराष्ट्रीय कानून के खुले उल्लंघन का आरोप लगाया। वस्तुत: सुरक्षा परिषद् ने भी कश्मीर के भारत में विलय को स्वीकारा है। सुरक्षा परिषद् में अमेरिकी प्रतिनिधि ने 4 फरवरी, 1948 को एक वक्तव्य दिया— ''कश्मीर का बाह्य आधिपत्य अब महाराजा के नियंत्रण में नहीं है। जम्मू-कश्मीर के भारत में विलय के साथ यह अधिकार भारत के पास आ गया है और उसी अधिकार के नाते भारत ने यह प्रश्न यहाँ रखा है।''

सुरक्षा परिषद् ने युद्धविराम रेखा के दोनों ओर संयुक्त राष्ट्र के प्रेक्षक तैनात कर दिए। तत्पश्चात् एक प्रस्ताव के माध्यम से पाकिस्तान को अपने सैनिक, नागरिकों एवं कबाइलियों को कश्मीर से हटा लेने के लिए कहा गया। इस प्रकार संयुक्त राष्ट्र संघ ने भारत की सुरक्षा के पक्ष को स्वीकार किया है। परंतु पाकिस्तान आज तक इस प्रस्ताव अथवा आदेश का उल्लंघन करता चला आ रहा है। उसके बाद भी पाकिस्तान ने पाकिस्तान और भारत के मध्य हुई वार्त्ताएँ ठुकराई। अगस्त 1953 में भारत एवं पाकिस्तान के प्रधानमंत्रियों के मध्य बातचीत हुई, जिसमें दोनों देशों ने कश्मीर से अपनी सेना हटाने पर सहमति प्रकट की। परंतु पाकिस्तान ने फिर अड़ियल रुख अपना लिया।

संयुक्त राष्ट्र पाकिस्तान के इस व्यवहार को नियंत्रित करने में सदैव अक्षम रहा है। दो बार पाकिस्तान ने भारत पर खुला आक्रमण किया। दोनों बार संयुक्त राष्ट्र युद्धविराम करवाने में सफल हुआ, परंतु इस समस्या को किसी ठोस धरातल पर सुलझा पाने में असमर्थ रहा। सुरक्षा परिषद् ने भारत की वास्तविक और मूल शिकायत, जो जनवरी 1948 में की गई थी, की ओर कभी ध्यान नहीं दिया।

शिमला समझौते से पाकिस्तान ने हारी बाजी जीती

पाकिस्तान ने जब 1971 में भारत पर आक्रमण किया तो उस समय भी वह भारतीय सेना से पराजित हुआ। उसका एक हिस्सा उससे कटकर स्वतंत्र बँगलादेश बन गया। पाकिस्तान की मानो कमर टूट गई। परंतु भारत के सत्ताधारियों ने पाकिस्तान की इस कमजोरी का लाभ उठाना ठीक नहीं समझा, हालाँकि इस तरह की उदारता और बड़प्पन का आज की अंतरराष्ट्रीय परिस्थितियों में कोई महत्त्व नहीं है। अपने देश की सुरक्षा और अखंडता की कीमत पर इस तरह की उदारता कोरी मूर्खता है। अगर पाकिस्तान

विजयी होता और भारत की भूमि पर उसका कब्जा होता तो दुनिया की कोई भी अंतरराष्ट्रीय संस्था उसे यह क्षेत्र छोड़ने को बाध्य नहीं कर पाती। संयुक्त राष्ट्र इत्यादि धरे-धराए रह जाते। पाकिस्तान के अब तक के व्यवहार से तो यही सिद्ध होता है। सारे संसार ने स्वीकार किया है कि कश्मीर के एक-तिहाई भाग पर पाकिस्तान का नाजायज कब्जा है, परंतु पाकिस्तान एक इंच पीछे नहीं हटा है। दोनों युद्धों में उसने कुछ न कुछ लिया ही है। मार खाकर भी वह जीता है। बस मुहम्मद गोरी और पृथ्वीराज वाला इतिहास दुहराया जा रहा है। पृथ्वीराज ने सोलह बार गोरी को पराजित कर हर बार क्षमा किया। परंतु जब सत्रहवीं बार मुहम्मद गोरी जीता तो वह पृथ्वीराज को कैदी बनाकर बाँधकर गजनी ले गया, जहाँ उसकी आँखें निकलवा दीं और बेरहमी से मार डाला।

जिस देश के साथ हमारा वास्ता है उसके जातिगत चरित्र को समझे बिना बार-बार उदारता दिखाना और सैनिकों की ओर से जीती गई बाजी समझौते की मेज पर कलम की एक ही नोक से हरा देना कहाँ की बुद्धिमत्ता है? 1971 के युद्ध के बाद शिमला में दोनों प्रधानमंत्रियों के मध्य हुए परस्पर वार्त्तालाप के समय पाकिस्तान से सारा हिसाब माँगा जा सकता था। पाकिस्तान को दो बार की लड़ाइयों में मुँह की खानी पड़ी। परंतु दोनों ही बार दिल्ली के शासकों ने युद्ध के मैदान में अपनी जीती बाजी कूटनीति के धरातल पर हरा दी।

न तो दोनों युद्धों में पाक अधिकृत कश्मीर को आजाद कराने की नीति अपनाई गई और न ही बाद में समझौता करते समय कश्मीर के इस हिस्से के लिए कोई ठोस दबाव डाला गया। 1971 के युद्ध के बाद जब शिमला में समझौता वार्त्ता चल रही थी, उस समय पाकिस्तान के 93,000 सैनिक, 5,000 वर्गमील क्षेत्र और स्वयं जुल्फिकार अली भट्टो हमारी जेब में थे। 1947 में पाकिस्तान की ओर से जबरदस्ती हथियाए गए कश्मीर के एक-तिहाई भाग को वापस लिये बिना विजित जमीन और 93,000 कैदी सैनिकों को छोड़ना राजनीतिक अक्लमंदी नहीं थी। परंतु हमने शिमला समझौते के तहत पाकिस्तान को कश्मीर में एक पार्टी मान लिया।

इस समझौते के पूर्व पाक अधिकृत कश्मीर और भारतीय कश्मीर के मध्य सीमा रेखा को युद्धविराम रेखा कहा जाता रहा। इसका अर्थ बड़ा सीधा था कि दोनों देशों में युद्ध हुआ है और बाद में युद्धविराम हुआ है अर्थात् शत्रु देश के पास भारत का क्षेत्र है जो उसने युद्ध से हस्तगत किया है। परंतु शिमला समझौते के अनुसार युद्धविराम रेखा को अब नियंत्रण रेखा मान लिया गया। पाकिस्तान की यह एक और विजय थी जिसे उसने मुफ्त में प्राप्त कर लिया।

अब तो पाकिस्तान ने इस 'परस्पर' को भी धूल में मिला दिया है। शिमला समझौते में स्पष्ट सहमति बनी थी कि "दोनों देश समानता और आपसी लाभ के आधार पर

शांतिपूर्ण सह-अस्तित्व बनाए रखेंगे, पारस्परिक क्षेत्रीय अखंडता और प्रभुसत्ता के प्रति सम्मान रखेंगे और एक-दूसरे के आंतरिक मामलों में हस्तक्षेप नहीं करेंगे। दोनों देश आपसी मतभेदों को सुलह-सफाई से खत्म कर स्थायी शांति के वास्ते अच्छे पड़ोसी की तरह अपने संबंधों को बनाए रखने के प्रति प्रतिबद्ध रहेंगे।''

समझौते को पाकिस्तान ने ठुकराया

यहाँ एक स्वाभाविक प्रश्न पैदा होता है कि पाकिस्तान इन अच्छे संबंधों को बनाए रखने के प्रति कितना प्रतिबद्ध रहा? क्या उसने भारत के आंतरिक मामलों में हस्तक्षेप नहीं किया? क्या उसने भारत की अखंडता का सम्मान किया? क्या उसने शिमला समझौते के समय भारत की तरफ से दिखाई गई उदारता का कोई एहसान माना? इन सब प्रश्नों के उत्तर 'नहीं' में हैं।

शिमला समझौते में कहीं भी 'जनमत संग्रह' की बात नहीं दुहराई गई। इसलिए भी सुरक्षा परिषद् के उस प्रस्ताव का जिसमें कश्मीरियों के 'आत्मनिर्णय' की बात कही गई थी, कोई महत्त्व नहीं रह गया। वैसे भी एक नई संधि अथवा समझौता हो जाने पर पुरानी संधि की कोई कीमत नहीं रह जाती। परंतु पाकिस्तान वही पुराना राग अलाप रहा है। यह एक वास्तविकता है कि आत्मनिर्णय के अधिकार पर आधारित जनमत-संग्रह की बात को मजहबी आधार दिया जा रहा है। इसके पीछे का तर्क खतरनाक होते हुए भी स्पष्ट है। कश्मीर में क्योंकि मुसलिम समाज का बाहुल्य है इसलिए उन्हें आत्मनिर्णय का अधिकार चाहिए। भारत की ओर से प्रचारित व बहुचर्चित विचार तत्त्व—धर्मनिरपेक्षता, समाजवाद एवं लोकतंत्र के लिए भी यह आत्मनिर्णय की बात परीक्षा की घड़ी है। वैसे मुसलिम वोट बैंक को अपनी जेब में डालने के लिए भारत के कांग्रेसी और कांग्रेस से निकले कांग्रेसवाले इस चुनौती के सामने घुटने टेक दें तो आश्चर्य नहीं। परंतु कष्टदायक और महत्त्वपूर्ण प्रश्न तो यह है कि यदि ऐसा हो गया तो सारे देश में इससे होने वाले परिणामों को कौन भुगतेगा? कांग्रेसी सत्ताधारी तो अपने स्वभावानुसार किनारा कर जाएँगे।

'आत्मनिर्णय' की मजहबी भावना के खतरनाक परिणाम

एक महत्त्वपूर्ण पत्र पढ़ना जरूरी रहेगा। यह पत्र भारत के पूर्व राष्ट्रपति डॉक्टर जाकिर हुसैन एवं अन्य तेरह भारतीय बुद्धिजीवी मुसलिम बंधुओं ने 14 अगस्त, 1951 को संयुक्त राष्ट्र के प्रतिनिधि डॉ. फ्रैंक पी. ग्राहम को लिखा था। इस पत्र के कुछ अंशों का हिंदी रूपांतर इस प्रकार है—

> ''यह एक विलक्षण तथ्य है कि जब सुरक्षा परिषद् और उसकी विभिन्न एजेंसियों ने कश्मीर के झगड़े का अध्ययन कर इसके हल के सुझाव दिए हैं, किसी ने

भारतीय मुसलमानों के विचार जानने या कश्मीर में उठाए गए जल्दबाजी के पग के भारतीय मुसलमानों पर होने वाले अच्छे-बुरे संभावित प्रभावों को जानने का प्रयास नहीं किया है। हमें विश्वास है कि भारतीय समाज में मुसलमानों की स्थिति स्पष्ट रूप से समझे बिना समस्या का कोई भी स्थायी हल नहीं ढूँढ़ा जा सकता।…जब विभाजन हुआ, मुसलिम लीग और इसके नेता भारतीय मुसलमानों को खुदा के सहारे छोड़ गए।…यदि हम भारत में आज ससम्मान से जी रहे हैं तो यह पाकिस्तान के कारण कदापि नहीं है। उसने अपनी नीति और कर्म से हमारी स्थिति कमजोर कर दी है।…देश के संविधान के अनुसार हमारी धार्मिक और सांस्कृतिक जिंदगी सुरक्षित है और सभी के लिए समान अवसरों के द्वारा हम भी उन्नति कर सकेंगे।…हमारे पाकिस्तान के गुमराह भाई यह नहीं सोचते कि यदि पाकिस्तान मुसलमान कश्मीर में हिंदुओं के विरुद्ध युद्ध छेड़ सकता है तो देर-सबेर भारत में हिंदू भी मुसलमानों के विरुद्ध बदला ले सकते हैं।…इस किस्म की नीति से भारत और पाकिस्तान को आमतौर पर और भारतीय मुसलमानों को विशेष रूप से, अकथनीय संताप और आपदाओं के सिवाय कुछ नहीं मिलेगा।…पाकिस्तान की नीति आमतौर पर और पाकिस्तान का कश्मीर के प्रति भाव विशेषरूप से, इस देश में ऐसे हालात पैदा कर सकते हैं जिन पर चलकर हम मुसलमानों को ही असीम मुसीबतें और तबाही पेश आ सकती है।…इसलिए हम पूरी दृढ़ता से आपको यह कहना चाहते हैं कि पाकिस्तान की कश्मीर संबंधी नीति चार करोड़ भारतीय मुसलमानों के बदतरीन खतरे से बोझिल है। यदि सुरक्षा परिषद् सचमुच शांति, मानव-भाईचारे और अंतरराष्ट्रीय सद्भावना की इच्छुक है तो उसे समय रहते इस चेतावनी की ओर ध्यान देना ही चाहिए।''

सुरक्षा परिषद् जैसे अंतरराष्ट्रीय संगठन को लिखा गया यह पत्र हिंदू महासभा, शिव सेना, विश्व हिंदू परिषद्, आर्यसमाज अथवा सनातन धर्म के किसी नेता का नहीं है। यह पत्र भारत के उच्चकोटि के चौदह मुसलिम बुद्धिजीवियों का है जिनमें रियासती नवाब, मंत्री, अनेक मुसलिम संस्थाओं के पदाधिकारी, गवर्नर जनरल कौंसिल के सदस्य और न्यायाधीश इत्यादि थे।

पाकिस्तान और कश्मीर के आतंकवादियों को इतिहास से सबक लेना चाहिए। आत्मनिर्णय का अधिकार पाकिस्तान और हिंदुस्तान दोनों में उथल-पुथल मचा सकता है। यदि पाकिस्तान अंतरराष्ट्रीय स्तर पर यह शोर मचाएगा कि कश्मीर में मुसलमानों के बहुमत के कारण उन्हें आत्मनिर्णय का अधिकार मिलना चाहिए तो यही अंतरराष्ट्रीय दबाव उसके अपने कई क्षेत्रों पर भी पड़ेगा। 'जिये सिंध' आंदोलन क्या स्वरूप ग्रहण करेगा, इसका ध्यान पाकिस्तान को रखना होगा। इसी मजहबी आधार पर 1947 में देश

का विभाजन करवाकर पाकिस्तान के जनक मुहम्मद अली जिन्ना ने लाखों हिंदू-मुसलमानों को बरबाद कर दिया, बेतहाशा कत्लेआम हुआ। दोनों जातियों में स्थायी वैमनस्य पैदा कर दिया। क्या पाकिस्तान के नेता उसी इतिहास को फिर दुहराना चाहते हैं? अलग राष्ट्रीयता के जहरीले सिद्धांत को आधार बनाकर कश्मीर समस्या के समाधान का सीधा अर्थ होगा कि भारत विभाजन के समय उत्पन्न हुआ 'दो-राष्ट्र' का सिद्धांत अभी दफन नहीं हुआ। यह बार-बार जन्म लेता रहेगा। भारत की सीमाएँ इस प्रकार छोटी होती रहेंगी। भारत के जिस भाग में मुसलमानों का बहुमत हो वहाँ आत्मनिर्णय के अधिकार का प्रयोग हो, उस क्षेत्र से हिंदुओं को निकाल बाहर किया जाए और शेष देश में मुसलमान सुखपूर्वक रहकर अपना बहुमत बढ़ाने का हर संभव प्रयास करें और बहुमत हो जाने पर फिर उसी इतिहास को दुहराया जाए। कश्मीर का यही सबक है।

□

देशभक्त कश्मीरी पंडित

इसलामिक जिहाद के शिकार

राष्ट्रीय एकता को सशक्त और स्थायी आधार प्रदान करनेवाले ऐतिहासिक उत्सवों पर जहाँ सभी भारतीय अपने घरों में अपने परिवारों के साथ खुशियाँ मनाते हैं, वहीं हिंदू समाज का एक ऐसा वर्ग भी है, जिनके घरों के आँगनों में पिछले अनेक वर्षों से दीपावली का एक भी दिया नहीं जला, जिन्हें मात्र भारतीय अथवा हिंदू होने के अपराध में घरों से उजाड़ दिया गया है। जिनके खेत-खलिहानों, बाग-बगीचों, घरों और पूजा स्थलों पर विधर्मियों, आतंकवादियों और निरंकुश सत्ता के खास लोगों ने कब्जा कर लिया है। दीपावली तो क्या किसी भी हिंदू पर्व पर ये अभागे परंतु स्वाभिमानी हिंदू अपने घरों में खुशियों के चंद लम्हे नहीं बिता सकते। यह वर्ग है कश्मीर से विस्थापित होकर भारत के कोने-कोने में बिखर चुके चार लाख से भी ज्यादा हिंदुओं का जिन्हें इनकी जातीय परंपरा के अनुसार कश्मीरी पंडित कहा जाता है। ये कश्मीरी पंडित अपने ही देश भारत में शरणार्थी की तरह जिंदगी बिताने के लिए बाध्य कर दिए गए हैं।

जम्मू, धर्मशाला, शिमला, दिल्ली समेत देश के कई शहरों में स्थापित शरणार्थी शिविरों में रह रहे इन पंडित बंधुओं के कष्टों को निकट से निहारा जा सकता है। कुछ कश्मीरी हिंदू ऐसे भी हैं जो शरणार्थी शिविरों में न रह कर अपनी स्वयं की व्यवस्था के अंतर्गत रह रहे हैं। परंतु अधिकांश संख्या ऐसे लोगों की है जो गरीबी की हालत में विभिन्न कैंपों में रहते हैं, जिनके पास न तो दो वक्त की भरपेट रोटी का इंतजाम है और न ही अपने बच्चों की शिक्षा के लिए पर्याप्त धन की व्यवस्था। कश्मीर की शीतल वादियों से कोसों दूर मैदानी इलाकों की तन को झुलसा देनेवाली गरम लू में जीवन बसर करने को मजबूर कर दिए गए ये कश्मीरी पंडित वापस अपने घरों में जाकर अपने कश्मीरी ढंग से दीपावली जैसे हिंदू उत्सव मना सकेंगे कि नहीं, इस गहरे प्रश्न का उत्तर भी राजनीति की गहराइयों में कहीं खो चुका है।

1989 में जम्मू-कश्मीर में प्रारंभ हुए पाक प्रायोजित आतंकवाद का पहला शिकार

ये कश्मीरी पंडित ही हुए हैं। कश्मीरी आतंकवादियों, मजहबी अलगाववादियों और इन दोनों के आका पाकिस्तान की सबसे बड़ी विजय है कश्मीर को हिंदूविहीन कर डालना। पाक समर्थक और समर्थित पृथकतावाद के मार्ग में सबसे बड़ी बाधा ये कश्मीरी हिंदू ही थे जो अनेक शताब्दियों तक अपने हाथों में भारत का ध्वज थामे देश-द्रोहियों के जुल्म सहकर भी डटे रहे। पाँच हजार वर्ष पुरानी हिंदूत्वनिष्ठ कश्मीरियत को अपने कलेजे से लगाकर ये कश्मीरी हिंदू स्वाभिमान पूर्वक संघर्ष करते हुए अपने धर्म और धरती से जुड़े रहे। चौदहवीं शताब्दी के प्रारंभ होने से पूर्व कश्मीर में हिंदुत्व और भारत सुरक्षित रहे, परंतु उसके पश्चात् शुरू हुए कश्मीर के इसलामीकरण से विधर्म और विदेश का वर्चस्व बढ़ने लगा तो बढ़ता ही चला गया। इस दौरान चली धर्मांतरण की खूनी चक्की में पिस कर कश्मीर की भारतीय अथवा हिंदू पहचान ही बदलती गई।

इसलामीकरण के इसी इतिहास का अंतिम चरण है कश्मीरी पंडितों का सामूहिक पलायन। 1947 में हुए भारत विभाजन के बाद जमायते इसलामी जैसी कट्टरपंथी इसलामिक संस्थायों ने पाकिस्तान की मदद से कश्मीर में बचे हुए भारतीयों अर्थात् हिंदुओं को खदेड़ना प्रारंभ कर दिया। 1989 तक कश्मीर में पाकिस्तान परस्त तत्त्व, मजहबी रंग में रँगे अलगाववादी और हथियारबंद आतंकवादी इतने सशक्त हो चुके थे कि उनके सामने कश्मीर का पंडित समाज पूर्णतया बेबस हो गया। यह सबकुछ भारत की सरकार की अदूरदर्शिता और मुसलिम तुष्टीकरण की देशघातक नीतियों के कारण हुआ।

इसलाम अथवा पलायन

कश्मीरी पंडितों के आगे दो ही विकल्प थे। इसलाम कबूल करो अथवा कश्मीर छोड़कर पलायन कर जाओ। कश्मीर की मसजिदों पर लगे बड़े-बड़े लाउडस्पीकरों पर दहाड़ा जाने लगा—"काफिरों को मार दिया जाएगा, कश्मीर इसलामी मुल्क है। इसे न माननेवाले को गद्दार समझा जाएगा। भारत के एजेंट हिंदुओं को हम नहीं छोड़ेंगे…" कश्मीर को पूर्णतया दारुल इसलाम में तबदील करने के अलगाववादियों के मंसूबे इन पंडितों के रहते पूरे नहीं हो सकते थे। अतः योजनाबद्ध तरीकों से आगजनी, लूटखसोट, सामूहिक हत्यायों और बलात्कार की जघन्य घटनाओं का दौर प्रारंभ हो गया। परिणामस्वरूप तीन लाख से ज्यादा हिंदुओं को अपने घर, जमीन-जायदाद, सरकारी नौकरियाँ, व्यापार इत्यादि छोड़कर भागना पड़ा। कश्मीरी विद्वान पंडित द्वारकानाथ मुंशी ने अपनी पुस्तक 'कश्मीर की वेदना' के अंतिम अध्याय 'कश्मीर की करुण पुकार' में विस्थापित पंडितों की अत्यंत दयनीय स्थिति को इन शब्दों में उतारा है—"हम कश्मीर के पंडितों के लिए अपनी प्यारी जन्मभूमि से बिछोह तो दुःखदायी था ही, पर उससे भी अधिक दुःखदायी है सैकड़ों मील दूर ऐसे उष्ण जलवायु में रहना जिसका तापमान नितांत भिन्न है। वहाँ

वर्षा जल की नमीवाले खचाखच शिविर हैं, गंदगी है, नाममात्र की सुविधाएँ हैं और इससे भी भयावह यह कल्पना है कि हममें से प्रत्येक का और समूचे पंडित समुदाय का भविष्य क्या होगा? क्या हम अपनी जन्मभूमि पर कभी वापस जा सकेंगे? भारतवासियों, केवल आपके पास ही इस प्रश्न का उत्तर है।''

भारत के विभिन्न शहरों में बसे इन कश्मीरी पंडितों की दयनीय स्थिति रोंगटे खड़े कर देती है। ये कश्मीरी हिंदू अपने घरों में वापस जाना चाहते हैं। 'अगली शिवरात्रि अपने घरों में मनाएँगे' प्रत्येक वर्ष इस प्रकार का संकल्प करते करते बीस वर्ष बीत गए हैं। इन 20 वर्षों में देश और प्रदेश की सरकारों ने इन विस्थापितों की सकुशल घर वापसी की बीसियों योजनाएँ बनाई होंगी। परंतु राजनीति से प्रेरित इन योजनाओं का वही हाल हुआ जो कश्मीरी पंडितों का हुआ है। इस कालखंड में जम्मू-कश्मीर की सत्ता पर काबिज हुए सभी मुख्यमंत्रियों डॉ. फारुक अब्दुल्ला (नेशनल कॉन्फ्रेंस), मुफ्ती मुहम्मद सईद (पीपल्ज डेमोक्रेटिक पार्टी), गुलाम नबी आजाद (कांग्रेस) और उमर अब्दुल्ला (एन.सी.) ने चिल्ला-चिल्लाकर कहा—''पंडितों के बिना कश्मीर अधूरा है—इन्हें सम्मानपूर्वक वापस इनके घरों में लाया जाएगा…।'' किंतु ये सभी घोषणाएँ हवाई साबित हुईं।

राजनीति से प्रेरित इस प्रकार की घोषणाओं और आश्वासनों ने घरों से उजड़े कश्मीरी पंडितों के जख्मों पर नमक छिड़कने का काम किया। एक तरफ ये सभी मुख्यमंत्री पंडितों को पुन: कश्मीर में बसाने के सब्जबाग दिखाते रहे तो दूसरी ओर जम्मू और अन्य स्थानों पर स्थापित शरणार्थी शिविरों को स्थायी रूप से पक्के बनाने के काम किए गए। विस्थापित पंडितों के एक नेता हृदय नाथ गंजू पूछते हैं कि सरकार यदि वास्तव में हमें कश्मीर में वापस भेजने में ईमानदार है तो शरणार्थी शिविरों को स्थायी रूप क्यों दिया जा रहा है? कश्मीरी पंडितों द्वारा छोड़े गए घरों और दुकानों पर भारत विरोधी तत्त्वों द्वारा कब्जे क्यों करने दिए गए? हमारे पूजा स्थलों और जमीन-जायदाद को सार्वजनिक घोषित करके उन पर सरकारी इमारतें क्यों खड़ी की जा रही हैं? हिंदुओं में सामूहिक पलायन के कारण सरकारी नौकरियों में बने रिक्त स्थानों को मुसलमान कश्मीरी युवकों से क्यों भरा जा रहा है? हमारे पुश्तैनी घरों के ताले किसने खोले हैं? और उनमें कौन लोग रह रहे हैं? पंडित नेताओं के अनुसार इनके घरों, दुकानों और खेतों पर अलगाववादियों और आतंकियों ने कब्जे कर लिए हैं।

एक ही थाली के चट्टे-बट्टे

कश्मीरी पंडितों के एक वयोवृद्ध 90 वर्षीय अमरनाथ वैष्णवी के अनुसार, ''जम्मू-कश्मीर की कोई भी सरकार विस्थापित पंडितों को कश्मीर में वापस नहीं लाना चाहती।

कोई भी मुख्यमंत्री अलगाववादियों से टकराव मोल नहीं लेना चाहता। सभी के सभी मजहबी जुनून के शिकार हैं। सबकी रंगों में इसलामिक कट्टरपन भरा हुआ है। ये सब नेता पंडितों की घर वापसी का नाटक करके भारत सरकार से करोड़ों का धन ऐंठ रहे हैं। इनके जेहन में भी हिंदू विरोध समाया हुआ है। सभी एक ही थाली के चट्टे-बट्टे हैं।''

आश्चर्य की बात है कि कश्मीर घाटी में पंडितों को उनके घरों में फिर से बसाने की सरकारी योजनाएँ पंडितों से सलाह मशविरा किए बिना ही बनती रही हैं। सर्वविदित है कि कश्मीर से बलपूर्वक निकाले गए लगभग चार लाख पंडित देश के अनेक स्थानों पर बिखर चुके हैं। करीब एक लाख लोग जम्मू एवं निकटवर्ती कस्बों में स्थापित शरणार्थी शिविरों अथवा किराए के मकानों में ठहरे हुए हैं। लगभग एक लाख लोग दिल्ली तथा उसके आसपास के इलाकों में दिन काट रहे हैं। शेष पंडित परिवार चंडीगढ़, जालंधर, अमृतसर, आगरा, फरीदाबाद, जयपुर, लखनऊ, वाराणसी, भोपाल, चेन्नई, मुंबई और कोलकाता इत्यादि स्थानों पर रह रहे हैं। इस तरह दूर-दराज के शहरों में ठहरे पंडित परिवारों को फिर से कश्मीर में बसाना टेढ़ी खीर है। इस कार्य को संपन्न करने के लिए बहुत विस्तृत ठोस एवं व्यावहारिक कार्य योजना की जरूरत है, जिसे पंडित परिवारों के नेताओं को विश्वास में लेकर ही पूरा किया जा सकता है।

घर वापसी की कागजी योजनाएँ

हाल ही में जम्मू-कश्मीर की सरकार ने एक ठोस कदम उठाते हुए सरकारी अधिकारियों और विस्थापित पंडित नेताओं की एक संयुक्त समिति का गठन किया है। सरकारी नियंत्रणवाली यह समिति पंडितों की घर वापसी की योजनाओं को अमली जामा पहनाने का काम करेगी। जम्मू-कश्मीर के राहत एवं पुनर्वास मंत्री की देखरेख में गठित इस समिति का विस्थापित पंडितों की सबसे बड़ी संस्था पनुन कश्मीर ने बहिष्कार किया है। पनुन कश्मीर के नेता अश्वनी चरंगू ने एक बयान जारी करके कहा है कि यह समिति केवल सरकारी खाना-पूर्ति के सिवाय कुछ नहीं है। कश्मीर के हालात पहले जैसे ही हैं। पाक समर्थित आतंकवादी पूरी तरह सक्रिय हैं। पिछले एक ही महीने में सात आतंकी घटनाएँ हुई हैं जिनमें सुरक्षा बलों के तीन अफसरों सहित आठ जवान शहीद हुए हैं। आतंकवादियों के गुप्त ठिकाने भी सुरक्षित हैं। इन ठिकानों पर पाकिस्तानी हथियार निरंतर पहुँच रहे हैं। विदेशी आतंकियों की संख्या बढ़ती जा रही है। ऐसी परिस्थितियों में पंडितों को वहाँ ले जाकर बसाना उन्हें मौत के मुँह में धकेलने के समान होगा।

इसी तरह जम्मू-कश्मीर विचार मंच के राष्ट्रीय अध्यक्ष वरिष्ठ अधिवक्ता त्रिलोकी नाथ गंजू ने भी इस सरकारी संयुक्त समिति को एक मजाक बताते हुए कहा है कि सरकार हम पंडितों को रखेगी कहाँ? हमारे घर या तो फूँक डाले गए हैं अथवा उन पर

अराष्ट्रीय तत्त्वों का कब्जा हो चुका है। सरकार को पहले सख्त काररवाई करके आतंकवाद को समाप्त करना चाहिए। पंडित युवकों को सरकारी नौकरियों में भरती करना चाहिए। कश्मीरी पंडितों के घरों, दुकानों, बाग-बगीचों इत्यादि को मुक्त करवाने की कानूनी व्यवस्था करनी चाहिए। सरकार ने घरों की मरम्मत के लिए प्रत्येक पंडित परिवार को सात लाख रुपया देने की घोषणा की है यह अपर्याप्त है। जो घर पूर्णतया बरबाद हो गए हैं उनका क्या बनेगा? इसी तरह पंडितों के व्यावसायिक अदारे भी आतंकियों अथवा स्थानीय लोगों के गैरकानूनी कब्जे में है। इन सभी समस्याओं का निदान पहले होना चाहिए।

सरकार द्वारा स्थापित संयुक्त समिति की बैठक में राहत एवं पुनर्वास मंत्री रमण भल्ला ने जानकारी दी है कि 1600 पंडित परिवार वापस कश्मीर में जाने के लिए तैयार हैं। इन परिवारों को कहाँ ठहराया जाएगा? इनके पुश्तैनी घरों में या फिर किसी सुरक्षित स्थान पर एक साथ? इसकी कोई ठोस रूपरेखा अभी तैयार नहीं हो सकी। उल्लेखनीय है कि 1989 में विस्थापित होकर आए कश्मीरी पंडित कश्मीर घाटी के शहरों, कस्बों एवं दूर-दराज के ग्रामीण क्षेत्रों के हैं। ऐसे भी गाँव हैं जहाँ हिंदुओं के मात्र दो या तीन परिवार ही थे। इन लोगों को अब 20 वर्षों के बाद उन्हीं गाँवों में भेजना खतरे से खाली नहीं होगा, जहाँ आतंकियों का बोलबाला है। जम्मू-कश्मीर विचार मंच की दिल्ली इकाई के अध्यक्ष अजय भारती ने संयुक्त समिति के फैसले का स्वागत तो किया है, परंतु यह ठोस सुझाव भी रखा है कि घर वापसी को पूर्णतया सुरक्षित बनाया जाए। वापस लौटनेवाले परिवारों को जिलानुसार एक स्थान पर रखने की व्यवस्था करनी चाहिए। सरकार जो भी कदम उठाए वे सभी सुरक्षा और रोजगार की गारंटी के साथ उठाने चाहिए। इसी तरह पंडित नेता हीरालाल चठा ने भी सरकार से पंडितों की सुरक्षित और सम्मानजनक घर वापसी की माँग की है। सरकार को घर वापसी का राजनैतिक नाटक करने के स्थान पर कश्मीर घाटी में बने भारत एवं हिंदू विरोधी माहौल को बदलना होगा।

पुरानी लकीरों पर नई सरकार

जम्मू-कश्मीर की वर्तमान सरकार भी पूर्व की सरकारों की भाँति कश्मीर के मट्टन, क्षीरभवानी एवं श्रीनगर में कश्मीरी पंडितों के लिए सामूहिक भवन बनाने की योजना पर काम कर रही है। इस तरह के भवनों के अलग-अलग तलों में 50 से लेकर 100 तक पंडित परिवार एक साथ रह सकेंगे। यह कितनी हास्यास्पद योजना है पंडित परिवारों को कश्मीर में बसाने की? इसका सीधा अर्थ यह है कि देश के विभिन्न स्थानों पर स्थापित शरणार्थी शिविरों में रह रहे विस्थापितों को कश्मीर में इन नए शिविरों में

लाकर पटक दिया जाएगा जो सदैव आतंकवादियों के निशाने पर रहेंगे। वह क्षण कितना दुःखदायी होगा जब कश्मीर के ये असली निवासी सरकारी भवनों में रहते हुए अपने बाप-दादाओं के घरों में किसी दूसरे को देखेंगे। अपनी आँखों के सामने अपने ही घरों पर काबिज विधर्मियों को देखकर इन्हें कितनी पीड़ा होगी इसका अंदाजा लगाना भी अत्यंत भयावह है। ध्यान देने की बात है कि अपने शासन काल में जम्मू-कश्मीर के मुख्यमंत्री मुफ्ती मुहम्मद सईद ने भी एक बार ऐसी ही योजना बनाई थी। इसके अंतर्गत मट्टन और क्षीर भवानी में सौ-सौ पंडित परिवारों को एकसाथ रखने के लिए दो विशाल भवन बनाए गए थे। परंतु एक भी पंडित परिवार इन असुरक्षित भवनों में रहने के लिए तैयार नहीं हुआ। अब इस तरह की अव्यवहारिक और बेबुनियाद स्कीमें फिर गढ़ी जा रही हैं। दरअसल ये सभी योजनाएँ उस सरकारी झाँसे का हिस्सा हैं जो प्रारंभ से ही विस्थापित पंडितों को दिया जा रहा है।

यह कितने दुःख और दुर्भाग्य की बात है कि कश्मीर पर हुए विदेशी हमलावरों का डटकर सामना करने और अपनी कुरबानियाँ देकर कश्मीर की प्राचीन और सनातन संस्कृति को बचाकर रखनेवाले कश्मीरी हिंदुओं को अपनी धरती से विस्थापित होना पड़ा और उधर उन विदेशी हमलावरों के आगे कायरता पूर्वक घुटने टेककर कश्मीरियत के असली चेहरे को बिगाड़नेवाले लोग आज कश्मीर के मालिक बनकर और कश्मीर को स्वतंत्र इसलामिक देश घोषित करके देशद्रोह पर उतर आए हैं। इन लोगों ने अपने ही पूर्वजों की स्वदेशी कश्मीरियत को तहस-नहस करके विदेश से आए आक्रमणकारियों की तहजीब को कश्मीरियत बना दिया। ऐसी कश्मीरियत, जिसमें कश्मीरी हिंदुओं का कोई स्थान नहीं, जिसमें कश्मीर की पाँच हजार वर्ष पुरानी वास्तविक संस्कृति और गौरवशाली इतिहास के लिए कोई स्थान नहीं, जो कश्मीरियत कश्मीर की धरती पर नहीं जन्मी, वह 'कश्मीरियत' नहीं अपितु आक्रमणकारी तहजीब है। यह हिंदूविहीन कश्मीरियत वास्तव में मुसलिम राष्ट्र है।

भारत की सरकार सेना, प्रत्येक राजनीतिक संगठन और समस्त जनता को ये समझ में आ जाना चाहिए कि कश्मीर में 'भारत' को सुरक्षित रखने के लिए कश्मीरी हिंदुओं का वहाँ बसना आवश्यक है। यदि समय बीतने के साथ यह कश्मीरी हिंदू देश के भिन्न-भिन्न भागों में बिखरते चले गए तो कश्मीर को भारत में बनाए रखने का आधार ही समाप्त हो जाएगा। इन लोगों के स्थान-स्थान पर बिखरने से इनकी पहचान पर तो खतरा मँडराएगा ही, धीरे-धीरे इनके मन में अपनी कश्मीर घाटी में जाने की उमंग, उत्साह और जरूरत भी समाप्त हो जाएगी। राष्ट्रीय स्वयंसेवक संघ द्वारा प्रकट इस ऐतिहासिक सच्चाई को नजरअंदाज नहीं किया जा सकता कि देश का जो भाग हिंदूविहीन होगा वह भारत से कट जाएगा।

अब वक्त आ गया है कि 'संपूर्ण जम्मू-कश्मीर भारत का अभिन्न अंग है' और 'पंडितों के बिना कश्मीर अधूरा है।' जैसी घोषणाओं को व्यवहार में लाने के लिए देश और विदेश में भटक रहे कश्मीर के सभी हिंदुओं को उनकी जन्मभूमि में बसाने की कानूनी प्रक्रिया की गति तेज की जाए। राजनीतिक नाटकबाजी को समाप्त करके कश्मीरी पंडितों को सुरक्षा और सम्मान के साथ अपने घरों में भेजने का प्रथम और मुख्य प्रयास किया जाए। इनके कश्मीर में लौटने से इनकी पहचान और मनोबल दोनों बढ़ेंगे। जिस दिन सरकार ने इन देशभक्त पंडितों को कश्मीर में सुरक्षित बसाने का राष्ट्रीय महत्त्व का काम कर लिया उसी दिन धर्म की अधर्म पर और सत्य की असत्य पर विजय होगी। विस्थापितों का वनवास समाप्त होगा। विजयादशमी और दीपावली जैसे उत्सव फिर से कश्यप की धरती कश्मीर में अपनी छटा बिखेरेंगे।

देशभक्त कश्मीरी पंडित

यह कहने की जरूरत नहीं कि कश्मीर से भगाए गए वर्तमान कश्मीरी पंडित उन बहादुर हिंदू पूर्वजों की संतानें हैं जिन्होंने विदेशी हमलावरों के आगे सर नहीं झुकाया और वर्तमान मुसलमान कश्मीरी नेता उन हिंदू पूर्वजों की संतानें हैं जो विदेशी हमलावरों के जुल्मों को सहन नहीं कर सके, धर्मांतरित हो गए, तथा अपने ही पूर्वजों पर आधारित स्वदेशी कश्मीरियत को मिटाकर विदेशी हमलावरों के तलुए चाटने लगे। कायरता और समर्पण का यह सारा इतिहास कश्मीर के प्रसिद्ध ग्रंथ राजतरंगिणी में मौजूद है।

जम्मू-कश्मीर सहायता समिति

राष्ट्रीय स्वयंसेवक संघ प्रारंभ से ही कश्मीर में बढ़ रहे अलगाववाद से चिंतित रहा है और समय-समय पर भारत सरकार को सचेत भी करता रहा है। नवंबर 1989 में कश्मीर की परिस्थितियों ने भयानक मोड़ लिया। श्री टीकालाल टपलू (उपप्रधान भारतीय जनता पार्टी), श्री प्रेमनाथ भट्ट (प्रसिद्ध वकील एवं संघ कार्यकर्ता), श्री नीलकंठ गंजू (जज, जिन्होंने कश्मीर लिबरेशन फ्रंट के नेता मकबूल भट्ट को देशद्रोह के जुर्म में मृत्युदंड दिया था) और श्री लसा कौल (निदेशक, दूरदर्शन) इत्यादि की आतंकवादियों द्वारा हत्या कर दी गई और हिंदुओं का कश्मीर से सामूहिक पलायन प्रारंभ हुआ। उस समय संघ के प्रयास से जम्मू-कश्मीर की सभी धार्मिक एवं सामाजिक संस्थाओं के नेताओं की एक समन्वय समिति का गठन हुआ। इसी समिति के तत्त्वावधान में फरवरी

1990 में जम्मू में एक विशाल सम्मेलन का आयोजन किया गया, जिसमें पारित प्रस्तावों के माध्यम से सरकार से ठोस कदम उठाने और कश्मीर से विस्थापित हिंदुओं को सम्मानजनक सुविधाएँ देने की आवश्यकता पर बल दिया गया। यह महासम्मेलन संघ के उस समय के सहप्रांत संघचालक वैद्य विष्णुदत्त की अध्यक्षता में संपन्न हुआ। इसमें प्रसिद्ध अकाली नेता श्री जीवनसिंह उमरांनगल एवं भारतीय जनता पार्टी के नेता श्री केदारनाथ साहनी ने भी भाग लिया।

इस समन्वय समिति के उद्देश्यों को व्यवहार में परिणत करने हेतु वैद्य विष्णुदत्त की अध्यक्षता में 'जम्मू-कश्मीर सहायता समिति' का गठन किया गया। इस सहायता समिति ने विस्थापित हिंदुओं का तीव्रगति से रजिस्ट्रेशन प्रारंभ किया और भिन्न-भिन्न सार्वजनिक स्थानों पर इन बंधुओं को बसाने का कार्य शुरू किया। समिति ने सारे देश में एक अपील निकालकर देशवासियों से धन, वस्त्र एवं औषधियाँ भेजने का आग्रह किया। परिणामस्वरूप सारे देश में संघ के स्वयंसेवकों ने घर-घर घूमकर धन, वस्त्र इत्यादि एकत्रित करके जम्मू स्थित समिति कार्यालय में भेजना प्रारंभ कर दिया। इस धन से समिति के कार्यकर्ता विस्थापितों की आर्थिक सहायता, खाद्य सामग्री इत्यादि का वितरण, बच्चों का शिक्षण और रोगियों का उपचार आदि कार्य कर रही है। विस्थापितों के शिविर जम्मू, ऊधमपुर, चिनैनी, रियासी और कठुआ आदि बीस स्थानों पर स्थित हैं।

विभिन्न वर्गों से संबंधित विस्थापित बंधुओं की समस्याओं के समाधान हेतु भिन्न-भिन्न विभाग समिति के अंतर्गत कार्य कर रहे हैं। कर्मचारियों के लिए विस्थापित कर्मचारी फोरम, व्यवसायियों के लिए विस्थापित व्यवसायी फोरम और विद्यार्थियों के लिए विद्यार्थी कल्याण फोरम आदि संगठन अपने-अपने क्षेत्र में कार्यरत हैं। यह समिति इन बेसहारा लोगों की कन्याओं के विवाह इत्यादि के लिए भी यथासंभव सहायता कर रही है।

छात्रों का 'कश्मीर चलो' मार्च

कश्मीर घाटी में अलगाववादी षड्यंत्र का संचालन कर रहे आतंकवादी देशद्रोहियों को चुनौती देने एवं भारतीय सुरक्षा बलों का मनोबल बढ़ाने के उद्देश्य से अखिल भारतीय विद्यार्थी परिषद् के तत्त्वावधान में आयोजित 'कश्मीर चलो' का राष्ट्रीय मार्च विशेष महत्त्व रखता है। देश के कोने-कोने से आए लगभग दस हजार विद्यार्थी 11 सितंबर, 1990 को जम्मू के विशाल परेड मैदान में एकत्रित हुए। इस जनसभा में युवाओं ने कश्मीर के लिए सर्वस्वार्पण का निश्चय किया। समस्त देश से आई यह युवा शक्ति श्रीनगर के लाल चौक पर राष्ट्रीय ध्वज फहराने के उद्देश्य से कश्मीर जाना चाहती थी, परंतु राज्य सरकार ने इसकी अनुमति नहीं दी। अनुमति न मिलने के बावजूद इन हजारों उत्साही और राष्ट्रभक्त कार्यकर्ताओं ने राष्ट्रीय ध्वज तिरंगे के साथ श्रीनगर की ओर कूच

कर दिया। अत: ऊधमपुर में इन्हें गिरफ्तार कर लिया गया। एक रात्रि जम्मू कारावास में रहने के पश्चात् इन विद्यार्थियों ने दिल्ली जाकर तत्कालीन प्रधानमंत्री श्री वी.पी. सिंह के आवास पर सशक्त धरना दिया और उन्हें भी तिरंगे के साथ श्रीनगर जाने हेतु ललकारा।

महिलाओं का 'जम्मू-कश्मीर बचाओ' अभियान

कश्मीर के संदर्भ में समस्त देशवासियों को स्थिति की वास्तविक जानकारी देने हेतु और सत्ताधारियों को भी सचेत करने की दृष्टि से राष्ट्र-सेविका समिति की ओर से किए गए प्रयासों का भी अपना विशेष योगदान रहा है। राष्ट्र-सेविका समिति महिलाओं का एक अखिल भारतीय राष्ट्रवादी संगठन है। इस संगठन द्वारा 21 से 31 मार्च, 1991 को देश भर में 'जम्मू-कश्मीर बचाओ अभियान' चलाया गया। 31 मार्च, 1991 को जम्मू में देशभर से आई लगभग तीन-सौ महिलाओं एवं जम्मू की हजारों महिलाओं ने एक प्रभावशाली जागरण यात्रा और जनसभा का आयोजन करके कश्मीर बचाओ अभियान को सफलतापूर्वक संपन्न किया। इसी कार्यक्रम के अंतर्गत इन सेविका बहनों ने विस्थापित कैंपों में जाकर सभी विस्थापित बंधुओं से, विशेषतया माताओं-बहनों से बातचीत करके उनका दु:ख-सुख बाँटा। इन कैंपों की दयनीय परिस्थितियों को जम्मू-कश्मीर सरकार एवं केंद्र सरकार तक पहुँचाने हेतु राष्ट्र-सेविका समिति के कई प्रतिनिधि मंडल सक्रिय रहे।

एकता यात्रा

कश्मीर से लेकर कन्याकुमारी तक भारत एक है, अखंड है, यह बात कश्मीर घाटी में जाकर करने का साहस राजनेताओं को नहीं होता था। कई '26 जनवरी' और '15 अगस्त' बीत गए, लेकिन श्रीनगर के लाल चौक पर भारतीय ध्वज तिरंगा नहीं फहर पाता था। सितंबर 1990 में अखिल भारतीय विद्यार्थी परिषद् द्वारा लाल चौक पर तिरंगा फहराने का प्रयास सरकार द्वारा ही विफल कर दिया गया।

भारतीय जनता पार्टी ने इसे देश की एकता और अखंडता के लिए चुनौती माना और 26 जनवरी, 1992 को लाल चौक पर तिरंगा फहराने का निश्चय किया। बस, शुरू हो गई भाजपा अध्यक्ष डॉ. मुरलीमनोहर जोशी की एकता यात्रा—11 दिसंबर, 1991 को कन्याकुमारी से कश्मीर की ओर। उद्देश्य रखा गया—सारे देश में कश्मीर समस्या से संबंधित मूल मुद्दों के बारे में आम जनता को जागरूक करना तथा राष्ट्र को वर्तमान स्थिति में संकट की गहनता की जानकारी देना।

सरकार की ओर से यात्रियों को रोकने की बार-बार और भिन्न-भिन्न प्रकार की कोशिशें हुईं, लेकिन सब बेकार गईं। एक स्थान पर प्रशासनिक अधिकारियों ने सूचित किया कि आगे सड़क पर पहाड़ गिर जाने से रास्ता बंद हो चुका है। रास्ता साफ होने में

तीन चार दिन लग जाते अर्थात् 26 जनवरी बीत जाती। अतः तुरंत योजना बदली गई। हेलीकॉप्टर से श्रीनगर जाने का तय हुआ। हेलीकॉप्टर की व्यवस्था करने में भी समय लग गया। अंततोगत्वा सब बाधाएँ पार करते हुए वे प्रात:काल प्रथम प्रहर में ही श्रीनगर पहुँच गए। एक-दूसरे हेलीकॉप्टर में लगभग चालीस लोग और श्रीनगर पहुँचे। इनमें कुछ संसद् सदस्य एवं पत्रकार थे।

26 जनवरी प्रात:काल डॉ. जोशी ने पूर्व घोषणानुसार लाल चौक पर तिरंगा ध्वज फहरा दिया। उपस्थित संसद् सदस्य, पत्रकार एवं सेनाधिकारियों ने एक स्वर से 'भारत माता की जय' का उद्घोष करके विश्व को भारतीय अस्मिता एवं प्रभुसत्ता का परिचय दिया।

लाल चौक पर लहराया गया यह ध्वज पाकिस्तान के मुँह पर जोर का तमाचा था, आतंकवादियों की योजनाओं पर कुठाराघात था और भारत सरकार के कमजोर दिलों द्वारा बनाई गई ढुलमुल कश्मीर-नीति का पर्दाफाश था।

□

डोडा क्षेत्र में आतंक

पाकिस्तान की खुली मदद लेकर कश्मीर स्थित अलगाववादियों/आतंकियों ने जिस तरह कश्मीर में कथित जंगे आजादी की हिंसक मुहिम चला रखी है, उसे जम्मू संभाग में भी सफलतापूर्वक चलाने के लिए षड्यंत्र रचे जाने लगे। पाकिस्तान की कुख्यात खुफिया एजेंसी आई.एस.आई. के इशारे पर सबसे पहले डोडा और उधमपुर के पहाड़ी इलाकों में खूनी दहशत को प्रारंभ किया गया। 14 अगस्त, 1993 को डोडा जिले की किश्तवाड़ तहसील में सरथल-किश्तवाड़ सड़क पर जा रही यात्री बस को रोककर नकाबपोश आतंकियों ने 16 हिंदुओं को दिन दिहाड़े गोलियों से भून डाला। इस बड़े नरसंहार के साथ शुरू हो गया पाकिस्तान प्रेरित हिंसक आतंकवाद का सिलसिला। डोडा के कुलहांड और उधमपुर के बसंतगढ़ इलाकों में भी इस तरह के नरसंहार किए गए।

आतंकियों के लिए 'हीलिंग टच'

इस समय जम्मू-कश्मीर में कांग्रेस और पीपल्ज डेमोक्रेटिक पार्टी की मिली-जुली सरकार और केंद्र में यू.पी.ए. सरकार ने जम्मू संभाग में फैल रहे आतंकवाद को समाप्त करने के लिए ठोस कदम नहीं उठाए। अलबत्ता हिंसा के शिकार हो रहे हिंदुओं के जख्मों पर नमक छिड़कने के लिए प्रदेश के तत्कालीन मुख्यमंत्री मुफ्ती मुहम्मद सईद ने आतंकवादियों और उनके परिवारों को सरकारी सहायता देने के लिए एक नई नीति 'हीलिंग टच' अख्तियार की। बंदूक छोड़कर आत्मसमर्पण करनेवाले आतंकवादियों को आर्थिक सहायता देकर उन्हें सरकारी एवं गैरसरकारी नौकरियाँ दी जाने लगीं। कई-कई बम विस्फोटों, कत्लों और सामूहिक नरसंहारों के लिए जिम्मेदार आतंकवादियों को पुरस्कार देनेवाली इस 'हीलिंग टच' नीति का सारे देश में विरोध हुआ, परंतु कांग्रेस और पी.डी.पी. पर कोई असर नहीं हुआ। यह नीति जम्मू-कश्मीर के उन लाखों बेरोजगार और देशभक्त युवकों का अपमान साबित हुई जिन्होंने आतंकवादियों का साथ न देकर अपने देश-प्रेम का परिचय दिया।

इस सरकारी नीति के फलस्वरूप आतंकवादियों की संख्या बढ़ने लगी। पैसा बटोरने और सरकारी दाल-रोटी खाने को इससे आसान रास्ता और क्या हो सकता था। पहले आतंकी संगठन में शामिल हो जाओ, फिर प्रशिक्षण लेने के लिए पाकिस्तान जाओ, वापस आकर जम्मू-कश्मीर में किसी स्थान पर विस्फोट करो, हिंसा फैलाओ, निर्दोषों को मारो और पकड़े जाने पर हथियारों सहित समर्पण कर दो और फिर सरकारी मदद लेकर जिंदगी भर ऐश करो। इधर नरसंहारों की रफ्तार तेज होती गई और उधर प्रदेश और केंद्र की सरकारें आतंकवादियों और अलगाववादियों के साथ वार्त्तालाप करने के लिए उतावली हो रहीं थीं।

बलिदानों की होड़

देशद्रोहियों को नियंत्रित करने में पूर्णतया नाकाम साबित हो रहीं सरकारी नीतियों के खिलाफ संघ के स्वयंसेवकों ने डटकर लड़ने का निश्चय किया। भारतीय जनता पार्टी, अखिल भारतीय विद्यार्थी परिषद्, विश्व हिंदू परिषद् एवं हिंदू रक्षा समिति ने पूरे जम्मू संभाग में एक संगठित हिंदू जागृति अभियान छेड़ दिया। इस 'डोडा बचाओ अभियान' में कई हिंदू नेताओं ने अपने बलिदान देकर आतंकियों एवं सरकार को चुनौती दी। किश्तवाड़ के हिंदू रक्षा समिति के महासचिव सतीश भंडारी, डोडा के भाजपा नेता संतोष ठाकुर, भद्रवाह के संघ कार्यकर्ता स्वामी राज काटल, सुभाष सेन और रूचिर कुमार आतंकवादियों का सामना करते हुए शहीद हो गए। इसी तरह किश्तवाड़ के अध्यापक ठाकुर सेवाराम और प्रवीण गुप्ता, तहसील बसौली के भाजपा कार्यकर्ता सफदर अली, डोडा तहसील के मोहन सिंह, भद्रवाह के तीर्थ राम शर्मा, प्रदीप कुमार एवं दीवान चंद ने भी आतंकवादियों के साथ वीरतापूर्वक लड़ते हुए अपनी जानें कुरबान कर दीं। बेकसूर लोगों की जान, माल और सम्मान की रक्षा के लिए दुर्दांत आतंकियों के साथ अंतिम साँस तक लड़ते रहनेवाले उपर्युक्त सभी शहीद राष्ट्रीय स्वंयसेवक संघ के निष्ठावान कार्यकर्त्ता थे।

इन कार्यकर्ताओं ने अपनी शहादत देकर डोडा क्षेत्र की जनता की रक्षा की है। संघ के ऐसे अनेक कार्यकर्ता हैं जिन्होंने आतंकवादियों को यमलोक पहुँचाने के लिए संघर्ष किया है। संघ के अनेक अधिकारियों ने डोडा क्षेत्र का प्रवास करके हिंदुओं को अपने धर्म और धरती पर डटे रहने की प्रेरणा दी है। प्रदेश भाजपा के तत्कालीन अध्यक्ष एवं डोडा क्षेत्र के सांसद प्रो. चमनलाल गुप्ता ने इस सारे आतंकग्रस्त क्षेत्र का कई बार दौरा किया और दूर-दराज के पहाड़ी इलाकों तक पहुँचकर जनता का मनोबल बढ़ाया और हिंदू युवकों को बहादुरी के साथ आतंकवादियों का मुकाबला करने और अपने घरों में डटे रहने की प्रेरणा दी।

डोडा बचाओ आंदोलन

डोडा क्षेत्र में व्याप्त आतंकवाद, हिंदुओं के पलायन का खतरा, पहाड़ी इलाकों में स्थापित आतंकी ठिकाने, हथियारों के जखीरे, पाकिस्तान प्रशिक्षित घुसपैठियों द्वारा हिंसक गतिविधियों में तेजी और हिंदू युवकों द्वारा किए जा रहे प्रतिकार की जानकारी केंद्र की सरकार और समस्त देश को देने के उद्देश्य से भारतीय जनता पार्टी द्वारा एक पखवाड़े का 'डोडा बचाओ आंदोलन' किया गया। 23 जून, 1994 से 6 जुलाई, 1994 तक चले इस आंदोलन को सफल बनाने के लिए भारतीय जनता पार्टी के लगभग दो दर्जन वरिष्ठ नेताओं ने जम्मू आकर सत्याग्रह किया। श्रीमान अटल बिहारी वाजपेयी, लालकृष्ण आडवाणी, राजमाता विजयाराजे सिंधिया, डॉ. मुरली मनोहर जोशी, सुषमा स्वराज, कल्याण सिंह, शांता कुमार इत्यादि शीर्षस्थ नेताओं ने आंदोलन का नेतृत्व करके सरकार से डोडा क्षेत्र को सेना के हवाले करने की माँग की। भाजपा द्वारा आयोजित इस आंदोलन में देश भर से आए तीन लाख से ज्यादा कार्यकर्ताओं ने अपनी गिरफ्तारियाँ देकर सरकार को चेताया।

आंदोलन का प्रभाव

इस आंदोलन के परिणामस्वरूप सरकार हरकत में आई। डोडा क्षेत्र में सेना की टुकड़ियाँ बढ़ाई गईं। आतंकवाद से लोहा लेनेवाले सैनिक बलों को विशेष अधिकार दिए गए। भद्रवाह, किश्तवाड़ और रामबन में सैन्य छावनियाँ बनाई गईं। ग्राम स्तर पर ग्रामीण सुरक्षा समितियों का गठन हुआ। इस आंदोलन और इसके फलस्वरूप कड़ी सुरक्षा व्यवस्था के कारण डोडा क्षेत्र की जनता का मनोबल तो बढ़ा और हिंदुओं का पलायन भी एक सीमा तक रुका परंतु आतंकवाद का सफाया नहीं हो सका। सरकार को जितने सख्त और सीधे आदेश सुरक्षा बलों को देने चाहिए थे, वे नहीं दिए गए। डोडा क्षेत्र में सैन्य बलों को और ज्यादा अधिकार देने और ग्रामीण सुरक्षा समितियों को अधिकार और पर्याप्त मात्रा में हथियार उपलब्ध करवाने की माँग को लेकर भारतीय जनता पार्टी ने एक और देश व्यापी आंदोलन 7 जून, 2006 से 15 जून, 2006 तक आयोजित किया। इस बार भी सत्याग्रह का केंद्र जम्मू ही बनाया गया।

अभी मौजूद है आतंक

यद्यपि राष्ट्रीय स्वयंसेवक संघ के कार्यकर्ताओं ने डोडा सहित पूरे जम्मू-कश्मीर में जनता का मनोबल बढ़ाने, पलायन को रोकने और आतंकियों के ठिकानों की जानकारी सुरक्षा बलों को देने और अराष्ट्रीय तत्त्वों को पकड़वाने में अपनी महत्त्वपूर्ण भूमिका निभाई है, तो भी सरकारी ढिलाई और तुष्टीकरण की नीति के कारण आतंकवाद समाप्त

नहीं हो रहा। विस्फोट, गोलीबारी अथवा सामूहिक हत्याकांड हो जाने के पश्चात् ही सरकार हरकत में आती है। सरकार की एक ही समुदाय के तुष्टीकरण की राजनीति के कारण पूरे जम्मू सम्भाग में रह रहे अल्प संख्यक हिंदू आतंकवाद का वीरतापूर्वक मुकाबला करते हुए भी परेशान हैं। आतंकवादी तत्त्व जम्मू संभाग में 'कश्मीर' तो नहीं दुहरा सके, परंतु अपनी पाक प्रेरित अलगाववादी मानसिकता के जुनून में वे किसी न किसी रूप में आतंकवाद को जिंदा रखे हुए हैं।

संघ के स्वयंसेवकों की पहल और भरोसे पर डोडा क्षेत्र के देशभक्त लोग संगठित होकर पाक प्रेरित और कश्मीर आधारित आतंकवाद का सामना पूरी ताकत से कर रहे हैं। कई मुसलमान भाई भी अपने हिंदू भाइयों के साथ कंधे से कंधा मिलाकर इस देश और समाज घातक हिंसक अलगाववाद का मुँह तोड़ उत्तर दे रहे हैं। अनेक स्थानीय मुसलमान युवकों ने आतंकियों को पकड़ने, मारने और उनके गुप्त ठिकानों को समाप्त करने में सुरक्षा बलों एवं जम्मू-कश्मीर पुलिस का साथ दिया है।

अब तो डोडा क्षेत्र समेत राजौरी, पुंछ के ग्रामीण क्षेत्रों में ऐसे कई मुसलिम परिवार तैयार हुए हैं जो आतंकियों को शरण नहीं देते। कुछ मुसलमान नागरिकों ने तो बकायदा अपने निजी हथियारों के साथ आतंकी हमलावरों को मारा है। इतना सब कुछ होते हुए भी कश्मीर की तरह जम्मू संभाग में भी ऐसे अनेक कट्टरपंथी एवं पाकिस्तान समर्थक मुसलमान नेता हैं जो अपने वतन और स्थानीय हिंदू समाज के साथ गद्दारी करके आतंकियों का साथ देते हैं। दु:ख एवं आश्चर्य की बात है कि ऐसे लोगों को पकड़कर उन पर कठोर कारर‍वाई करने से सरकार कतराती है।

□

जम्मू क्षेत्र से भेदभाव

राष्ट्रभक्त महाराजा हरिसिंह द्वारा जम्मू-कश्मीर का भारत में विलय करने के पश्चात् प्रधानमंत्री पंडित जवाहरलाल नेहरू ने प्रदेश की सत्ता कट्टरपंथी कश्मीरी नेता शेख मुहम्मद अब्दुल्ला के हाथों में सौंपने की भयंकर राजनीतिक भूल कर डाली। कश्मीर की सीमाओं में सिमटी नेशनल कॉन्फ्रेंस की सरकार गठित होते ही कश्मीर केंद्रित नीतियाँ बननी शुरू हो गईं। यहीं से प्रारंभ हुआ जम्मू और लद्दाख के साथ भेदभाव करने का फिरकापरस्त सिलसिला। हालाँकि जम्मू क्षेत्र में प्रजा परिषद् आंदोलन के रूप में हुई तीव्र प्रतिक्रिया के फलस्वरूप पंडित नेहरू ने 1953 में शेख अब्दुल्ला को गिरफ्तार करके अपनी भूल को सुधारने की कोशिश तो की, परंतु शेख द्वारा जम्मू-कश्मीर की सरकार और प्रशासन में बोए गए जम्मू और हिंदू विरोध के बीज आज तक अंकुरित हो रहे हैं। राजनीतिक, आर्थिक, सामाजिक और धार्मिक प्रत्येक क्षेत्र में जम्मू और लद्दाख की जनता के साथ पक्षपात, अन्याय और सौतेला व्यवहार योजनाबद्ध तरीके से किया जा रहा है।

कश्मीर केंद्रित राजनीति

जम्मू-कश्मीर की राजनीति, सरकार और प्रशासन पर कश्मीर का वर्चस्व सदैव बना रहे, इसी उद्देश्य के लिए सभी सरकारी गतिविधियों को कश्मीर केंद्रित बनाकर रखा जाता है। जनसंख्या के अनुपात को ताक पर रखकर प्रदेश की विधानसभा में कश्मीर घाटी की सीटें ज्यादा रखी गई हैं। सरकारी नौकरियों में भी कश्मीर के लोगों को ही वरीयता दी जाती है। आज तक इस प्रांत का मुख्यमंत्री कश्मीरी मुसलमान ही रहा है। एक अपवाद जम्मू संभाग के भद्रवाह क्षेत्र से विधायक चुने गए गुलाम नबी आजाद का जरूर है, परंतु वे भी अपने मुख्यमंत्री काल में कश्मीर केंद्रित नीतियों पर ही चलते रहे। बालटाल (कश्मीर) में अमरनाथ यात्रियों की सुविधा हेतु दी गई जमीन को वापस लेने का निर्णय इन्हीं आजाद साहब का कारनामा था। जम्मू-कश्मीर सरकार के मंत्रिमंडल में

कश्मीरी विधायकों का ही हमेशा बहुमत रहता है।

क्षेत्रफल की दृष्टि से कश्मीर घाटी पूरे जम्मू-कश्मीर प्रांत का आठवाँ भाग है, परंतु प्रदेश की सारी आमदनी और केंद्रीय सहायता का अधिकांश भाग कश्मीर पर व्यय होता है। प्रदेश के पर्यटन विभाग के बजट का 95 प्रतिशत कश्मीर के विकास पर खर्च होता है। प्रांत के सभी सरकारी निगमों के कार्यालय श्रीनगर में ही हैं। प्रदेश स्तर पर सरकारी अधिकारी, सचिव इत्यादि की नियुक्तियों में भी क्षेत्रीय भेदभाव का बोलबाला रहता है। यह सब इसलिए क्योंकि कश्मीर घाटी में मुसलमानों का बहुमत है। पक्षपात की हद तो उस समय हो गई जब केंद्र सरकार द्वारा जम्मू में खोले जाने वाले पशु चिकित्सालय व कॉलेज, दंत चिकित्सा केंद्र और कृत्रिम अंग-केंद्र भी कश्मीर में ही शुरू कर दिए गए। सभी बड़े-बड़े उद्योग, सीमेंट कारखाना, एच.एम.टी घड़ी उद्योग, टेलीफोन फैक्टरी, टेलीविजन उद्योग, सरकारी छापाखाना, कपड़ा उद्योग इत्यादि कश्मीर में ही विकसित किए गए। मेडिकल कॉलेज, इंजीनियरिंग कॉलेज, कृषि विश्वविद्यालय सबसे पहले कश्मीर में ही शुरू किए गए थे। प्रदेश के बजट का बहुत बड़ा हिस्सा कश्मीर घाटी पर ही खर्च होता है। कश्मीर के सभी 2876 गाँव मुख्य सड़कों से जुड़ चुके हैं।

प्रत्येक क्षेत्र में पक्षपात

जम्मू संभाग को प्रत्येक क्षेत्र में पक्षपात झेलना पड़ रहा है। श्रीनगर के मेडिकल कॉलेज में 75 प्रतिशत से ज्यादा स्थान कश्मीरी मुसलिम युवकों से भरे जाते हैं। कश्मीर का 'शेरे कश्मीर चिकित्सा संस्थान' उग्रवादियों का केंद्र बन चुका है। श्रीनगर विश्वविद्यालय और इंजीनियरिंग कॉलेज भी कश्मीर के मुसलमान युवकों के योजनाबद्ध बाहुल्य के कारण आतंकियों के अड्डे बन चुके हैं। स्वतंत्रता प्राप्ति के बाद तुष्टीकरण के नशे में अंधे हमारे सत्ताधारियों ने जम्मू और लद्दाख के हितों को दरकिनार करके ढेरों राजनीतिक और आर्थिक सुविधाएँ कश्मीर में जुटाई हैं। भारतीय संविधान की धारा 370 की आड़ में प्राप्त राजनीतिक अधिकारों और आर्थिक सुविधाओं से बढ़ी संपन्नता ने कश्मीरी युवकों के सांप्रदायिक कट्टरपन को और गहरा कर दिया है।

भारत सरकार द्वारा खुले हाथ से दिए जानेवाले अनुदानों और अरब देशों के अथाह पैट्रोडॉलरों से कश्मीर के लोग शेष देशवासिओं से कहीं अधिक समृद्ध हो गए हैं। सरकारी आँकड़ों के अनुसार कश्मीर घाटी की प्रतिव्यक्ति आय सारे देश से अधिक है। केवल मुंबई और दिल्ली ही अपवाद हैं। हमारे बुद्धिजीवियों एवं राजनीतिक नेताओं को कौन समझाए कि कश्मीर की अपेक्षा जम्मू और लद्दाख में आर्थिक पिछड़ापन कहीं अधिक है। राजनीतिक अधिकारों की दृष्टि से भी ये दोनों क्षेत्र घुटन में जी रहे हैं। केंद्र की प्रायः सभी सरकारों की कश्मीरी मुसलिम नेताओं को खुश रखनेवाली तुष्टीकरण की नीति,

कश्मीरी नेताओं की पक्षपात पूर्ण राजनीति और जम्मू के राजनीतिक दलों में एकजुटता के अभाव की वजह से आज पूरा जम्मू क्षेत्र कश्मीर की कॉलोनी बन चुका है।

सभी संघर्ष विफल

अपने साथ हो रहे भेदभाव के खिलाफ जम्मू के लोग किसी-न-किसी रूप में संघर्ष कर रहे हैं। परंतु उनकी आवाज नक्कारखाने में तूती साबित हो रही है। 1952-53 में प्रजा परिषद् आंदोलन 1966-67 का विद्यार्थी आंदोलन, 1979 का पुंछ आंदोलन और 1987 में हुए दरबार आंदोलन इत्यादि सभी संघर्ष केंद्र और प्रदेश की सरकारों की मिलीभगत और वोट बैंक की राजनीति के आगे दम तोड़ गए। प्रजा परिषद् आंदोलन को एक अपवाद माना जा सकता है। इसी संघर्ष के परिणामस्वरूप शेख अब्दुल्ला गिरफ्तार हुए, परमिट व्यवस्था समाप्त हुई और भारतीय संविधान की कई धाराएँ जम्मू-कश्मीर में लागू हो सकीं। दरअसल 1947 से आज तक अपने अधिकारों की लड़ाई लड़ रहे जम्मू के लोगों की आवाज को इसलिए खामोश किया जा रहा है ताकि कश्मीर का राजनीतिक वर्चस्व बना रहे। सच्चाई तो यह है कि मुसलिम समाज का वर्चस्व बनाए रखने के लिए जम्मू क्षेत्र के हिंदुओं और लद्दाख के बौद्ध लोगों को भेदभाव का निशाना बनाया जा रहा है।

अप्रभावित जाँच कमीशन

जम्मू के लोगों को लॉली पॉप थमाने के लिए भारत सरकार ने कई बार जाँच कमीशन गठित किए हैं। 1967 में गठित गजेंद्र गड़कर कमीशन ने पूरी जाँच पड़ताल के बाद तैयार की गई अपनी विस्तृत रिपोर्ट में कहा था कि जम्मू और लद्दाख के प्रति हो रहे क्षेत्रीय भेदभाव को समाप्त करने के लिए 'रीजनल डेवलपमेंट बोर्ड' बनाने चाहिए, परंतु प्रदेश सरकार ने गजेंद्र गड़कर कमीशन की एक भी सिफारिश पर अमल नहीं किया। 1978 में स्थापित सीकरी कमीशन ने भी जम्मू और लद्दाख के लोगों को इनके अधिकार दिलाने के लिए अनेक सुझाव दिए थे। परंतु यह कमीशन भी जम्मू-कश्मीर सरकार की कश्मीर केंद्रित राजनीति की भेंट चढ़ गया। इसी तरह 1983 में स्थापित वजीर कमीशन के सुझाव भी रद्दी की टोकरी में फेंक दिए गए। इस कमीशन ने जम्मू क्षेत्र में तीन जिलों की वृद्धि के साथ और भी कई सिफारिशें सरकार के सामने रखीं थीं। आश्चर्य की बात तो यह है कि प्रदेश की कश्मीर केंद्रित सरकारों ने तो जम्मू के साथ न्याय करनेवाले उपर्युक्त सभी जाँच आयोगों की सिफारिशों को तो दरकिनार किया ही, केंद्र सरकारों ने भी प्रदेश की सरकारों पर कभी कोई राजनीतिक अथवा संवैधानिक दबाव नहीं डाला।

पक्षपात की ताजा तसवीर

	क्षेत्र	कश्मीर	जम्मू
1.	भूभाग	15948 वर्ग कि.मी.	26293वर्ग कि.मी.
2.	आमदनी	20% से कम	75% से अधिक
3.	मतदाता 2002	28.8395	30,59,986
4.	विधानसभा सीटें	46	37
5.	प्रति सीट मतदाता	49.723	66,521
6.	प्रति सीट क्षेत्र	346.6 वर्ग कि.मी.	710.6 वर्ग कि.मी.
7.	लोकसभा की सीटें	3	2
8.	प्रति सीट मतदाता लोकसभा	961.318	1529993
9.	कैबिनेट मंत्री	अधिक	कम
10.	जिले	10	10
11.	प्रति जिला क्षेत्र	1.594 वर्ग कि.मी.	2629 वर्ग कि.मी.
12.	एक तहसील पर आधारित जिले	2	कोई नहीं
13.	बेरोजगारी का प्रतिशत	29.30%	69.70%
14.	मुलाजिमों की संख्या	3 लाख से अधिक	1.2 लाख से कम
15.	सचिवालय में हिस्सा	75% से अधिक	20% से कम
16.	कश्मीरी कर्मचारी	99% से अधिक	25% से कम
17.	जम्मूवासी रोजगार में	1% से कम	75% से कम
18.	पी.एच.ई. में दीहाड़ीदार को मिलता है	2100 रुपए	500 रुपए
19.	बिजली उत्पादन राज्य द्वारा	304 मैगावाट	22 मैगावाट
20.	ग्रामीण विद्युतीकरण	100%	70% से कम
21.	सड़कों की लंबाई (शहर)	71.29 कि.मी.	45.71 कि.मी.
22.	सड़कों की लंबाई (गाँव)	51.7%	23.1%
23.	सालाना सैलानियों का आगमन	4 लाख से कम	80 लाख से ऊपर
24.	पर्यटन पर व्यय	85% से ऊपर	10% से कम
25.	निगमों के मुख्यालय	12	कोई नहीं
26.	पब्लिक सैक्टर इदारे	3	कोई नहीं
27.	कृषि पर खर्च	70% से ऊपर	30% से कम
28.	रेशम उद्योग पर खर्च	70% से ऊपर	30% से कम
29.	सिंचाई पर खर्च	60% से ऊपर	35% से कम
30.	शहरी विकास पर खर्च	70% से ऊपर	25% से कम

देशभक्त होने की सजा

संभवतया जम्मू क्षेत्र के लोगों को उनके भारतभक्त होने की सजा दी जा रही है। पाकिस्तान द्वारा भारत पर थोपे गए चारों युद्धों के समय जम्मू संभाग के लोग भारतीय फौज के मददगार बनकर खड़े हुए। जम्मू संभाग में हमेशा से ही भारत के राष्ट्रध्वज, संविधान और सेना के प्रति सम्मान का स्वाभाविक जज्बा विद्यमान रहा है। इसके विपरीत कश्मीर में देशद्रोह पनप चुका है। भारत के झंडे और संविधान को सरेआम फूँका जाता है। भारतीय सैनिकों को गालियाँ दी जाती हैं। कश्मीर में भारत को पराया मुल्क करार दिया जा रहा है। पाकिस्तान से मिल रही प्रत्येक प्रकार की सहायता के बल पर 'आजादी की जंग' लड़ी जा रही है। यह सारा भारत विरोधी उन्माद भारत की सरकारों की गलत नीतियों का सीधा परिणाम है। जम्मू के देशभक्त लोगों के जायज हकों पर छापा मारकर कश्मीर की झोली भरते रहने की राजनीतिक मानसिकता अथवा मजबूरी के कारण आज भारत की अखंडता और सुरक्षा खतरे में पड़ गई है।

जम्मू और लद्दाख के साथ हो रहे भेदभाव को साधारण आर्थिक अथवा सामाजिक पक्षपात समझना ठीक नहीं होगा। जम्मू और लद्दाख के साथ हो रहा यह अन्याय उस मुसलिम मतांधता का परिणाम है जिसके तहत गैर–मुसलमानों को बरदाश्त न करने की मानसिकता काम करती है। तुर्कों, मुगलों और अफगानों द्वारा गैर–मुसलिम समाज पर लगाए जानेवाले जजिया का आधुनिक संस्करण है यह भेदभाव। हिंदुओं और बौद्धों के साथ किया जा रहा यह राजनीतिक, आर्थिक और धार्मिक भेदभाव भारत राष्ट्र का अपमान है। यह भारत समर्थक अर्थात् भारतीय होने की सजा है।

□

मंदिरों का शहर बना शरणार्थियों का शहर

मंदिरों का शहर माना जानेवाला जम्मू महानगर आज शरणार्थियों का शहर बन चुका है। जम्मू संभाग की 40 लाख और जम्मू शहर की लगभग 13 लाख जनसंख्या में लगभग 7 लाख शरणार्थी हैं। भारत विभाजन के समय आए हिंदू, भारत-पाक युद्धों के समय सीमांत क्षेत्रों से विस्थापित हुए लोग, आंतकग्रस्त ग्रामीण इलाकों से पलायन करने के लिए मजबूर हुए किसान, मजदूर, दुकानदार इत्यादि और कश्मीर से अलगाववादियों/आंतकियों द्वारा भगाए गए लाखों हिंदू जम्मू शहर और निकटवर्ती कस्बों में अपने ही देश में शरणार्थियों की तरह रह रहे हैं। गहराई से विचार करने पर यह कहा जा सकता है कि ये शरणार्थी हिंदू और भारतीय होने की सजा भुगत रहे हैं।

मौलिक अधिकारों से वंचित

ये सभी शरणार्थी मौलिक अधिकारों सहित अनेक प्रकार के अधिकारों से वंचित किए जा रहे हैं। यद्यपि जम्मूवासिओं ने अपने इन भाइयों को पूरा सम्मान दिया है, परंतु इनके प्रति सरकार की बेरुखी घटने की बजाए बढ़ती जा रही है। विभिन्न प्रकार के राजनीतिक एवं आर्थिक अधिकारों से वंचित ये शरणार्थी बंधु अपने हकों के लिए अपने विस्थापन काल से ही संघर्ष कर रहे हैं। इन लोगों के संगठनों के प्रतिनिधि नेताओं द्वारा बार-बार सरकार के आगे गिड़गिड़ाने का कोई परिणाम नहीं निकल रहा। केंद्र तथा प्रदेश दोनों सरकारों को सैकड़ों बार माँग पत्र दे चुके इन शरणार्थी भाइयों ने धरने, प्रदर्शन, जलसे, जुलूस एवं भूख हड़तालों के शांतिमय प्रयास भी किए हैं। इनके सभी माँग पत्रों एवं पत्र व्यवहार का सरकार ने कभी रचनात्मक उत्तर तक नहीं दिया। चुनावों से पहले कई आश्वासन देने और चुनावों के पश्चात् चेहरा तक न दिखाने की राजनीतिक प्रथा के अनुगामी प्राय: सभी दल और सरकारों ने शरणार्थियों को बार-बार अँधेरे में रख

कर अपनी सियासी गोटियाँ खेली हैं।

1947 में भारत विभाजन के समय पाकिस्तान में जाकर स्थायी रूप से बस जानेवाले मुसलमान बंधुओं को पुन: जम्मू-कश्मीर में लाकर बसाने और उनकी जमीन-जायदाद को लौटाने की चिंता और व्यवस्था करनेवाली सरकार ने कभी भी पाकिस्तान अथवा पाक अधिकृत कश्मीर से आए हिंदू लोगों के कानूनी अधिकारों की चिंता नहीं की। ऐसे सभी लोग अपनी हिम्मत और अपने साधनों से अपना जीवन यापन कर रहे हैं। जम्मू वासिओं की सहृदयता, सहानुभूति एवं भौतिक सहायता के सहारे इन शरणार्थियों ने अपना वजूद कायम रखा है। अन्यथा मात्र सरकार के रहमोकरम पर निर्भर रहनेवाले कई शरणार्थी परिवार उजड़ चुके हैं।

संघ का योगदान

सरकारी स्तर पर की गई अनदेखी के विपरीत राष्ट्रीय स्वयंसेवक संघ के देशभक्त स्वयंसेवकों ने अपने इन शरणार्थी बंधुओं को सर आँखों पर बिठाया है। अनेक प्रकार की सहायता समितियों का गठन करके संघ ने इन विस्थापित परिवारों को बसाने में मदद की है। स्थायी और अस्थायी आवास, खाद्य सामग्री, चिकित्सा, बच्चों की शिक्षा एवं व्यापार इत्यादि में स्वयंसेवकों ने पूरा योगदान दिया है। तन-मन-धन से पूरी सहायता करनेवाले संघ के स्वयंसेवकों ने अपने घरों को छोड़कर आनेवाले अथवा अपने घरों से जबरदस्ती भगाए गए इन अभागे बंधुओं का मनोबल बनाए रखने में भी विशेष भूमिका निभाई है। शरणार्थी भाई जब भी अपने हकों के लिए किसी भी प्रकार का कोई अहिंसात्मक संघर्ष या सत्याग्रह करते हैं उनमें संघ के स्वयंसेवकों की पूरी भागीदारी बनी रहती है। पश्चिमी पाकिस्तान, पी.ओ.के, छम्ब ज्यौड़ियाँ, सीमांत क्षेत्रों और कश्मीर से विस्थापित होकर आए इन शरणार्थी परिवारों में पर्याप्त संख्या संघ के स्वयंसेवकों की है। ऐसे सभी स्वयंसेवक नि:स्वार्थ भाव से शरणार्थी बंधुओं के संगठनों का नेतृत्व सँभाले हुए हैं।

विभिन्न स्थानों से विस्थापित होकर जम्मू में आकर बसने वाले शरणार्थी लोगों की अपनी-अपनी विभिन्न समस्याएँ हैं। परंतु सबसे बड़ी समस्या है प्रदेश और केंद्र सरकार की अनदेखी। इनमें से ज्यादातर शरणार्थी तो प्रदेश सरकार की कटटरपंथी, मजहबी और संकीर्ण मनोवृत्ति के शिकार हो रहे हैं।

पाक अधिकृत कश्मीर से आए शरणार्थी

अक्तूबर 1947 में पाकिस्तान द्वारा कबायलियों की मदद से कश्मीर पर किए गए आक्रमण के परिणामस्वरूप जो भाग पाकिस्तान के कब्जे में आ गया वह आज पाक अधिकृत कश्मीर के नाम से जाना जाता है। कश्मीर के इस एक तिहाई भाग में रहनेवाले

हिंदू और सिक्खों पर पाकिस्तान के सैनिकों, कबायलियों और अधिकांश स्थानीय मुसलमानों ने जमकर गैर-इनसानी जुल्म ढाए। मीरपुर, कोटली, मुजफराबाद, भिंबर और पुंछ इलाकों में रहनेवाले 50 हजार से ज्यादा हिंदुओं को बेरहमी से मौत के घाट उतार दिया गया। बहुत से लोग लापता हो गए। अमानवीय यातनाओं को सहन न कर सकने की वजह से कइयों ने इसलाम कबूल कर लिया। हिंदू बहू-बेटियों के हुए शर्मनाक बलात्कारों, पुरुषों के सामूहिक कत्लेआम, बच्चों और वृद्धों को दी गई यातनाओं, युवा लड़कियों के अपहरणों और लूटपाट की जघन्य और घोर निंदनीय घटनाओं से मानवता भी चीत्कार कर उठी। जम्मू-कश्मीर के वजीरे-आला शेख अब्दुल्ला ने भारतीय सेना को इन क्षेत्रों में रहनेवाले हिंदुओं की रक्षा के लिए भेजने की बजाए श्रीनगर की ओर भेज दिया।

सरकारी धोखा

निहत्थे हिंदुओं/सिक्खों को दरिंदें मजहबी कट्टरपथियों के रहमो करम पर छोड़ दिया गया। इस क्षेत्र के लगभग तीन लाख हिंदू/सिक्ख (46000 परिवार) अपने घरों से उजड़ कर किसी तरीके से जान बचाकर भागे और भारतीय जम्मू-कश्मीर में पहुँच गए। इन लुटे-पिटे भारतीयों को कश्मीर में भी प्रवेश नहीं करने दिया गया। ये सभी अभागे लोग जम्मू और आसपास के ग्रामीण इलाकों में आ गए। इन शरणार्थिओं के रहने के लिए स्थानीय प्रशासन और स्वयंसेवी संस्थायों ने कैंपों की अस्थायी व्यवस्था की। सरकार की ओर से कहा गया कि पाक अधिकृत कश्मीर भारत का अभिन्न भाग है। पाकिस्तान का इस क्षेत्र पर गैरकानूनी कब्जा समाप्त होने के बाद ये लोग अपने घरों को वापस जा सकेंगे। परंतु सरकार का यह आश्वासन आज तक व्यवहार में परिणत नहीं हो सका। 63 वर्ष बीत जाने के बाद भी इन भारतीयों को विस्थापित ही कहा जा रहा है। इन्हें शरणार्थी रुतबा भी नहीं दिया गया, क्योंकि भारत सरकार मीरपुर, कोटली, मुजफ्फराबाद, भिबंर और पुंछ इत्यादि क्षेत्रों को पाकिस्तान का भाग नहीं मानती।

पाक अधिकृत कश्मीर से आए इन भारतीयों का भविष्य पिछले छह दशकों से अधर में लटका हुआ है। भारत सरकार द्वारा पाकिस्तानी कब्जेवाले एक तिहाई कश्मीर को मुक्त करवाने के आसार तो कहीं दूर-दूर भी दिखाई नहीं देते। पं. जवाहरलाल नेहरू की भयंकर भूल के परिणामस्वरूप अस्तित्व में आई युद्ध विराम रेखा (अब नियंत्रण रेखा) आज दोनों ओर के कश्मीर क्षेत्रों की स्थायी विभाजक रेखा बन गई है। भारतीय संसद् ने भले ही सर्वसम्मत प्रस्ताव के माध्यम से पाक अधिकृत कश्मीर को मुक्त करवाने का संकल्प किया हो, परंतु इस संकल्प को पूरा करने के लिए भारत की सरकार ने कभी भी कोई गंभीर प्रयास नहीं किया। 1965 और 1971 के भारत-पाक युद्धों के बाद दोनों देशों में हुए समझौते में भी पाक अधिकृत कश्मीर को मुक्त करवाने का प्रयास

तो क्या उसका नाम तक नहीं लिया गया। और आज तो जिस प्रकार से भारत सरकार कश्मीर में सक्रिय पाकिस्तान समर्थक अलगाववादियों के आगे समर्पण करती जा रही है, इससे तो पाकिस्तान के कब्जेवाले कश्मीर की मुक्ति का संकल्प भी पाकिस्तान के जबड़े में फँसता हुआ नजर आ रहा है।

कोई मुआवजा नहीं

पाकिस्तान के कब्जेवाले कश्मीर में अपनी जमीन-जायदाद छोड़कर आए भारतीयों को अभी कोई मुआवजा इत्यादि नहीं दिया गया, जबकि पाकिस्तान बन जाने के बाद वहाँ से आनेवाले शरणार्थियों को उनकी संपत्ति का पूरा मुआवजा देकर उन्हें भारतीय संविधान के तहत पूर्ण नागरिक माना गया है। दिलचस्प और हैरत-अंगेज बात तो यह है कि जम्मू-कश्मीर के अपने प्रादेशिक संविधान में पाक अधिकृत कश्मीर को भारत और जम्मू-कश्मीर प्रांत का अभिन्न संवैधानिक भाग माना गया है और प्रदेश की विधान सभा में 24 स्थान पाक अधिकृत कश्मीर के लिए निश्चित किए गए हैं। इन स्थानों को प्रत्येक चुनाव के बाद 'वहाँ चुनाव नहीं हुए' घोषित करके ठंडे बस्ते में डाल दिया जाता है। पी.ओ.के से आए लगभग तीन लाख लोगों (जो अब 12 लाख हो चुके हैं और देश के अन्य हिस्सों में भी रह रहे हैं) को प्रदेश की विधानसभा के रिक्त स्थानों को भरने का कोई कानूनी अधिकार प्राप्त नहीं है।

भारतीय संसद् द्वारा पारित सर्वसम्मत प्रस्ताव एवं जम्मू-कश्मीर के प्रादेशिक संविधान के मुताबिक भारत के अभिन्न भाग नियंत्रण रेखा के उस पारवाले कश्मीर से आए भारतीय लोग अपने अधिकार प्राप्त करने के लिए पिछले 63 वर्षों से निरंतर संघर्ष कर रहे हैं। उनकी जायज माँगों को अनसुना किया जा रहा है। शरणार्थी स्टेट्स। पी.ओ.के रिफ्यूजी डेवलपमेंट बोर्ड का गठन/डिस्प्लेस्ड पर्संस कंपेंसेशन ऐंड रिहैबिलीटेशन ऐक्ट 1954 को पी.ओ.के से आए भारतीयों पर भी लागू किया जाए। जम्मू-कश्मीर विधानसभा एवं विधान परिषद् में प्रतिनिधित्व दिया जाए। देश के अन्य भागों में जाकर बसनेवाले पी.ओ.के शरणर्थियों को भी जम्मू-कश्मीर की नागरिकता (स्टेट सबजेक्ट) प्रदान की जाए। शरणार्थी कैंपों की दयनीय हालत को सुधारा जाए। इन माँगों के अतिरिक्त पाक अधिकृत कश्मीर से आए भारतीय चाहते हैं कि उन्हें जम्मू-कश्मीर पर होने वाली प्रत्येक प्रकार की बातचीत में शामिल किया जाए। पी.ओ.के में रह गई उनकी सभी प्रकार की चल एवं अचल जायदाद के क्लेम पंजीकृत किए जाएँ। इस तरह पी.ओ.के. से आए लोग भारतीय एवं प्रदेश के संविधान के अंतर्गत बराबर के हक चाहते हैं। भारत और प्रदेश की सरकारों को इनकी 'अस्थायी व्यवस्था' को बदल कर 'स्थायी समाधान' प्रदान करना चाहिए।

पश्चिम पाकिस्तान से आए शरणार्थी

1947 में हुए भारत विभाजन के समय पाकिस्तान के पश्चिमी पंजाब एवं अन्य प्रांतों से आए लाखों हिंदुओं को उत्तर भारत के विभिन्न शहरों में बसाया गया। नियंत्रण रेखा एवं अंतरराष्ट्रीय सीमा के पार हुए भयानक खून-खराबे में हिंदू परिवारों का कत्लेआम चरम सीमा पर जा पहुँचा। जो भी परिवार बच सके वे किसी प्रकार सीमा के इस पार पहुँच गए। जम्मू-कश्मीर के अलावा भारत के अन्य प्रदेशों में जाकर बसनेवाले हिंदू/सिक्खों को भारतीय नागरिकता के सभी अधिकार प्राप्त हो गए। उन्हें उनकी पाकिस्तान में रह गई जायदाद के मुआवजे भी मिल गए। धीरे-धीरे इन लोगों ने अपनी मेहनत और सरकारी सहयोग से अपने घर कारोबार, उद्योग-धंधे इत्यादि स्थापित कर लिए। भारतीय संविधान के तहत मिले सभी प्रकार के राजनीतिक, आर्थिक और सामाजिक अधिकारों का उपभोग करते हुए ये शरणार्थी बंधु जीवन-यापन में सफलतापूर्वक आगे बढ़ गए।

नागरिकता नहीं मिली

परंतु पश्चिम पाकिस्तान से उजड़कर जम्मू-कश्मीर में आकर रहनेवाले करीब 22 हजार परिवारों को अभी तक इस प्रदेश की नागरिकता तक नसीब नहीं हुई। पिछले 62 वर्षों में इनकी तादाद तीन-चार गुना बढ़ चुकी है। इन शरणार्थी बंधुओं में अधिकांश संख्या पिछड़ी और दलित जातियों की है। जम्मू क्षेत्र के कठुआ से पलांवाला तक के इलाके में झुग्गी-झोंपड़ियों अथवा साधारण घरों में रहनेवाले इन गरीब लोगों को इनके मौलिक अधिकारों से भी वंचित रखा जा रहा है। इन्हें जम्मू-कश्मीर में भारत का नागरिक माना जाता है, इसलिए इन्हें यहाँ का स्टेट सबजेक्ट बनने का कोई हक नहीं है। ये लोग जमीन-जायदाद नहीं खरीद सकते। सरकारी नौकरी नहीं ले सकते। विधानसभा के चुनाव में वोट देने का अधिकार इन्हें प्राप्त नहीं है। मात्र भारत की संसद् के चुनावों में ये अपने मताधिकार का उपयोग कर सकते हैं।

बद से बदतर

ज्यादातर मेहनत-मजदूरी करनेवाले इन शरणार्थी हिंदुओं की हालत बद से बदतर हो चुकी है। इन लोगों की तीन पीढ़ियाँ अभावों की जिंदगी में जीवन बिता चुकी हैं। जम्मू-कश्मीर में बसने के कारण इन्हें शेष भारतीयों अथवा पश्चिम पंजाब से आए अपने भारत के शेष प्रांतों में बसनेवाले संगी साथियों के समान सुखद जीवन जीने के बुनियादी हक प्राप्त नहीं हुए। केंद्र सरकार ने भी इनकी आज तक सुधबुध नहीं ली। इन्हें जम्मू-कश्मीर का नागरिक बनने के लिए स्टेट सबजेक्ट की जरूरत है। तभी ये इस प्रदेश के स्थायी वाशिंदे बन सकेंगे। ये लोग अपनी आर्थिक स्थिति को बेहतर बनाने के लिए और

अपने सामाजिक रुतबे को सम्मानजनक रखने के लिए विशेष पैकेज की माँग कर रहे हैं, जो इन्हें आज तक प्राप्त नहीं हो सका। ये लोग जम्मू-कश्मीर की विधानसभा के लिए मतदान का अधिकार भी माँग रहे हैं। इन्हें सरकारी जमीनों को खरीदने के लिए मालिकाना अधिकार भी चाहिए। भारत के अन्य भागों में दलित और पिछड़ी जातियों को मिलनेवाली सुविधाओं से वंचित इन लोगों की आवाज का कोई असर देश और प्रदेश की सरकारों पर नहीं हो रहा। इन लोगों को एस.सी/ओ.बी.सी प्रमाण-पत्र भी नहीं दिए जा रहे। पश्चिमी पाकिस्तान से आए ये लोग कस्टोडियन की जमीनों पर अस्थायी रैन बसेरे बनाकर रह रहे हैं। इन स्थानों का सरकार को बाकायदा किराया देने के बाद भी ये लोग इन रैन बसेरों की मरम्मत अथवा नया निर्माण नहीं कर सकते।

छह दशकों की लंबी जद्दोजहद के बाद भी इन दलित और पिछड़ी जातियों के शरणार्थियों को डोमीसाईल प्रमाण-पत्र तक नहीं मिले। जम्मू-कश्मीर के विकास में इन लोगों का भी महत्त्वपूर्ण योगदान हो रहा है, परंतु इनके अपने विकास की चिंता सरकारी स्तर पर न होना चिंतनीय और अशोभनीय है।

भारत-पाक युद्धों के समय विस्थापित लोग

1965 और 1971 के भारत-पाकिस्तान में हुए युद्धों के समय सीमांत क्षेत्रों से विस्थापित होकर जम्मू इत्यादि क्षेत्रों में रहने और बसनेवाले लोगों की बुनियादी जरूरतें पूरी नहीं हो रहीं। वास्तव में इन लोगों को भारतीय सेना की आपात् कालीन जरूरतों को पूरा करने के लिए घर-बार, खेत इत्यादि छोड़ने के लिए कहा गया था। युद्ध के समय सीमांत क्षेत्रों में सेना के मोरचे, खंदकें और बारूदी सुरंगें बिछाई जाती हैं। ऐसे समय में सीमांत क्षेत्रों में रहनेवाले ग्रामीण लोगों को देश की सुरक्षा के लिए अनेक प्रकार के त्याग करने पड़ते हैं। खेती तथा अन्य कारोबार, बच्चों की शिक्षा, घर-गृहस्थी और सामाजिक गतिविधियों को तिलांजलि देकर सीमांत क्षेत्रों के लोग सुरक्षित स्थानों पर चले जाते हैं। सरकार की ओर से इस प्रकार से विस्थापित लोगों को कैंपों में सुरक्षित रखना, उनकी रोजी-रोटी का ध्यान करना और युद्ध की समाप्ति के पश्चात् इन्हें वापस अपने घरों में भेजना इत्यादि व्यवस्थाएँ की जाती हैं।

अधर में लटके लोग

भारत और पाकिस्तान के मध्य हुए युद्धों के समय विस्थापित और अस्त-व्यस्त हुए लगभग पच्चास हजार परिवार अभी भी अपनी असल जिंदगी की ओर लौट नहीं सके। छम्ब और ज्यौड़ियाँ का कुछ क्षेत्र (18 हजार एकड़) पाकिस्तान के कब्जे में चले जाने से वहाँ के लोग स्थायी विस्थापितों की श्रेणी में आ चुके हैं। ये लोग वापस अपने

घरों में जा नहीं सकते और भारतीय जमीन पर इन्हें बसाकर रखने के सरकारी इंतजाम अधूरे और अधकचरे हैं। इन्हें जमीन के बदले जमीन नहीं दी गई। ऐसे प्रत्येक परिवार को मात्र दस हजार रुपया दिया गया है। इसी तरह भारतीय सीमांत क्षेत्रों से सरकार अथवा सेना के आदेश से विस्थापित हुए ग्रामीण लोगों का जीवन भी अधर में लटका हुआ है। ऐसे किसान भी हैं जिनकी जमीनें भारत द्वारा सीमा पर की गई तार बंदी के अंतर्गत आ गई हैं। कइयों की घर-दुकानें युद्ध के समय तबाह हो चुकी हैं। अतः इस प्रकार से देश की जरूरत के लिए विस्थापित हुए लोगों के रख-रखाव की विशेष चिंता करने के मामले में जम्मू-कश्मीर की सरकारों ने पर्याप्त बंदोबस्त नहीं किए।

वादों से मुकरी सरकार

लोग भी अपने जायज हकों के लिए सरकार के आगे याचक की तरह गिड़गिड़ाते रहते हैं। 1947 में विस्थापित हुए भारतीयों की तरह जमीन/जायदाद के मालिकाना हक ये लोग भी माँग रहे हैं। एग्रेरियन रिफॉर्म्स ऐक्ट 1976 के सेक्शन 3-ए के अंतर्गत इस तरह के मालिकाना हक सरकार दे सकती है। इन विस्थापितों को रहने के लिए दिए गए अस्थायी घरों का सरकार किराया वसूल करती है। इन विस्थापितों की अनेक प्रकार की समस्याओं को सुलझाने एवं इन परिवारों को सम्मानजनक जिंदगी जीने का अवसर प्रदान करना सरकार का राष्ट्रीय कर्तव्य है।

आतंकवादियों द्वारा सताए विस्थापित

जम्मू एवं निकटवर्ती क्षेत्रों में ऐसे शरणार्थियों की तादाद भी कम नहीं है जो आतंकग्रस्त इलाकों से अपने जान-माल की रक्षा के लिए विस्थापित हुए हैं। परंतु सरकार ने इन परिवारों को विस्थापित नहीं माना। राजौरी, पुंछ, डोडा, रियासी, ऊधमपुर, रामबन, बनिहाल इत्यादि क्षेत्रों के ग्रामीण पहाड़ी अचलों में व्याप्त पाक प्रायोजित आतंकवाद से दुःखी होकर जम्मू क्षेत्र की ओर आनेवाले ये विस्थापित भी कई प्रकार की सुविधाएँ माँग रहे हैं। आंतकियों की धमकियों और मौत के डर से भयभीत इस तरह के विस्थापित सरकारी बेरुखी के भी शिकार हो रहे हैं। अनचाहे और अजीबोगरीब वातावरण में जीवन काट रहे ऐसे विस्थापितों/शरणार्थियों के बच्चों की शिक्षा भी प्रभावित हो रही है। ग्रामीण क्षेत्रों में सरकार इनको पर्याप्त सुरक्षा नहीं दे सकती और शहरों में इनको पूरी बुनियादी सुविधाएँ प्राप्त नहीं हो रहीं।

दुःख की बात है कि कश्मीर घाटी में इस प्रकार की परिस्थितियों के शिकार लोगों को अनेक प्रकार की सुविधाएँ दी जा रही हैं, परंतु जम्मू क्षेत्र के लोगों के साथ यहाँ भी भेदभाव किया जा रहा है। वैसे भी केंद्र की सरकार ने कश्मीर घाटी के लिए अनेकों आर्थिक

पैकेज दिए हैं, परंतु जम्मू क्षेत्र के लोगों के लिए ऐसा एक भी पैकेज नहीं दिया गया।

इसी तरह आंतकवाद के कारण कश्मीर घाटी से विस्थापित होकर आए हिंदू परिवारों की अधिकांश संख्या जम्मू में ही रह रही है। कश्मीरी पंडितों के साथ हुए आतंकी अत्याचारों, इनके पलायन और विस्थापित शिविरों की दर्दनाक दास्तान का वर्णन इसी पुस्तक के एक अन्य अध्याय में विस्तारपूर्वक दिया गया है। लिहाजा उपर्युक्त पाँच प्रकार के शरणर्थियों को अपने आँचल में सुरक्षित शरण देनेवाले जम्मू क्षेत्र की समस्याएँ और इस संभाग के साथ कश्मीर केंद्रित सरकार द्वारा किए जा रहे पक्षपात के खिलाफ माहौल गरमा रहा है।

□

हिंदू स्वाभिमान की विजय

श्री अमरनाथ श्राइन बोर्ड

हिमालय पर्वत की ऊँची सुरम्य पर्वत शृंखलाओं में 13,500 फीट ऊँची बर्फानी चोटी पर श्री अमरनाथ धाम की पवित्र गुफा में स्वयंनिर्मित बर्फानी शिवलिंग के दर्शनार्थ प्राचीन काल से हजारों की संख्या में हिंदू यात्री आ रहे हैं। पहाड़ी रास्तों, दुर्गम नदी-नालों और घने जंगलों को पार करते हुए श्रद्धालु यात्रियों को अनेक प्राकृतिक आपदाओं का सामना करना पड़ता है।

स्वतंत्रता प्राप्ति के पश्चात् श्री अमरनाथ यात्रा के प्रबंध की जिम्मेदारी जम्मू-कश्मीर की सरकार के पास आ गई। यात्रियों की निरंतर बढ़ती संख्या के कारण सरकारी पर्यटन विभाग सारी व्यवस्थाएँ सँभालने में अक्षम साबित होने लगा। जम्मू-कश्मीर की सरकार ने 2000 में प्रदेश की विधानसभा में एक सर्वसम्मत प्रस्ताव से श्राइन बोर्ड ऐक्ट बनाया। इस ऐक्ट के तहत श्री अमरनाथ श्राइन बोर्ड का गठन हुआ। प्रदेश के राज्यपाल की अध्यक्षता में काम करनेवाले बोर्ड के 10 सदस्य निश्चित किए गए। यात्रा की सारी व्यवस्था तथा पवित्र गुफा में पूजा-अर्चना के काम की जिम्मेदारी श्राइन बोर्ड के हाथ में सौंप दी गई। बोर्ड के सक्रिय होने से यात्रियों को ढेरों सुविधाएँ मिलीं और श्रद्धालुओं की संख्या लगातार बढ़ने लगी। पूरे भारत में जे.के. बैंक के माध्यम से यात्रियों का पंजीकरण, सार्वजनिक लंगर व्यवस्था, हैलीकॉप्टर सेवा, प्रदूषण मुक्त शौचालय, वातावरण शुद्ध रखनेवाले अस्थायी वैज्ञानिक उपकरण, चलते-फिरते चिकित्सालय और विश्रामस्थल इत्यादि प्रबंधों के कारण यात्रियों की संख्या छह लाख का आँकड़ा पार कर गई। राज्यपाल (सेवानिवृत्त) लेफ्टिनेंट जनरल एस.के. सिन्हा की अध्यक्षतावाले श्री अमरनाथ श्राइन बोर्ड की ऐतिहासिक सफलता अमरनाथ धाम के इतिहास का स्वर्णिम अध्याय बन गई।

2002 में श्री अमरनाथ श्राइन बोर्ड ने बालटाल में यात्रियों की सुविधा के लिए 800 कनाल जमीन सरकार से माँगी। तत्कालीन मुख्यमंत्री मुफ्ती मोहम्मद सईद और उनकी बेटी पी.डी.पी. अध्यक्ष महबूबा मुफ्ती ने तभी से ही न केवल इसका विरोध शुरू कर दिया, बल्कि

प्रदूषण, वन विभाग की मजबूरी और जनसंख्या असंतुलन जैसी तरह-तरह की बेबुनियाद आशंकाएँ उत्पन्न करके यात्रा का विरोध शुरू कर दिया। दरअसल, पी.डी.पी. नेताओं को हिंदू यात्रियों की बढ़ती संख्या और हिंदुओं के इस आस्था स्थल से नफरत है। जब राज्यपाल ने यात्रा की अवधि एक मास से दो मास तक की, उस समय भी मुख्यमंत्री मुफ्ती मोहम्मद सईद ने विरोध किया। वह कोर्ट में गए और पराजित हुए। 2007 में बोर्ड ने फिर एक प्रस्ताव के माध्यम से सरकार से बालटाल में अस्थायी रूप से जमीन माँगी, ताकि यात्रियों के ठहरने और विश्राम करने के लिए अस्थायी ढाँचों का निर्माण किया जा सके। मई 2008 में राज्य सरकार ने मंत्रिमंडल में यह प्रस्ताव रखा जिसमें कांग्रेस, पी.डी.पी. और पीपल्स डेमोक्रेटिक फ्रंट के मंत्री शामिल थे। पी.डी.पी. के मंत्रियों ने ही यह जमीन श्राइन बोर्ड को देने का प्रस्ताव किया। मंत्रिमंडल ने सर्वसम्मति से प्रस्ताव स्वीकार किया और श्राइन बोर्ड को 800 कनाल जमीन बालटाल में दे दी गई। कुछ शर्तें इसके साथ जोड़ी गईं।

1. श्राइन बोर्ड इस जमीन का इस्तेमाल अस्थायी रूप से केवल दो महीने के लिए करेगा। इन दो महीनों का किराया 2 करोड़ 31 लाख 30 हजार 400 रुपए निश्चित किया गया।
2. यात्रा समाप्ति के बाद यह जमीन वन विभाग को वापस सौंपनी होगी।
3. श्राइन बोर्ड इस भूमि पर किसी भी स्थायी ढाँचे का निर्माण नहीं कर सकता।
4. श्राइन बोर्ड इस जमीन का इस्तेमाल यात्रियों की सुविधाओं के अतिरिक्त किसी और काम के लिए नहीं करेगा और न ही इस जमीन को किसी दूसरी संस्था को हस्तांतरित करेगा।
5. श्राइन बोर्ड वन विभाग को इस जमीन से पेड़ काटने का मुआवजा भी 19 लाख 94 हजार प्रतिवर्ष देगा।

कश्मीर में अलगाववादी बवाल

इस तरह सरकार की ओर से श्राइन बोर्ड को जमीन सौंप दी गई। जमीन पर अस्थायी ढाँचों का निर्माण शुरू हो गया। पूरे देश में इस नई व्यवस्था का स्वागत हुआ। हिंदुओं के उत्साह और उन्हें कश्मीर में मिली धार्मिक सुविधाओं को हुर्रियत कॉन्फ्रेंस के चेयरमैन मीरवायज उमर फारूख, तहरीके हुर्रियत के अध्यक्ष सईद अलीशाह गिलानी, डेमोक्रेटिक फ्रीडम पार्टी के शबीर शाह और जम्मू-कश्मीर लिबरेशन फ्रंट के यासीन मलिक इत्यादि पाकिस्तान समर्थक नेता पचा नहीं पाए। उन्होंने अमरनाथ यात्रियों की सुविधा के लिए दी जानेवाली जमीन का पुरजोर विरोध शुरू कर दिया। भारत और हिंदू विरोधी नेताओं ने कश्मीर की जनता को भड़काकर सड़कों पर उतार दिया। भारत सरकार और हिंदू संगठनों के विरुद्ध अलगाववादी जहर उगला जाने लगा। कहा जाने लगा कि कश्मीरियों पर हिंदू तहजीब थोपी

जा रही है। भारत सरकार कश्मीरियों की संस्कृति नष्ट कर रही है। इसके साथ ही पूरे कश्मीर में पाकिस्तान के झंडे फहराने शुरू कर दिए गए।

भारत के राष्ट्रीय ध्वज तिरंगे जलाए गए। पाकिस्तान जिंदाबाद के नारे बुलंद हुए। "हम क्या चाहते हैं—आजादी", "यहाँ क्या चलेगा—निजामे मुस्तफा" (इसलामिक राज)" इत्यादि भारत विरोधी शोर अपनी चरम सीमा पर पहुँच गया। मसजिदों, ईदगाहों और बड़े-बड़े होटलों से लाउडस्पीकरों पर लोगों को जेहाद छेड़ने का आह्वान किया जाने लगा। भारतीय सरकारी कर्मचारियों, कारोबार कर रहे हिंदुओं, बाहर के प्रांतों से कश्मीर में रोजी-रोटी कमाने आए गरीब मजदूरों और पर्यटकों को कश्मीर छोड़ने की धमकियाँ दी गईं। बाहरी मजदूरों को मारा-पीटा जाने लगा। उनके घर फूँके गए और उन्हें नंगा करके पाकिस्तान जिंदाबाद के नारे लगाने के लिए मजबूर किया गया। सरकार खामोश रहकर तमाशा देखती रही।

वोट बैंक की राजनीति

जब सारा माहौल भारत और हिंदू विरोधी बन गया और कश्मीर की जनता हुर्रियत कॉन्फ्रेंस जैसे अलगाववादी संगठनों के पीछे खड़ी हो गई तो पी.डी.पी. को अपना जनाधार खिसकता दिखाई दिया। अमरनाथ यात्रियों को जमीन देने के फैसले में शामिल पी.डी.पी. के नेता पूर्व उपमुख्यमंत्री मुजफ्फर बेग और पी.डी.पी. अध्यक्ष महबूबा मुफ्ती समेत पूरी पार्टी ने अलगाववादियों की हाँ में हाँ मिलाकर हिंदू यात्रियों से जमीन वापस लेने की माँग कर डाली। पी.डी.पी. को इस तरह कश्मीरियों में अपना जनाधार मजबूत करते देख नेशनल कॉन्फ्रेंस घबरा गई। एन.सी. के संरक्षक डॉ. फारूख अब्दुल्ला और उनके पुत्र एनसी अध्यक्ष उमर अब्दुल्ला ने भी पैंतरा बदला और अलगाववादियों की कतार में खड़े हो गए।

हुर्रियत कॉन्फ्रेंस के चेयरमैन मीरवायज उमर फारूख ने हजरत बल में जुम्मे की नमाज के बाद कश्मीरी मुसलमानों को भड़काते हुए कहा कि यह सवाल केवल अमरनाथ श्राइन बोर्ड को दी गई 800 कनाल जमीन वापस लेने का ही नहीं। असली मसला तो कश्मीरियों की पहचान, संस्कृति और कश्मीरी राष्ट्रीयता का है। हिंदुस्तानियों और हिंदुस्तानी फौज ने हमारी लाखों कनाल जमीन पर कब्जा कर रखा है। हमारे ऊपर बंदूक के जोर से दबदबा बनाए बैठी हिंदुस्तानी फौज से हम निजात चाहते हैं। इसी तरह तहरीके हुर्रियत कॉन्फ्रेंस के नेता सईद अलीशाह गिलानी भी बोले कि हमारा वर्तमान आंदोलन एक बड़े संघर्ष की शुरुआत है। हम तो कश्मीरियों को हिंदुस्तान के शिकंजे से निकालना चाहते हैं। हिंदुस्तान ने कश्मीर को अपनी कॉलोनी बनाकर रखा हुआ है। इसी तरह पी.डी.पी. के नेता और पूर्व उपमुख्यमंत्री मुजफ्फर बेग ने तो फिरकापरस्ती की सारी हदें पार कर बयान जारी कर दिया कि यह सवाल कश्मीर और कश्मीरियत का है। इसलिए पीछे हटने का सवाल पैदा नहीं

होता। अमरनाथ श्राइन बोर्ड पूरी तरह फिरकापरस्त है। पूर्व राज्यपाल और उसके मुख्य सचिव यहाँ आग लगाना चाहते थे। क्या हुआ अगर जम्मूवालों ने हमारी सप्लाई लाइन रोकने की धमकी दी है तो दूसरी सड़क तैयार है (श्रीनगर—मुजफ्फराबाद रोड)''' आई.एम. स्पीकिंग आन द बीहाफ ऑफ माई नेशन (कश्मीर)। उधर, महबूबा मुफ्ती और उमर अब्दुल्ला ने भी खुलेआम अलगाववादी संगठनों की हाँ में हाँ मिलाते हुए बयान जारी कर दिए कि यह सारा मसला कश्मीरी राष्ट्रीयता का है। अमरनाथ श्राइन बोर्ड को जमीन देने से हमारी राष्ट्रीय पहचान को खतरा हो जाएगा।

कश्मीर में उफान पर पहुँचे इस खुले भारत और हिंदू विरोध को सख्ती से दबाने की बजाए जम्मू-कश्मीर की कांग्रेस नेतृत्ववाली गठबंधन सरकार ने भी अपना वोट बैंक ध्यान में रखते हुए अलगाववादियों के सामने घुटने टेकने में ही गनीमत समझी। उधर, पी.डी.पी. के संरक्षक मुफ्ती मोहम्मद सईद की सरकार से समर्थन वापस लेने की धमकी के बाद मुख्यमंत्री गुलाम नबी आजाद ने पहले तो सरकार बचाने के लिए जोड़-तोड़ का प्रयास किया। परंतु जब वे अपनी कुरसी बचाने में सफल नहीं रहे तो आजाद ने विधानसभा में बहुमत साबित करने से पहले ही अपनी सरकार का त्यागपत्र सौंप दिया। इस बीच राज्यपाल एस.के. सिन्हा सेवामुक्त हो गए और उनके स्थान पर एन.एन. वोहरा ने राज्यपाल का पदभार संभाला। श्रीनगर पहुँचते ही राज्यपाल ने मुख्यमंत्री आजाद को पत्र लिखकर पूछा कि क्या सरकार अमरनाथ यात्रा की व्यवस्था कर सकती है? इंतजार में बैठे मुख्यमंत्री ने तुरंत हामी भर दी। राज्यपाल ने बिना श्राइन बोर्ड की बैठक बुलाए अपने पत्र में लिख दिया कि श्राइन बोर्ड अमरनाथ यात्रा की सुचारु व्यवस्था नहीं कर सकता। बोर्ड के पास पर्याप्त साधन उपलब्ध नहीं हैं, जबकि श्राइन बोर्ड की ओर से पिछले आठ वर्षों में की गई सर्वोत्तम व्यवस्था की देश-विदेश में प्रशंसा हो रही थी।

असंवैधानिक फैसला

राज्यपाल एन.एन. वोहरा का यह कदम पूर्णत: असंवैधानिक था। राज्यपाल ने यह जानने की कोशिश भी नहीं की कि अमरनाथ श्राइन बोर्ड का गठन राज्य की विधानसभा की ओर से बनाए गए श्राइन बोर्ड ऐक्ट के तहत किया गया है। इसमें किसी भी प्रकार का परिवर्तन करने का अधिकार विधानसभा को ही है। श्राइन बोर्ड ऐक्ट की धारा 16 के अनुसार श्राइन बोर्ड की तरफ से यात्रियों की सुविधा के लिए की जानेवाली व्यवस्थाओं को किसी और के हाथों नहीं सौंपा जा सकता।

राज्यपाल की ओर से अमरनाथ श्राइन बोर्ड से जमीन वापस लेकर प्रदेश सरकार को सौंपने और प्रदेश सरकार द्वारा यात्रा की सारी व्यवस्था फिर पर्यटन विभाग को सौंपने से कश्मीर के अलगाववादी संगठनों पी.डी.पी. और एनसी इत्यादि ने जश्न मनाने शुरू कर

दिए। अलगाववादियों ने श्रीनगर में 'नमाजे शुकराना' (अल्लाह का धन्यवाद) सम्मेलन का आयोजन किया। इस सम्मेलन में हिंदुओं से जमीन वापस लेने के सरकारी फैसले को मुसलिम कौम की जीत बताया गया और 'जंगे आजादी' को पहले से ज्यादा तेज करने का एलान कर दिया।

श्री अमरनाथ यात्रा संघर्ष समिति का गठन

हिंदुओं के आस्थास्थल श्री अमरनाथ धाम और करोड़ों शिवभक्त यात्रियों के साथ किए गए सरकारी खिलवाड़ और हिंदुत्व के अपमान के विरुद्ध सारे देश में प्रतिक्रिया हुई। जम्मू क्षेत्र के हिंदुओं में जबरदस्त रोष पैदा हुआ। विश्व हिंदू परिषद् के आह्वान पर जम्मू संभाग के लगभग 40 हिंदू संगठनों की एक आपात्कालीन बैठक जम्मू के गीता भवन में हुई। इसी बैठक में सर्वसम्मति से श्री अमरनाथ यात्रा संघर्ष समिति का गठन किया गया। समिति का गठन करते समय इस धर्मरक्षक आंदोलन की रूपरेखा पर खुलकर विचार-विमर्श हुआ। जमीन वापसी तक संघर्ष करने का निर्णय लिया गया। इस बात पर बल दिया गया कि पूरे आंदोलन को राजनीति से दूर रखकर हिंदू शक्ति संगठित की जाए। जम्मू हाईकोर्ट के सुप्रसिद्ध वकील श्री लीला करण शर्मा को सर्वसम्मति से संघर्ष समिति का संयोजक बनाया गया।

श्री अमरनाथ यात्रा संघर्ष समिति ने चार प्रस्ताव पारित किए और केंद्र तथा प्रदेश की सरकारों को समय रहते श्राइन बोर्ड की जमीन वापस करने के लिए चेतावनी दी। इन प्रस्तावों में राष्ट्रपति से निवेदन किया गया कि इससे पहले कि हालात बेकाबू हो जाएँ, राज्यपाल एन.एन. वोहरा को वापस बुलाया जाए अन्यथा जम्मू क्षेत्र के लोग राज्यपाल को कांग्रेस के एजेंट के रूप में काम नहीं करने देंगे। दोगली नीति अपनानेवाले मुख्यमंत्री गुलाम नबी आजाद के नेतृत्व वाली सरकार को तुरंत बरखास्त कर किसी राष्ट्रवादी राज्यपाल के नेतृत्व में राष्ट्रपति शासन लागू किया जाए। कश्मीर में भारत विरोधी और पाकिस्तान समर्थक बयानबाजी करनेवाले नेताओं को गिरफ्तार कर उन पर देशद्रोह के मुकदमे चलाए जाएँ। संघर्ष समिति के प्रस्तावों में कहा गया कि देश-विदेश के करोड़ों हिंदुओं की भावनाओं का सम्मान करते हुए अमरनाथ श्राइन बोर्ड को जमीन लौटाई जाए। यात्रा से संबंधित श्राइन बोर्ड के सभी अधिकार लौटाए जाएँ। श्री अमरनाथ यात्रा समस्त देशवासियों के लिए धार्मिक एकता का मामला है। उसमें किसी भी प्रकार का सरकारी हस्तक्षेप बरदाश्त नहीं किया जाएगा। सरकारी हस्तक्षेप से अलगाववाद को और भी ज्यादा पनपने का मौका मिलेगा। अगर सरकार श्री अमरनाथ श्राइन बोर्ड की जमीन वापस नहीं कर सकती तो फिर जम्मू-कश्मीर में इसलामिक विश्वविद्यालयों, हज विश्रामगृहों और देशभर में मुसलिम संगठनों को उनकी मजहबी गतिविधियों के लिए दी गई जमीनें

और हज सब्सिडी भी वापस ली जाए।

संघर्ष समिति द्वारा पारित चौथे प्रस्ताव में पूरे देश के हिंदू संगठनों को एक मंच पर आने का पुरजोर आह्वान किया गया। इस प्रस्ताव में जम्मूवासियों की वेदना प्रकट करते हुए कहा गया कि—अमरनाथ यात्रा का संबंध केवल जम्मूवासियों और कश्मीरी पंडितों से ही नहीं है। यह पूरे देश और हिंदू समाज की एकता और आस्था का प्रतीक है। यह संघर्ष समिति पूरे देश के सभी हिंदू संगठनों, संत-महात्माओं, जगद्गुरुओं, शंकराचार्यों, मठाधीशों और अखाड़ों के महंतों का आह्वान करती है कि सभी अपने मठ, मंदिरों, अखाड़ों से बाहर निकलकर इस संघर्ष का नेतृत्व करें और भारत के कोने-कोने में इस हिंदू और भारत विरोधी फैसले के विरोध में राष्ट्रव्यापी आंदोलन छेड़ें।

जबरदस्त जन आंदोलन

समिति के आह्वान पर पूरा जम्मू क्षेत्र अनिश्चित काल के लिए बंद हो गया। सर्वत्र प्रदर्शन, जलसे और जुलूस निकाले गए। पुलिस ने लाठी चार्ज, आँसू गैस और फायरिंग की। सैकड़ों लोग घायल हुए। संघर्ष समिति के सैकड़ों कार्यकर्ताओं को गिरफ्तार कर जेलों में ठूँस दिया गया। पुलिस की बर्बरता ने इस धर्मयज्ञ में घी का काम किया और बुजुर्ग, जवान, बच्चे व महिलाएँ बढ़-चढ़कर हिस्सा लेने लगे। इस आंदोलन के समर्थन में तीन जुलाई को विश्व हिंदू परिषद् के आह्वान पर पूरा भारत बंद रहा। राज्य सरकार ने जम्मू, साम्बा, कठुआ, आरएसपुरा, भद्रवाह, बड़ी ब्राह्मण इत्यादि स्थानों पर कर्फ्यू लगाकर देशभक्त जम्मूवासियों को खामोश करने की नाकाम कोशिश की। लोगों ने कर्फ्यू की धज्जियाँ उड़ाकर जुलूस निकाले।

जैसे-जैसे पुलिसिया कहर बढ़ता गया, वैसे-वैसे आंदोलन तेज होता गया। 'भारत माता की जय, जय श्री अमरनाथ, बम-बम भोले, जय शिवशंकर' इत्यादि उद्घोषों ने पूरे क्षेत्र को अपनी लपेट में ले लिया। जगह-जगह भारत माता के बड़े-बड़े चित्रों के साथ प्रदर्शन हुए। नवयुवकों और बच्चों ने त्रिशूलधारी शिवजी का रूप धारण कर झाँकियाँ निकालीं। सड़कों, चौराहों और गाँवों की चौपालों पर एकत्र होकर प्रदर्शनकारियों ने तिरंगे झंडे फहराए और शिव आराधना व रामधुन गाकर कीर्तन किए। प्रदर्शनकारियों ने जम्मू क्षेत्र के सभी विधायकों के घरों पर धरने देकर उन्हें संघर्ष समिति का साथ देने के लिए कहा।

इस आंदोलन की खास बात यह थी कि मुसलमान, सिख, ईसाई, जैन, बौद्ध इत्यादि सभी मजहबों के लोगों के साथ गुज्जरों-बकरवालों ने भी इसमें हिस्सा लिया। इस तरह यह आंदोलन प्रदेश की जनता का लोकप्रिय सत्याग्रह बन गया।

हिंदुत्व के लिए पी गए शहादत का जाम

हिंदू आस्था और राष्ट्रीय एकता का प्रतीक श्री अमरनाथ यात्रा और शिवभक्त यात्रियों के स्वाभिमान की रक्षा के लिए जिन देशभक्तों ने अपना जीवन-पुष्प चढ़ाया उन्हें समस्त देशवासी कभी नहीं भूल सकते। इन शहीदों की कुरबानियों के बिना जन आंदोलन का संक्षिप्त इतिहास अधूरा रहेगा।

शहीद मंजीत सिंह

इस राष्ट्रवादी आंदोलन में सबसे पहले शहीद हुआ भद्रवाह निवासी मंजीत सिंह। दो जुलाई को संघर्ष समिति ने भद्रवाह में विशाल जनसभा की और बाद में जुलूस निकाला। प्रशासन और बहुसंख्यक समाज हिंदुओं की भारी भीड़ को सहन नहीं कर सका। उपद्रवियों ने जुलूस पर एक हैंड ग्रेनेड फेंका। इस धमाके में 36 लोग घायल हो गए। मंजीतसिंह भी घायलों में शामिल था। छह जुलाई को अस्पताल में जाकर उसने दम तोड़ दिया। पोस्टमार्टम के बाद पुलिस ने बहुत ही बेरहमी से उसके शव का इंतजार कर रहे परिजनों को न सौंपकर सीधे उसके गाँव ले जाकर ग्रामवासियों को सौंप दिया। स्थानीय निवासियों ने शहीद का संस्कार सम्मान के साथ किया।

शहीद रमेश कुमार

सात जुलाई को जम्मू के एक इलाके पीर मिट्ठा का रहनेवाला रमेश कुमार जरूरी घरेलू सामान लेने के लिए निकटवर्ती लखदाता बाजार गया। पुलिस ने इसे रुकने को कहा। रमेश जब वापस घर की ओर लौटने लगा तो पुलिस ने उस पर लाठियाँ बरसानी शुरू कर दीं। पुलिस से बचने के लिए उसने भागना शुरू किया। पुलिसवाले भी उसके पीछे भागे। रमेश अपने घर में घुसकर चौथी मंजिल पर चढ़ गया। एक पुलिस अफसर ने उसका चौथी मंजिल तक पीछा किया। रमेश ने बचने के लिए जब घर के सामनेवाली छत पर छलाँग लगाई तो गली में गिर गया। सिर पर चोट लगने से उसकी मौत हो गई।

शहीद कुलदीप डोगरा

जम्मू की बस्ती तालाब तिल्लो के रहनेवाले 38 वर्षीय कुलदीप डोगरा ने अपना बलिदान देकर अमरनाथ यात्रा संघर्ष समिति के नेतृत्व में हो रहे आंदोलन को जन आंदोलन में बदलने में महत्त्वपूर्ण भूमिका अदा की। संघर्ष समिति के कार्यक्रम के अनुसार जम्मू के सभी जिला केंद्रों पर 20 जुलाई से 23 जुलाई तक क्रमिक धरनों और भूख हड़तालों के कार्यक्रम चल रहे थे। 23 जुलाई को जम्मू के परेड ग्राउंड में एक विशाल धरना दिया गया।

धरने में कुलदीप डोगरा भी शामिल था। कुलदीप ने खड़े होकर पहले स्वरचित कविता सुनाई—"जागो तुमको हिंदू की जागीर की रक्षा करनी है।" इस कविता को सुनाने के बाद संक्षिप्त भाषण दिया—"भोले बाबा की जमीन वापस लेने के लिए आंदोलन को गाँव-गाँव तक पहुँचाना जरूरी है। इस उद्देश्य की पूर्ति के लिए किसी जवान को अपना बलिदान देना होगा। मैं अपना बलिदान देकर देश की राष्ट्रवादी शक्तियों को एकजुट होकर आंदोलन में भाग लेने का आह्वान करता हूँ।" इतना कहते ही कुलदीप डोगरा गिर पड़ा। यह वीर देशभक्त भाषण देने से पहले जहर की पुड़िया निगलकर आया था। अस्पताल में डॉक्टरों ने उसे मृत घोषित कर दिया।

शहीद संजीव सिंह

चार अगस्त को साम्बा शहर में प्रदर्शन कर रहे लोगों पर वहाँ के एस.एस.पी. ने अपने हाथों से फायरिंग की। फायरिंग में 42 वर्षीय संजीव सिंह मारा गया। प्रत्यक्षदर्शियों का कहना है कि एस.एस.पी. ने प्रदर्शनकारियों को कोई चेतावनी नहीं दी। अलबत्ता एस.एस.पी. ने कुछ प्रदर्शनकारियों को इशारा कर अपनी तरफ बुलाया और निकट आने पर अपने एक साथी की राइफल से गोलियाँ चला दीं।

शहीद सन्नी पाधा

चार अगस्त को ही प्रदर्शनकारियों पर हुई फायरिंग में स्थानीय एस.एस.पी. के हाथों एक विद्यार्थी सन्नी पाधा शहीद हो गया। वह अपने माँ-बाप का इकलौता बेटा था और स्नातकोत्तर कक्षा का छात्र था।

शहीद नरेंद्र शर्मा

कठुआ निवासी नरेंद्र शर्मा ने भी अपना बलिदान देकर आंदोलन को गति देने में मुख्य भूमिका निभाई। कठुआ शहर के चड़वाल इलाके में स्पेयर पार्ट्स की दुकान चलानेवाले नरेंद्र शर्मा ने छह अगस्त को हुए प्रदर्शन में एक युवा टोली का नेतृत्व किया। टोली कश्मीर में जा रहे ट्रकों को हाई-वे पर रोक रही थी। हजारों लोग इस मार्ग पर धरने पर बैठे हुए थे। पुलिस ने बिना सूचना दिए पहले लाठीचार्ज किया और जब भीड़ नहीं हटी तो पुलिस ने प्रदर्शनकारियों के नेता नरेंद्र शर्मा को निशाना बनाकर गोलियाँ चला दीं। नरेंद्र शर्मा मौके पर ही शहीद हो गया।

शहीद डॉ. बलवंत खजूरिया

सत्तर वर्षीय सेवानिवृत्त आयुर्वेदाचार्य डॉ. बलवंत खजूरिया हीरानगर के संभ्रांत परिवार

से थे और कई दिन तक हीरानगर में आंदोलनकारियों का मार्गदर्शन करते रहे। एक दिन अचानक उन्होंने धरने के दौरान एक आंदोलनकारी से पानी का गिलास माँगा और इसी पानी के साथ जहर की पुड़िया निगल ली। वह जहर की पुड़िया अपने घर से ही लेकर आए थे। इससे पूर्व उन्होंने संघर्ष समिति को एक हजार रुपए अपनी ओर से दिए थे। डॉ. खजूरिया ने अपने अंतिम पत्र में लिखा था कि भारत और जम्मू विरोधी सरकार को चेताने और लोगों को अंतिम लक्ष्य तक संघर्ष की प्रेरणा देने के लिए मैं अपनी कुरबानी दे रहा हूँ।

शहीद बोध राज

अठारह अगस्त को कोटली माखी निवासी बोध राज निकटवर्ती कस्बे आर.एस. पुरा में होने वाले प्रदर्शन में भाग लेने के लिए अपने गाँव से मोटरसाइकिल पर आ रहे थे। मोटरसाइकिल पर तिरंगा झंडा फहरा रहा था। उसे पुलिस ने देखते ही रोकने की कोशिश की। बोध राज ने मोटरसाइकिल की गति तेज कर दी। एक पुलिस अफसर ने अपनी मोटरसाइकिल से बोधराज का पीछाकर उसकी मोटरसाइकिल गिरा दी और इस हादसे में उसकी मौत हो गई। बोध राज साधारण किसान था।

शहीद दीपक शर्मा

अठारह, उन्नीस व बीस अगस्त को संघर्ष समिति के आह्वान पर जेल भरो आंदोलन दूर-दराज के गाँवों तक पहुँच गया। जम्मू के निकट बिश्नाह कस्बे में 20 अगस्त को हुए सत्याग्रह में शामिल होने के लिए रियाल गाँव के निवासी दीपक शर्मा और उनके साथी अपने ट्रैक्टर पर तिरंगा लगाकर नारे लगाते हुए जा रहे थे। इनका ट्रैक्टर जब एक मोड़ पर पहुँचा तो पुलिसवालों ने रुकने का इशारा किया। तेज गति से चल रहे ट्रैक्टर को जब जोर से ब्रेक लगाई गई तो ट्रैक्टर ट्राली उलट गई। दीपक शर्मा और उसके साथी गंभीर रूप से घायल हुए। अस्पताल में जाकर दीपक शर्मा की मौत हो गई।

इन सभी शहीदों के शवों का जम्मू-कश्मीर पुलिस ने भरपूर अपमान किया। परंतु जनता ने 'अमर शहीद' का सम्मान देकर हिंदू धार्मिक विधिविधान से इनका संस्कार किया। इनके शवों को राष्ट्रीय ध्वज तिरंगे में लपेट कर हजारों नर-नारियों की उपस्थिति में चिताओं पर रखा गया। इनकी श्रद्धांजलि सभाओं में लाखों लोग उपस्थित रहे।

पुलिस का घिनौना चेहरा

साम्बा में जुल्म की आँधी

पूरे जम्मू क्षेत्र में हो रहा जन आंदोलन लक्ष्य की ओर बढ़ रहा था। सात अगस्त को साम्बा शहर में हजारों लोगों ने विशाल प्रदर्शन किया। प्रदर्शनकारी पूरे उत्साह में थे। हर-

हर महादेव के नारे लग रहे थे। शहर के बीचोबीच पुलिस थाने के निकट पहुँचकर लोगों ने धरना दिया। धरना देने के बाद फिर शांतिपूर्ण जुलूस आगे बढ़ा। पुलिस ने रास्ता रोककर आगे जाने के लिए मना किया। लोग नहीं माने तो पुलिस ने फायरिंग का सहारा लिया। 50 से ज्यादा लोग जख्मी हुए जिसमें छह की हालत अत्यंत गंभीर हो गई। संघर्ष समिति के कार्यकर्ताओं ने उन्हें जम्मू के मेडिकल कॉलेज में भरती करवाया। दो जवान शहीद हो गए।

पुलिस ने ले ली पवन की दोनों आँखें

पाँच अगस्त को दोपहर के समय ज्यौड़ियाँ के मंदिर में संघर्ष समिति की बैठक चल रही थी। अचानक पुलिस पहुँची और उसने लोगों पर लाठियाँ भाँजनी शुरू कर दी। खबर मिलते ही पूरे ज्यौड़ियाँ के सैंकड़ों लोग नारे लगाते हुए वहाँ पहुँचे। पुलिस ने भीड़ रोकने के लिए हवाई फायर किए। कुछ गोलियाँ जमीन पर भी दागी गईं। 22 लोग घायल हो गए। इसी गोलीबारी में 30 वर्षीय पवन कुमार की दोनों आँखों चली गईं। इस हादसे से उत्तेजित होकर करीब 150 महिलाओं ने पुलिस पर हमला बोल दिया उन्होंने कई पुलिसवालों की धुनाई कर डाली। परिणामत: पुलिस भाग खड़ी हुई।

हिंदू नेताओं पर प्रतिबंध

अगस्त के पहले हफ्ते में जम्मू के हालात का जायजा लेने साध्वी ऋतंभरा और उमा भारती जैसे ही जम्मू के एअरपोर्ट पर उतरीं, उन्हें पुलिस ने घेरे में लेकर एअरपोर्ट के ही एक कमरे में नजरबंद कर दिया। साध्वी ऋतंभरा को सायं 4 बजे जम्मू के परेड ग्राउंड में आयोजित जनसभा में भाषण देना था। इन दोनों नेताओं को वापस दिल्ली लौटने के आदेश दे दिए गए। दोनों साध्वियों ने इस सरकारी आदेश को गैरकानूनी बताकर एयरपोर्ट पर ही धरना दे दिया। साध्वी ऋतंभरा को तो पुलिस ने जबरदस्ती दिल्ली की फ्लाईट में बिठा दिया और उमा भारती को ऊधमपुर के सरकारी गेस्ट हाउस में नजरबंद कर दिया। समाचार मिलते ही ऊधमपुर के हजारों लोग गेस्ट हाउस के आँगन में इकट्ठे हो गए। उमा भारती झपटकर पुलिस के घेरे से निकलीं और आधे घंटे तक प्रदर्शनकारियों के सामने भाषण देती रहीं। दूसरे दिन उमा भारती को भी दिल्ली वापस भेज दिया गया। इसी तरह का व्यवहार जम्मू पहुँचे भाजपा अध्यक्ष राजनाथ सिंह और भाजपा महामंत्री अरुण जेटली के साथ भी करने की कोशिश की गई।

अलगाववादी आग

राष्ट्रवादी आंदोलन के दौरान कश्मीर के अलगाववादियों ने जम्मू संभाग के मुसलिम बहुल इलाकों में मुसलमानों को हिंदुओं के खिलाफ भड़काकर सांप्रदायिक दंगे कराने की

कोशिश की। सरकारी तंत्र, विशेषकर पुलिस में बहुसंख्या में मौजूद पाकिस्तानी तत्त्व दंगाइयों की मदद पर उतर आए। पुंछ और आस-पास के ग्रामीण इलाकों में हिंदुओं के पलायन का खतरा पैदा हो गया। 1989 में इसी प्रकार की परिस्थितियाँ बनाकर तीन लाख कश्मीरी हिंदुओं को उनके घरों से भगाया गया था।

जम्मू संभाग का पुंछ जिला कश्मीर और पाकिस्तान की सीमा से जुड़ा हुआ है। नियंत्रण रेखा के निकट इस जिले में हिंदुओं की जनसंख्या मात्र 10 प्रतिशत है। इससे सटे राजौरी जिले में भी हिंदू केवल 18 प्रतिशत हैं। जम्मू संभाग में बाबा अमरनाथ की जमीन के लिए संघर्ष शुरू होते ही लश्करे तोयबा और हिजबुल मुजाहिद्दीन जैसे संगठनों ने हिंदुओं को यहाँ से चले जाने की धमकियाँ देनी शुरू कर दीं। 23 अगस्त को योजनाबद्ध तरीके से पुंछ के परेड ग्राउंड में चार हजार से ज्यादा कट्टरवादी मुसलमान एकत्र हुए। पुलिस की नाक के नीचे ये लोग जुलूस के रूप में शहर में घुसे। इन्होंने हिंदुओं की 58 दुकानों और दो दर्जन घरों में आगजनी व तोड़फोड़ की। पुलिस तमाशा देखती रही। जब हिंदुओं ने एकजुट होकर उन्हें रोकने की कोशिश की तो पुलिस ने लाठियाँ बरसाईं, अश्रुगैस छोड़े और गोलीबारी शुरू कर दी। शहर में कर्फ्यू लगाकर हिंदुओं की आवाज खामोश करने की कोशिश की गई। उसी रात कुछ मुसलिम युवकों ने कर्फ्यू तोड़कर हिंदुओं के घरों और तीन मंदिरों पर पथराव किया। ऐसे ही हालात राजौरी जिले में भी बनाए गए। प्रशासन पर हिंदू नेताओं के पुलिस थानों, सुरक्षा चौकियों और केंद्रीय सुरक्षाबलों के नाकों पर जानकारी देने का कोई असर नहीं हुआ।

हिंदुओं के खिलाफ जेहाद

जम्मू-कश्मीर पुलिस की मौजूदगी में पुलिस की मदद से और कश्मीर के अलगाववादी संगठनों की सुनियोजित साजिश के तहत पुंछ जिले में बहुसंख्यक मुसलिमों ने अल्पसंख्यक हिंदुओं के खिलाफ जेहाद छेड़ दिया। लगातार दूसरे दिन भी मुसलिम दंगाइयों के झुंड ने चुन-चुनकर हिंदुओं की दुकानें तोड़ीं और घर जलाए। दो मंदिरों पर पथराव किया। हिंदुओं के घरों में घुसकर महिलाओं और बच्चों की पिटाई की। इन सबके बावजूद प्रशासन ने अपनी आँखें बंद रखीं। पुलिस अधिकारियों ने अपने मोबाइल स्विच बंद कर दिए।

जम्मू क्षेत्र के कठुआ, साम्बा, रियासी और डोडा जिलों में भी अलगाववादी मुसलमानों ने सांप्रदायिक हालात पैदा करने की कोशिश की। दरअसल श्री अमरनाथ धाम और शिवभक्त यात्रियों के समर्थन में जम्मू क्षेत्र में बने अद्भतु हिंदू-मुसलमान सौहार्द अलगाववादी तत्त्व बरदाश्त नहीं कर सके। प्रशासन में घुसपैठ किए हुए पाकिस्तानी तत्त्व माहौल बिगाड़ने की कोशिश में जुट गए।

स्थानीय सूत्रों के मुताबिक जम्मू-कश्मीर पुलिस के कई जवान सादे कपड़ों में दंगाइयों

के साथ मिलकर हिंदुओं की दुकानें लूटने और घर जलाने का काम करते रहे। डोडा जिले की गंदोह तहसील के भटयास गाँव में उन्मादियों ने दो हिंदू मंदिर जला डाले। जम्मू संभाग के मुसलिम बहुसंख्यक इलाकों में कश्मीरी अलगाववादियों की देशद्रोही गतिविधियाँ जारी रहीं।

राष्ट्रवादी बनाम अलगाववादी

हिंदू अस्मिता और भारत राष्ट्र के साथ जुड़े श्री अमरनाथ संघर्ष समिति के आंदोलन ने जम्मू-कश्मीर को जम्मू और कश्मीर—इन दो भागों में बाँट दिया। एक ओर जम्मू के राष्ट्रभक्त तो दूसरी ओर पाकिस्तानी झंडा लिए देशद्रोही। राष्ट्रवादियों और अलगाववादियों के बीच छिड़े इस संघर्ष को केंद्र सरकार या तो समझने में नाकाम रही या फिर समझते हुए भी 'तमाशा देखो और अपने राजनीतिक स्वार्थों की पूर्ति करो' की रणनीति अपनाकर समाधान खोजने का नाटक करती रही।

भारतीय जनता पार्टी को छोड़कर शेष सभी राजनीतिक दल कमोबेश खामोश थे। देश के एक हिस्से में देशद्रोह की लपटें आकाश छू रही हैं। खुलेआम पाकिस्तान के झंडे फहराए जा रहे थे। केंद्र व राज्य सरकार में इस देशद्रोही बगावत को सख्ती से कुचलने की राजनीतिक इच्छाशक्ति का अभाव है, इसका फायदा उठाकर पाकिस्तान भी अब खुलेआम कश्मीरियों पर हो रहे कथित अत्याचारों की दुहाई देकर अंतरराष्ट्रीय मंचों पर इस समस्या को जोर-शोर से उठाने लगा। 14 और 15 अगस्त को कश्मीर और जम्मू के लोगों ने जिस तरह से प्रदर्शन किए उनसे दोनों क्षेत्रों के चरित्र और वैचारिक आधार को आसानी से समझा जा सकता है। दोनों स्थानों पर स्वतंत्रता दिवस के सरकारी समारोहों का बहिष्कार किया गया। कश्मीर घाटी के सभी शहरों में 14 अगस्त को पाकिस्तान का निर्माण दिवस मनाया गया। कश्मीरी नेताओं ने खुलेआम कहा कि "हिंदुस्तान हमारा मुल्क नहीं है। भारत ने कश्मीर को गुलाम बनाकर रखा है। हम आजादी की लड़ाई लड़ रहे हैं।" इसी तरह कश्मीर में 15 अगस्त काला दिवस के रूप में मनाया गया।

जम्मू क्षेत्र में भी स्वतंत्रता दिवस के सरकारी समारोहों का पूर्णत: बहिष्कार किया गया। श्री अमरनाथ यात्रा संघर्ष समिति के आह्वान पर जम्मू संभाग के प्राय: सभी गाँवों, कस्बों और शहरों में लोगों ने अपने स्तर पर स्वतंत्रता दिवस समारोह आयोजित किए। प्राप्त आँकड़ों के अनुसार जम्मू, कठुआ, साम्बा, उधमपुर, रियासी, राजौरी, पुंछ, भद्रवाह, किश्तवाड़, डोडा आदि जिलों के लगभग 1800 स्थानों पर भारत के राष्ट्रीय ध्वज तिरंगे को सलामी दी गई। 'भारत माता की जय' के नारे बुलंद किए गए। भारत माता की आरती उतारी गई। स्कूल के बच्चों ने देशभक्ति के गीत गाए। स्थान-स्थान पर लोगों ने श्रीराम, कृष्ण, शिव और दुर्गा माता के चित्रों के साथ जुलूस निकाले। इसी तरह 16 अगस्त को

रक्षाबंधन के दिन लोगों ने एक-दूसरे की कलाई पर रक्षा सूत्र बाँधे और बाबा अमरनाथ की जमीन वापस मिलने तक संघर्ष करने की प्रतिज्ञा की। जम्मू क्षेत्र में चल रहे इस धर्म-रक्षक आंदोलन में सभी पंथों, वर्गों और क्षेत्रों के लोग शामिल थे।

जेल भरो आंदोलन

श्री अमरनाथ यात्रा संघर्ष समिति के झंडे तले जम्मू और देश के अन्य हिस्सों में 18 अगस्त से 21 अगस्त तक जेल भरो आंदोलन चलाया गया जिसमें लाखों लोगों ने गिरफ्तारियाँ दीं। संतों-महात्माओं ने भी संघर्ष को देशव्यापी बनाने का संकल्प किया। जेल भरो आंदोलन के पहले दिन जम्मू क्षेत्र में तीन लाख से भी ज्यादा लोगों ने प्रदेश के विभिन्न थानों पर प्रदर्शन के बाद गिरफ्तारियाँ दीं। दूसरे दिन गिरफ्तारियों का आँकड़ा चार लाख पार कर गया। इस दिन महिलाओं की संख्या अस्सी प्रतिशत रही। तीसरे दिन लगभग ढाई लाख बच्चों और वृद्धों ने अपने निकटवर्ती थानों में जाकर घेराव किया और गिरफ्तारी दी। 70-80 वर्ष के वृद्ध अपने पोतों, परपोतों के साथ गिरफ्तार होकर जेल गए। सुंदरबनी, राजौरी, साम्बा, बिलावर, धगवाल, अखनूर, तिमारपुर, डोडा, भद्रवाह और किश्तवाड़ में लोगों की भारी भीड़ से घबराकर पुलिस अफसर और जवान थाने छोड़कर भाग खड़े हुए। सत्याग्रहियों ने थानों की छतों पर तिरंगे झंडे फहरा दिए। महिला सत्याग्रहियों ने अपनी चूड़ियाँ उतारकर पुलिस अफसरों के दफ्तरों में रख दीं। अंतिम दिन 20 अगस्त को होने वाले प्रचंड सत्याग्रह से घबराकर सरकार ने 19 अगस्त की रात्रि को ही जम्मू, राजौरी, पुंछ, कठुआ, भद्रवाह व किश्तवाड़ में कर्फ्यू लगा दिया। देशभक्त जम्मूवासियों ने कर्फ्यू की धज्जियाँ उड़ा दीं। चार लाख से भी ज्यादा लोगों ने घरों से निकलकर प्रदर्शन करते हुए जम्मू संभाग के थाने घेर लिए। जम्मू में आंदोलनरत लोगों के दुःख-दर्द का साथी बनने और उनके नेताओं से वार्त्ता करने एक भी सरकारी अधिकारी नहीं पहुँचा। परंतु कश्मीर के अलगाववादी नेताओं से बात करने केंद्रीय रक्षा सचिव के नेतृत्व में तीन सदस्यीय दल श्रीनगर जा पहुँचा, राष्ट्रीय सुरक्षा सलाहकार नारायणन भी पहुँचे।

केंद्र सरकार की पक्षपातपूर्ण नीति

जम्मू-कश्मीर में स्वयं अपने ही हाथों से लगाई आग को बुझाने के लिए केंद्र सरकार ने एक बार फिर अलगाववादी संगठनों के सामने समर्पण किया। कांग्रेस को अभी भी यही लग रहा था कि हिंदुओं के जज्बातों से खेलकर मुसलिमों की वाह-वाह लूटी जा सकती है।

केंद्र सरकार की पक्षपातपूर्ण नीति और जम्मू को कश्मीर से लड़ाने की कोशिश का पर्दाफाश इसी एक तथ्य से होता है कि कश्मीर में जरा-सी भी हलचल होती है तो सारी

सरकार हरकत में आ जाती है। कश्मीरी आवाम की सुरक्षा, खाद्य सामग्री, पेट्रोल और बिजली-पानी के इंतजाम सरकारी स्तर पर किए जाते हैं। यह सरकार पाकिस्तान के झंडे फहरानेवाले देशद्रोहियों से डर जाती है। परंतु जम्मू में दो महीने से चले आ रहे पूर्ण बंद, नौ युवकों की शहादत और निरंतर सत्याग्रह का तनिक भी असर केंद्र सरकार पर नहीं पड़ा। जम्मू के देशभक्त लोग लगातार कर्फ्यू की मार झेलते हुए भूखे-प्यासे रहकर अपने सामाजिक और धार्मिक अधिकारों की लड़ाई जारी रखे हुए थे। सरकार की रणनीति जम्मू के लोगों को थकाने और अस्पतालों, बैंकों, उद्योगों, शिक्षा-संस्थानों और अन्य सार्वजनिक सुविधाओं के केंद्रों को लंबे समय तक बंद रखने की थी। सरकार अपनी इस दमनकारी नीति से एक तीर से कई शिकार कर रही थी। जम्मू के आंदोलनकारियों का दम तोड़ने, कश्मीरी संगठनों को खुश करने, श्राइन बोर्ड को जमीन वापस न करने और अपने एजेंट राज्यपाल एन.एन. वोहरा का उत्साह बढ़ाने जैसे कई उद्देश्य सरकार पूरे करती रही।

तुष्टीकरण पर उतरी सर्वदलीय कमेटी

जम्मू की जनता की ओर से किए जा रहे संघर्ष से निरंतर 40 दिन तक आँखें मूँदने के बाद केंद्र सरकार के गृहमंत्री शिवराज पाटिल की अध्यक्षता में एक सर्वदलीय कमेटी श्री अमरनाथ यात्रा संघर्ष समिति से बात करने के लिए 9 अगस्त को जम्मू पहुँची।

जम्मू में जारी आंदोलन का एहसास सर्वदलीय कमेटी को करवाने के लिए जम्मू की जनता ने कड़े विरोध प्रदर्शन करते हुए काले झंडों से इसका स्वागत किया। एअरपोर्ट से लेकर राजभवन तक हजारों महिलाओं-पुरुषों ने मानव श्रृंखला बनाकर प्रदर्शन किया। प्रदर्शनकारियों ने कर्फ्यू, सैनिक घेरे और जम्मू-कश्मीर पुलिस की भारी नाकेबंदी की धज्जियाँ उड़ाकर पाटिल के काफिले को सतवारी सैन्य छावनी के रास्ते से राजभवन पहुँचा दिया।

प्रशासन ने इस दिन भी लोगों के जज्बात दबाने के लिए पुलिस और सेना को सख्त काररवाई करने की खुली छूट दे दी। जम्मू शहर को सैनिक छावनी में बदल दिया गया। पूरे शहर के गली-मोहल्लों को काँटेदार तारों से सील कर दिया गया। मीडिया के कर्फ्यू पास फाड़े गए। कई पत्रकारों को पीटा भी गया। पूरे दिन कर्फ्यू में कोई ढील नहीं दी गई। लेकिन प्रातः आठ से रात दस बजे तक संघर्ष समिति के स्थानीय नेताओं के नेतृत्व में लोगों ने जुलूस इत्यादि निकाले। पुलिस की लाठियों, अश्रुगैस और गोलियों का सामना करते हुए लोग सड़कों पर उतरे। इस बीच संघर्ष समिति के 24 सदस्य श्री लीला करण शर्मा के नेतृत्व में सर्वदलीय कमेटी से बात करने के लिए तैयार हुए। परंतु जब उन्हें पता चला कि बातचीत में राज्यपाल वोहरा, पी.डी.पी. अध्यक्ष महबूबा मुफ्ती, एनसी संरक्षक डॉ. फारूख अब्दुल्ला, पूर्व मुख्यमंत्री गुलाम नबी आजाद और केंद्रीय मंत्री सैफुद्दीन सोज भी भाग लेंगे तो संघर्ष समिति ने वार्त्तालाप के बहिष्कार की घोषणा कर दी।

बाजी हाथ से जाते देखकर गृहमंत्री ने समिति की दोनों शर्तें मान लीं। इन पाँचों नेताओं को मुँह लटकाकर वार्त्ता से दूर रहना पड़ा। शाम 4.30 बजे सर्वदलीय कमेटी और संघर्ष समिति में बातचीत शुरू हुई। गृहमंत्री पाटिल ने आंदोलन वापस लेने की जैसे ही बात की तो संघर्ष समिति के नेताओं ने इसे सिरे से खारिज कर दिया। शाम सात बजकर पचास मिनट पर सर्वदलीय प्रतिनिधिमंडल श्रीनगर के लिए रवाना हुआ। शर्म की बात यह है कि गृहमंत्री ने जम्मू के दर्दनाक हालात, पुलिस द्वारा बरसाए जा रहे कहर, लोगों के कष्टों, मजबूरियों का कोई जायजा नहीं लिया।

मौकापरस्त राजनीति

हिंदू बहुल जम्मू क्षेत्र के लोगों के दुःख-दर्द के साथ जरा भी सहानुभूति प्रकट न करनेवाले गृहमंत्री पाटिल ने मुसलिम बहुल कश्मीर में पहुँचते ही मौकापरस्त राजनीति और चाटुकारिता की सारी हदें पार कर दीं। कश्मीर में हुए प्रत्येक तरह के नुकसान की भरपाई के भरोसे दिलाए गए। फल उत्पादकों को पूरा मुआवजा देने की घोषणा की गई। यह भी मान लिया कि पठानकोट-जम्मू-श्रीनगर राष्ट्रीय राजमार्ग पर चलनेवाले कश्मीर के ट्रकों को सैन्य सुरक्षा दी जाएगी। कश्मीर के लोगों की सुरक्षा के और भी ज्यादा पुख्ता इंतजाम किए जाएँगे। गृहमंत्री ने जम्मू के हिंदुओं के जख्मों पर नमक छिड़कते हुए कश्मीर के अलगाववादियों को यकीन दिलाया कि जम्मू क्षेत्र में रहनेवाले मुसलमानों को हुए नुकसान का भी मुआवजा दिया जाएगा। गृहमंत्री ये आश्वासन दिलाते हुए शायद यह भूल गए कि वे भारत के गृहमंत्री हैं न कि मुसलमानों के।

गृहमंत्री के इस हद तक कश्मीरी नेताओं की चाटुकारिता करने के बावजूद अलगाववादी संगठनों ने 'मुजफ्फराबाद चलो' अभियान जारी रखा। कश्मीर के नेताओं के फलों और सब्जियों के ट्रकों के साथ मुजफ्फराबाद के लिए कूच करने का एलान कश्मीर मुद्दे को अंतरराष्ट्रीय स्तर पर चर्चा में लाने का एक सियासी पाखंड था। पाक अधिकृत कश्मीर की सरकार की ओर से सीमा पारकर मुजफ्फराबाद पहुँचनेवाले कश्मीरियों के स्वागत की तैयारी भारत के अंदरूनी मामलों में दखलअंदाजी थी। देश की सीमा पारकर दूसरे देश में जाने, धमकी और फिर कोशिश दोनों ही गैर-कानूनी और देशद्रोह की श्रेणी में आते हैं। सरकार ने इन अलगाववादियों को गिरफ्तार कर इन पर देशद्रोह के मुकदमें क्यों नहीं चलाए? हालात बिगड़ने का इंतजार करना और बाद में बल प्रयोग करना कहाँ की कूटनीति है? जब पाक अधिकृत कश्मीर के प्रधानमंत्री ने सीमा पार करनेवालों के लिए 'स्वागत शिविरों' का बंदोबस्त कर खाद्य सामग्री और दवाइयाँ इत्यादि देने की व्यवस्था का एलान किया था तो भारत की सरकार ने पाकिस्तान अथवा पाक अधिकृत कश्मीर की सरकार के साथ विरोध क्यों नहीं जताया? पड़ोसी देश की तरफ से हमारे देश के एक प्रांत के लोगों को सीमा पार

करने के लिए उकसाने का कार्य अंतरराष्ट्रीय कानून का खुला उल्लंघन है। इस संवेदनशील मुद्दे पर भारत सरकार का खामोश रहना इस बात का सबूत है कि सरकार किसी भी कीमत पर अलगाववादियों को नाराज नहीं करना चाहती थी।

भूख-प्यास में भी हौसले बुलंद

जम्मू संभाग के लोगों ने भूखे-प्यासे रहकर दो महीने तक यह धर्म युद्ध चलाया। इससे आनेवाली पीढ़ियाँ प्रेरणा लेती रहेंगी। आंदोलन के मध्य पूरी अर्थव्यवस्था चौपट हो गई। दुकानें, उद्योग-धंधे, छोटे-छोटे कारोबार सब बंद हो गए। सरकारी, गैर-सरकारी दफ्तर, बैंक, डाकखाने, छोटे आर्थिक अदारे सुनसान पड़े थे। रेहड़ी खोमचेवाले, मेहनतकश मजदूर इत्यादि सभी ने अपनी-अपनी कमाई के सहारों का ठप्प होना बरदाश्त किया परंतु क्षण भर के लिए भी निरुत्साही नहीं हुए। ये बम-बम भोले के नाद गुँजाते रहे। गरीब मजदूर और दिहाड़ीदार भी गली मोहल्लों में जय शिवशंकर के जयकारों के साथ प्रदर्शन करते रहे। एक सरकारी अर्थशास्त्री के अनुसार दो महीनों में शहरों से गाँवों तक समस्त आर्थिक कारोबार के बंद रहने से जम्मू संभाग को 26 हजार करोड़ रुपए से ज्यादा का नुकसान उठाना पड़ा। सबसे दर्दनाक हालत उन गरीब और साधारण लोगों की हुई जो रोज कमाकर अपने बच्चों का पेट भरते थे।

जम्मू के रणवीरेश्वर मंदिर के सामने फूल बेचनेवाली सोमा देवी ने कहा कि उसके तीन बच्चे हैं। पति ऑटोरिक्शा चलाता है। दो महीने से कोई कमाई नहीं की। मोहल्लेवालों ने मदद की है, बाकी थोड़ी सी जमा पूँजी समाप्त हो गई है। फिर भी हम अंतिम साँस तक संघर्ष में साथ देंगे। बाबा अमरनाथ की जमीन वापस मिलनी चाहिए। जम्मू की रेजिडेंसी रोड पर सरकारी डाक बँगले के सामने बैठकर भीख माँगनेवाले एक अपाहिज व्यक्ति ने भी संघर्ष समिति के कार्यकर्ता को 51/-रुपए देकर कहा कि आंदोलन को समाप्त मत करना। हम सब आपके साथ हैं। भोले बाबा के शत्रु एक दिन परास्त होंगे और शिवभक्तों की जीत होगी।

सार्वजनिक लंगरों की व्यवस्था

जम्मू क्षेत्र की जनता ने न केवल आंदोलन और सत्याग्रह में भाग लिया, अपितु एक-दूसरे को आर्थिक मदद करके और जीवनयापन की जरूरी वस्तुएँ उपलब्ध करवाकर सामाजिक सौहार्द और एकता का अद्‌भुत उदाहरण भी प्रस्तुत किया। कर्फ्यू के दिनों में पुलिस और सेना ने गलियों के मोड़ों, सड़कों के नाकों और चौराहों पर काँटेदार तार लगाकर लोगों को घरों में कैद कर दिया था। परंतु लोगों ने गाँवों, नगरों और शहरों के गली-कूचों में ही छोटे-छोटे लंगर लगाकर बेसहारों और गरीब लोगों को खाना खिलाना शुरू कर दिया।

इस तरह के लंगरों की व्यवस्था गाँव-गाँव तक लोगों ने अपने स्तर पर की। इन लंगरों में उन पुलिसवालों और सैनिकों ने भी खाना खाया जिन्होंने बेकसूर आंदोलनकारियों पर लाठियाँ और गोलियाँ बरसाई थीं।

अनेक शहरों, कस्बों और गाँवों में चलाए गए हजारों छोटे-बड़े लंगरों में खाद्य सामग्री और धन की कोई कमी नहीं आई। जरूरतमंदों, गरीबों और साधु-संतों के लिए चले इन लंगरों के स्थानीय प्रबंधकों को सक्षम लोगों ने दिल खोलकर धन दिया। लंगरों की व्यवस्था को देखकर सैनिक अफसर भी आश्चर्यचकित रह जाते थे। बच्चे-बूढ़े सब्जियाँ काटते थे, महिलाएँ चपातियाँ बनाती थीं और युवा परोसते थे। इस तरह पूरे गली-मोहल्ले के लोग लंगर सेवा और सत्याग्रह दोनों में योगदान देते रहे। संघर्ष समिति ने अस्पतालों और कुछ दवाई विक्रेताओं को अपना काम करने की अनुमति दे रखी थी। परंतु कर्फ्यू के कारण अस्वस्थ लोग घरों से निकल नहीं सके। विश्व हिंदू परिषद्, सेवा भारती और राष्ट्रीय स्वयंसेवक संघ के कार्यकर्ताओं ने घर-घर जाकर लोगों की कुशलक्षेम पूछी और योजनाबद्ध ढंग से दवाइयों की व्यवस्था की। कई डॉक्टरों ने घर-घर जाकर बीमार लोगों की जाँच की और यथासंभव अपने घरों से दवाइयाँ दीं। अधिक अस्वस्थ लोगों को निकटवर्ती अस्पतालों में पहुँचाने, इलाज करवाने और फिर घरों तक वापस पहुँचाने का कार्य भी संघ के स्वयंसेवकों ने सँभाला।

सभी वर्गों और पंथों के लोगों ने जरूरतमंदों के लिए चलाए गए लंगरों में राशन और धन दिया। अनेक स्थानों पर मुसलमान भाइयों ने बाकायदा आग्रहपूर्वक अपने घरों से आटा-दाल पहुँचाया। कई स्थानों पर रेहड़ीवालों और मजूदरों ने भी अपनी क्षमता अनुसार पैसा देकर इस धर्मयज्ञ में अपनी आहुति दी। 50 दिन तक चले लगभग 250 लंगरों में लाखों लोगों ने भोजन किया। इन लंगरों में सचमुच ईश्वरीय सत्ता के दर्शन हो रहे थे। इस तरह बम-बम भोले के प्रति अटूट विश्वास और बर्फानी बाबा अमरनाथ के प्रति दृढ़ आस्था ने लोगों को दो महीने तक सरकारी जुल्म से जूझने की प्रेरणा दी।

आखिर झुक ही गई सरकार

तीन बार हुई वार्त्ताओं में सरकार ने संघर्ष समिति को ब्लैकमेल करने की कोशिश की। सरकार चाहती थी कि किसी प्रकार संघर्ष समिति की ओर से जन आंदोलन वापस ले लिया जाए अथवा सरकारी ताकत के बल पर और आंदोलनकारियों में फूट डलवा कर संघर्ष विफल कर दिया जाए। परंतु संघर्ष समिति सरकार के किसी झाँसे में नहीं आई।

जम्मू में शुरू हुए इस प्रखर जन आंदोलन को देश के अन्य हिस्सों में फैलता देखकर प्रदेश और केंद्र की सरकारों ने श्री अमरनाथ यात्रा संघर्ष समिति के आगे समर्पण करने का मन बना लिया। प्रधानमंत्री डॉ. मनमोहन सिंह ने राज्यपाल और अन्य प्रशासनिक अधिकारियों

को दिल्ली बुलाकर बैठक की और संघर्ष समिति की माँगें मान लेने के निर्देश दिए।

श्री अमरनाथ यात्रियों की सुविधा के लिए कश्मीर में अस्थायी रूप से दो महीने के लिए मात्र 100 एकड़ जमीन प्राप्त करने के उद्देश्य से जम्मू समेत पूरे देश के हिंदू समाज को 63 दिन तक निरंतर संघर्ष करना पड़ा। आखिर अनेक प्रकार की कुरबानियाँ देने के बाद हिंदुओं के स्वाभिमान की जीत हुई।

प्रदेश और केंद्र की सरकारों के साथ हुई अनेक वार्त्ताओं के विफल होने के पश्चात् अंत में 31 अगस्त की रात राज्यपाल के पैनल और संघर्ष समिति की कोर टीम में ऐतिहासिक समझौता हो गया। दो महीने तक जम्मूवासियों के साहस को चुनौती देकर पुलिसिया कहर को खुली छूट देनेवाले राज्यपाल एन.एन. वोहरा के पैनल ने श्री अमरनाथ यात्रा संघर्ष समिति की सभी माँगे स्वीकार कर लीं। राज्यपाल की ओर से गठित पैनल की अध्यक्षता मुख्य सचिव एस.एस. बिलोरिया ने की जिसमें जम्मू विश्वविद्यालय के उपकुलपति अमिताभ मट्टू, जस्टिम जी.डी. शर्मा और बी.बी. ब्यास शामिल थे। उधर, संघर्ष समिति की कोर टीम की अध्यक्षता समिति के प्रवक्ता एडवोकेट तिलक राज शर्मा ने की जिसमें सेवानिवृत्त ब्रिगेडियर सुचेत सिंह, नरेंद्र सिंह और पूर्व तहसीलदार पवन कोहली शामिल थे।

स्थानीय सरकारी गेस्ट हाउस में दोनों पक्षों में रात्रि 9 बजे वार्त्तालाप हुआ जो रात्रि 12.30 बजे तक चला। सभी पहलुओं पर विस्तार से चर्चा हुई। सरकारी पैनल ने संघर्ष समिति के कोर ग्रुप को कुछ ठोस प्रस्ताव सौंपे। कोर ग्रुप के सदस्य इन प्रस्तावों को लेकर संघर्ष समिति से वार्त्ता करने चले गए। संघर्ष समिति ने पैनल के प्रस्तावों को उचित और सकारात्मक पाया, तब समिति के संयोजक लीला करण शर्मा समेत 22 सदस्य कोर ग्रुप के साथ सरकारी गेस्ट हाउस में पहुँच गए। संघर्ष समिति की माँगों पर फिर विचार-विमर्श हुआ। सरकारी पैनल ने सभी माँगों को थोड़ी खुशी और थोड़ी हिचकिचाहट के साथ स्वीकार कर लिया। प्रात: 4.30 बजे दोनों पक्षों में समझौता हो गया। सरकारी पैनल के अध्यक्ष और संघर्ष समिति के संयोजक ने इस ऐतिहासिक समझौते पर हस्ताक्षर कर दिए।

नि:स्वार्थ भाव से आंदोलन में जुटे हजारों संघ कार्यकर्ता

श्री अमरनाथ यात्रा संघर्ष समिति का गठन होते ही राष्ट्रीय स्वयंसेवक संघ ने अपनी पूरी शक्ति संघर्ष को सफल बनाने में लगा दी। इस राष्ट्रीय आंदोलन में विश्व हिंदू परिषद् समेत संघ परिवार के सभी संगठन पूरी शक्ति के साथ सक्रिय हो गए। इन राष्ट्रभक्त, निष्ठावान्, ईमानदार और राजनीति से पूर्णत: अलिप्त जन नेताओं और कार्यकर्ताओं के सक्रिय होने से न केवल संघर्ष समिति को बल मिला बल्कि जम्मू क्षेत्र के विविध धार्मिक एवं सामाजिक संगठन भी संघर्ष समिति के साथ जुड़ गए।

29 जून को जम्मू के गीता भवन में हुए संघर्ष समिति के पहले सम्मेलन में संघ परिवार

के सभी संगठनों के अतिरिक्त अन्य 32 हिंदू संगठनों के प्रतिनिधि शामिल हुए थे। इस लघु सम्मेलन में संघर्ष समिति के संयोजक श्री लीला करण शर्मा, विश्व हिंदू परिषद् के प्रधान डॉ. रमाकांत दुबे और राधाकृष्ण मंदिर के मुख्य महंत स्वामी दिनेश भारती भी उपस्थित थे। सम्मेलन में ही जम्मू संभाग के प्रत्येक जिले, तालुका और ग्राम स्तर तक संघर्ष समितियों के गठन का निश्चय किया गया था।

गाँव स्तर तक संघर्ष समितियाँ गठित

श्री अमरनाथ यात्रा संघर्ष समिति के नेताओं व कार्यकर्ताओं ने ग्राम स्तर तक प्रवास करने शुरू किए। एक सप्ताह के भीतर लगभग 1300 संघर्ष समितियों का गठन हो गया। शहरों, कस्बों और गाँवों में सक्रिय सभी पंथों और वर्गों के नेताओं ने सहर्ष जमीन की जंग में शामिल होने, आंदोलन के सूत्र सँभालने और लोगों को संघर्ष में सहयोग के लिए तैयार करने की जिम्मेदारी उठा ली।

गाँव स्तर तक समितियों का गठन करने के बाद प्रांतीय संघर्ष समिति ने कोर ग्रुप की स्थापना की। इसमें समिति के संयोजक श्री लीला करण शर्मा समेत 35 लोग शमिल थे। जम्मू के गीता भवन में प्रांतीय संघर्ष समिति का कार्यालय बनाया गया। इस स्थान पर संघर्ष समिति की नियमित बैठक और प्रेस कॉन्फ्रेंस शुरू हो गई। इसी तरह रोज रात प्रांतीय संघर्ष समिति की ओर से गठित कोर ग्रुप की बैठक किसी विशेष स्थान पर होती थी। इस बैठक में आंदोलन की नियमित जानकारी के अलावा अगले दिन की रणनीति पर विचार होता था। कोर ग्रुप की बैठक में लिए गए निर्णयों की चर्चा अगले दिन प्रातः प्रांतीय संघर्ष समिति की बैठक में होती थी। प्रांतीय संघर्ष समिति के निर्णय को रोज जिला, तालुका और गाँव स्तर की समिति तक पहुँचाने के लिए पूरे जम्मू संभाग में सैकड़ों कार्यकर्ताओं की टीम तैयार की गई। इस टीम में संघ के स्वयंसेवकों के अलावा विभिन्न हिंदू संगठनों के कार्यकर्ताओं को शामिल किया गया। गाँव स्तर की संघर्ष समितियों तक सूचनाएँ भिजवाने, आंदोलन के कार्यक्रमों की रूपरेखा देने और प्रत्येक स्थान में हुए आंदोलन की रिपोर्ट लेने में इन युवा कार्यकर्ताओं ने दिन-रात एक कर दिया।

गीता भवन में स्थापित प्रांतीय संघर्ष समिति के कार्यालय के साथ ही काम कर रहे त्रिकुटा संवाद केंद्र की सेवाओं को नजर अंदाज नहीं किया जा सकता। इस संवाद केंद्र ने सुबह 9 बजे से लेकर रात 10 बजे तक काम कर इस जन आंदोलन में अपना योगदान दिया। अमरनाथ संघर्ष समिति की प्रेस विज्ञप्तियों को तैयार करना, विभिन्न समाचार पत्रों को आंदोलन के कार्यक्रमों की रिपोर्ट भेजना, देशभर के सभी संवाद केंद्रों पर संघर्ष की भूमिका और प्रगति से संबंधित समाचार और लेख भेजना, आंदोलन से संबंधित विभिन्न समाचार-पत्रों में छपी खबरों का संकलन करना, ब्लॉग वेबसाइट बनाना और संघर्ष समिति के नेताओं

और कार्यकर्ताओं को वैचारिक सामग्री उपलब्ध करवाना जैसे कार्यों को त्रिकुटा संवाद केंद्र ने सफलतापूर्वक संपन्न किया है। इस संवाद केंद्र ने एक पुस्तिका 'आस्था पर आघात' की सीडी बनाकर समस्त देश के प्रमुख प्रकाशन केंद्रों पर भेजी और लाखों में छपवाकर समाज के अग्रणी लोगों के हाथों पहुँचाई। इस पुस्तक में छपी संघर्ष की भूमिका, कार्य और उद्देश्य की जानकारी ने अमरनाथ संघर्ष का कार्य आसान कर दिया।

लोग जुड़ते गए काफिला बनता गया

चौबीस घंटे सक्रिय इस व्यवस्था में धीरे-धीरे काफी संख्या में लोग स्वयं जुड़ते गए और आंदोलन जोर पकड़ता गया। जैसे-जैसे आंदोलन का विस्तार होता गया संघर्ष समितियों की जिम्मेदारियाँ बढ़ती चली गईं। पूरे जम्मू क्षेत्र में हिंदू युवकों की ऐसी टोलियाँ खड़ी हो गईं जिन्होंने संघर्ष समिति के प्रत्येक निर्देश का पालन करते हुए इस जन आंदोलन को सफलता की ओर बढ़ाया।

जन आंदोलन में लोगों ने स्वयं स्फूर्ति से बम-बम भोले और हिंदुत्व के नाम पर भाग लिया। लाखों पुरुषों, महिलाओं और बच्चों ने जेल भरो कार्यक्रमों में भाग लेकर आंदोलन को सफल बनाया। सार्वजनिक लंगरों के लिए धन दिया, स्वयं अपने घरों में तिरंगे झंडे बनाए और हाथों में लेकर विभिन्न प्रदर्शनों में कूदे। परंतु इस तरह का देशभक्तिपूर्ण वातावरण बनाने और जनता का हौसला बनाए रखने में जिस संगठित हिंदू शक्ति का आधार था उसे आँखों से ओझल नहीं किया जा सकता।

दो महीने तक लगातार चलनेवाले इस जन आंदोलन से संबंधित अनेक व्यवस्थाएँ सँभालते हुए जिन कार्यकर्ताओं ने अपना तन-मन-धन लगा दिया वे सभी कार्यकर्ता पद, यश व गरिमा से दूर रहनेवाले हैं। इन कार्यकर्ताओं की अथक मेहनत के कारण निरंतर चले जन आंदोलन की क्रमिक श्रृंखला तय हो सकी। धरनों, प्रदर्शनों, बंद, संघर्ष, यात्राओं, प्रभात फेरियों, जेल भरो आंदोलन के समय पुरुषों, महिलाओं और बच्चों के अलग-अलग कार्यक्रमों की निश्चित तिथियाँ तथा ऐसे ही अन्य जलसे जुलूसों के कार्यक्रम सफल हो सके। कहाँ गिरफ्तारियाँ देनी हैं, लंगरों की व्यवस्था कैसे और कहाँ करनी है, लोगों की जमानतों की व्यवस्था और केस लड़ने के लिए वकीलों का सहयोग इत्यादि सब इंतजाम हजारों संघ कार्यकर्ताओं की इसी श्रृंखला ने किए। इन कार्यकर्ताओं ने यह सब कार्य निःस्वार्थ भाव से किया।

हिंदू अस्मिता और राष्ट्रीय स्वाभिमान की रक्षा के लिए श्री अमरनाथ यात्रा संघर्ष समिति के चलाए जा रहे आंदोलन को आखिरकार प्रभावी विजय मिली। यह हिंदुत्व और राष्ट्रवादी शक्तियों की पाकिस्तान प्रायोजित देशद्रोही अलगाववादियों पर ऐतिहासिक विजय है। जम्मू के देशभक्त लोगों ने दो महीने तक निरंतर भूखे-प्यासे रहकर जिस संगठित शक्ति का परिचय

दिया है, उससे समस्त देश की राष्ट्रवादी शक्तियों को दिशा मिली है।

जम्मूवासियों ने अपनी संगठित शक्ति से समस्त देशवासियों को संदेश दिया है कि देशद्रोहियों, अलगाववादियों और आतंकियों को पराजित करने के लिए राजनीति से पूर्णत: अलिप्त जनशक्ति की आवश्यकता है। पिछले 61 सालों में यह पहला अवसर था जब कोई सरकार हिंदुओं के किसी सवाल पर झुकी। गौ रक्षा अभियान, हिंदू कोड बिल, हिंदू धर्म स्थल बचाओ आंदोलन, शाहबानो केस, श्रीराम जन्मभूमि मुक्ति संघर्ष तथा इसी प्रकार के हिंदू अस्मिता की रक्षा के आंदोलन के समक्ष सरकार कभी नहीं झुकी। इतना जरूर है कि श्रीराम जन्मभूमि मुक्ति आंदोलन के समय केंद्र की सरकार ने मंदिर के शिलान्यास की अनुमति दे दी थी और श्रीराम सेतु रक्षा अभियान के संदर्भ में श्रीराम के अस्तित्व को नकारनेवाली सरकार ने सुप्रीम कोर्ट में अपना ही हलफनामा बदल लिया था। परंतु कांग्रेसी सरकारों द्वारा हिंदुओं के किसी भी राष्ट्रीय आंदोलन को सफल नहीं होने दिया गया। कांग्रेस सरकारों ने सदैव मुसलिम तुष्टीकरण पर आधारित वोट बैंक की घटिया राजनीति अपनाई। राष्ट्रहित को दरकिनार करते हुए कांग्रेस ने पिछले 61 वर्षों में राष्ट्रवादी शक्तियों को दबाने की कोशिश की। जम्मू के देशभक्त लोगों को उनके संवैधानिक अधिकारों से वंचित करके मुसलिम बहुल कश्मीर को ज्यादा अधिकार देना कांग्रेसी सरकारों की मुसलिम चाटुकारिता का परिचायक है। जम्मू के लोगों ने पहली बार कांग्रेस सरकार को न केवल झुकाया, बल्कि उसे हिंदू स्वाभिमान और राष्ट्रीय संस्कृति का सम्मान करना भी सिखाया।

यदि देश के एक छोटे से भाग जम्मू के हिंदू अपने मुसलमान, ईसाई और सिख भाइयों को साथ लेकर अलगाववादियों को चुनौती देते हुए सरकार को झुका सकते हैं, तो निश्चित ही पूरे भारत के देशभक्त लोग मिलकर उन अराष्ट्रीय तत्त्वों को चुनौती दे सकते हैं जो आई.एस.आई. जैसे विदेशी संगठनों के इशारे पर भारत को तहस-नहस करने के षड्यंत्र रच रहे हैं। जम्मू के लोगों ने अपनी कुरबानियाँ देकर यह सिद्ध कर दिया है कि यदि भारत का 85 प्रतिशत हिंदू समाज संगठित हो कर खड़ा हो जाए तो देश में हिंदू अस्मिता से खिलवाड़ करने की सेकुलर मानसिकता ढह जाएगी। जम्मू के हिंदुओं की संगठित शक्ति ने यह भी सिद्ध कर दिया है कि हिंदुत्व ही एक ऐसा धरातल है जिस पर पूरा देश स्वाभिमान के साथ खड़ा होकर भारत की अखंडता, राष्ट्रीय संस्कृति, मान-बिंदुओं और सामाजिक एकता के प्रतीकों की रक्षा कर सकता है।

□

हिंदू विहीन कश्मीरियत?

श्री अमरनाथ श्राइन बोर्ड को जम्मू-कश्मीर की सरकार की ओर से दी गई और फिर घुटने टेक राजनीति का शिकार होकर वापस ली गई जमीन के संवेदनशील मामले ने कश्मीरी नेताओं के जहन में समाई कश्मीरियत की आक्रामक भारत विरोधी मानसिकता से परदा हटा दिया। हिंदू पूर्वजों की संतान इन कश्मीरी नेताओं ने स्वतंत्र कश्मीरी राष्ट्र का नारा बुलंद करके एक बार फिर यह साबित कर दिया है कि उन्हें अपने हिंदू पूर्वजों की उज्ज्वल, सार्वभौमिक और दिग्विजयी कश्मीरियत से कोई वास्ता नहीं है। इन कट्टरपंथी नेताओं को कश्मीर पर आक्रमण करनेवाले और इनके ही पूर्वजों की महान् संस्कृति को तबाह कर कश्मीर का गौरवशाली चेहरा बिगाड़ने वाले दुर्दांत हमलावरों की विरासत की चिंता है। यही वजह है कि ये कश्मीरी नेता एक सौ करोड़ हिंदुओं को कश्मीर में एक सौ एकड़ जमीन देने के लिए तैयार नहीं हुए।

तलवार के जोर पर खून की नदियाँ बहानेवाले विदेशी हमलावरों की संस्कृति, इतिहास और विरासत को कश्मीरियत मानने वाले कट्टरपंथी नेता गिलानी, मुफ्ती, फारूख, बेग, शबीर शाह और यासीन मलिक क्यों भूल जाते हैं कि मात्र पाँच सौ वर्ष पहले सभी कश्मीरी हिंदू थे? भारत माता के मुकुट कश्मीर ने नाग पूजा मत, शैव दर्शन, बौद्ध मत, वैष्णो मत आदि मानवीय दर्शन को मानवता की भलाई के लिए सारे संसार के सामने रखा। सम्राट् ललितादित्य अवंतिवर्मन, हर्ष, मेघवाहन, दुर्लभ वाहन, सम्राट् चंद्रापीड़ इत्यादि हिंदू सम्राटों ने कश्मीरियत को विश्वव्यापी बनाया। आयुर्वेद, गणित, विज्ञान और सांख्यिकी जैसे दर्शन शास्त्र और सिद्धांत कश्मीर की ही धरती पर जन्मे, विकसित हुए और विश्व के कोने-कोने में पहुँचे। जब भारत की सीमाएँ मध्य एशिया तक थीं तब भारत का सम्राट् ललितादित्य कश्मीरी हिंदू था। आज भले ही कश्मीर और कश्मीरियत पर विदेशी और विधर्मी रंग चढ़ाकर ललितादित्य और चंद्रापीड की संतानों (धर्मांतरित मुसलमान) द्वारा कश्मीर के वास्तविक देदीप्यमान स्वरूप को क्षत-विक्षत करने का जघन्य प्रयास किया जा रहा है, परंतु यह बात दिन की रोशनी की तरह साफ है कि

कश्मीरियत अभी भी हिंदू संस्कृति है। इस सांस्कृतिक धरोहर को समाप्त करने के लिए विदेशी हमलावरों की विरासत को थोपने के षड्यंत्रों के शिकंजे में फँसे अलगाववादी और हाथों में हथियार उठाए आतंकवादी इन्हीं हिंदू पूर्वजों का खून हैं। ये अपने ही बाप-दादाओं के बनाए गए मठ-मंदिरों, विश्वविद्यालयों, सांस्कृतिक केंद्रों और प्रेरणा स्थलों को बरबाद करने के काम को ही जेहाद और कश्मीरियत मान बैठे हैं।

कश्मीर की जमीन पर जन्मी सभी पूजा पद्धतियाँ शैव दर्शन, वैष्णो मत और बौद्धमत इत्यादि में कभी परस्पर संघर्ष नहीं हुआ। ये सभी मत और इनके जन्मदाता, ध्वजवाहक और अनुयायी भारत और भारतीय राष्ट्रीयता के अभिन्न अंग बने रहे। कश्मीर की धरती पर कनिष्क और मिहिरकुल जैसे विदेशी शासकों ने भी, जो कुषाण और हूण जातियों से संबंधित थे, क्रमशः शैव मत और बौद्ध मत स्वीकारा और अपना और अपनी जाति का भारतीयकरण करते हुए भारत राष्ट्र की मुख्यधारा में विलीन हो गए। परंतु जब कश्मीर में इसलाम का आगमन हुआ तो परस्पर संघर्ष, बलात् धर्मांतरण, पृथकतावाद, दूसरे मजहब को स्वीकार न करने की एकतरफा कट्टरपंथी मनोवृत्ति और खूनी जेहाद का सिलसिला शुरू हो गया। कश्मीर की यही त्रासदी है और वर्तमान में उठाया जा रहा स्वतंत्र कश्मीर राष्ट्र का बवाल भी इसी का एक हिस्सा है। कारण स्पष्ट है कि इसलाम अपने अनुयायियों को किसी एक देश और वहाँ की राष्ट्रीय संस्कृति के साथ जुड़े रहने की इजाजत नहीं देता। इसलामी बहुमत जहाँ है वहाँ इसलामी राज्य ही होना चाहिए। पाकिस्तान इसी वैचारिक पृष्ठभूमि की पैदाइश है। कश्मीर इसी राह पर चल रहा है। कश्मीर में पिछले पाँच सौ साल से हिंदुओं पर बलात् धर्मांतरण की खूनी चक्की चली है। हाल में कश्मीरी हिंदुओं का जबरन पलायन और वर्तमान में स्वतंत्र कश्मीरी राष्ट्र का मजहबी उफान इसी धार्मिक जुनून की कड़ियाँ हैं।

आज जिन कश्मीरी नेताओं को अमरनाथ यात्रा से कश्मीर में हिंदू कॉलोनी बनने, मुसलमानों का जनसंख्या अनुपात बिगड़ने और भारतीयों के कश्मीर में बस जाने का भय हो गया है, उनसे पूछा जाना चाहिए कि 500 वर्ष पहले के हिंदू कश्मीर को शत-प्रतिशत मुसलिम कॉलोनी में किसने बदला? मार्तंड जैसे विश्व प्रसिद्ध सूर्य मंदिर समेत हजारों हिंदू आस्था स्थलों, मानवता के कल्याणार्थ रचे गए संस्कृत के महान् ग्रंथोंवाले विशालकाय पुस्तकालयों, सारे संसार को ज्ञान और विज्ञान प्रदान करनेवाले विश्वविद्यालयों और धार्मिक संस्थानों को किसने उजाड़ा? कश्मीर की वास्तविक सूरत बिगाड़नेवाले विदेशी हमलावरों का कश्मीर में पाँव पसारने और धर्मांतरण की खूनी चक्की चलाने में किसने साथ दिया?

कश्मीर में विदेशी हमलावरों, हमदान के सइदों, मुगलों और अफगानों के कश्मीर को हिंदूविहीन कर इसलामी देश बनाने का यह सिलसिला आज भी जारी है। भारत

विभाजन के समय जम्मू-कश्मीर के महाराजा हरिसिंह के इस प्रदेश का भारत में पूर्ण विलय कर दिए जाने के बाद शेख मोहम्मद अब्दुल्ला द्वारा सत्ता सँभालने के तुरंत बाद श्रीनगर के लाल चौक पर दिया गया भाषण असल में वर्तमान कश्मीरी राष्ट्र की मानसिकता की शुरुआत थी। अपने भाषण में बार-बार कलमा दोहराकर वे भोले-भाले कश्मीरियों में मजहबी उन्माद भड़काते रहे···"हमने कश्मीर का ताज खाक में से उठाया है, हम हिंदुस्तान में जाएँ या पाकिस्तान में यह तो बाद का सवाल है, पहले हमने अपनी आजादी मुकम्मल करनी है।" स्पष्ट है कि शेख साहब मुसलिम बहुल घाटी के अवाम को मजहब के नाम पर आजादी की जंग छेड़ने का इशारा कर रहा था। पिछले 62 वर्षों से जम्मू-कश्मीर में जो भी राजनीतिक दल सत्ता में आया उसके नेताओं ने अलगाववादियों की पीठ थपथपाई। आज जो कश्मीरी नवयुवक हाथ में हथियार लेकर अपने ही पूर्वजों की कश्मीरियत बरबाद करने में जुटे हैं, वे भी इन्हीं कट्टरपंथी कश्मीरी नेताओं और मदरसों की उपज हैं।

आश्चर्य यह है कि जम्मू-कश्मीर को आजादी की जंग की राह पर चलानेवाले शेख मोहम्मद अब्दुल्ला को गिरफ्तार कर पंडित जवाहरलाल नेहरू ने कश्मीर के संबंध में की गई अपनी अनेक भूलों में से एक को सुधारने की कोशिश की थी, परंतु 60 वर्षों से खुलेआम किसी न किसी रूप में कश्मीरियों को मजहब के आधार पर देशद्रोह के रास्ते पर चलाते आ रहे नेशनल कॉन्फ्रेंस, पीपुल्स डेमोक्रेटिक पार्टी, हुर्रियत कॉन्फ्रेंस और कांग्रेस के कश्मीरी नेताओं को किसी ने हाथ नहीं लगाया। उलटे तुष्टीकरण की राजनीति के तहत ऐसे कई समझौतों और वार्त्ताओं को अंजाम दिया गया जिनसे कश्मीर में अलगाववाद को हवा मिली। श्री अमरनाथ श्राइन बोर्ड से जमीन वापस लेकर प्रदेश व केंद्र की सरकारों ने न केवल कश्मीरी राष्ट्रीयता के झंडाबरदारों के समक्ष समर्पण किया, बल्कि इन तत्त्वों को अपनी कट्टरपंथी कश्मीरियत के एजेंडे पर चलने के लिए प्रोत्साहित भी किया। अन्यथा अब तक भारत राष्ट्र के भीतर एक और स्वतंत्र कश्मीर राष्ट्र का राग अलापनेवालों की खैर नहीं होती।

स्वतंत्र कश्मीर राष्ट्र का नारा बुलंद करनेवाले क्यों भूल जाते हैं कि राष्ट्र एक सांस्कृतिक अवधारणा है, राजनीतिक इकाई नहीं। जिस मजहब अथवा संस्कृति के आधार पर कश्मीरियत को राष्ट्रीयता बताया जा रहा है वह मजहब अथवा संस्कृति कश्मीर की जमीन पर नहीं जन्मी। इस संस्कृति के निर्माताओं में से एक भी कश्मीरी नहीं था। यह संस्कृति विदेशी हमलावरों के साथ आई। इन हमलावरों ने कश्मीर की पाँच हजार वर्ष पुरानी संस्कृति, इसके संरक्षकों और अनुयायियों को तहस-नहस करके विदेश में उपजी एक तहजीब को थोप दिया। कितना अजीब है कि इस विदेशी आक्रामक तहजीब का डटकर मुकाबला करने और अपनी कुरबानियाँ देकर कश्मीरियत के प्राचीन

और सनातन स्वरूप को बचाकर रखनेवाले कश्मीरी हिंदुओं को उनकी धरती से विस्थापित होना पड़ा और, इन विदेशी हमलावरों के आगे कायरतापूर्वक घुटने टेक कर कश्मीरियत के असली चेहरे बिगाड़नेवाले लोग कश्मीर के मालिक बनकर कश्मीरी राष्ट्र की दुहाई दे रहे हैं। इन्होंने अपने ही पूर्वजों की स्वदेशी कश्मीरियत को तहस-नहस कर विदेश से आए आक्रमणकारियों की तहजीब को कश्मीरियत बना दिया।

जाहिर है कि यह विदेशी तहजीब और मजहब न ही कश्मीरियत और न ही राष्ट्र हो सकती है। ऐसी कश्मीरियत, जिसमें कश्मीरी हिंदुओं को कोई स्थान नहीं, जिसमें कश्मीर की प्राचीन वास्तविक संस्कृति के लिए कोई जगह नहीं और जिसमें कश्मीर के पाँच हजार वर्ष पुराने गौरवशाली इतिहास का कोई आधार नहीं, राष्ट्र का रूप नहीं ले सकती। अलगाववादी कश्मीरी नेता जिस मजहबी जुनून को राष्ट्र बता रहे हैं वह हिंदू विहीन कश्मीरियत वास्तव में मुसलिम राष्ट्र है। राष्ट्रीयता का भाव राष्ट्र की मूल संस्कृति को समझे बिना जागृत नहीं हो सकता। भारत प्रारंभ से एक राष्ट्र, एक जन और एक संस्कृति के रूप में रहा है और कश्मीर इसी भारत राष्ट्र का अभिन्न हिस्सा है। भारतीय दर्शन के अनुसार राष्ट्र का विकास होता है निर्माण नहीं। जबकि पश्चिम और इसलामिक जगत् में इसे राज्य के साथ मिलाकर राजनीतिक इकाई मान लिया गया है। अत: राष्ट्र की सांस्कृतिक अवधारणा जब तक कश्मीर में विराजमान रही तब तक कश्मीरियत भारतीयता का हिस्सा बनी रही, परंतु जब मजहब पर आधारित राष्ट्र की संकीर्ण अवधारणा कश्मीर में पनपी तब कश्मीरियत भी संकीर्ण और कट्टरपंथी हो गई। जब विदेशी मजहब और तहजीब को सत्ता पर काबिज होने का मौका मिला तो 'अपने ही मजहब का राज्य' अर्थात् निजामे मुस्तफा की हुकूमत की मदांध आँधी चली तो पृथकतावाद की शुरुआत हो गई। यही है कश्मीर की वास्तविक समस्या।

अत: आज के कश्मीरी आवाम, खासतौर पर कश्मीरी युवकों को कश्मीरी राष्ट्र का शोर मचानेवाले नेताओं के चुंगल से निकलकर अपने हिंदू पूर्वजों द्वारा विकसित भारत राष्ट्र की मुख्यधारा में शामिल हो जाना चाहिए। इसी रास्ते से कश्मीरियत की रक्षा होगी। कश्मीरी युवकों को समझना चाहिए कि उनकी रगों में हिंदू पूर्वजों का खून है। शेष देश की भाँति कश्मीर के भी हिंदू और मुसलमानों के समान पूर्वज हैं, समान इतिहास है, समान संस्कृति है और धरती भी समान है। इसलिए हिंदू और मुसलमानों की राष्ट्रीयता भी एक ही है। मात्र मजहब बदलने से अथवा पूजा के तौर-तरीके बदलने से बाप-दादा नहीं बदल जाते तो फिर बाप-दादाओं की संस्कृति और राष्ट्रीयता कैसे बदल सकती है? कश्मीरी युवकों को गंभीरता से विचार करना चाहिए कि अपने पूर्वजों की तहजीब पर आधारित कश्मीरियत को सुरक्षित रखने से इसलामी सिद्धांत भी सुरक्षित रहेंगे। कश्मीर के प्राचीन ऋषि-मुनियों ने अपने खून से जिस कश्मीरियत को सींचा है

उस खून से बगावत करने का रास्ता कश्मीर के लिए खतरनाक साबित हो रहा है। हथियारबंद कश्मीरी आतंकियों के कुकृत्यों से सारा इसलामिक जगत बदनाम हो रहा है।

अत: कश्मीरी नेताओं की तरफ से मचाया जा रहा विदेशी कश्मीरियत और कश्मीरी राष्ट्र का शोर बेबुनियाद, हिंसक, हिंदू विरोधी, गैर-जिम्मेदाराना और इसलाम के उसूलों के खिलाफ है। इसलाम यदि भाईचारे की शिक्षा देता है तो फिर यह खून खराबा क्यों? जो रास्ता कश्मीर के अलगाववादी नेताओं और आतंकियों ने अख्तियार किया है उससे कश्मीर, कश्मीरियत और इसलाम की तौहीन के सिवा कुछ नहीं होगा। पाकिस्तान अथवा कट्टरपंथी मुल्ला-मौलवियों के बहकावे में आकर अपने कश्मीर की हरी-भरी वादियों को न उजाड़ें। स्वदेशी कश्मीरियत के साथ पुन: जुड़कर विदेशी कश्मीरियत को अलविदा कहें।

□

फसाद की जड़ अनुच्छेद 370

धर्मनिरपेक्षता, राष्ट्रीयता और संघीय ढाँचे का मजाक उड़ा रही है भारतीय संविधान की धारा 370। वस्तुत: संक्रमणकालीन अस्थायी और एक विशेष उपबंध के रूप में जोड़ी गई यह धारा कश्मीर घाटी को एक स्वतंत्र मुसलिम राष्ट्र बनने की प्रेरणा दे रही है।

जम्मू-कश्मीर को 'विशेष' और 'भिन्न' पंक्ति में खड़ा करने वाले भारतीय संविधान का अनुच्छेद 370 वास्तव में हमारी इस घोषणा का उपहास उड़ाता है कि कश्मीर भारत का अभिन्न अंग है। यह 'भिन्नता' और 'विशेषता' इस प्रदेश को शेष देश से तोड़ती है। इसे 'संविधान द्वारा मान्यता प्राप्त अलगाववाद' कहने में भी कोई अतिशयोक्ति नहीं होगी। कश्मीर के लोग, पाकिस्तान के शासक और संसार के कूटनीतिज्ञ बुद्धिजीवी इसी 'विशेष दर्जे' को आधार बनाकर भारतीय सरकार के समक्ष प्रश्नों की बौछार लगा देते हैं। क्या भारत की अन्य रियासतों-प्रदेशों की तरह जम्मू-कश्मीर का विलय अभी अधूरा है? यदि विलय पूर्ण है तो यह खास तुष्टीकरण क्यों? क्या इसलिए कि वहाँ मुसलमानों का बाहुल्य है? यदि कश्मीर घाटी में हिंदुओं का बहुमत होता तो भी क्या यह धारा लगी रहती? यदि सचमुच घाटी की विशेष परिस्थितियाँ हैं तो इनकी जिम्मेवारी किस पर है? यह अस्थायी धारा कब तक स्थायी बनी रहेगी? क्या यह अनुच्छेद संसार को हमारी ईमानदारी पर शक करने का अवसर नहीं देता?

सभी जानते हैं कि जम्मू-कश्मीर के महाराजा हरिसिंह ने 26 अक्तूबर, 1947 के इस राज्य का भारत संघ से विलय करने के लिए 'विलय पत्र' पर हस्ताक्षर कर दिए थे। जिस प्रकार देश की अन्य रियासतों को भारत संघ में विलीन किया गया, ठीक उसी प्रक्रिया के तहत जम्मू-कश्मीर का भी विलय किया गया था। लेकिन दुर्भाग्यवश नेहरूजी ने जम्मू-कश्मीर की सत्ता शेख अब्दुल्ला के हाथ सौंपने के लिए महाराज पर दबाव

डाला। महाराजा ने इस कड़वे घूँट को पीकर अपनी सूझ-बूझ एवं राष्ट्रप्रेम का परिचय दिया। यह त्रासदी यहीं समाप्त नहीं हुई। शेख के आग्रह पर कश्मीर के मुसलिम समाज को प्रसन्न करने के लिए यह फैसला कर लिया गया कि विलय से संबंधित अंतिम निर्णय जम्मू-कश्मीर की विधानसभा करेगी। यहीं से इस प्रदेश को शेष प्रदेशों से भिन्न मान्यता दे दी गई। अब प्रश्न खड़ा हुआ कि जब तक जम्मू-कश्मीर की विधानसभा फैसला नहीं करती तब तक क्या किया जाए? इस अवधि के लिए अस्थायी व्यवस्था के लिए भारत के संविधान में अनुच्छेद 370 जोड़ दी गई। परंतु जब फरवरी 1956 में जम्मू-कश्मीर की विधानसभा ने भी इस प्रदेश को भारत में पूर्ण विलय की मान्यता दे दी तो भी इस अनुच्छेद को हटाया नहीं गया। वोट बैंक का स्वार्थ और राजनीतिक तुष्टीकरण की इससे बड़ी और देशघातक मिसाल और कौन सी होगी?

राजनीतिक स्वार्थ की पट्टी अपनी आँखों पर बाँधकर हमने ही इस अनुच्छेद के अस्थायी चरित्र को स्थायी बनाकर संसार के समक्ष अपनी स्थिति को हास्यास्पद बनाया और साथ ही कश्मीर में अलगाववाद पर आधारित आतंकवाद पनपने का ठोस आधार प्रदान किया। शर्म से सर पटकनेवाली बात तो यह है कि इतने वर्षों से आँखों पर बँधी इस गली-सड़ी पट्टी को हम आज भी उतारने को तत्पर नहीं हैं। अलबत्ता, इस पट्टी को पक्के पलस्तर में बदलने को आतुर हैं।

अनुच्छेद 370 के खतरनाक अर्थों को हमारी सरकार ने जानबूझकर देशवासियों से इसलिए छिपाए रखा है, क्योंकि इससे उसकी थोथी धर्मनिरपेक्षता की कलई खुलती है। इस अनुच्छेद के भयानक परिणामों के उजागर होने से अनेक राजनीतिक नेताओं, विशेषत: सत्ताधारियों के बुने मुसलिमपरस्ती ताने-बाने में दरारें पड़ती हैं।

इस अनुच्छेद के कारण भारत सरकार जम्मू-कश्मीर से संबंधित कोई कानून प्रदेश सरकार की सहमति के बिना नहीं बना सकती। केवल रक्षा, वैदेशिक तथा संचार के क्षेत्र अपवाद हैं। समवर्ती और संघीय सूची के विषयों पर कानूनों की निर्माण-प्रक्रिया में प्रदेश सरकार को अड़ंगा डालने और अपनी मनमानी करने का पूरा अधिकार है। इन सूचियों में सम्मिलित विषयों पर सभी राज्यों के लिए कानून बनाने के असीमित स्पष्ट अधिकार भारतीय संसद् के पास हैं। परंतु जम्मू-कश्मीर के बारे में ऐसा करने के लिए अनुच्छेद 370 भारत सरकार और संसद् के हाथ पकड़ लेना है। इसका एक खतरनाक और चिंतनीय परिणाम हमें उस समय दिखाई दिया जब धार्मिक स्थलों से संबंधित, देश की सर्वोच्च संस्था संसद् में पारित 'पूजा स्थल विधेयक' जम्मू-कश्मीर पर लागू नहीं हुआ अर्थात् धर्मनिरपेक्षता के विस्तृत दायरे में जम्मू-कश्मीर नहीं आता। हालाँकि स्वतंत्रता प्राप्ति के पश्चात् सैकड़ों मंदिरों को तोड़ने और एक धर्म विशेष से संबंधित लोगों पर अत्याचार ढाने के सबसे अधिक जघन्य कृत्य यहीं हुए। अयोध्या के मसले पर झूठ का

पुलिंदा बाँधकर, उत्तर प्रदेश सरकार को अनुच्छेद 356 के तहत अपदस्थ करने की धमकियाँ देनेवाले हमारे तत्कालीन गृहमंत्री इस अनुच्छेद को जम्मू-कश्मीर पर सीधे लागू नहीं कर सके।

भारत के राष्ट्रपति महोदय अनुच्छेद 356 के अधीन कोई निर्देश जम्मू-कश्मीर को देने का साहस नहीं कर सकते। राष्ट्रपतिजी को प्रदेश के अपने निजी संविधान को निलंबित करने का हक नहीं है। राष्ट्रीय आपात्स्थिति घोषित करनेवाली धारा 352 जम्मू-कश्मीर में बहुत सीमित रूप में प्रयोग हो सकती है और वित्तीय आपात्स्थिति की घोषणा कर सकने वाला अनुच्छेद 360 तो यहाँ लागू हो ही नहीं सकता।

भारतीय संविधान के भाग चार में प्रदत्त व्यवस्था के अनुसार सभी राज्यों की एक जैसी वैधानिक संरचना है, एक जैसा प्रशासकीय ढाँचा है और एक जैसा ही आर्थिक तंत्र है। परंतु अनुच्छेद 370 के कारण जम्मू-कश्मीर को अपनी अलग डफली बजाने और अपना राग अलापने के अधिकार उसके अपने प्रादेशिक संविधान में मौजूद हैं। प्रदेश का अपना भिन्न ध्वज व निशान होने के कारण सभी सरकारी भवनों पर दो-दो ध्वज फहराते हैं। राष्ट्रीय ध्वज तिरंगे को फहराने की अनुमति प्रदेश सरकार से लेनी पड़ती है, क्योंकि प्रदेश का झंडा साथ-साथ लहराना जरूरी है।

भारतीय संविधान में समस्त देशवासियों के लिए एक ही नागरिकता की श्रेष्ठ व्यवस्था है, परंतु यहाँ के नागरिकों को दोहरी नागरिकता प्राप्त है—प्रदेश की और भारत की। जम्मू-कश्मीर का नागरिक शेष भारत का नागरिक तो है ही, परंतु शेष भारत का नागरिक जम्मू-कश्मीर का नागरिक नहीं हो सकता। उसे संपत्ति रखने, वोट देने जैसे मानवीय नागरिक अधिकार नहीं हैं। जम्मू-कश्मीर की किसी लड़की का विवाह अगर प्रदेश के बाहर के व्यक्ति (जो इस राज्य का 'स्टेट सब्जेक्ट' नहीं है) के साथ हो जाए तो उसे सभी अधिकारों से वंचित होना पड़ता है। भारत सरकार के संपत्ति संबंधी कर भी यहाँ लागू नहीं हैं। परिणामस्वरूप घाटी के धन्ना सेठ, जो खासतौर पर बहुसंख्यक जाति वर्ग से संबंधित हैं, अपनी दादागिरी से गरीब तबकों के लोगों का आर्थिक शोषण करते हैं। प्रदेश में बसे भारतीय नागरिक (नॉन स्टेट सब्जेक्ट) सरकारी वित्तीय संस्थाओं से कर्ज नहीं ले सकते।

अनुच्छेद 370 के कारण जम्मू-कश्मीर में राजनीतिक गुटबाजी को प्रोत्साहन मिलता है जिसके फलस्वरूप यहाँ कोई स्थायी राष्ट्रवादी सरकार नहीं टिक सकती, जिसका अंकुश अराष्ट्रीय तत्त्वों पर बन सके। केंद्र की ओर से बनाए गए दल-बदल कानून को राज्य सरकार ने पूरी तरह स्वीकार न कर उसमें अनेक परिवर्तन कर डाले। यहाँ दल बदल से संबंधित मसलों का निर्णय विधानसभा का अध्यक्ष नहीं करता, अपितु संबंधित दल का प्रधान करता है। इससे दल के नेता की निरंकुश मंशा को संवैधानिक शक्ति

मिलती है। जम्मू-कश्मीर का राज्यपाल क्योंकि यहाँ का नागरिक नहीं होता और वोट देने का हकदार भी नहीं होता, इसलिए उसको बाहर का व्यक्ति प्रचारित कर अलगाववादी तत्त्व इसे गुलामी की संज्ञा देते हैं। अस्सी के दशक में स्थापित वजीर कमीशन ने जम्मू-कश्मीर से संबंधित कुछ राजनीतिक सुधार करने के सुझाव दिए थे, परंतु अनुच्छेद 370 के कारण आज तक लागू नहीं किए जा सके।

राष्ट्रध्वज तिरंगे को जलाना यहाँ कानूनी अपराध नहीं है, क्योंकि संविधान में निर्देशित मौलिक कर्तव्यों की सुचारु व्यवस्था यहाँ नहीं है जिसके तहत राष्ट्रगान, राष्ट्रध्वज और राष्ट्रीय चिह्नों को सम्मान देना अनिवार्य है। अनुच्छेद 370 के कारण भारत की संसद् जम्मू-कश्मीर राज्य की सीमा को घटा-बढ़ा नहीं सकती। भारत सरकार अंतरराष्ट्रीय संधियों और समझौतों को अनुच्छेद 253 के तहत कार्यान्वित करती है, परंतु जम्मू-कश्मीर इसके प्रभाव क्षेत्र से बाहर है। देश के अन्य प्रदेशों के मुसलमान यहाँ की नागरिकता ग्रहण करने में सफल हो जाते हैं, परंतु विभाजन के समय पड़ोस से उजड़कर आए लगभग एक लाख हिंदुओं को अभी तक नागरिकता नहीं दी गई। इस अनुच्छेद की आड़ में प्रदेश में कट्टरपंथी नेताओं की तरफ से चलाए जा रहे इसलामीकरण के अभियान को बहुत बल मिला है। बल ही नहीं, सशक्त और स्थायी साया भी मिला है।

अनुच्छेद 370 द्वि-राष्ट्र का सिद्धांत पुनर्जीवित करने और उसे भविष्य के लिए सुरक्षित करने का मार्ग प्रशस्त करता है। एक तरफ तो हम दुनिया को यह दिखाते हैं कि भारत में किसी धर्म, जाति अथवा संप्रदाय को पक्षपात पर आधारित महत्त्व प्राप्त नहीं है, परंतु दूसरी ओर कश्मीर में केवल इसलिए विशेष सुविधाएँ प्रदान की गई हैं, क्योंकि वहाँ मुसलिम समाज का बोल-बाला है। यदि इस विशेष दर्जे का कारण वहाँ का आर्थिक पिछड़ापन है तो क्या देश के शेष भाग, जहाँ गरीबी मुँह बाए खड़ी है, महत्त्वहीन है? असलियत यह है कि अब तक देश का खरबों रुपया कश्मीर के विकास के नाम पर फूँका जा चुका है। परिणाम सबके सामने है। अराष्ट्रीय तत्त्व सिर उठाकर खड़े हो गए हैं। कश्मीर के लोगों को राष्ट्रीय मुख्यधारा में शामिल होने की प्रेरणा देने की बजाय हमने उन्हें भारत के अन्य राज्यों की तुलना में अत्यधिक असीमित अधिकार देकर सर पर चढ़ा लिया। कश्मीरी लोगों के मन में विलय के बारे में शंका उत्पन्न हुई और देशद्रोही तत्त्वों को भारत के विरोध में खुलकर दुष्प्रचार करने का मौका मिला। पाकिस्तानी तत्त्वों ने ऐसे अलगाववादी संगठनों एवं तत्त्वों की पीठ थपथपाई। नतीजा यह हुआ कि कश्मीरी युवकों ने शस्त्र सँभाल लिए। वे भारत के विरोध में उठ खड़े हुए और तीन लाख से भी अधिक राष्ट्रप्रेमी हिंदुओं को अपने घर, संपत्ति, देव-देवालय छोड़कर अपने ही देश में ठोकरें खाने को मजबूर होना पड़ा।

हमारा संविधान भारत के प्रत्येक नागरिक को समान अधिकार प्रदान करता है,

परंतु जम्मू-कश्मीर में यह अधिकार नहीं है। यहाँ तो रियासती नागरिक और बाहर के नागरिक की व्यवस्था है। बाहर के नागरिक अर्थात् जो 'स्टेट सब्जेक्ट' नहीं हैं उनको राजनीतिक, आर्थिक कोई भी अधिकार नहीं है। उनके बच्चे यहाँ के कॉलजों में प्रवेश नहीं पा सकते। अनुच्छेद 370 ने 'भारत की नागरिकता' सिद्धांत की खूब धज्जियाँ उड़ाई हैं। भारतीय संविधान के निर्माता डॉ. भीमराव अंबेडकर ने पंडित जवाहरलाल नेहरू को चेतावनी दी थी कि "इससे जम्मू-कश्मीर राज्य को भारत के साथ समरस करने में दिक्कतें खड़ी होंगी। यह धारा घाटी के लोगों में अलगाववाद के बीज बोएगी।" डॉ. अंबेडकर की उस चेतावनी को कम-से-कम आज तो समझा जाए। परंतु वोट और तुष्टीकरण की राजनीति इसे समझने नहीं देती।

ऊपर लिखे गए सभी तथ्यों से स्पष्ट है कि इस धारा ने जम्मू-कश्मीर को भारत के साथ जोड़ा नहीं है, तोड़ा है। वहाँ के युवकों के मानस में धर्मनिरपेक्षता, राष्ट्रीयता जैसी अवधारणाएँ अपना स्थान नहीं बना सकीं। उनमें क्षेत्रीयता, फिरकापरस्ती और पृथकता के भाव जगे हैं। परिणामस्वरूप राष्ट्र की मुख्यधारा में आने के बजाय वे उससे दूर होते गए हैं और अब उन्होंने स्वतंत्रता का राग अलापना शुरू कर दिया है। 7 अप्रैल, 1958 को शेख अब्दुल्ला के 'कश्मीर प्लेबिसाइट फ्रंट' ने एक प्रस्ताव पास किया। उसके शब्दों से पता चलता है कि कश्मीरी नेता किस प्रकार अनुच्छेद 370 का सहारा लेकर कश्मीरी मुसलिम समाज को पाकपरस्त बनाकर उन्हें भारत के विरोध में खड़ा करने का कुचक्र रचते रहे हैं। इस प्रस्ताव में इसी अनुच्छेद का उल्लेख करते हुए कहा गया था—

"जम्मू-कश्मीर राज्य ने अभी तक दोनों डोमीनियनों (पाकिस्तान और भारत) में से किसी में भी अपना विलय नहीं किया है। इसलिए जम्मू-कश्मीर पर हुए पाकिस्तानी हमले को भारत पर किया गया हमला कहना सच्चाई नहीं है।"

अनुच्छेद 370 की आड़ लेकर कश्मीर घाटी के मुसलिम नेता सदैव भारत सरकार की तरफ से संचालित राष्ट्रीय महत्त्व के प्रकल्पों और कार्यक्रमों का जातिगत आधार पर विरोध करते आए हैं। भारत सरकार के परिवार कल्याण कार्यक्रम की कोई योजना यहाँ लागू नहीं है। जम्मू क्षेत्र में जरूर परिवार नियोजन के कार्यक्रम की कोई योजना चली, क्योंकि यहाँ हिंदू समाज बहुमत में है। एक बार जम्मू-कश्मीर के मुख्यमंत्री जी.एम. शाह ने कहा भी था, "सरकारी जन्म-नियंत्रण कार्यक्रम का उद्‍देश्य राज्य के मुसलिम बहुसंख्यकों को अल्पसंख्यक बनाना है।" इस प्रकार के अनर्गल प्रचार से पृथकतावाद उपजा है। जम्मू-कश्मीर के राज्यपाल श्री जगमोहन के शब्दों का वजन हमारे देश के कर्णधारों को समझना चाहिए। उन्होंने कहा—

"इस अनुच्छेद तथा इसके तामझाम को निरस्त करना चाहिए। यह अन्यायों और असमानताओं का अस्त्र बन गया है। यह भ्रष्ट गुटतंत्रों की जड़ों को सींचता है।

यह संकीर्णता व रूढ़िवादी शक्तियों को पालता-पोसता है। यह द्वि-राष्ट्र के सिद्धांत को परोक्ष रूप से स्वीकार करता है। यह नौजवानों के मन में मिथ्या मनोवृत्तियों का कचरा भरता है। यह संकीर्ण लकीरों और संकुचित निष्ठाओं को जन्म देता है। यह प्रादेशिक तनावों तथा संघर्षों को पनपाता है।''

ऐतिहासिक तथ्यों से समझ आता है कि इस धारा से पूर्व जम्मू-कश्मीर में हिंदू-मुसलमान दोनों राष्ट्र की मुख्यधारा के अंग थे। कहीं भी किसी प्रकार का वैमनस्य या शत्रुभाव नहीं था। अक्तूबर 1947 में कश्मीर पर पाकिस्तानी आक्रमण के समय कश्मीर के मुसलमानों ने भारतीय सेना का स्वागत ही नहीं किया, अपितु पाकिस्तानी घुसपैठियों को पकड़ने में भी मदद की थी। फिर क्यों आज वही मुसलिम समाज भारत की उसी सेना पर प्रहार कर रहा है?, यह अनुच्छेद 370 के जहर का असर है। इसी जहर को कश्मीरी मानसिकता में घुलते देखकर भारत के विदेशमंत्री मुहम्मद करीम छागला ने एक बार संयुक्त राष्ट्र संघ में कहा था कि यह अनुच्छेद अस्थायी है। यह हटना चाहिए। जम्मू-कश्मीर के दो मुख्यमंत्री श्री सादिक और बख्शी गुलाम मोहम्मद भी इसे हटाना चाहते थे। देश की जनता को आश्वासन दिया गया था कि समय आने पर यह अनुच्छेद हटा दिया जाएगा। परंतु हमारे राजनीतिक स्वार्थों और तुष्टीकरण पर जमी हुई वोट बैंक की घटिया और लक्ष्यविहीन राजनीति ने वह दिन निकलने ही नहीं दिया। हमारे नेता देश की जनता की आँखों में समाजवादी धूल झोंकने, गरीबी हटाने और समानता का नाटक करने के लिए राजाओं के प्रिवीपर्स तो हटा सकते हैं परंतु देश की अखंडता की रक्षा के लिए अनुच्छेद 370 हटाना उनके लिए मुश्किल है। इन नेताओं को कौन समझाए कि इतने सालों तक अनुच्छेद 370 को लगाए रखने के फल तो चख लिए, अब जरा हटाकर सिक्के का दूसरा हिस्सा भी तो देखें।

वस्तुतः संक्रमणकालीन, अस्थायी और एक विशेष उपबंध के रूप में जोड़ी गई यह धारा कश्मीर घाटी को एक मुसलिम राष्ट्र बनने की प्रेरणा देती रही है। हमारी कमजोर नीतियों, ढुलमुल इरादों और बढ़ते हुए इसलामी कट्टरपन के कारण अपनी जड़ें जमा चुकी यह देशघातक धारा तब तक नहीं टूटेगी जब तक तुष्टीकरण का आलिंगन करनेवाली सरकारें केंद्र में सत्ता पर काबिज रहेंगी। यह धारा सारे देश के लिए विघटन के द्वार खोलती है। अकालियों की ओर से पारित आनंदपुर साहब प्रस्ताव के मूल में जो प्रेरक तत्त्व काम कर रहा है, वह यही धारा है। यह धारा कोई संवैधानिक आवश्यकता नहीं है। जम्मू-कश्मीर को दिया गया विशेष दरजा शेष देश के राज्यों के लोगों का अपमान है। जो लोग भारत के साथ विद्रोह पर उतर आए हैं, पूरे भारत का इसलामीकरण करने के षड्यंत्र रच रहे हैं उनके लिए तो विशेष दर्जे के तहत अथाह सुविधाएँ हैं और इसके विपरीत जो देशभक्त हैं, भारत के सुख-दुःख में एक हैं उनके लिए निराशा और

घुटन के अलावा कुछ नहीं। अनुच्छेद 370 तो अब हड्डी की तरह गले में फँस गई है। निगलें तो मरें न निगलें तो मरें। परंतु जब हड्डी सारे शरीर के वजूद के लिए खतरा बन रही हो तो उसे प्रयासपूर्वक निकाल फेंकना ही श्रेयस्कर है। सारे देश की अखंडता व सुरक्षा के लिए अनुच्छेद 370 को समाप्त करने की अब आवश्यकता है। जम्मू-कश्मीर को पूर्णत: भारत में मिलाकर उसका विशेष दर्जा व निजी संविधान समाप्त होना वक्त की जरूरत है।

इस धारा के संबंध में एक विशेष राजनीतिक वर्ग यह चर्चा चलाता रहता है कि यह समाप्त नहीं की जा सकती। परंतु अंतरराष्ट्रीय कानून और भारतीय संविधान के विशेषज्ञ व ख्यातिप्राप्त विद्वान डॉ. बाबूराम चौहान के अनुसार इसे जम्मू-कश्मीर की विधानसभा की बिना स्वीकृति के निरस्त किया जा सकता है। भारत के राष्ट्रपति और भारतीय संसद् इसे समाप्त कर सकते हैं। जम्मू-कश्मीर के प्रादेशिक संविधान की धारा तीन और चार में स्पष्ट लिखा है—"जम्मू-कश्मीर राज्य भारतीय संघ का एक अविभाज्य अंग रहेगा।" वैसे जम्मू-कश्मीर का संविधान भी तो भारतीय संविधान के तहत बनाया गया है। जो केंद्र सरकार जम्मू-कश्मीर को अपना अलग संविधान राज्यहित में बनाने की अनुमति दे सकती है वह 'राष्ट्रहित' में इसे निरस्त करने का आदेश क्यों नहीं दे सकती?

वैसे अब अनुच्छेद 370 का औचित्य समाप्त हो गया है। कश्मीरी मुसलिम जनता की तरफ से खुली बगावत पर उतर आने और भारतीय सेना के साथ छापामार युद्ध शुरू करने के बाद इसका कोई अर्थ समझ में नहीं आता। जो व्यक्ति कत्ल करने के निश्चित इरादे से आया हो उसे कहा जाए कि भाई एक थप्पड़ मारकर समझौता कर लो, यह हास्यास्पद ही है। जो लोग स्वतंत्र कश्मीर के निश्चय से हथियारों से लैस हैं, उनके आगे अनुच्छेद 370 के प्रलोभन का क्या अर्थ? ऊँट के मुँह में जीरा देने से उसका पेट भरेगा क्या? अब एक ही उपाय शेष रह गया है अनुच्छेद 370 के सभी अवरोधों को मार्ग से हटाकर प्रबल सैनिक अभियान के माध्यम से राष्ट्रद्रोहियों को पूर्णतया समाप्त करना और शेष कश्मीरी समाज को राष्ट्र की मुख्यधारा में लाने के प्रयास युद्ध स्तर पर करना। इसके लिए कश्मीरी युवकों, विशेषयता मुसलिम युवकों में से राष्ट्रवादी नेतृत्व तलाशना होगा। यह कार्य दलगत राजनीति की तंग लकीरों से परे हटकर ही हो सकेगा। अनुच्छेद 370 की समाप्ति इस राष्ट्रीय प्रयास का मार्ग सुलभ बनाएगी, यह निश्चित है।

□

भारतीय सुरक्षा बल

युद्ध अथवा युद्ध जैसी परिस्थितियों में विशेषाधिकारों से सुसज्ज भारतीय सुरक्षा बलों को, अलगाववादी तत्त्व सहन नहीं कर रहे हैं। अब तक की भारतीय सरकारों की कमजोर नीतियों और मुसलिम तुष्टीकरण पर आधारित राजनीति के कारण हिंदू विहीन कश्मीर आज भारतीय सेना के कारण भारत का अभिन्न हिस्सा है। अतः भारतीय सेना को किसी भी तरह हटाना पाकिस्तान समर्थक तत्त्वों और आतंकियों का लक्ष्य है।

शोपियाँ (कश्मीर) में 29 मई, 2009 को दो स्थानीय महिलाओं नीलोफर (22) और आशिया (17) के बलात्कार के बाद हत्या के मामले ने भारत विरोधी रुख अख्तियार कर लिया। परिणामतः यहाँ अपनी कुरबानियाँ देकर आतंकवाद समाप्त करने, आम नागरिकों की सुरक्षा में जुटी भारतीय सेना और सी.आर.पी.एफ. को हटाने और नए बलों के विशेषाधिकारों को निरस्त करने की माँग ने जोर पकड़ लिया। हुर्रियत कॉन्फ्रेंस समेत सभी अलगाववादी संगठनों, आतंकी नेताओं, कट्टरपंथियों और प्रदेश सरकार में शामिल पाकिस्तान समर्थक तत्त्वों ने एक स्वर से कश्मीर को भारतीय सेना से मुक्त करवाने की मुहिम छेड़ दी। कांग्रेस के समर्थन से जम्मू-कश्मीर की सत्ता पर काबिज नेशनल कॉन्फ्रेंस और अलगाववाद समर्थक पी.डी.पी. ने भी पूरी ताकत से जम्मू-कश्मीर में लागू 'आर्म्ड फोर्सेस स्पेशल पावर्स ऐक्ट' हटाकर भारतीय सेना को वापस बैरकों में भेजने के लिए भारत सरकार पर दबाव बढ़ा दिया है।

अलगाववादियों के आगे नतमस्तक सत्ताधारी

कश्मीर को पूर्णतः हिंदू विहीन करके अब सैन्य विहीन करने की अलगाववादी साजिशें अंतिम चरण में हैं। मुसलमानों का एकमुश्त राजनैतिक समर्थन प्राप्त करने के लिए कांग्रेसी प्रधानमंत्री डॉ. मनमोहन सिंह ने भी कश्मीर में सक्रिय अलगाववादी तत्त्वों के आगे घुटने टेकने का मन बना लिया है।

जम्मू-कश्मीर की विशेष और विपरीत परिस्थितियों के मद्देनजर सेना के

विशेषाधिकारों (कानून 1958) को यहाँ 1990 में लागू किया गया था। 1989 से लेकर आज तक भारतीय सेना और सी.आर.पी.एफ. ने आतंकवाद से लोहा लेने में विशेष भूमिका निभाई है। सुरक्षा बलों को दिए जानेवाले इन विशेषाधिकारों में किसी भी संदिग्ध व्यक्ति को गिरफ्तार करने, किसी भी स्थान पर तलाशी लेने, आतंकग्रस्त क्षेत्रों का घेराव करने, छापामार सैन्य काररवाई करने और गिरफ्तार व्यक्तियों से पूरी पूछताछ करने जैसे अधिकार शामिल हैं। आतंकवादियों से निपटने के लिए ऐसे अधिकारों की आवश्यकता होती है। क्योंकि स्थानीय जनता में आतंकियों को शरण देने और उनकी सहायता करने वाले तत्त्व भारी संख्या में मौजूद हैं। ऐसे लोग सुरक्षा बलों के रास्ते में अनेक व्यवधान पैदा करते हैं। ऐसी विपरीत परिस्थितियों में सैनिकों को काम करना पड़ता है। इन विशेषाधिकारों में यह प्रावधान भी है कि यदि कोई सैनिक थोड़ी-बहुत गलती कर भी देता है तो उसकी जाँच पड़ताल सेना के अधिकारी करेंगे न कि स्थानीय प्रशासनिक अधिकारी। इसी प्रकार सैनिकों के मामले की सुनवाई स्थानीय आम अदालतों में नहीं होगी। इसके लिए बाकायदा सैन्य कोर्ट मार्शल की व्यवस्था होगी।

जम्मू-कश्मीर के अलावा भारत के अन्य आतंकग्रस्त क्षेत्रों मणिपुर, असम इत्यादि में भी भारतीय सुरक्षा बलों को ऐसे ही विशेषाधिकार प्राप्त हैं। आतंकग्रस्त क्षेत्रों में तैनात सुरक्षाबलों को तब तक हटाना अथवा उनके खास अधिकारों को वापस ले लेना ठीक नहीं होगा जब तक कि क्षेत्र आतंक से पूर्णत: मुक्त न हो जाएँ। जम्मू-कश्मीर जैसे सीमांत प्रदेश, जिसमें पाक प्रायोजित आतंकवाद का बोलबाला है, से सेना हटाने का अर्थ होगा पाकिस्तानी सशस्त्र घुसपैठियों को प्रोत्साहन देना। वास्तव में जम्मू-कश्मीर में तैनात भारतीय सुरक्षा बलों का विरोध वही लोग कर रहे हैं जो या तो पाकिस्तान समर्थक हैं अथवा कट्टरपंथी मुसलिम नेता हैं जो कभी भी जम्मू-कश्मीर में भारत अथवा भारतीयों को देखना नहीं चाहते।

पी.डी.पी. नेता महबूबा मुफ्ती, पूर्व मुख्यमंत्री मुफ्ती मुहम्मद सईद, तहरीक-ए-हुर्रियत के नेता अलीशाह गिलानी, हुर्रियत कॉन्फ्रेंस के चेयरमैन मीरवाइज उमर फारुख, जम्मू-कश्मीर लिबरेशन फ्रंट के नेता यासीन मलिक, जम्मू-कश्मीर फ्रीडम पार्टी के शब्बीर शाह इत्यादि ऐसे ही नेता हैं जो जम्मू-कश्मीर को भारत में नहीं देखना चाहते। यही लोग पूरे प्रदेश में हड़ताल, धरने, बंद इत्यादि करवाकर पाक समर्थक तत्त्वों की पीठ थपथपाते हैं। यही वे लोग हैं जो कश्मीर से चार लाख हिंदुओं के पलायन के लिए जिम्मेदार हैं। कश्मीर को पूर्णत: आजाद मुसलिम मुल्क बनाने के रास्ते में अब केवल दो ही बाधाएँ शेष रह गई हैं। भारतीय सुरक्षा बल और उनके विशेषाधिकार। तरह-तरह के बहाने बनाकर वातावरण बिगाड़ना, हिंसा फैलाना और योजनाबद्ध बलात्कार/हत्याएँ जैसी घटनाओं को अंजाम देना और फिर भारतीय सुरक्षा बलों को जिम्मेदार ठहराकर इनकी वापसी का माहौल गरम करना इसी सिलसिले की कड़ी है।

कश्मीर के लिए वरदान है भारतीय सेना

शोपियाँ में घटी बलात्कार के बाद हत्या की जघन्य घटना के बाद बिगड़े हालात सुधारने कश्मीर पहुँचे केंद्रीय गृहमंत्री पी. चिदंबरम ने भी पहले से भभक रही अलगाववादी आग में घी छिड़कने का काम किया। गृहमंत्री महोदय ने जम्मू-कश्मीर के भीतरी क्षेत्रों से सुरक्षाबलों को हटाने का संकेत देकर न केवल पाकिस्तान समर्थक तत्त्वों की पीठ थपथपाई, बल्कि राष्ट्रवादी शक्तियों को अपमानित और सैन्यबलों को निरुत्साहित भी किया। जबकि शोपियाँ में घटी घटना का भारतीय सेना, सी.आर.पी.एफ. और 'आर्म्ड फोर्सेस स्पेशल पावर्स ऐक्ट' से कोई संबंध नहीं है। घटना के स्थान पर अथवा इसके निकट भारतीय सुरक्षाबलों की एक भी चौकी नहीं है। इस स्थान पर जम्मू-कश्मीर पुलिस का कैंप जरूर है। इस घटना की सरकारी जाँच के बाद जम्मू-कश्मीर-पुलिस के एक अफसर समेत पाँच लोगों को दोषी पाकर सस्पेंड कर दिया गया है।

इस घटना की प्रारंभिक जाँच की रिपोर्ट रहस्यात्मक परिस्थितियों में गायब हो चुकी है। कश्मीर हाईकोर्ट के आदेश से बलात्कार और हत्या की शिकार दोनों युवतियों के शवों को कब्र से निकालकर उनका एक बार फिर पोस्टमार्टम कराया गया था। इस रिपोर्ट में भी जम्मू-कश्मीर पुलिस के लोग ही दोषी पाए गए। जब 29 मई की घटना की पोल खुलने लगी तो अलगाववादियों ने बारामूला पुलिस थाने में एक महिला के साथ हुए दुर्व्यवहार का नजला भी भारतीय सुरक्षा बलों के ऊपर गिरा दिया। माहौल को सांप्रदायिक रंग देकर अलगाववादियों ने मुसलिम समाज को भड़काना शुरू कर दिया। नतीजतन श्रीनगर के सदर पुलिस स्टेशन के साथ लगते रंगरेट बानबल इलाके में लगभग दो दर्जन हिंदू और सिखों के घरों पर सलाखों और कुल्हाड़ों के साथ हमला कर कट्टरपंथी भीड़ ने तबाही मचाई और तकरीबन 40 वाहनों को नुकसान पहुँचाया। भीड़ ने एक मंदिर को भी निशाना बनाया। हालाँकि इस घटना का सीधा संबंध शोपियाँ में घटित हादसे से नहीं है। परंतु ऐसे मौकों पर बने भारत विरोधी वातावरण के परिणामस्वरूप ऐसी सांप्रदायिक घटनाएँ अकसर होती रहती हैं।

कश्मीर में जब भी कभी शोपियाँ जैसी घटना घटती है तो उसे भारतीय सुरक्षा बलों अर्थात् भारत के खिलाफ हथियार के रूप में इस्तेमाल किया जाता है। दु:ख की बात तो यह है कि जिस भारतीय सेना ने कश्मीरियों को चार बार के बड़े युद्धों में पाकिस्तान के चंगुल से बचाया, पाकिस्तानी आतंकियों से जम्मू-कश्मीर के आम नागरिकों के जान-माल की रक्षा की है और भयानक बर्फानी तूफानों और भूकंपों के समय भी भारतीय सैनिकों ने कश्मीरियों की रक्षा की है उसी भारतीय सेना को अपमानजनक शब्दों में पुकारने में इन्हें तनिक भी शर्म नहीं आती। यही नहीं, आम कश्मीरी के जीवन स्तर को सँवारने में भी भारतीय सेना ने महत्त्वपूर्ण भूमिका निभाई है। कश्मीर के दूरदराज के

गाँवों तक खेतिहर किसानों के लिए बिजली और पानी पहुँचाने के लिए लगभग 1200 माइक्रो हाईडल प्रोजेक्ट सेना ने तैयार किए हैं। कश्मीर के जो अलगाववादी और कट्टरपंथी नेता भारतीय सुरक्षाबलों को निकालने की माँग कर रहे हैं उनकी और उनके परिवारों की सुरक्षा भी भारतीय सुरक्षाबल ही करते हैं। भारतीय सेना कश्मीरियों के लिए वरदान बनी हुई है।

भारतीय सुरक्षा बलों का वैसा घटिया और गैर-इनसानी व्यवहार कश्मीर में नहीं है जैसा पाकिस्तानी सेना का पाक अधिकृत कश्मीर, बलूचिस्तान और वजीरिस्तान में है जैसा अमेरिकी सेना का अफगानिस्तान और इराक में है। भारतीय सेना पर कश्मीरियों को गुलाम बनाने और बहू-बेटियों की इज्जत लूटनेवाली सेना जैसे बेबुनियाद इल्जाम लगानेवाले अलगाववादी नेता यह नहीं समझते कि जिस दिन भारत की फौज कश्मीर से हटेगी उसी दिन पाकिस्तान का खतरा बढ़ जाएगा। पाकिस्तानी आतंकी जोर पकड़ेंगे और कश्मीर पुलिस में घुसे हुए पाकिस्तानी तत्त्व सुरक्षा व्यवस्था पर हावी हो जाएँगे। ऐसी हालत में कश्मीर का आम नागरिक असुरक्षित हो जाएगा। पाक प्रशिक्षित घुसपैठियों की तरफ से कश्मीर के शहरों, कस्बों और गाँवों में माँ-बहनों की इज्जत लूटने और उनकी हत्याओं के ढेरों उदाहरणों से कश्मीरी नेताओं को सबक सीखना चाहिए। ऐसे असंख्य मौकों पर भारतीय सेना के जवानों ने कश्मीरी समाज की रक्षा की है। पिछले 20 वर्षों से हर तरह अपनी कुरबानियाँ देकर भारतीय सैनिक जम्मू-कश्मीर से पाक प्रायोजित आतंकवाद को जड़-मूल से समाप्त करने के लिए हर संभव प्रयास कर रहे हैं।

भारत विरोधी षड्यंत्र

आश्चर्य है कि जम्मू-कश्मीर में आतंकवादियों द्वारा पिछले 20 वर्षों से बेकसूरों की हत्याओं, बलात्कारों और विस्फोटों की बेहिसाब वारदातों को अंजाम दिया जा रहा है। आज तक किसी भी अलगाववादी संगठन अथवा नेता ने आतंकी अड्डों को समाप्त करने और प्रशासन में घुसे पाकिस्तानी तत्त्वों को निकाल बाहर करने की माँग नहीं उठाई। पाकिस्तान जिंदाबाद के नारे लगाकर भारत के राष्ट्रीय ध्वज तिरंगे और भारतीय संविधान को जलानेवाले भारत विरोधी तत्त्वों पर कभी भी कानूनी काररवाई नहीं हुई। केंद्र और प्रदेश की सभी सरकारों ने इस संबंध में मौन साध लेना उचित समझा है। परंतु दूसरी ओर कश्मीर में जब भी कभी साधारण सी घटना हो जाए तो सभी सरकारी और गैर-सरकारी उँगलियाँ भारतीय सुरक्षा बलों की ओर उठ जाती हैं।

शोपियाँ के दर्दनाक हादसे के बाद अलगाववादी नेता अलीशाह गिलानी, पी.डी.पी. नेता महबूबा मुफ्ती और स्वयं मुख्यमंत्री उमर अब्दुल्ला ने जिस तरह भारतीय सेना हटाने और सुरक्षाबलों के विशेषाधिकारों को निरस्त करने का शोर मचाया है, वह किसी गहरे

भारत विरोधी षड्यंत्र का संकेत है। इससे भी बढ़कर खतरनाक संकेत तो यह है कि मुख्यमंत्री द्वारा सुरक्षा बलों के विशेषाधिकारों को हटाने की माँग रखने के दूसरे ही दिन पाकिस्तान के प्रधानमंत्री यूसुफ रजा गिलानी ने भी कश्मीर से भारतीय सेना वापस बुलाने का बयान दाग दिया। यह भारत के भीतरी मामलों में दखल देने का घिनौना प्रयास था। हैरानी है कि भारत के प्रधानमंत्री अथवा जम्मू-कश्मीर के मुख्यमंत्री ने इस पर कोई प्रतिक्रिया व्यक्त नहीं की। उलटे अलगाववादी नेताओं ने पाकिस्तान के प्रधानमंत्री के बयानों का स्वागत करते हुए भारत सरकार पर कश्मीर से सुरक्षा बलों को हटाने के लिए दबाव बढ़ा दिया।

कश्मीर के स्थानीय समाचार पत्रों में भी भारतीय सुरक्षा बलों के खिलाफ जहर उगला गया। कश्मीर का सारा मीडिया शुरू से ही अलगाववादियों के कब्जे में रहा है, जबकि राष्ट्रीय मीडिया राष्ट्रीय सुरक्षा पर मँडरा रहे इस खतरे से आँखे मूँदे हुए हैं। ये जानते हुए भी कि जम्मू-कश्मीर में तैनात भारतीय सुरक्षा बल ही कश्मीर को पाकिस्तान बनने से रोके हुए हैं, भारतीय राजनीतिक दल, भारत की सरकार, राष्ट्रीय पत्रकार और स्तंभ लेखक कश्मीर में व्याप्त भारत विरोधी वस्तुस्थिति को सामने नहीं लाते। कश्मीर से भारतीय सेना को वापस बुलाने और विशेषाधिकारों को समाप्त करने के मुद्दे पर नेशनल कॉन्फ्रेंस, कांग्रेस, पी.डी.पी. और अलगाववादी संगठनों में कहीं न कहीं सहमति हो गई लगती है। यह सारी जानकारी राष्ट्रीय समाचार-पत्रों को राष्ट्र के हित में विस्तारपूर्वक देनी चाहिए। परंतु राष्ट्रीय मीडिया अपने राष्ट्रीय कर्तव्य का पालन नहीं करता। देश के अधिकांश राजनीतिक दलों और सरकार पर तो मुसलिम वोट बैंक का भूत सवार है ही, परंतु राष्ट्रीय मीडिया भी इस प्रकार के विषयों को नहीं उठाता।

कश्मीर बचेगा, देश बचेगा

★ दुर्भाग्य से अगर भारत सरकार ने कश्मीरी मुसलमानों को खुश करने के लिए कश्मीर में तैनात सुरक्षा बलों के कैंपों और विशेषाधिकारों को समाप्त करने का राष्ट्र विरोधी कदम उठा लिया तो पूरा जम्मू-कश्मीर पाकिस्तान समर्थक तत्त्वों के हाथों में पहुँच जाएगा। पिछले अनेक वर्षों से कश्मीर को आजाद मुसलिम मुल्क बनाने के प्रयासों में जुटे पाकिस्तान समर्थक अलगाववादी और इन अलगाववादियों के आशीर्वाद से खूनी दहशत फैला रहे आतंकवादी वास्तव में यही चाहते हैं।

★ जम्मू-कश्मीर के सत्ताधारी दल नेशनल कॉन्फ्रेंस ने 2008 के विधानसभा चुनाव के समय अपने चुनाव घोषणा पत्र में स्पष्ट कहा था कि सत्ता में आने पर भारतीय सुरक्षा बलों की तैनाती और 'आर्म्ड फोर्सेस स्पेशल पावर ऐक्ट'

को अलविदा कह दिया जाएगा। अत: स्वाभाविक ही है कि इसी दल के मुख्यमंत्री उमर अब्दुल्ला अब अपने चुनाव घोषणा पत्र में किए गए वादे पूरे करें। नेशनल कॉन्फ्रेंस के संरक्षक और उमर अब्दुल्ला के पिता डॉ. फारुख अब्दुल्ला अब केंद्र में डॉ. मनमोहन सिंह के मंत्रिमंडल के सदस्य हैं। वे भी पूरी शक्ति के साथ कश्मीरियों से किए वादे पूरे कराने में लगे हैं।

★ जम्मू-कश्मीर की जिस पुलिस फोर्स को सुरक्षा व्यवस्था के सारे अधिकार सौंपने की तैयारियाँ हो रही हैं उसमें अलगाववादियों अर्थात् पाकिस्तान समर्थकों की भरमार है। आतंकवादियों के साथ होने वाली मुठभेड़ों के समय अकसर कश्मीरी पुलिस दिलचस्पी नहीं दिखाती। यही वजह है कि आतंकवादी हिंसा फैलाने के बाद सुरक्षित भाग जाने में सफल हो जाते हैं। जम्मू-कश्मीर पुलिस के कई अफसरों और जवानों पर कई आतंकवादियों को शरण देने, बचाने और भगाने के आरोप लग चुके हैं।

★ विशेषाधिकार और सुरक्षा कैंप हटने के बाद आतंकवादी सुगमतापूर्वक ग्रामीण क्षेत्रों में पहुँच जाएँगे। गाँव तक आतंक फैलाना पाक समर्थक अलगाववादियों की नई नीति है। विधानसभा एवं संसद् के चुनावों में कश्मीर के ग्रामीण मतदाताओं ने ज्यादा उत्साह दिखाया था। अलगाववादियों से किया गया चुनाव बहिष्कार की अपील का भी गाँवों में असर नहीं हुआ। यह भारत की विजय थी। अलगाववादी तब से ज्यादा बौखला गए।

★ भारतीय सुरक्षा बलों का आतंकवादियों पर दबाव बढ़ रहा है। यों कहिए कि आतंकवाद दम तोड़ रहा है। आतंकवादियों के आका पाकिस्तान की अपनी हालत बिगड़ रही है। कश्मीर की जनता रोज-रोज की हिंसा से तंग आ चुकी है। अलगाववादी संगठनों को आभास हो गया है कि आतंकवाद के जरिए वे कश्मीरी जनता को अपने साथ नहीं रख सकते। इसीलिए हड़तालों, धरनों और प्रदर्शनों की नीति अख्तियार की जा रही है। इन परिस्थितियों में सुरक्षा बलों को और भी ज्यादा अधिकार देकर आतंकवाद को जड़ से समाप्त करने की रणनीति की जरूरत है। अंतिम साँस ले रहे आतंकवादियों को समाप्त करने का यही तरीका है।

★ भारतीय सुरक्षा बलों के हटने और सुरक्षा से संबंधित सभी अधिकार जम्मू-कश्मीर पुलिस के हाथों पहुँचने से नियंत्रण रेखा के निकट सीमावर्ती इलाकों में स्थापित आतंकी अड्डों की भरमार हो जाएगी। पाकिस्तान की स्वात घाटी (तालिबानियों का गढ़) नियंत्रण रेखा के बहुत निकट है।

★ 'आर्म्ड फोर्सेस स्पेशल पावर्स ऐक्ट' के निरस्त होते ही जम्मू-कश्मीर की

हालत 1989 जैसी हो जाएगी। उस समय भी जम्मू-कश्मीर में कांग्रेस और नेशनल कॉन्फ्रेंस की गठबंधन सरकार थी। तब भी सरकार ने अलगाववादियों के सम्मुख घुटने टेक दिए थे। उस समय भी तत्कालीन केंद्र सरकार ने कश्मीर में तैनात सुरक्षा बलों की तादाद घटाने की ऐतिहासिक भूल कर डाली थी। परिणामस्वरूप आतंकवाद ने पाँव पसार लिये। इतिहास साक्षी है कि जब भी जम्मू-कश्मीर में फौजी टुकड़ियाँ हटाई गईं अथवा कम की गईं, तब आतंकी संगठन मजबूत हुए और हिंसक घटनाएँ बढ़ीं।

★ कश्मीर पाकिस्तान प्रशिक्षित आतंकी घुसपैठियों का भारत में घुसने के लिए पहला प्रवेश द्वार है। पिछले दो दशकों में भारत में जितनी भी आतंकी घटनाएँ हुई हैं इन सबके तार कश्मीर से ही जुड़े पाए गए हैं। लिहाजा कश्मीर में भारतीय सुरक्षा बलों की मौजूदगी सारे देश की सुरक्षा के लिए जरूरी है।

★ जम्मू-कश्मीर पुलिस फोर्स पाक समर्थित आतंकवाद से निपटने में पूर्णतः अक्षम है। स्वयं मुख्यमंत्री उमर अब्दुल्ला के अनुसार भारतीय सेना के अलावा सी.आर.पी.एफ. की 72 बटालियनें जम्मू-कश्मीर के भीतरी इलाकों में तैनात हैं, जबकि जम्मू-कश्मीर पुलिस फोर्स की संख्या मात्र 32 बटालियनों तक सीमित है। इस फोर्स के पास आधुनिक हथियारों और प्रशिक्षण की कमी है। इसी से अंदाज लगाया जा सकता है कि सारी सुरक्षा व्यवस्था इस फोर्स के हाथों सौंपने के कितने खतरनाक नतीजे होंगे।

देशव्यापी प्रतिक्रिया की जरूरत

अतः भारत को पाक प्रायोजित इसलामी आतंकवाद से बचाने के लिए जम्मू-कश्मीर को आतंक मुक्त करना जरूरी है। देश की अखंडता से जुड़ा यह महत्त्वपूर्ण कार्य विशेषाधिकारों से युक्त सुरक्षा बल ही कर सकते हैं। ठीक है कि जम्मू-कश्मीर से आतंकवाद मिटाने के लिए भारतीय सुरक्षा बलों ने बहुत हद तक सफलता प्राप्त की है, परंतु पाक प्रेरित दैत्य पूरी तरह समाप्त नहीं हुआ है। सरकारी सुरक्षा एजेंसियों के आँकड़ों के अनुसार जम्मू-कश्मीर में अभी भी 800 से ज्यादा आतंकी मौजूद हैं। पाकिस्तान में चल रहे सौ से भी ज्यादा प्रशिक्षण शिविरों में हजारों आतंकी तैयार होकर कश्मीर में घुसने का मौका तलाश रहे हैं। नियंत्रण रेखा पर घुसपैठ के प्रयास जारी हैं। जम्मू-कश्मीर में सक्रिय आतंकवादियों के पास आधुनिक हथियारों के जखीरे हैं। आतंकियों के कब्जे से बड़ी मात्रा में पाकिस्तान और चीन में बने हथियार पकड़े गए हैं।

कश्मीर में परिस्थितियाँ खतरनाक मोड़ ले चुकी हैं। केंद्र और प्रदेश की सरकारें

अपनी मुसलिम तुष्टीकरण नीति के तहत अलगाववादियों के सामने नतमस्तक हैं। कश्मीर के बारे में कांग्रेसी सरकारों के 1947 से लेकर अब तक की गईं सैकड़ों भयंकर भूलों में एक और भूल 'जम्मू-कश्मीर में भारतीय सुरक्षा बलों के विशेषाधिकारों का अंत और भारतीय सैनिक टुकड़ियों की वापसी' जुड़ने जा रही है। उपराष्ट्रपति मुहम्मद हामीद अंसारी ने श्रीनगर स्थित कश्मीर विश्वविद्यालय के छात्रों को संबोधन में स्पष्ट कह दिया था कि कश्मीर को आतंकग्रस्त क्षेत्र घोषित करनेवाले कानून समाप्त कर दिए जाएँगे। सुरक्षाबलों के विशेषाधिकार खत्म किए जाएँगे और सैनिक टुकड़ियों की संख्या भी घटाई जाएगी। उपराष्ट्रपति के अनुसार प्रधानमंत्री डॉ. मनमोहन सिंह ने इस जरूरी काम के लिए हरी झंडी दे दी है। यह वही अंसारी हैं जिन्होंने 'कश्मीर वर्किंग ग्रुप' की अध्यक्षता करते हुए सेना के विशेषाधिकारों को समाप्त करने की वकालत की थी।

यदि भारत की जनता और राजनीतिक दलों ने दलगत स्वार्थों से ऊपर उठकर और पूरी ताकत से एकजुट होकर इस सरकारी कदम का विरोध न किया तो पूरा जम्मू-कश्मीर पाकपरस्त अलगाववादियों के कब्जे में चला जाएगा। भारत को बचाने के लिए कश्मीर को बचाना बेहद जरूरी है।

□

लद्दाख में राष्ट्रवाद का जागरण

भारत के अभिन्न भाग और मुकुटमणि जम्मू-कश्मीर प्रांत का दुर्गम क्षेत्र लद्दाख समुद्र तल से 9000 से 23000 फीट की ऊँचाई पर स्थित होने से अधिकांश समय बर्फानी हवाओं से घिरा रहता है। कभी-कभी तो तापमान माइनस-60 डिग्री तक गिर जाता है। दो जिलों (कारगिल और लेह) के इस भू-भाग में एक संसदीय क्षेत्र और चार विधानसभा क्षेत्र आते हैं। 2.50 लाख आबादीवाले इस क्षेत्र के लेह जिले में बौद्ध और कारगिल क्षेत्र में मुसलमानों का साधारण बहुमत है। ईसाई और मुसलमान धार्मिक नेताओं द्वारा बौद्ध लोगों को अपने धर्म में परिवर्तित करने के हथकंडे चलते रहते हैं। इन दोनों समुदायों का जोर इस झूठे और अनर्गल प्रचार पर रहता है कि लद्दाख भारत का भाग नहीं है और बौद्ध मत का हिंदू धर्म से कोई संबंध नहीं है। अब तो चीन ने भी अपनी गिद्ध दृष्टि पूरे लद्दाख क्षेत्र पर गड़ा दी है।

लद्दाख फांदे छोस्पा

लद्दाख की गरीबी का फायदा उठाकर मुसलिम और ईसाई नेता धर्मांतरण की गति को तेज कर रहे हैं। राष्ट्रीय स्वयंसेवक संघ ने प्रारंभ से ही लद्दाख की इन परिस्थितियों पर अपना ध्यान केंद्रित किया। परंतु संघ का इस क्षेत्र में सक्रिय प्रवेश 80 के दशक से प्रारंभ हुआ। वहाँ पर संघ के तत्कालीन प्रांत प्रचारक इंद्रेश कुमार गर्ग के विशेष प्रयासों से कई प्रकार की धार्मिक एवं सामाजिक गतिविधियाँ प्रारंभ हुईं। श्री इंद्रेशजी के मार्गदर्शन में सेवा, संस्कार, शिक्षा एवं विचार गोष्ठियों की शुरुआत से लद्दाख में भारत एवं हिंदुत्व का आधार तैयार होने लगा। राष्ट्रीय स्वयंसेवक संघ के सीधे नाम से इस बौद्ध बहुमतवाले क्षेत्र में काम करते समय विभिन्न प्रकार की समस्याएँ आने लगीं। अतः 'लद्दाख फांदे छोस्सा' (लद्दाख कल्याण संघ) नाम की एक पंजीकृत

संस्था का गठन करके सभी प्रकार की गतिविधियों का संचालन प्रारंभ हुआ। श्रीनगर में संघ के एक वरिष्ठ अधिकारी श्री अमरनाथ वैष्णवी ने वहाँ जाकर इन गतिविधियों के संचालन को संगठनात्मक स्वरूप प्रदान किया। संघ के जम्मू स्थित सक्रिय प्रचारकों श्री भूषण पाल, श्री दिनेश पचौरी, श्री शशिकांत खजूरिया, श्री अजय जम्बवाल इत्यादि को थोड़े-थोड़े समय के लिए लद्दाख भेजा जाने लगा। इन लोगों ने कठिन परिश्रम से लद्दाख में राष्ट्रीय जागरण के काम को स्थायित्व प्रदान किया।

विभिन्न नामों से प्रारंभ हुए संघ कार्य की वजह से ईसाई मतावलंबियों एवं मुसलिम कट्टरपंथियों द्वारा जारी भारत एवं हिंदुत्व विरोधी गतिविधियों पर अंकुश लगना शुरू हुआ है। 1986-87 में श्रीनगर के ईसाई बिशप चर्च द्वारा उच्च शिक्षा के नाम पर 54 बौद्ध बच्चों को बाहर ले जाकर इन्हें ईसाई मत में रँगने की साजिश रची गई। विदेश भ्रमण के नाम पर बच्चों को लद्दाख से बाहर किसी अज्ञात स्थान पर भेज दिया गया। संघ के प्रचारक एवं कार्यकर्ताओं ने लद्दाखी संगठनों के साथ मिलकर आंदोलन चलाया। परिणामस्वरूप सभी बच्चों को ईसाइयों के चंगुल से छुड़ा लिया गया। इसी तरह 1992-93 में लद्दाख की आठ बौद्ध बालिकाओं को मनाली (हिमाचल प्रदेश) चर्च के पंजे से मुक्त करवाया गया। इस प्रकार के अन्य कई प्रसंगों के कारण बौद्ध समाज एवं नेतृत्व में संघ के नाम और काम की पैठ बनती चली गई।

विभिन्न प्रकल्प

'लद्दाख फांदे छोस्पा' के अंतर्गत कई प्रकार के शिक्षा एवं सेवा प्रकल्प चलते हैं। शिक्षा केंद्र, सिलाई केंद्र, योग केंद्र, सिंधु टंकण केंद्र, सूर्या बाल सदन, छवि विकास केंद्र इत्यादि प्रकल्पों के माध्यम से लद्दाख के बालक-बालिकाओं को प्रारंभिक शिक्षा, कंप्यूटर शिक्षा और स्वास्थ्य शिक्षा दी जा रही है। इन सभी केंद्रों में गायत्री मंत्र का जाप, वंदेमातरम् और बौद्ध प्रार्थना का नित्य अभ्यास होता है। राष्ट्र गीतों के माध्यम से भारतीय संस्कार दिए जा रहे हैं। लेह की हाऊसिंग कॉलोनी में एक कनाल जमीन पर मंजू श्री भवन का निर्माण किया गया है। 29 जुलाई, 1999 को इस भवन के शिलान्यास के समय बौद्ध आध्यात्मिक गुरु पूजनीय स्तकना रिम्पोछे, पूजनीय स्वामी सत्यामित्रानंदजी एवं स्वामी ब्रह्म देवजी उपस्थित थे। लद्दाख में माँ सरस्वती का देव स्वरूप मंजू श्री को माना जाता है। इस भवन का निर्माण पूर्णतया लद्दाखी परंपराओं के अनुसार किया गया है।

'लद्दाख फांदे छोस्पा' की गतिविधियों में शामिल शिक्षा क्षेत्र में निरंतर सफलता प्राप्त हो रही है। लद्दाख में दो विद्यालय सफलतापूर्वक चलते हैं। लेह में एक विद्यालय भारतीय विद्या निकेतन के नाम से चलाया जा रहा है जिसमें आठवीं कक्षा तक शिक्षा

देने की सुचारु व्यवस्था है। इस विद्यालय का अपना भवन है। लगभग 40 बच्चों के रहने के लिए छात्रावास की व्यवस्था हो चुकी है। इसी तरह जंस्कार घाटी के अबट नामक गाँव में एक प्राथमिक विद्यालय प्रारंभ हुआ है। इनके अतिरिक्त लद्दाख के ग्रामीण क्षेत्रों में 45 एकल विद्यालय चलाए जा रहे हैं। इस शिक्षण प्रणाली के अंतर्गत गाँव के ही एक शिक्षित युवक को अध्यापक नियुक्त किया जाता है। गाँव के किसी घर/मंदिर/बौद्ध धार्मिक स्थान अथवा खुले आकाश में किसी वृक्ष के नीचे 30-40 बच्चों को एकत्रित करके उसी गाँव का यह युवा शिक्षक प्राथमिक शिक्षा देता है। प्राथमिक शिक्षण के बाद इन बच्चों को निकटवर्ती सरकारी अथवा गैर-सरकारी विद्यालयों में भरती करवा दिया जाता है।

समाज जागरण के कार्यों को ठोस एवं नियमित बनाने के उद्देश्य से लद्दाख के 53 गाँवों में संस्कार केंद्र संचालित किए जा रहे हैं। इन केंद्रों पर ग्रामवासियों को बौद्ध मत के अनुसार नैतिक शिक्षा दी जाती है। गायत्री मंत्र, प्रार्थना एवं राष्ट्रीय महापुरुषों के जीवनों पर आधारित कथा/कहानियों के माध्यम से राष्ट्रीय जागरण का मौन आंदोलन चलाया जा रहा है। 'लद्दाख फांदे छोस्पा' द्वारा संचालित सिलाई केंद्रों पर बालिकाएँ/महिलाएँ प्रशिक्षण प्राप्त करती हैं। बौद्ध धर्मावलंबी बहनें सिलाई/कढ़ाई का काम सिखाती हैं।

दूरदराज के गरीब एवं बेसहारा बच्चों की शिक्षा और उनके भविष्य की चिंता करते हुए एक योजना तैयार की गई। इस योजना के तहत ऐसे बच्चे-बच्चियों को उनके अभिभावकों की अनुमति से कुरुक्षेत्र, दिल्ली, शिमला इत्यादि स्थानों पर स्थापित छात्रावासों में रखा जाता है और यहीं के विद्यालयों में इन्हें शिक्षा दी जाती है। राष्ट्र सेविका समिति एवं सूर्या फाउंडेशन इत्यादि संस्थाओं द्वारा संचालित इन विद्यालयों में पढ़नेवाले बच्चों के खर्च की व्यवस्था ये संस्थाएँ ही करती हैं।

अखिल भारतीय विद्यार्थी परिषद्, अखिल भारतीय मजदूर संघ, भारतीय शिक्षा समिति एवं राष्ट्र सेविका समिति की विधिवत इकाइयों का लद्दाख में गठन हो चुका है। ये सभी संगठन धीरे-धीरे अपने पाँव पर खड़े हो रहे हैं। इन संगठनों का स्थानीय आधार मजबूत करने के लिए बौद्ध मतावलंबियों को कार्यकर्ताओं के रूप में खड़ा किया जा रहा है।

सिंधु दर्शन अभियान

हिमालय पर्वत की विशाल चोटियों पर स्थित ग्लेशियरों से निकलनेवाली अनेकों नदियों में सबसे बड़ी नदी सिंधु नदी है। 'हिंदू' शब्द को जन्म देनेवाली यह विशाल नदी लद्दाख के लगभग दो सौ किलोमीटर क्षेत्र से बहती हुई पाकिस्तान में प्रवेश कर जाती

है। भारतीय संस्कृति का उद्गम स्थल मानी जानेवाली इस नदी के निकटवर्ती क्षेत्र का राष्ट्रीय दृष्टिकोण से विशेष महत्त्व है। राष्ट्रीय संस्कृति और अखंड भारत की परिचायक इस महानदी के किनारे किसी सांस्कृतिक कार्यक्रम को प्रारंभ करने की कल्पना में से 'सिंधु दर्शन' वार्षिक कार्यक्रम की रचना ने जन्म लिया। भारतीय जनता पार्टी के नेता लालकृष्ण आडवाणी, पाँचजन्य साप्ताहिक के पूर्व संपादक तरुण विजय एवं अन्य कई धार्मिक नेताओं के प्रयासों से 1997 में 'सिंधु दर्शन अभियान' प्रारंभ हुआ। वर्ष में एक बार तीन दिन तक चलनेवाले इस कार्यक्रम में सिंधु नदी जल पूजा के अलावा कई प्रकार के सांस्कृतिक कार्यक्रमों का आयोजन होता है।

समूचे लद्दाख क्षेत्र को धार्मिक, सामाजिक एवं राष्ट्रीय दृष्टि से भारत के साथ जोड़ने के उद्देश्य से शुरू हुआ यह वार्षिक सिंधु दर्शन अभियान अत्यंत सफल सिद्ध हो रहा है। इस कार्यक्रम में भारत के कोने-कोने से सभी पंथों, जातियों एवं वर्गों के लोग पर्यटक के नाते भाग लेते हैं। भारतीय लोगों के वहाँ पहुँचने और लद्दाखियों के साथ घुलने-मिलने से अखंड भारत की कल्पना को साकार रूप प्राप्त हुआ है। बौद्धमत के अनुयायी लद्दाख के बाशिंदों को अपने भारतीय होने का एहसास हुआ है। लगभग पाँच लाख लद्दाखी इस समारोह को नजदीक से देखते हैं। अब तो मुसलमान भाई भी इस वार्षिक समारोह में भाग लेते हैं। इस अभियान के फलस्वरूप लद्दाख समेत पूरे जम्मू-कश्मीर की समस्या पूरे देश की चिंता का विषय बन रही है।

उल्लेखनीय है कि प्रारंभ में यह सारा समारोह लद्दाख से बाहर के सामाजिक, धार्मिक एवं कुछ सीमा तक राजनीतिक नेताओं के नियंत्रण में रहता था। सरकार का भी हस्तक्षेप दो-तीन वर्षों तक रहा। धीरे-धीरे स्थानीय बौद्ध संगठनों एवं आम नागरिकों की रुचि और सक्रियता इसमें बढ़ती गई। अब यह सारा समारोह 'लद्दाख फांदे छोस्पा' के तत्त्वावधान में संपन्न होता है। राष्ट्रीय महत्त्व का यह समारोह अब राजनीति से पूर्णतया अलिप्त एक सांस्कृतिक एवं धार्मिक कार्यक्रम का आकार ले चुका है।

अत: राष्ट्रीय स्वयंसेवक संघ के अधिकारियों एवं कार्यकर्ताओं के सक्रिय और निरंतर प्रयास से लद्दाख क्षेत्र में संपन्न हो रहे उपर्युक्त सभी प्रकल्प एवं गतिविधियाँ अपने उद्देश्य की ओर बढ़ रही हैं। लेह और जंस्कर घाटी में दो संघ शाखाएँ चलती हैं। पिछले दस वर्षों से संघ के प्राथमिक शिक्षा वर्ग का संचालन भी हो रहा है। संघ के प्रांतीय एवं अखिल भारतीय अधिकारियों के नियमित प्रवास होते हैं। इन सब गतिविधियों से लद्दाख में राष्ट्रीय जागरण की एक लहर चली है।

□

खतरे में लद्दाखी सभ्यता

बौद्ध मतावलंबियों के बहुमतवाला लद्दाख क्षेत्र भी मुसलिम बहुमतवाले कश्मीर के निरंकुश वर्चस्व के नीचे दबा पड़ा है। जम्मू-कश्मीर प्रदेश का एक भाग होने के बावजूद भी लद्दाख के धर्मपरायण और अहिंसक मनोवृत्ति के लोग लंबे समय से अपने बुनियादी अधिकारों के लिए संघर्ष कर रहे हैं। जम्मू-कश्मीर की कश्मीर केंद्रित सरकारों ने जम्मू के साथ लद्दाखियों को भी उनके अनेक हकों से वंचित किया हुआ है। वास्तविकता तो यह है कि लद्दाख को कश्मीर का एक उपनिवेश समझकर उसके साथ भेदभाव किया जा रहा है? उल्लेखनीय है कि राजनीतिक तौर पर जम्मू-कश्मीर प्रदेश का यह क्षेत्र संस्कृति, भाषा और भूगोल की दृष्टि से पूर्णतया भिन्न है।

लद्दाख का क्षेत्र भारत की सुरक्षा की दृष्टि से भी अपना एक विशेष महत्त्व रखता है। इसका कश्मीर घाटी से तनिक भी संबंध नहीं है। कश्मीर अब लगभग पूर्णतया इसलामिक संस्कृति की लपेट में आ चुका है। इसलाम और बौद्ध मत का आपस में दूर का भी रिश्ता नहीं है। बौद्ध मतावलंबी लद्दाख की संस्कृति/सभ्यता हिंदू बहुमतवाले जम्मू संभाग के ज्यादा नजदीक है। वास्तव में बौद्ध मत हिंदुत्व और हिंदू संस्कृति की ही एक व्याख्या है। सिक्ख, जैन, शैव, वैष्णव और लिंगायत मतों की तरह बौद्धमत भी विशाल हिंदू संस्कृति का अभिन्न भाग है।

भौगोलिक दृष्टि से लद्दाख को भारत के साथ जोड़नेवाला सबसे छोटा रास्ता जम्मू क्षेत्र के किश्तवाड़ एवं पाडर में से ही है। सीमा और क्षेत्रीय सभ्यता की दृष्टि से हिमाचल प्रदेश के लाहौल, स्पीति और पांगी के क्षेत्र लद्दाख के अधिक नजदीक हैं। अतः एक मत यह भी है कि इन क्षेत्रों को लद्दाख से जोड़कर अरुणाचल प्रदेश की तरह का ही एक पर्वतीय प्रदेश बनाया जा सकता है। अब तो लद्दाख का क्षेत्र सड़क मार्ग से भी हिमाचल प्रदेश के लाहौल और कुल्लू घाटी से मिल गया है। श्रीनगर से लद्दाख जानेवाला सड़क मार्ग तो अत्यधिक लंबा, दुर्गम और अव्यावहारिक है। अतः प्रशासनिक सुविधा के अंतर्गत भी लद्दाख को कश्मीर के साथ बेमतलब जोड़े रखना

उचित नहीं है। क्षेत्रफल और प्राकृतिक संपदा की दृष्टि से भी लद्दाख पीछे नहीं है। इसके चातुर्दिक विकास से यह क्षेत्र आर्थिक दृष्टि से भी आत्मनिर्भर बन सकता है।

लद्दाख के 37,555 वर्ग किलोमीटर इलाके पर चीन ने बलात् कब्जा जमा रखा है। चीन की गिद्ध दृष्टि पूरे लद्दाख पर है। पाक अधिकृत कश्मीर के 0,78,114 वर्ग किलोमीटर क्षेत्र में से पाकिस्तान ने 5,180 वर्ग किलोमीटर का इलाका चीन को दे दिया है। चीन ने इस क्षेत्र और अपने कब्जेवाले लद्दाख क्षेत्र में सड़कों का जाल बिछाकर कई प्रकार के प्रकल्प खड़े करने प्रारंभ कर दिए हैं। उधर पाकिस्तान अपने शत प्रशिक्षित हथियार बंद मुजाहिद्दीनों (आतंकियों) को घुसपैठ करवाकर कश्मीर को भारत से तोड़ने की जीतोड़ कोशिश कर रहा है। कश्मीर के बहुसंख्यक मुसलिम समाज का अधिकांश हिस्सा इस पाकिस्तानी अभियान का समर्थक और मददगार है।

पाकिस्तान प्रेरित आतंकवाद अब लद्दाख क्षेत्र में भी फैल रहा है। लद्दाख के मुसलिम बहुमतवाले लेह जिले में आतंकी ठिकाने बढ़ते जा रहे हैं। लद्दाख के बौद्ध विहारों एवं अन्य धार्मिक स्थानों पर आतंकी हमले यदा कदा होते रहते हैं। भोले-भाले बौद्ध मतावलंबियों की गरीबी का फायदा उठाकर कट्टरपंथी कश्मीरी मुल्ला मौलवी धर्मांतरण की मुहिम चला रहे हैं। लद्दाखी लड़कियों को बरगला कर, उन्हें धन इत्यादि का लालच देकर मुसलिम युवकों से उनकी शादियाँ करवाने की घटनाएँ बढ़ रही हैं। इस तरह का धर्मांतरण जोर-जबरदस्ती अथवा डरा-धमका कर भी किया जा रहा है।

अत: स्पष्ट है कि लद्दाख क्षेत्र पर चीन, पाकिस्तान और कश्मीर के आतंकवादी अपनी नापाक नजर गड़ाए बैठे हैं। भारत की सरकार इस सारी खतरनाक परिस्थितियों से मुँह मोड़कर, मुसलिम वोट बैंक के नशे में धुत्त होकर कश्मीरी अलगाववादियों के साथ वार्त्ताओं के दौर चलाकर पूरे जम्मू-कश्मीर को स्वायत्तता जैसी देशघातक राजनीतिक व्यवस्था में धकेलने की तैयारियाँ कर रही है। भारत सरकार के इस कदम से कश्मीर के लिए पाकिस्तान में जाने, लद्दाख को चीन के पंजे में फँसने और जम्मू को देशद्रोहियों के जबड़े में फँसने के सभी रास्ते खुल जाएँगे।

लद्दाख स्थित अधिकांश सामाजिक एवं धार्मिक संस्थाओं के मतानुसार लद्दाख की सभ्यता को पाकिस्तान और चीन से बचाने का सबसे उत्तम रास्ता यही है कि लद्दाख को केंद्रशासित प्रांत बनाकर उसे कश्मीर के वर्चस्व से मुक्त किया जाए। लद्दाख की सीमाओं की रक्षा के लिए भारतीय सेना की पर्याप्त तैनाती की जाए। लद्दाख के भूगोल, संस्कृति और समाज को बचाना देश की सुरक्षा के लिए महत्त्वपूर्ण है।

□

समाधान की तलाश

राष्ट्रीय सहमति

जम्मू-कश्मीर में लगी विदेशनिष्ठ अलगाववादी आग भीषण दावानल में बदलती जा रही है। समस्या का कोई भी समाधान इस आग को बुझाने में सार्थक साबित नहीं हो रहा। जम्मू-कश्मीर में सक्रिय सभी राजनीतिक दल, सामाजिक/धार्मिक संस्थाएँ, अलगाववादी गुट एवं कश्मीर मसले के विशेषज्ञ विद्वान लोग अपनी विभिन्न डफलियाँ बजा रहे हैं। ये सब दल कोई ठोस समाधान प्रस्तुत करने के बजाए एक-दूसरे की टाँगखिंचाई ज्यादा करते हैं। यही वजह है कि पिछले छह दशकों से लटकती चली आ रही कश्मीर की पहेली सुलझ नहीं सकी। संभवतया कश्मीर देश की पहली और एकमात्र समस्या है जिसके समाधान के लिए अभी कोई राष्ट्रीय सहमति नहीं बन सकी। वोट बैंक की राजनीति, कट्टरपंथी मजहबी जुनून, एकरस राष्ट्र जीवन का अभाव, विदेश निष्ठा, विदेशी हस्तक्षेप इत्यादि ऐसी ठोस बाधाएँ हैं जो कश्मीर पर राष्ट्रीय सहमति नहीं बनने देतीं।

जम्मू-कश्मीर में सक्रिय नेशनल कॉन्फ्रेंस, पीपुल्स डेमोक्रेटिक पार्टी, हुर्रियत कॉन्फ्रेंस, तहरीके हुर्रियत, आतंकी संगठन, पनुन कश्मीर इत्यादि संगठनों ने क्रमश: आटोनॉमी, सेल्फ रूल, ग्रेटर कश्मीर, पाकिस्तान में विलय, पूर्ण स्वतंत्रता, कश्मीर में पंडित होम लैंड जैसे समाधान प्रस्तुत किए हैं। इन सभी समाधानों पर राष्ट्रीय सहमति बनना तो दूर, जम्मू-कश्मीर में भी कहीं सहमति नजर नहीं आ रही। ये सभी समाधान देश अथवा प्रदेश की भलाई पर आधारित न होकर मजहब, जाति, वर्ग और क्षेत्र के वैचारिक आधार और राजनीतिक स्वार्थों से संबंधित हैं। जम्मू संभाग में सक्रिय कुछ ऐसे क्षेत्रीय दल अथवा गुट भी हैं जो जम्मू को अलग राज्य का दर्जा देने की मुहिम छेड़े हुए हैं। समाधानों की इस श्रेणी के अनुसार जम्मू-कश्मीर को तीन विभिन्न राज्यों—कश्मीर, लद्दाख और जम्मू में विभाजित कर दिया जाए। लद्दाख को केंद्र शासित राज्य बनाया जाए। जम्मू-कश्मीर की गुत्थी को सुलझाने के लिए जोर-शोर से प्रचारित किए जा रहे

उपर्युक्त सभी समाधानों की समीक्षा राष्ट्र की अखंडता, सुरक्षा और जम्मू-कश्मीर की भलाई के मद्देनजर जरूरी है अन्यथा इस सीमावर्ती प्रदेश का अपना अस्तित्व ही खतरे में पड़ जाएगा। कश्मीर के संबंध में प्रदर्शित की जा रही कमजोर राजनीतिक इच्छा शक्ति भारत विरोधी ताकतों को मजबूत कर रही है। धीरे-धीरे राष्ट्रीय आधार लुप्त होता जा रहा है।

ग्रेटर ऑटोनॉमी (एन.सी.)

सर्वविदित है कि डॉ. फारुक अब्दुल्ला के नेतृत्व में जम्मू-कश्मीर नेशनल कॉन्फ्रेंस द्वारा 1996 में प्रदेश की सत्ता सँभालने के तुरंत पश्चात् पूरी ताकत से ग्रेटर ऑटोनॉमी का शोर मचा दिया गया। नवंबर 1996 में ही डॉक्टर कर्ण सिंह की अध्यक्षता में एक स्टेट आटोनॉमी कमेटी (एस.ए.सी.) का गठन कर दिया गया। परंतु चारों ओर से हुईं जगहँसाई और बदनामी की वजह से डॉ. कर्ण सिंह ने त्यागपत्र दे दिया। तत्पश्चात् डॉ. फारुक अब्दुल्ला के बहुत करीबी जी.एम. शाह को इस कमेटी का प्रधान बना दिया गया। 15 अप्रैल, 1999 को एस.ए.सी ने अपनी रिपोर्ट प्रदेश की विधानसभा में प्रस्तुत की। परंतु स्वयं डॉ. अब्दुल्ला अथवा विधानसभा द्वारा इस रिपोर्ट पर कोई काररवाई नहीं की गई। अंत में 20 जून से 26 जून, 2000 तक विधानसभा में हुई एक लंबी-चौड़ी बहस के बाद इस रिपोर्ट पर आधारित ऑटोनॉमी प्रस्ताव दो तिहाई बहुमत से पारित कर दिया गया। प्रस्ताव के विरोधियों, विशेषतया भारतीय जनता पार्टी के विधायकों द्वारा किए गए बॉयकाट के बाद तथा ध्वनि मत से पारित प्रस्ताव को केंद्र सरकार के पास भेज दिया गया।

केंद्रीय मंत्रिमंडल ने 4 जुलाई, 2000 को सर्वसम्मति से पारित इस प्रस्ताव को यह कह कर ठुकरा दिया कि यह प्रस्ताव न केवल भारत के संविधान के खिलाफ है, अपितु यह जम्मू-कश्मीर की जनता की भलाई में भी नहीं है। भारत सरकार ने यह भी कहा कि यह ऑटोनॉमी प्रस्ताव 1975 में हुए इंदिरा-शेख समझौते को भी अमान्य करता है जिसमें 1953 के बाद की संवैधानिक स्थिति को स्वीकार किया गया है।

ग्रेटर ऑटोनॉमी के अतंर्गत की गई मुख्य माँगें अथवा प्रस्ताव इस प्रकार हैं—

- जम्मू-कश्मीर में 1953 से पहले की संवैधानिक स्थिति बहाल की जाए।
- 1953 के बाद जम्मू-कश्मीर में लागू भारत के सभी कानूनों/अध्यादेशों को समाप्त किया जाए।
- 1952 के पूर्व की संवैधानिक व्यवस्था के अनुसार मुख्यमंत्री को प्रधानमंत्री और राज्यपाल को सदरे-रियासत कहा जाए।
- भारतीय संविधान की धारा 370 का अस्थायी चरित्र समाप्त करके इसे

स्थायी और विशेष धारा घोषित किया जाए।

- प्रदेशों की सरकारों को बरखास्त करनेवाले भारतीय संविधान की धारा 356 को जम्मू-कश्मीर पर लागू न किया जाए।
- जम्मू-कश्मीर को अपने प्रादेशिक संविधान को बदलने और परिवर्तन करने का अधिकार होना चाहिए।
- भारत सरकार को जम्मू-कश्मीर के संबंध में केवल रक्षा, विदेश, संचार एवं मुद्रा विभागों को नियंत्रित करने का अधिकार होगा। शेष सभी मामलों/क्षेत्रों पर प्रदेश सरकार का पूरा नियंत्रण होगा।
- भारत के राष्ट्रपति को ऐसे सभी अध्यादेश रद्द कर देने चाहिए जो जम्मू-कश्मीर से संबंधित संवैधानिक आदेश 1950 और 1952 के दिल्ली समझौते की परिधि से बाहर हैं।

जाहिर है कि नेशनल कॉन्फ्रेंस द्वारा उठाई जा रही ग्रेटर ऑटोनॉमी की माँग शेख अब्दुल्ला के उन्हीं इरादों का नया संस्करण है जिनमें 'कश्मीर की मुकम्मल आजादी' का ख्वाब देखा गया था। यह प्रस्ताव भारत की अखंड, धर्मनिरपेक्ष, संवैधानिक, स्वस्थ और हिंदू-मुसलिम समाजिक सौहार्द के लिए एक प्रबल चुनौती है। जम्मू-कश्मीर को भारत से तोड़ने की अलगाववादी साजिशों को शक्ति प्रदान करनेवाली ग्रेटर ऑटोनॉमी की संवैधानिक व्यवस्था पाकिस्तान के भारत विरोधी षड्यंत्रों को सफलता प्रदान करने वाली साबित होगी।

जम्मू-कश्मीर के लिए ग्रेटर ऑटोनॉमी चाहनेवाले नेशनल कॉन्फ्रेंस दल ने इस कथित स्वायत्तता में भी आगे क्षेत्रीय स्वायत्तता 'रीजनल आटोनॉमी' का प्रस्ताव भी जोड़ा है। प्रदेश के दो सम्भागों कश्मीर और जम्मू को भी आठ सम्भागों में बाँटा जाएगा। प्रत्येक संभाग की एक रीजनल अथवा प्रोविंशियल कौंसिल गठित की जाएगी। इस रीजनल कौंसिल को प्रदेश की विधान सभा की तर्ज पर सक्रिय किया जाएगा। बारामूला और कुपवाड़ा जिलों का कमराज प्रोविंस, बड़गाम और श्रीनगर जिलों का नंदबाद प्रोविंस, अनंतनाग और पुलवामा जिलों का मराज प्रोविंस, डोडा जिले और उधमपुर जिले की माहौर तहसील का चेनाब वैली प्रोविंस, जम्मू, कठुआ और उधमपुर जिलों (माहौर तहसील छोड़कर) को जम्मू प्रोविंस, पुंछ और राजौरी जिलों को पीर पंजाल प्रोविंस, लेह और कारगिल जिलों को लद्दाख प्रोविंस बनाने की एक खतरनाक कल्पना इस रीजनल ऑटोनॉमी के अंतर्गत की गई है। इस क्षेत्रीय स्वायत्तता की व्यवस्था का आधार प्रशासनिक सुविधा न होकर धर्म को बनाया गया है। पहले से हिंदुओं, मुसलमानों और बुद्ध धर्मावलंबियों में बँटे प्रदेश को और भी ज्यादा मजहबी सीमाओं में बाँटने की राजनीतिक साजिशें की गईं हैं। स्पष्ट है कि इस प्रकार से मजहब पर आधारित टुकड़ों में बँटी प्रशासनिक

व्यवस्था पहले से व्याप्त अलगाववाद को बढ़ावा देगी। प्रदेश के दोनों बड़े समुदायों में दीवारें खड़ी होंगी और नेशनल कॉन्फ्रेंस जैसी कट्टरपंथी जमातों के हिंदू विरोधी इरादे पूरे होंगे।

सेल्फ रूल (पी.डी.पी.)

जम्मू-कश्मीर के दूसरे बड़े क्षेत्रीय राजनीतिक दल पीपुल्स डेमोक्रेटिक पार्टी (पी.डी.पी.) ने फरवरी 2007 को सेल्फ रूल (स्वशासन) नामक एक विस्तृत पत्र तैयार करके प्रदेश और देश की जनता के समक्ष रखा। कश्मीर मसले के हल के लिए प्रस्तुत किया गया सेल्फ रूल का फार्मूला एन.सी. के ऑटोनॉमी फार्मूले की तर्ज पर ही जम्मू-कश्मीर को फिर 1953 से पहलेवाली संवैधानिक स्थिति में पहुँचाने की एक राजनीतिक साजिश है। इस सेल्फ रूल के दायरे में जम्मू-कश्मीर, पाक अधिकृत कश्मीर और गिलगित आदि क्षेत्रों को लाया गया है। पी.डी.पी. नेताओं के अनुसार नियंत्रण रेखा के दोनों ओर के कश्मीर को मिलाकर बड़ा कश्मीर बनाएँगे। इस कथित रूप से आजाद कश्मीर पर दोनों देशों—भारत और पाकिस्तान का नियंत्रण हो। दोनों देशों की सेना इस 'आजाद कश्मीर' की रक्षा करे। विदेश नीति पर दोनों देशों का वर्चस्व हो। दोनों देशों की मुद्रा चलाई जाए। इस प्रकार के सयुंक्त कश्मीर का अपना स्वतंत्र संविधान और झंडा हो। पी.डी.पी. नेता अपने इस फार्मूले को कश्मीर की सभी राजनीतिक, संवैधानिक, सामाजिक और आर्थिक समस्याओं का एकमात्र हल मानते हैं। सेल्फ रूल की राजनीतिक और संवैधानिक व्यवस्था के अस्तित्व में आने से कश्मीरियत की रक्षा हो सकेगी। लोगों को स्वतंत्र रूप से अपने आर्थिक, सामाजिक और धार्मिक अधिकारों के तहत विकास के समान अवसर प्राप्त होंगे।

पी.डी.पी. द्वारा प्रचारित सेल्फ रूल के संवैधानिक ढाँचे का आधार हैं 1952 का दिल्ली समझौता, भारतीय संविधान की धारा 370, 1949 का उत्तरी क्षेत्रों (गिलगित-बालतिस्तान) से संबंधित कराची समझौता, पाक अधिकृत कश्मीर (आजाद कश्मीर) से संबंधित 1974 का कामचलाऊ संविधान। इन सभी प्रकार की संवैधानिक व्यवस्थाओं के अंतर्गत जम्मू-कश्मीर और पाक अधिकृत कश्मीर को भारत और पाकिस्तान ने विशेषाधिकार दिए हैं। पी.डी.पी. ने इन सभी अधिकारों को दोनों ओर के कश्मीरियों के लिए जरूरी मानकर जिस 'संयुक्त कश्मीर' की कल्पना की है, वह 'आजाद क्षेत्र' भारत से कटकर पाकिस्तान के नियंत्रण में ज्यादा रहेगा।

- सेल्फ रूल के अस्तित्व में आने से 1953 के बाद जम्मू-कश्मीर में लागू सभी भारतीय कानून और अध्यादेश स्वतः समाप्त हो जाएँगे।
- दोनों ओर के कश्मीर को बाँटनेवाली नियंत्रण रेखा खत्म हो जाएगी।

- व्यापार समेत सभी प्रकार के आवागमन के रास्ते खुल जाएँगे।
- आतंकवाद से निपटने में जुटी भारतीय सेना की वापसी होकर 'आर्म्ड फोर्सेस स्पेशल पावर्स ऐक्ट' समाप्त हो जाएगा।
- इस प्रकार के संयुक्त कश्मीर में प्रशासनिक व्यवस्था के लिए रीजनल कौंसिलों और सब रीजनल कौंसिलों का गठन होगा।
- दोनों देशों की संयुक्त सेना, संयुक्त मुद्रा, रक्षा एवं विदेशी मामलों के लिए संयुक्त नीति की शुरुआत से 'घालमेल राजनीतिक संस्कृति' का नया और विशेष प्रयोग होगा।

जाहिर है कि पी.डी.पी. के सेल्फ रूल फार्मूले में भी एन.सी. के ऑटोनॉमी फार्मूले जैसे 'कश्मीर की मुकम्मल आजादी' के बीज विद्यमान हैं। इन दोनों समाधानों में अनेक समानताएँ हैं। 1953 के पूर्व की स्थिति की बहाली का सीधा अर्थ है भारत की संसद्, राष्ट्रपति, सुप्रीम कोर्ट, चुनाव आयोग इत्यादि का वर्चस्व समाप्त हो जाएगा। इसी तरह भारत के राष्ट्रीय ध्वज और संविधान से छुटकारा और भारतीयों के जम्मू-कश्मीर में प्रवेश के लिए परमिट सिस्टम, पासपोर्ट और वीजा की अनिवार्यता लागू हो जाएगी।

युनाइटेड स्टेट्स ऑफ कश्मीर (हुर्रियत कॉन्फ्रेंस)

कश्मीर में सक्रिय लगभग चालीस अलगाववादी संगठनों की प्रतिनिधि संस्था कुल जमात हुर्रियत कॉन्फ्रेंस प्रारंभ से कश्मीर की आजादी के लिए चल रहे प्रत्येक प्रकार के संघर्ष की मार्गदर्शक, समर्थक और मददगार रही है। पाकिस्तान की तरह हुर्रियत कॉन्फ्रेंस के नेता भी कश्मीर में सक्रिय हिंसक आंतकियों को मुजाहिद्दीन अथवा स्वतंत्रता सेनानी मान कर उनका सम्मान करते हैं। भारतीय फौज अथवा जम्मू पुलिस के साथ होने वाली मुठभेड़ों में मारे जानेवाले आतंकवादियों को जंगे आजादी के शहीद करार देने और उनके जनाजों में शामिल होकर उन्हें इसलामिक रीति से सम्मानित करने में हुर्रियत नेता फख्र महसूस करते हैं। पाकिस्तान द्वारा 'कश्मीर की आजादी' के लिए चल रहे संघर्ष में दी जा रही प्रत्येक तरह की मदद की सराहना करनेवाले हुर्रियत नेता सदैव भारत और भारतीय सेना को गालियाँ निकालने में एक-दूसरे से आगे रहते हैं।

प्रारंभ में हुर्रियत कॉन्फ्रेंस के सभी नेता कश्मीरियों के लिए आत्मनिर्णय के अधिकार पर अड़े रहे। परंतु इस मुद्दे पर दाल न गलती देख अब इन नेताओं ने कश्मीर की आजादी का एक नया मॉडल 'ग्रेटर कश्मीर' प्रस्तुत कर दिया है। हुर्रियत कॉन्फ्रेंस के चेयरमैन मीरवायज उमर फारुक ने इस मॉडल को 'युनाइटेड स्टेट्स ऑफ कश्मीर' की संज्ञा दी है। यह फार्मूला पाकिस्तान के पूर्व राष्ट्रपति परवेज मुशर्रफ द्वारा प्रस्तुत किए गए समाधान से ज्यादातर मेल खाता है। मुशर्रफ फार्मूले के अनुसार संपूर्ण जम्मू-कश्मीर को

सात विशेष क्षेत्रों में बाँटकर भारत और पाकिस्तान का पूरी जम्मू-कश्मीर रियासत पर संयुक्त नियंत्रण होगा। भारतीय सेना की वापसी और जम्मू-कश्मीर में स्वशासन की स्थापना मुशर्रफ फार्मूले की विशेष शर्तें हैं। हुर्रियत कॉन्फ्रेंस ने हालाँकि इस समाधान से सहमति जताई है, परंतु यह भी जोड़ा कि यह फार्मूला दोनों ओर के कश्मीरियों तथा क्षेत्रों पर लागू हो। हुर्रियत कॉन्फ्रेंस जम्मू, राजौरी, पुंछ, डोडा, कश्मीर घाटी, लद्दाख, पाक अधिकृत कश्मीर और गिलगित—बालितस्तान इन सभी क्षेत्रों को 'एक युनाइटेड स्टेट्स ऑफ कश्मीर' के अंतर्गत लाकर आजाद मुल्क का निर्माण करने के पक्ष में है।

हुर्रियत कॉन्फ्रेंस द्वारा प्रस्तुत जम्मू-कश्मीर की समस्या का उपर्युक्त समाधान भी एन.सी. के ऑटोनॉमी और पी.डी.पी. के सेल्फ रूल जैसा ही अव्यवहारिक, कागजी और राजनीतिक शगूफा मात्र है। यह समाधान भी सर्वसम्मत नहीं हो सकता।

पाकिस्तान में विलय (तहरीके हुर्रियत)

तथाकथित उदारवादी हुर्रियत कॉन्फ्रेंस से अलग हुए कट्टरपंथी अलगाववादी नेता सईद अलीशाह गिलानी के नेतृत्ववाली पाकिस्तान समर्थक तंजीम तहरीके हुर्रियत अभी भी कश्मीरियों में रायशुमारी अर्थात् आत्मनिर्णय के अधिकार पर अड़ी हुई है। सुरक्षा परिषद् की फाइलों में पिछले छह दशकों से सड़ रहे जम्मू-कश्मीर से संबंधित दस्तावेजों में कहीं जम्मू-कश्मीर के लोगों के लिए रायशुमारी (आत्मनिर्णय) के अधिकार की बात कही गई है। गिलानी साहब इसी को आधार बनाकर कश्मीर के पाकिस्तान में जाने की आस लगाए बैठे हैं। गिलानी के अनुसार कश्मीरियों का रहन-सहन, मजहब इत्यादि पाकिस्तान की तहजीब के ज्यादा नजदीक है। गिलानी साहब उन अलगाववादियों, भारत विरोधियों और हिंदुत्व के आलोचकों का प्रतिनिधित्व करते हैं जो मानते हैं कि भारत ने अपनी सेना के बल पर कश्मीर को अपनी कॉलोनी बनाकर रखा हुआ है। कश्मीर मुसलिम बहुल इलाका होने की वजह से पाकिस्तान में जाना चाहिए।

कश्मीर को पाकिस्तान के नक्शे में देखने के लिए तड़प रहे गिलानी साहब किसी भी हिंसक अथवा अहिंसक रास्ते का समर्थन करने से परहेज नहीं करते। यह जानते हुए भी कि जम्मू-कश्मीर की जनता द्वारा चुनी गई संविधान सभा ने सर्वसम्मति से जम्मू-कश्मीर के भारत में विलय पर मोहर लगाकर आत्मनिर्णय के अधिकार जैसे दस्तावेजों को इतिहास के कूड़ेदान में फेंक दिया है। अब तो जम्मू-कश्मीर की जनता भारतीय संविधान के तहत होने वाले संसद् और विधानसभा के चुनावों में बढ़-चढ़कर हिस्सा लेती है। यह लोकतंत्रीय प्रक्रिया तो रायशुमारी से कहीं ज्यादा महत्त्व रखती है। गिलानी साहब यह भी जानते हैं कि कश्मीर के लोग पाकिस्तान में जाने के पक्ष में नहीं हैं। उन्हें वहाँ भूख, मुफलसी, बेरोजगारी और राजनीतिक अव्यवस्था के अलावा कुछ भी दिखाई

नहीं देता। जबकि भारत द्वारा प्रदान किए गए विशेष दर्जे के तहत मिल रही ढेरों सुविधाएँ कश्मीरी आवाम को मालामाल कर रही हैं। दरअसल अलीशाह गिलानी अपने राजनीतिक अस्तित्व और धार्मिक वजूद को बनाए रखने के लिए 'कश्मीर बनेगा पाकिस्तान' के अपने नारे को उछालते रहते हैं।

हुर्रियत कॉन्फ्रेंस तथा तहरीके हुर्रियत के अलावा जो अन्य अलगाववादी गुट हैं वे सभी जम्मू-कश्मीर को भारत से अलग करके एक स्वतंत्र देश के रूप में देखना चाहते है। प्रतिबंधित जम्मू-कश्मीर लिब्रेशन फ्रंट, डेमोक्रेटिक फ्रीडम पार्टी और अन्य आजादी समर्थक गुट कश्मीर को पाकिस्तान में शामिल करने के गिलानी फार्मूले से सहमत नहीं हैं। कश्मीर को भारत के वर्चस्व से मुक्त करवाने के पक्षधर अलगाववादी नेता शबीर शाह और यासीन मलिक इत्यादि नेता गिलानी की तरह कश्मीर को 'स्वतंत्र इसलामिक राष्ट्र' तो मानते हैं, परंतु इसे पाकिस्तान के जबड़े में धकेलने की हामी नहीं भरते। परंतु यह बात निश्चित है कि पाकिस्तान में विलय अथवा आजादी चाहनेवाले ये सभी अलगाववादी नेता पाकिस्तान की मदद से व्याप्त हिंसक आतंकवाद का किसी न किसी रूप में समर्थन और मदद करते हैं। सतही तौर पर भले ही ये नेता आतंकी हिंसा की निंदा करने का नाटक करते हैं, परंतु बेगुनाह नागरिकों की हत्याएँ करनेवाले आतंकियों को सर आँखों पर बिठाने से कभी नहीं चूकते।

पूर्ण स्वतंत्रता (आतंकवादी गुट)

कश्मीर की मुकम्मल आजादी के लिए संघर्षरत बंदूकधारी कश्मीरी युवकों के लगभग चार दर्जन आतंकी संगठन जम्मू-कश्मीर में सक्रिय हैं। इनके निशाने पर भारतीय सेना, जम्मू-कश्मीर पुलिस, प्रशासनिक अधिकारी, राजनेता, बड़े व्यापारी, भारतीय और विदेशी पर्यटक, तीर्थयात्री व अमनपसंद नागरिक भी रहते हैं। पाकिस्तान और पाक अधिकृत कश्मीर में चल रहे प्रशिक्षण शिविरों से आतंक की शिक्षा लेकर अपने ही वतन जम्मू-कश्मीर में खून की नदियाँ बहानेवाले इन जुनूनी युवकों का भले ही अब आतंकवाद से मोहभंग होता जा रहा है तो भी पाकिस्तान और अलगाववादी नेताओं की मेहरबानी से इनकी तादाद कम नहीं हो रही। हिंसक आतंकवाद जस का तस है। इन युवकों को पाकिस्तान में प्रशिक्षण के लिए भेजने, वहाँ ट्रेनिंग देने, फिर वापस सीमा के रास्ते से घुसपैठ करने, जम्मू-कश्मीर में स्थापित गुप्त ठिकानों तक पहुँचने, हिंसक वारदात करने और सुरक्षित भाग जाने तक का सारा व्यवस्था-तंत्र भारत और पाकिस्तान में मौजूद है। यह तंत्र पाकिस्तान की सरकार, सेना, आई.एस.आई. और कट्टरपंथी मजहबी नेताओं की सरपरस्ती में सफलतापूर्वक चल रहा है।

आतंकवादी गुट वार्त्तालाप, समझौता और शांत राजनीतिक प्रक्रिया को पसंद नहीं

करते। कश्मीर मसले के हल के लिए अभी तक प्रस्तुत किए गए प्रायः सभी समाधानों/फार्मूलों को आतंकी गुटों ने सिरे से ठुकरा दिया है। लश्करे तैयबा, जयशे मुहम्मद और हिजबुल मुजाहिद्दीन जैसे सभी बड़े आतंकी सगंठनों ने ऑटोनॉमी, सेल्फ रूल, भौगोलिक विभाजन और भारत-पाक के संयुक्त नियंत्रण को ठुकरा दिया है। हाल ही में इस्लामाबाद में पाकिस्तानी पत्रकारों द्वारा आयोजित एक इफ्तार पार्टी में बोलते हुए करीब 25 आतंकी संगठनों की प्रतिनिधि जमात जेहाद कौंसिल के सुप्रीम कमांडर सईद सलाहुद्दीन ने आतंकी संगठनों के वास्तविक इरादों को स्पष्ट किया है। सलाहुद्दीन के मुताबिक कश्मीर मसले के लिए दिए जा रहे सारे सुझाव और फार्मूले जंगे-आजादी का नुकसान कर रहे हैं। कश्मीरी युवकों को स्वतंत्रता की जंग लड़ते रहने का आदेश देते हुए सलाहुद्दीन ने कहा है कि भारत सरकार के साथ बातचीत करने का कोई औचित्य नहीं। भारत और भारत की फौज कश्मीर से कश्मीरियत को समाप्त करने में व्यस्त है। कश्मीरी लोगों को सताया जा रहा है और उन्हें सरकारी, गैरसरकारी नौकरियों से मरहूम किया जा रहा है।

कश्मीर में जारी हिंसक आतंकवाद को पूरा संरक्षण देनेवाली पाकिस्तान सरकार को भी कटघरे में खड़ा करते हुए सलाहुद्दीन ने कहा कि पाकिस्तान की सरकार भी 'कश्मीर की मुकम्मल आजादी' को दरकिनार करके संयुक्त नियंत्रण और सेल्फ रूल जैसी बेबुनियाद दलीलों पर उतर आई है। कश्मीरियों को पूर्ण स्वतंत्रता के अलावा कुछ भी स्वीकार नहीं होगा। उल्लेखनीय है कि जेहाद कौंसिल के सुप्रीम कमांडर सलाहुद्दीन भी कश्मीरियों के आत्मनिर्णय के अधिकार के समर्थक हैं।

हिंदू होमलैंड (पनुन कश्मीर)

कश्मीर में भारत, हिंदू संस्कृति, कश्मीर की प्राचीन गौरवशाली परंपरा और वास्तविक कश्मीरियत के प्रतिनिधि, प्रतीक और रक्षक कश्मीरी पंडित आज अपने ही देश भारत में विभिन्न स्थानों पर शरणार्थी की जिंदगी जी रहे हैं। चार लाख से भी ज्यादा इन कश्मीरी पंडितों को हिंदू होने की सजा मिली है। पाकिस्तान प्रायोजित आतंकवाद के शिकार इन पंडितों के अलावा लगभग ऐसे भी लाखों कश्मीरी पंडित हैं जो 1947 के पहले और बाद में बहुसंख्यक मुसलिम समाज की बेरुखी और मजहबी जुनून का शिकार होकर कश्मीर छोड़ चुके हैं। अपने घरों से बेघर हुए ये सभी हिंदू अपनी मातृभूमि कश्मीर में लौटने के लिए लालायित हैं। परंतु कश्मीर की विस्फोटक परिस्थितियाँ, अलगाववादियों की हिंदुत्व विरोधी मानसिकता, आतंकवादियों का खौफ और उनकी पंडितों को न लौटने की हिदायतें इन हिंदू विस्थापितों की घर वापसी में बाधाएँ बन रही हैं।

कश्मीर से विस्थापित पंडितों की अनेक संस्थाएँ अपनी सुरक्षित और सम्मान

जनक वापसी के लिए कार्यरत हैं। कई प्रकार के सुझाव प्रस्तुत किए जा रहे हैं। परंतु मुख्य सुझाव यही है कि कश्मीर में इस प्रकार की परिस्थितियों का निर्माण किया जाए, जिनमें आतंकी हिंसा, एकतरफा अनियंत्रित मजहबी जुनून, धार्मिक तानाशाही और क्षेत्रीय भेदभाव का कोई स्थान न हो। तभी कश्मीरी पंडितों की घर वापसी सुरक्षित रह सकेगी। इसके लिए मुसलिम समाज को आगे आकर अपने पंडित भाइयों को सुरक्षा की गारंटी देनी होगी। यह काम बहुत कठिन और खतरे से खाली नहीं है। जुनूनी आतंकवादी तो किसी को भी नहीं छोड़ते।

विस्थापित पंडितों की एक संस्था पनुन कश्मीर प्रारंभ से ही कश्मीर घाटी में 'हिंदू होमलैंड' की माँग कर रही है, ताकि सभी कश्मीरी पंडित एक साथ एक सुरक्षित स्थान पर रह सकें। यह होमलैंड केंद्र शासित हो और उसकी सुरक्षा व्यवस्था भारत सरकार करे। अगर बहुसंख्यक मुसलिम समाज विस्थापित कश्मीरी पंडितों को इनके अपने घरों में सुरक्षा नहीं दे सकता तो इन्हें कश्मीर में रहने के लिए अलग से धरती दी जाए। हालाँकि कश्मीरी पंडितों का पूरे कश्मीर पर पूरा हक है और अपने घरों में रहना इनका जन्मसिद्ध अधिकार है, परंतु कट्टरपंथियों, अलगाववादियों और आतंकवादियों ने कश्मीर में ऐसे हालात बना दिए हैं कि वहाँ हिंदुओं का अपने घरों, गावों और शहरों में रहना मौत को गले लगाना जैसा हो गया है। विस्थापित पंडितों की इसी मजबूरी में से निकली है होमलैंड की माँग। यह होमलैंड भी कितनी सुरक्षित होगी? इस प्रश्न का उत्तर भी भविष्य की अँधेरी परतों में समाया हुआ है।

'हिंदू होमलैंड' के फार्मूले में विस्थापित कश्मीरी पंडितों की कश्मीर में वापसी की एक किरण तो जरूर नजर आती है, परंतु यह सुनहरा ख्वाब वास्तविकता में कैसे बदलेगा इस पर कई सवाल खड़े हो जाते हैं। इस होमलैंड की जमीन का फैसला कौन और कैसे करेगा? उस जमीन पर रहने के लिए घरों, व्यापार के लिए उचित जगहों, कृषि, फलों के बगीचों, शिक्षण सस्थानों, आवागमन के साधनों का बँटवारा कैसे होगा? क्या सभी कश्मीरी पंडित एक साथ इस कथित होमलैंड में जाकर रहना चाहेंगे? क्या यह होमलैंड सदैव भारतीय सेना के साए में रहेगी? इस प्रकार हिंदुओं और मुसलमानों के धर्म पर बँटनेवाला कश्मीर हिंदू होमलैंड में फिर से आतंकवाद नहीं फैलाएगा? बगल में बसे मुसलिम कश्मीर से कश्मीरी आतंकी युवकों को हिंदू होमलैंड में घुसपैठ करने से कौन रोकेगा? चारों ओर से मुसलिम कश्मीर से घिरे हुए इस हिंदू कश्मीर की स्थिति बत्तीस दाँतों में अकेली जुबान जैसी होगी। लिहाजा कश्मीरी पंडितों को इनके घरों में ही सुरक्षित वापस भेजने की कोई ठोस योजना बननी चाहिए।

परस्पर वार्त्तालाप

कश्मीर की जटिल होती जा रही समस्या को हल करने के लिए संबंधित पक्षों में आपसी बातचीत भी एक रास्ता हो सकता है। परंतु परस्पर सहमति बनाने का यह रास्ता भी कई बार पिट चुका है। भारत सरकार अलगाववादी संगठनों से कई बार वार्त्ता कर चुकी है। पूर्व प्रधानमंत्री अटल बिहारी वाजपेयी के समय हुर्रियत कॉन्फ्रेंस समेत अन्य मुख्य आजादी समर्थक गुटों के नेताओं से बातचीत के दो दौर चले थे। वर्तमान प्रधानमंत्री डॉ. मनमोहन सिंह ने भी कश्मीर में सक्रिय अलगाववादी संगठनों के नेताओं से दो बार वार्त्ता की है। वार्त्ता की मेज पर अलगाववादी नेता कश्मीर के सुल्तानों की तरह बात करते हैं।

भारत सरकार की हिम्मत नहीं होती कि वह अलगाववादियों को भारत के संविधान के अंतर्गत बातचीत के लिए सख्ती से कह सके। उलटे वार्त्तालाप के समय अलगाववादी नेता सरकार पर हावी हो जाते हैं। बातचीत में उन्हीं का एजेंडा छाया रहता है। वे आतंकवाद से निपटने में लगी भारतीय सेना को हटाओ, सुरक्षा बलों को मिले सभी विशेषाधिकार निरस्त किए जाएँ, 'आर्म्ड फोर्सेस स्पेशल पावर्स ऐक्ट' जैसे कानूनों को समाप्त किया जाए, जेलों में बंद स्वतंत्रता सेनानियों (आतंकवादियों) को बिना शर्त रिहा किया जाए और उन्हें कारोबार आदि के लिए आर्थिक सहायता दी जाए इत्यादि असंवैधानिक, अनैतिक और आम जनता की सुरक्षा के लिए खतरनाक एजेंडे पर अड़ जाते हैं।

आजादी समर्थक कश्मीरी नेताओं के एजेंडे को स्वीकार करना जम्मू-कश्मीर में व्याप्त हिंसक आतंकवाद को बढ़ावा देना है। यही वजह है कि सरकार के लिए अलगाववादी नेताओं की जिद के आगे झुकना कठिन हो जाता है, वार्त्ता विफल होती है और अलगाववादी सरगना बातचीत की विफलता का ठीकरा सरकार के सिर पर फोड़कर वापस आ जाते हैं और फिर भारत विरोधी दुष्प्रचार और गतिविधियों का सिलसिला शुरू हो जाता है।

फिरकापरस्त जुनून

जम्मू-कश्मीर की गुत्थी को सुलझाने से पहले साक्षी भाव से वहाँ की परिस्थितियों को देखना, समझना और परखना चाहिए। पाकिस्तान के साथ लगे इस सीमावर्ती प्रदेश में जो कुछ भी हो रहा है वह साधारण कानून व्यवस्था के बिगड़ने का मसला नहीं है। यह तो धार्मिक जुनून में से निकल रही एक ऐसी राष्ट्रघातक आग है जिसे वार्त्ताओं, समझौतों और आर्थिक पैकेज जैसे छोटे-छोटे फायर ब्रिगेड नहीं बुझा सकते। पाकिस्तान की खुली मदद लेकर कश्मीर के युवकों ने हाथों में संगीनें उठाकर इसलामी जेहाद के लिए कमर कसी है। पिछले 7 सौ वर्षों से चल रहे कश्मीर घाटी के इसलामीकरण को अंतिम रूप दिया जा रहा है। कश्मीरी पंडितों के एकमुश्त पलायन से कश्मीर घाटी हिंदू

विहीन हो चुकी है। भारत के चिह्नों तक को समाप्त करने के सफल षड्यंत्र चल रहे हैं। कश्मीर की मुकम्मल आजादी के लिए चलाए जा रहे जेहाद का पहला हिस्सा था कश्मीर से हिंदुओं को निकाल बाहर करना। यह हिस्सा सफल रहा है। अब सेना, पुलिस और सरकारी अदारों पर गुरिल्ला हमले करके दूसरे हिस्से को पूरा किया जा रहा है। इस विस्फोटक परिस्थिति के लिए राजनीतिक घुटन और आर्थिक पिछड़ेपन को जिम्मेदार बतानेवाले बुद्धिजीवी यदि अपने तथाकथित सेकुलर मुखौटे को उतारकर यथार्थ को निहारने का प्रयास करें तो कश्मीर समस्या का वास्तविक स्वरूप दिन की रोशनी की तरह साफ नजर आएगा।

कश्मीर में न गरीबी है और न ही राजनीतिक पक्षपात जैसी कोई चीज है। सारा उत्पात मजहबी जुनून है। भारतीय संविधान की धारा 370 के अंतर्गत जम्मू-कश्मीर को जो ढेरों राजनीतिक और आर्थिक सुविधाएँ मिल रही हैं, वो भारत के शेष प्रांतों के लोगों को नहीं मिल रहीं। कश्मीर की अपेक्षा जम्मू और लद्दाख में आर्थिक पिछड़ापन ज्यादा है। राजनीतिक अधिकारों की दृष्टि से भी ये दोनों क्षेत्र घुटन महसूस कर रहे हैं। कश्मीर में जो कुछ भी हो रहा है वह 'इसलाम' और 'निजाम-ए-मुस्तफा' के नाम और उद्देश्य की पूर्ति के लिए हो रहा है। कश्मीर में क्योंकि मुसलमानों का बहुमत है इसलिए वहाँ राजनीतिक प्रभुसत्ता का इसलामिक उसूलों पर आधारित होना जरूरी है। वास्तव में कश्मीर की राजनीति प्रारंभ से ही मजहबी उन्माद से ग्रस्त रही है। शेख अब्दुल्ला, सादिक, गुलशाह और फारुख जैसे बड़े-बड़े ने नेताओं ने मजहब पर आधारित जिस राजनीति का समावेश कश्मीर में किया है, उसी का नतीजा है हिंसक आतंकवाद।

कश्मीर में उफन रहे कट्टरपन को केवल मात्र कश्मीर के राजनीतिक धरातल पर खड़े होकर नहीं समझा जा सकता। इसे समझने के लिए सारे विश्व में व्याप्त एक ही प्रकार की मुसलिम मानसिकता को समझना जरूरी है। कश्मीर का मजहबी उन्माद भी उसी वैश्विक उन्माद का हिस्सा है, जिसके सामने पूरे संसार को बदल कर 'दारुल इसलाम' को स्थापित करने का राजनीतिक उद्देश्य है। कश्मीर में पूर्णतया पनप चुके मजहबी उन्माद की जड़ें भी इसी राजनीतिक उद्देश्य में हैं। कश्मीर में अलगाववाद की प्रेरक संस्था पीपुल्स लीग और डेमोक्रेटिक फ्रीडम पार्टी के अध्यक्ष शबीर शाह के शब्दों (पोस्टरों) से कश्मीर में व्याप्त आतंकवाद का स्वरूप और उद्देश्य समझा जा सकता है।

"इसलाम के दुश्मन हर मोरचे पर इसके मिशन को विफल करने के लिए एकत्रित हो रहे हैं। कश्मीर पर अधिकार इसका एक उदाहरण है। पर अब इसलाम से प्रेरित होकर और मार्ग पाकर कश्मीर राष्ट्र जग गया है। इसलाम की क्रांति का सूर्य उग रहा है। आस्था (हजरत मुहम्मद और कुरान में आस्था) की संतानों को अब आगे आना चाहिए

और भारत से आजादी पाने की कोशिश करनी चाहिए। अल्लाह की इच्छा हमारी मार्गदर्शक है, कुरान हमारा संविधान है, जिहाद हमारी नीति है और शहादत हमारी आकांक्षा है।''

कश्मीर समस्या भी उपर्युक्त इसलामिक मानसिकता का एक कश्मीरी संस्करण मात्र है। यह कश्मीरी जुनून वही है जिसने 1947 में भारत के टुकड़े करने में विजय हासिल की थी। इसका सीधा अर्थ यह है कि भारत के जिस भाग में मुसलमानों का बाहुल्य होता जाएगा वह भाग भारत से कटता चला जाएगा। 'दारुल हर्ब' से 'दारुल इसलाम' तक की यह प्रक्रिया एक ऐसे महा षड्यंत्र को जन्म दे रही है, जिसकी लपेट में धीरे-धीरे शेष भारत को भी जकड़ने के प्रयास स्पष्ट दृष्टिगोचर हो रहे हैं।

खेद की बात है कि पिछले 62 वर्षों में केंद्र में गठित किसी भी सरकार ने कश्मीर समस्या को सुलझाने के लिए कोई ठोस कदम नहीं उठाया। कांग्रेस और कांग्रेस के नेतृत्ववाली सरकारें कश्मीर पर अपनी दलगत राजनीति की गोटियाँ चलाती रहीं। जम्मू-कश्मीर से संबंधित सभी फैसले, समझौते और वार्त्तालाप वोट बैंक को ध्यान में रखकर होते रहे। जम्मू-कश्मीर को दिए जानेवाले आर्थिक पैकेज भी क्षेत्रवाद और धर्म की परिधि में समा गए। यही ढिलाई भारतीय जनता पार्टी के नेतृत्ववाली सरकार ने भी प्रदर्शित की। संसद् में पूर्ण बहुमत न होने की मजबूरी ने भाजपा को किसी भी राष्ट्रीय मुद्दे पर ठोस नीति अख्तियार करने से रोके रखा। यद्यपि भारतीय जनता पार्टी जम्मू-कश्मीर के विशेष दर्जे को समाप्त करके इस प्रदेश को भारत के अन्य प्रांतों की श्रेणी में लाने की पक्षधर है, परंतु भाजपा कश्मीर समस्या के इस ठोस समाधान को अमली जामा पहनाने के लिए बहुमत नहीं जुटा पाई। हालाँकि अधिकांश भारतीय यह मानते हैं कि जम्मू-कश्मीर के लिए भारतीय संविधान में जोड़ी गई धारा 370 के कारण ही कश्मीर में अलगाववाद को पंख लगे हैं, परंतु इस धारा को हटाने के लिए भारत की राजनीति में कभी कोई सर्वसम्मत वातावरण नहीं बना।

जम्मू प्रांत, कश्मीर प्रांत और केंद्र शासित लद्दाख प्रांत का गठन

जम्मू-कश्मीर की सभी समस्याओं के समाधान के लिए पूरे प्रदेश को तीन विभिन्न प्रदेशों कश्मीर, जम्मू और लद्दाख में बाँटने की आवाजें भी लंबे समय से उठ रही हैं। यद्यपि जम्मू आधारित अनेक संस्थाओं एवं दलों ने जम्मू को अलग राज्य का दर्जा देने की माँग का समर्थन किया है, परंतु आंदोलनरत संस्था है जम्मू मुक्ति मोरचा। मार्च 1990 में गठित जम्मू मुक्ति मोरचा के संस्थापक एवं प्रमुख कर्ताधर्ता डॉ. वीरेंद्र गुप्ता के अनुसार जम्मू और कश्मीर को दो अलग प्रांतों में बाँटकर ही जम्मू एवं लद्दाख के साथ हो रहे राजनीतिक, आर्थिक, सामाजिक और धार्मिक भेदभाव को समाप्त किया जा

सकता है। इसी तरह लेह-लद्दाख को केंद्र शासित क्षेत्र बनाकर वहाँ के लोगों के साथ हो रहे घोर पक्षपात को रोका जा सकता है।

रावी नदी और पीर पंचाल पर्वत के मध्य आनेवाला वह सारा क्षेत्र जो 15 अगस्त 1947 को जम्मू संभाग में था, जम्मू प्रांत के रूप में अस्तित्व में आना चाहिए। यह माँग रखनेवाले जम्मू मुक्ति मोरचा समेत अन्य सभी संगठनों का निश्चित मत है कि जम्मू क्षेत्र के लोगों की देशभक्ति, शौर्य और राष्ट्रवादी चरित्र को बरकरार रखने और कश्मीर में उभर चुके अलगाववाद, देशद्रोह और कट्टरपंथी मजहबी जुनून को नियंत्रित करने का एकमात्र हल यही है कि कश्मीर और जम्मू को दो विभिन्न राजनीतिक इकाइयों में बाँट दिया जाए। इससे जम्मू-कश्मीर में अलगाववाद, आतंकवाद और फिरकापरस्ती को जन्म देनेवाली धारा 370 भी अपना अस्तित्व और जरूरत खो देगी। इस धारा 370 के कारण उभर कर सामने आया भारत विरोध का जुनून भी दफन हो जाएगा। राजनीति में जड़ें जमा रहा मजहबी कट्टरपन समाप्त होगा और इस क्षेत्रीय कट्टरपन की कोख से जन्मा क्षेत्रीय भेदभाव भी मिट जाएगा।

जम्मू के अलग प्रांत बनने से इस क्षेत्र में पाकिस्तान प्रायोजित आतंकी घुसपैठ को रोका जा सकता है। जम्मू संभाग के भारत भक्त नागरिक एकजुट होकर पाकिस्तानी साजिशों को जड़-मूल से समाप्त करने की हिम्मत और सामर्थ्य रखते हैं। इस तरह से भारत सरकार जम्मू प्रांत से निश्चिंत होकर अपना पूरा ध्यान और शक्ति कश्मीर में व्याप्त अलगाववाद को राष्ट्रीय दिशा देने में लगा सकेगी। पाक प्रेरित हिंसक आतंकवाद से लड़ने में जम्मू के लोग भारत सरकार और भारतीय सेना का जी-तोड़ साथ देंगे। जम्मू प्रांत के अस्तित्व में आते ही कश्मीर केंद्रित राजनीति समाप्त होगी और प्रशासन में घुसे पाकिस्तानपरस्त तत्त्वों की पहचान हो सकेगी। पिछले 6 दशकों से राजनीतिक घुटन में जी रहे जम्मू क्षेत्र के लोग कश्मीर के वर्चस्व से मुक्ति पाकर अपने स्वाभाविक और स्वतंत्र अस्तित्व के साथ भारत माता की सेवा करेंगे।

जम्मू मुक्ति मोरचा एवं 'जम्मू प्रांत' के अन्य झंडाबरदारों के अनुसार कश्मीर समस्या एक राष्ट्रीय समस्या है। इसका समाधान अथवा निपटारा भी राष्ट्रीय स्तर पर ही होना चाहिए। देश की अखंडता, सुरक्षा और कश्मीर को पाकिस्तान के चंगुल से बचाने के तर्क देकर जम्मू और लद्दाख को कब तक बलि का बकरा बनाया जाता रहेगा? देश के एक हिस्से में व्याप्त अलगाववाद अथवा देशद्रोह से निपटने की जिम्मेवारी पूरे देश की है। इसके लिए जम्मू को उसके बुनियादी अधिकारों से वंचित रखना कहाँ का न्याय है?

अलग 'जम्मू प्रांत' चाहनेवाले नेताओं और संगठनों का स्पष्ट मानना है कि उनकी इस माँग का आधार जम्मू के साथ हो रहा भेदभाव है। केंद्र और प्रदेश की दोनों सरकारों

का कश्मीर केंद्रित राजनीतिक व्यवहार और एक विशेष वर्ग का तुष्टीकरण ही इस भेदभाव की जड़ है। अत: जम्मू-कश्मीर को तीन प्रांतों में बाँटकर ही इस पक्षपात से छुटकारा हो सकता है।

समाधान के तीन ही विकल्प

जम्मू-कश्मीर में व्याप्त सभी परिस्थितियों की गहराई से समीक्षा करने की आवश्यकता है। पाकिस्तान के कश्मीर को अपना भाग बनाने की मुहिम, कश्मीर का भारत में पूर्ण और अंतिम विलय, कश्मीर में सक्रिय अलगाववादियों और आतंकवादियों के घोषित उद्‌देश्य, कश्मीर को हिंदूविहीन करने की साजिश, कश्मीर की रक्षा और विकास पर भारत द्वारा व्यय किया जा रहा अथाह धन, भारतीय संसद् का सर्वसम्मत फैसला (पूरा कश्मीर भारत का अभिन्न भाग) इत्यादि वस्तुस्थिति पर गहरा विचार करने के बाद कश्मीर की जो तसवीर उभरकर सामने आती है, वह बहुत ही स्पष्ट है अर्थात् कश्मीर समस्या के तीन ही समाधान बचते हैं :

1. कश्मीर को पाकिस्तान के हवाले कर दिया जाए।
2. कश्मीर को आजाद मुल्क बना दिया जाए।
3. धारा 370 को समाप्त करके जम्मू-कश्मीर को भारत के शेष प्रांतों की श्रेणी में लाया जाए।

इनके इलावा कोई भी विकल्प कश्मीर की समस्या का हल नहीं हो सकता। उपर्युक्त तीनों विकल्पों के अतिरिक्त यदि कोई रास्ता अपनाया गया तो मंजिल दूर होती चली जाएगी। पिछले 63 वर्षों का यह अनुभव सिद्ध सत्य है।

इन तीनों विकल्पों में से एक को चुनते समय जम्मू-कश्मीर की सुरक्षा, सभी धर्मावलंबियों की भलाई और विकास, जनता का अमन-चैन और सुरक्षित भविष्य पर पूर्वग्रहों से ऊपर उठकर विचार करना होगा।

पाकिस्तान में विलय : अगर हमारे कश्मीरी भाई अपने दिल पर हाथ रखकर फैसला करें तो वे कभी भी पाकिस्तान में शामिल नहीं होना चाहेंगे। पाकिस्तान के भीतरी हालात् कश्मीर से भी कहीं ज्यादा विस्फोटक हैं। स्वयं पाकिस्तान द्वारा पाल-पोसकर तैयार किए गए भस्मासुर (आतंकी संगठन) ने पाकिस्तान की ही गरदन पकड़ ली है। पाकिस्तान में राजनीतिक अस्थिरता कभी समाप्त नहीं हुई। अपने जन्मकाल से लेकर आज तक के 63 वर्षों में पाकिस्तान ज्यादातर सैनिक तानाशाहों के कब्जे में रहा है। वहाँ लोकतंत्र का कहीं नामोनिशान नजर नहीं आता। जनता द्वारा चुनी गई सरकारों को वहाँ के फौजी जनरलों ने कभी टिकने नहीं दिया। भूख, बेरोजगारी, अमरीका और चीन के तलुए चाटने वाली विदेश नीति और रक्षा से संबंधित मामलों में इन्हीं देशों पर निर्भरता

इत्यादि ऐसे हालात हैं जो कश्मीर के लोगों और उनकी तथाकथित कश्मीरियत को कभी भी स्वतंत्र रूप से पनपने नहीं देंगे। पाकिस्तान में जाने से कश्मीर को बरबाद होते देर नहीं लगेगी। कश्मीर के लोग उन सभी सुख सुविधाओं और अधिकारों से वंचित हो जाएँगे, जिनका इस्तेमाल वे भारत में रहकर कर रहे हैं। पाकिस्तान के जबड़े में फँसा कश्मीर सदैव धारा 370 के तहत विशेष दर्जे, अरबों रुपयों की आर्थिक सहायता, ऊँची शिक्षा, चिकित्सा इत्यादि को याद करके तड़पता रहेगा।

स्वतंत्र कश्मीर राष्ट्र : आजाद कश्मीर के ख्वाब देखनेवाले अलगाववादी और आतंकवादी यदि अपनी मजहबी संकीर्णता, इसलामिक कट्टरता और गैरमुसलिमों को बरदाश्त न करनेवाली संकुचित मनोवृत्ति से ऊपर उठकर विचार करेंगे तो उन्हें कश्मीर की आजादी में बरबादी के निशान साफ दिखाई देंगे। यदि कश्मीर आजादी प्राप्त कर भी लेता है तो जम्मू एवं लद्दाख की जनता इस देश में शामिल नहीं होगी। जबरदस्ती करने पर विद्रोह भड़क उठेगा। इस तरह के आजाद कश्मीर की सुरक्षा भी खतरे में पड़ जाएगी। चीन, पाकिस्तान, अफगानिस्तान और भारत की सीमाओं से घिरे हुए आजाद कश्मीर को इन्हीं देशों के रहमोकरम पर रहना पड़ेगा। विदेशों पर निर्भरता कश्मीर की रक्षा, विकास और आर्थिक प्रगति में अनेक प्रकार की बाधाएँ उत्पन्न करेगी।

भारत द्वारा दी जा रही राजनीतिक, आर्थिक और धार्मिक सुविधाओं से वंचित होने वाला आजाद कश्मीर किसके सहारे अस्तित्व में रह सकेगा? भारत की जिस फौज ने कश्मीर को चार बार के पाकिस्तानी आक्रमणों से बचाया है, उस फौज के वहाँ से हटने से क्या कश्मीर और इसकी आजादी सुरक्षित रह पाएगी? क्या कश्मीर अपने बलबूते पर इतनी सक्षम फौज, अत्याधुनिक रक्षा तंत्र और सैन्य प्रशिक्षण संस्थानों का निर्माण कर सकेगा जो पाकिस्तान, भारत और चीन के परमाणु युक्त रक्षा तंत्र की बराबरी कर सके? इस तरह के अक्षम और प्रत्येक दृष्टि से कमजोर आजाद कश्मीर को चीन और पाकिस्तान हड़पने में देर नहीं लगाएँगे। केवल पर्यटन और ड्राई फ्रूट के सहारे किसी स्वतंत्र देश के अस्तित्व को जिंदा नहीं रखा जा सकता।

भारतीय कश्मीर : कश्मीर की प्राचीन सांस्कृतिक विरासत, वर्तमान कश्मीरियत, मजहबी आजादी, आर्थिक संपन्नता, उच्चकोटि की कलात्मक धरोहर, विश्व प्रसिद्ध पर्यटन उद्योग और यहाँ तक कि इसलामिक उसूल मात्र भारत में ही जिंदा रह सकते हैं। संसार के सामने यह सत्य आ चुका है कि इसलाम जितना भारत में सुरक्षित है उतना अन्यत्र कहीं नहीं। भारत की सर्वस्पर्शी, सार्वभौम और सर्वग्राह्य संस्कृति में सबको सम्मान और सुरक्षा देने की अद्‍भुत क्षमता विद्यमान है। और फिर कश्मीर तो भारतीय संस्कृति का उदग्‍म स्थल रहा है।

कश्मीर के वर्तमान मुसलिम नागरिक भी उन्हीं महान् संतों, वीरों, विद्वानों और

विजयी सम्राटों की संतान हैं जिन्होंने कश्मीर की दिग्विजयी और मानवीय संस्कृति को विश्व के कोने-कोने में पहुँचाया था। हिंदुओं और मुसलमानों के पूर्वज एक ही हैं। इस देश की सभ्यता, संस्कृति और गौरवशाली इतिहास पर मुस्लमानों का भी उतना ही हक हैं जितना हिंदुओं का। मुसलमान और हिंदू का खून एक ही है। केवल पूजा के तौर-तरीके अथवा मजहब बदल जाने से बाप-दादा नहीं बदल जाते। अत: कश्मीर की समस्या का समाधान हिंदू-मुसलमानों की इसी संयुक्त विरासत सांस्कृतिक राष्ट्रवाद की ठोस धरातल पर खड़े होकर खोजा जा सकता है। इसके अतिरिक्त किसी और आधार की खोज करना धूल में टक्कर मारने जैसा होगा।

ऑटोनॉमी के खतरनाक परिणाम

एक नजर से जम्मू-कश्मीर में 1952 वाली राजनीतिक व्यवस्था का अवलोकन करना न्यायसंगत होगा। 26 अक्तूबर, 1947 को रियासत के महाराजा हरिसिंह ने जम्मू-कश्मीर का विलय भारत में कर दिया। नेहरूजी ने महाराजा हरिसिंह को कश्मीर छोड़ने एवं रियासत की सत्ता नेशनल कॉन्फ्रेंस के नेता शेख अब्दुल्ला को सौंपने के आदेश दिए। महाराजा मान गए। शेख को जम्मू-कश्मीर का वजीरे आजम और डॉ. कर्ण सिंह को सदरे रियासत बनाया गया। जम्मू-कश्मीर का झंडा तिरंगा न होकर नेशनल कॉन्फ्रेंस का हल और चाँद-सितारे वाला हरा झंडा मान्य किया गया। शेष देशवासियों के प्रदेश में जाने के लिए परमिट व्यवस्था लागू कर दी गई। जम्मू-कश्मीर को अपना अलग संविधान बनाने की इजाजत दे दी गई। भारत के राष्ट्रपति को इस प्रदेश के संबंध में कोई अध्यादेश जारी करने का हक नहीं था। प्रदेश का हाईकोर्ट भारत के सर्वोच्च न्यायालय के अधिकार क्षेत्र से पूर्णतया मुक्त रखा गया।

चुनाव आयुक्त का वहाँ कोई अधिकार नहीं था। भारतीय संविधान में धारा 370 जोड़कर जम्मू-कश्मीर को विशेष दर्जा दे दिया गया। इस प्रकार की अनेक राजनीतिक सुविधाओं की आड़ में वजीरे आजम शेख अब्दुल्ला ने अपनी पुरानी फिरकापरस्त मनोवृत्ति से प्रेरित होकर कश्मीर को भारत से स्वतंत्र करने के षड्यंत्र रचने प्रारंभ कर दिए। उसके इन कारनामों के विरोध में प्रजा परिषद् नामक एक प्रबल आंदोलन हुआ। नेहरू मंत्रिमंडल के एक प्रमुख सदस्य डॉ. श्यामाप्रसाद मुकर्जी ने त्यागपत्र देकर इस आंदोलन का नेतृत्व किया। वे बिना परमिट कश्मीर में घुसे। वहाँ रहस्यमय परिस्थितियों में उनका देहांत हो गया। शेख की कलई खुली। उन्हें गिरफ्तार कर लिया गया। परिणामस्वरूप जम्मू-कश्मीर को पूर्णतया भारत में मिलाने के संवैधानिक संशोधन प्रारंभ हुए। संक्षेप में यह स्थिति है 1952 के पूर्व की। इसी को एन.सी. ने ऑटोनॉमी कहा है।

1953 से लेकर आज तक भारत सरकार ने अनेक संवैधानिक संशोधनों द्वारा

जम्मू-कश्मीर को भारत के साथ जोड़कर (अन्य प्रांतों की भाँति) ढेरों राजनीतिक एवं आर्थिक सुविधाएँ दी हैं। क्योंकि जम्मू-कश्मीर के लोगों द्वारा चुनी गई संविधान सभा ने 14 फरवरी, 1954 को प्रदेश के विलय पर अपनी स्वीकृति दे दी, इसलिए 1956 में भारत की केंद्रीय सत्ता ने संविधान में सातवाँ संशोधन किया और जम्मू-कश्मीर को देश का अभिन्न हिस्सा बना लिया। अब तक यह प्रदेश पार्ट बी श्रेणी में आता था। अगर सत्ताधारियों ने अपने वोट बैंक को मजबूत करने के लिए नेशनल कॉन्फ्रेंस की उपर्युक्त आटोनॉमी की खतरनाक माँग को स्वीकार कर लिया तो प्रदेश को देश से कटने में तनिक भी देर नहीं लगेगी, क्योंकि इससे सातवाँ संशोधन निरस्त मान लिया जाएगा। इसके निरस्त होते ही राष्ट्रपति के सभी अध्यादेश, संवैधानिक संशोधन, संसद् के अधिकार, सर्वोच्च न्यायालय का नियंत्रण सबकुछ समाप्त हो जाएगा।

इस आटोनॉमी से होने वाले अनेकविध एवं असंख्य परिणामों की कल्पना मात्र ही किसी भी देशभक्त एवं राष्ट्रीय सोचवाले नागरिक को झकझोर कर रख देगी। जम्मू-कश्मीर में एक समुदाय विशेष का बहुमत है। उसी का वर्चस्व वहाँ की सरकार पर रहेगा। वहाँ का हाईकोर्ट सरकार एवं एक विशेष समुदाय से प्रभावित रहकर, सांप्रदायिक एवं अलगाववादी तत्त्वों के हक में फैसले दे सकता है। जब इस प्रदेश के हाईकोर्ट पर 1960 में दिए गए सर्वोच्च न्यायालय के अधिकार समाप्त होंगे तो प्रदेश के लोगों को इस प्रकार के फैसले को मानने के सिवाय कोई चारा नहीं बचेगा। इस प्रदेश में राष्ट्रपति शासन भी भारतीय संविधान की उन धाराओं 356-357 के अंतर्गत संभव हो सका जिन्हें 1964 में इस प्रदेश पर लागू किया गया था। जरा कल्पना कीजिए उस स्थिति की जब भारत सरकार का यह संवैधानिक अधिकार समाप्त होगा। तब यदि प्रदेश में राष्ट्रपति शासन की जरूरत पड़ी तो क्या होगा? सब जानते हैं कि कश्मीर के प्रशासन में पाकिस्तान समथर्कों की भरमार है। ये तत्त्व पाकिस्तान से प्रेरित हैं। पाकिस्तान का अघोषित युद्ध जारी है। वह कभी भी घोषित युद्ध में परिवर्तित हो सकता है। कश्मीर की सरकार, वहाँ की जनता को बगावत करने से कैसे रोका जाएगा? हमारी फौज किसके सहारे लड़ेगी? जब वहाँ की स्थानीय सरकार, प्रशासन व्यवस्था, न्यायालय सबकुछ भारतीय 'सरकार के नियंत्रण' से बाहर होंगे तो उन्हें भारत के विरोध में खड़ा होने से कौन रोकेगा? इन सब संस्थाओं में आतंकवादी समर्थकों का बोलबाला आज भी है। धारा 370 ने तो पहले ही इस प्रकार के अलगाववाद को संवैधानिक मान्यता दे रखी है। इसकी आड़ में वहाँ के प्रशासन पर अलगाववादी तत्त्वों का प्राय: पूर्ण कब्जा है। इतना सब कुछ होते हुए भी भारत की सरकार वहाँ पर अखिल भारतीय सेवा के कुछ अधिकारियों को नियुक्त करके कुछ-न-कुछ नियंत्रण रखे हुए है। अखिल भारतीय सेवाओं की परिधि में जम्मू-कश्मीर को भारतीय संविधान के अनुच्छेद 312 में संशोधन करके 1958 में लाया गया था।

1952 जैसी स्थिति की बहाली करके तो प्रदेश को भारत के अंग के रूप में रखने के सारे रास्ते स्वत: बंद हो जाएँगे। भारत की सरकार पाकिस्तान के साथ जिस शिमला समझौते के अंतर्गत बात करने की बार-बार दुहाई देती है वह समझौता 1972 में हुआ था। पाकिस्तान और कश्मीर के बहुसंख्यक लोग इसे भी रद्द मानकर फिर से वही जनमत-अधिकार एवं सुरक्षा परिषद् में सुप्त पड़े हुए कश्मीर मुद्दे को जोर-शोर से उठाएँगे। शिमला समझौते में ही युद्ध विराम रेखा को नियंत्रण रेखा माना गया था। कई अलगाववादी तत्त्व इसी को अंतरराष्ट्रीय सीमा बनाने की फिराक में हैं, ताकि पाकिस्तान के कब्जे वाले कश्मीर पर भारत का अधिकार सिद्धांतत: एवं कानूनी रूप से समाप्त हो जाए।

30 मार्च, 1965 को भारत के संविधान की धारा 249 के अंतर्गत जम्मू-कश्मीर को भी लाया गया जिसके आधार पर भारत सरकार को इस प्रदेश की राज्य सूची के किसी भी मामले पर संवैधानिक वर्चस्व मिला था। जैसा कि भारत के शेष प्रांतों में भी है, राजनीतिक, आर्थिक एवं न्यायिक क्षेत्रों के अधिकांश मामलों से संबंधित कानूनों पर केंद्र का नियंत्रण होता है। जम्मू-कश्मीर जैसी परिस्थितियों वाले प्रदेश में तो यह और भी जरूरी है। प्रदेश में दलित वर्गों से संबंधित सुविधाएँ, वैष्णो देवी ट्रस्ट, वक्फ बोर्ड पर असीमित अधिकार, मतगणना की व्यवस्था, चुनाव व्यवस्था इत्यादि जो सुधार के कार्य हो सके वे सब इसी के अंतर्गत संभव हो सके। भारत सरकार इस प्रदेश की जनता को आर्थिक पैकेज देती है। 1952 की स्थिति तो इन कदमों में भी बेड़ियाँ डाल देगी।

इसी प्रकार 25 फरवरी, 1975 को तत्कालीन प्रधानमंत्री श्रीमती इंदिरा गांधी एवं शेख अब्दुल्ला के मध्य हुए एक समझौते के अंतर्गत जम्मू-कश्मीर को भारत का संवैधानिक अंग बनाया गया। इस समझौते की धारा 2 इस प्रकार है—"यद्यपि कानून बनाने की अवशिष्ट शक्तियाँ राज्य के पास रहेंगी तथापि संघीय संसद् को ऐसे तमाम विषयों पर कानून बनाने का अधिकार होगा जिनमें प्रभुसत्ता को भंग करने, चुनौती देने या नकारने के किसी प्रत्यक्ष अथवा अप्रत्यक्ष प्रभाव और भारतीय क्षेत्र के किसी भाग को उसे अलग करने या भारत के किसी क्षेत्र को संघ से अलग करने अथवा भारतीय राष्ट्रीय ध्वज, भारतीय राष्ट्रीय गान व भारतीय संविधान का अपमान करने जैसी किसी भी गतिविधि को रोकने में हो।" 1952 की स्थिति अगर बहाल हुई तो 1975 में हुए इस महत्त्वपूर्ण समझौते के चिथड़े उड़ जाएँगे। इसके निरस्त होने का अर्थ होगा कि कश्मीर में भारतीय प्रभुसत्ता को चुनौती मिलने, प्रदेश के किसी क्षेत्र को भारतीय संघ से अलग करने के प्रयास और भारत के राष्ट्रीय ध्वज, राष्ट्रीय गान और संविधान का अपमान होने पर भारत की सरकार हाथ बाँधे खड़ी रहेगी।

समाधान का आधार

कश्मीर समस्या के समाधान का रास्ता खोजने के पूर्व इस समस्या के कारण और स्वरूप को ध्यान में रखा जाना आवश्यक है। इस पुस्तक 'व्यथित जम्मू-कश्मीर' के प्रत्येक अध्याय में इन दोनों बातों की स्पष्ट झलक मिलती है। यह समस्या मात्र राजनीतिक न होकर एक विशेष समुदाय मुसलिम समाज के वैचारिक जुनून का परिणाम है। इस समस्या का सीधा संबंध भारत राष्ट्र की सुरक्षा के साथ है। अत: केवल एक ही विशेष समुदाय के कट्टरपंथी प्रतिनिधियों से वार्त्तालाप करके खोजा गया समाधान देश की अखंडता के लिए ख़तरनाक साबित होगा। भारत के संविधान, संसद्, राष्ट्र ध्वज और भूगोल को अमान्य करनेवाले तत्त्व कभी भी ऐसे समाधान को सामने नहीं आने देंगे जिससे उनके अलगाववादी उद्देश्य को नुकसान पहुँचे।

भारत की सुरक्षा, लद्दाख और जम्मू क्षेत्र के साथ हो रहे भेदभाव, विस्थापित कश्मीरी पंडितों की सुरक्षित एवं सम्मानजनक घर वापसी, पाक अधिकृत कश्मीर एवं पश्चिम पंजाब (पाकिस्तान) से आए हिंदू शरणार्थियों की समस्यायों, जम्मू-कश्मीर को विशेष दर्जा देनेवाले भारतीय संविधान के अनुच्छेद 370 के परिणामों, इस सीमावर्ती प्रांत में हो रही पाकिस्तानी सशस्त्र घुसपैठ, आतंकवाद से लोहा ले रही भारतीय सेना की आवश्यकता और लद्दाख, कश्मीर तथा जम्मू में रहनेवाले सभी मतावलंबियों में परस्पर सौहार्द के मद्देनजर ही जम्मू-कश्मीर की जटिल समस्या का हल निकाला जाना चाहिए।

जम्मू और लद्दाख का क्षेत्रफल और जनसंख्या कश्मीर घाटी से तीन गुना ज्यादा है। इसलिए ऐसे समाधान की तलाश न की जाए जो इन दोनों क्षेत्रों के लोगों को स्वीकार न हो। पहाड़ी, गुज्जर, डोगरे, बक्करवाल, भद्रवाही, लद्दाखी, गद्दी, पाक अधिकृत कश्मीर से आए शरणार्थी और कश्मीरी पंडितों के प्रतिनिधियों को वार्त्तालाप प्रक्रिया में शामिल न करके केवल कश्मीर घाटी के एक ही वर्ग से गुप्त एवं खामोश वार्त्तालाप चलाकर निकाला गया कोई भी समाधान पूरे जम्मू-कश्मीर की एकता और सौहार्द को बिगाड़ देगा। दुर्भाग्य से आज जम्मू-कश्मीर की सत्ता पर वे लोग काबिज हैं जो कश्मीर घाटी के ही एक विशेष वर्ग के प्रतिनिधि हैं और केंद्र में उन लोगों की सरकार है जो अपने वोट बैंक को ध्यान में रखकर जम्मू-कश्मीर की सत्ता पर काबिज लोगों का समर्थन करती है?

उल्लेखनीय है कि 1948 से आज तक जम्मू-कश्मीर प्रदेश की सत्ता लगभग एक ही परिवार (शेख अब्दुल्ला, फारुख, गुलशाह और उमर) के हाथ में रही। उधर केंद्र की सत्ता यह भी कुछ अपवाद छोड़कर एक ही परिवार (पंडित नेहरू, इंदिरा गांधी और राजीव) के हाथ में रही।

सोनिया गांधी की योजनाधीन चल रही डॉ. मनमोहन सिंह की सरकार भी नेहरू परिवार का ही नया संस्करण है। वास्तव में इन दोनों राजनीतिक खानदानों की देशघातक दोस्ती, राज्यलिप्सा और वंशाभिमुख राजनीति के जाल में फँसा हुआ है जम्मू-कश्मीर। इसलिए इस प्रदेश की सभी समस्याओं के एकमुश्त समाधान के लिए राष्ट्राभिमुख राजनीति एवं तुष्टीकरण रहित रणनीति की जरूरत है। 'आटोनॉमी' 'अर्थात् आजादी से कुछ कम' जैसे समाधान से जम्मू-कश्मीर के भारत से अलग होने के रास्ते साफ हो जाएँगे। यह पाकिस्तान और कश्मीर में सक्रिय पाकिस्तान प्रेरित अलगाववादियों की विजय होगी।

जम्मू-कश्मीर की समस्या को सुलझाने के लिए जहाँ सभी राष्ट्रीय स्तर के राजनीतिक दलों को अपने दलगत, जातिगत एवं चुनावी स्वार्थों से ऊपर उठकर एक राष्ट्रीय सहमति बनानी होगी वहीं केंद्र में सत्ताधीश राजनीतिक दल को भी ढुलमुल नीति छोड़कर देशहित में सख्त नीति अख्तियार करनी होगी। पाकिस्तान द्वारा अंतरराष्ट्रीय मंचों पर कश्मीर के मसले पर भारत को दोषी ठहराने की मुहिम पर मौन साधे रहना, ओ.आई.सी. (आर्गेनाईजेशन ऑफ इसलामिक कंट्रीज) में हुर्रियत नेता उमर फारुख को कश्मीर के प्रतिनिधि के रूप में भाग लेने की इजाजत देना, ओ.आई.सी. द्वारा एक अरबी नागरिक को कश्मीर का राजदूत बना देने पर प्रतिक्रिया व्यक्त न करना, पाकिस्तान के साथ संभावित वार्त्तालाप के समय कश्मीर में पाक प्रेरित आतंकवाद का विषय न लेने और बलुचिस्तान में हो रही बगावत में भारत की कथित भागीदारी के पाकिस्तानी आरोप पर चर्चा स्वीकार करने जैसी देशघातक विदेश नीति को तिलांजलि देनी होगी।

पाकिस्तान के साथ व्यापार, नदी, पानी और सांस्कृतिक गतिविधियों से संबंधित समझौते करते समय भारत की सुरक्षा, सीमा पर पाकिस्तानी घुसपैठ, आई.एस.आई. की भारत में हिंसा फैलाने की साजिशों पर भी चर्चा होनी चाहिए। विशेषतया जम्मू-कश्मीर के संबंध में पाकिस्तान से दो टूक सीधी बात—'जम्मू कश्मीर भारत का अभिन्न अंग' होनी चाहिए। इस ऐतिहासिक सच्चाई से समझौता करके हम कभी भी समस्या के समाधान की उम्मीद नहीं कर सकते।

एक ही रास्ता एक ही समाधान

- भारतीय संविधान के अनुच्छेद 370 को हटाकर जम्मू-कश्मीर को भारत के शेष प्रांतों के समकक्ष लाया जाए। पाकिस्तान के गैरकानूनी, असंवैधानिक और अनैतिक कब्जेवाले कश्मीर को भी भारतीय कश्मीर में मिलाकर भारतीय संविधान के अंतर्गत एक ऐसे संयुक्त कश्मीर का निर्माण किया जाए जिसमें हिंदू और मुसलमान अपनी संयुक्त प्राचीन सांस्कृतिक विरासत की छत्रछाया

में सुख पूर्वक रह सकें।

- भारतीय संविधान के अनुच्छेद 370 के समाप्त होने से जम्मू-कश्मीर का अपना संविधान और ध्वज अपना वजूद खो देगा। विशेष दर्जा समाप्त होने से अलगाववाद का आधार समाप्त होगा। भारत की मुख्य राष्ट्रीय धारा की पकड़ मजबूत होगी। अब तक नकारे जा रहे देशभक्त लोग सतह पर आ कर इस सीमावर्ती प्रांत को भारत विरोधी तत्त्वों से बचा सकेंगे।
- इसी तरह से क्षेत्रफल और जनसंख्या के हिसाब से जब जम्मू और लद्दाख के लोगों को विधानसभा, विधान परिषद, संसद् और अन्य संवैधानिक संस्थानों एवं आयोगों में प्रतिनिधित्व मिलेगा तो भेदभाव की राजनीति समाप्त होगी।
- 27 अक्तूबर, 1947 को पूरे जम्मू-कश्मीर का भारत में स्थायी विलय हो चुका है। जम्मू-कश्मीर की जनता द्वारा चुनी गई संविधान सभा ने इसको स्वीकार किया है। पाकिस्तान ने धोखे और गैरकानूनी ढंग से कश्मीर का एक तिहाई भाग अपने कब्जे में किया हुआ है। इस भाग को सैनिक काररवाई से भारत में शामिल करना भारत का हक है। बिना समय गँवाए यह कार्य संपन्न करना चाहिए। 1972 में भारत-पाकिस्तान में हुए शिमला समझौते के बाद संयुक्त राष्ट्र की सुरक्षा परिषद् का अधिकार क्षेत्र और आत्मनिर्णय की बात का कोई कानूनी महत्त्व नहीं रह जाता।
- भारत की संसद् द्वारा 22 फरवरी, 1994 को पारित सर्वसम्मत प्रस्ताव पर अमल करते हुए कश्मीर में सक्रिय भारत विरोधी तत्त्वों और उनके आका पाकिस्तान को कश्मीर की सच्चाई समझाने के लिए हर संभव राजनीतिक प्रयास और शक्ति का इस्तेमाल करने में कोई कंजूसी अथवा परहेज न किया जाए।
- अंतरराष्ट्रीय कानूनों, परंपराओं और आवश्यक्ताओं के अंतर्गत पाकिस्तान में चल रहे आतंकवाद के प्रशिक्षण शिविरों को समाप्त करने के लिए विश्वस्तरीय सहमति के साथ शक्ति का इस्तेमाल करना चाहिए।
- कश्मीर से विस्थापित होकर आए सभी हिंदुओं की सम्मानजनक और सुरक्षित घर वापसी की व्यवस्था सरकारी और स्थानीय स्तर पर की जानी चाहिए। इसके लिए कश्मीर के मुसलिम समाज को पहल करके अपने इन पंडित भाइयों की सुरक्षा की न केवल गारंटी देनी चाहिए, अपितु अपने व्यवहार से कश्मीरी पंडितों का दिल भी जीतना चाहिए।
- हाथों में बंदूकें लेकर कश्मीर में जिहाद के नाम पर खून-खराबा कर रहे

युवकों को कश्मीरियत का वास्तविक स्वरूप समझाने और उन्हें राष्ट्र की मुख्यधारा में वापस लाने के लिए देशभक्त और मानवतावादी मुसलिम और हिंदू विद्वानों, सामाजिक और धार्मिक नेताओं, राष्ट्रवादी लेखकों और पत्रकारों को अपनी भूमिका निभानी चाहिए। इसी तरह राजनीतिक दलों को भी राष्ट्र के हित में वोट बैंक और तुष्टीकरण की देशघातक नीतियाँ छोड़कर कश्मीर में पुनः राष्ट्रवाद, देशभक्ति और मानवता की शीतल समीर को वापस लाने के लिए प्रयास करने चाहिए।

- समग्र भारत राष्ट्र को एक स्वर से घोषणा करनी होगी—हिंदू और मुसलमानों की साँझी विरासत कश्मीर और कश्मीरियत भारत का स्थायी और अभिन्न भाग है। दुनिया की कोई भी ताकत इस सत्य को ठुकरा नहीं सकती। जिस दिन भारत की सरकार, सभी राजनीतिक, सामाजिक और धार्मिक सस्थाएँ और समूह एक स्वर से कश्मीर के सत्य को स्वीकार कर एकजुट हो जाएँगे, उसी दिन कश्मीर समस्या के समाधान पर एक राष्ट्रीय सहमति बन जाएगी और भारत के प्रथम प्रधानमंत्री पंडित जवाहरलाल नेहरू और उनके दल कांग्रेस द्वारा कश्मीर के संबंध में की गई भयंकर भूलें सुधार ली जाएँगी और डॉ. श्यामाप्रसाद मुकर्जी का बलिदान और श्री गुरु गोलवलकर के प्रयास सार्थक होंगे।

□

परिशिष्ट-1

मैंने श्री गुरुजी को 'कर्ण महल' में प्रवेश करते देखा

जब महाराजा हरिसिंह जम्मू-कश्मीर के महाराजाधिराज थे तो उन दिनों मैं उनका ए.डी.सी. था। यह अक्तूबर 1947 की बात है। दरबार कश्मीर में था। 15 अगस्त, 1947 को भारत स्वतंत्र हुआ था और देश के रजवाड़े भारत के संघीय ढाँचे में अपना विलय कर रहे थे। जम्मू-कश्मीर के महाराज के पास भी विलय का प्रस्ताव आया था। इधर पाकिस्तान की नजर जम्मू-कश्मीर राज्य को अपने अवैध कब्जे में लेने की थी। वह जम्मू-कश्मीर पर कबाइली आक्रमण की योजना बना रहा था और महाराजा को यह निर्णय लेने में कुछ विलंब हुआ कि उनके हित भारतीय संघीय ढाँचे में ही हैं।

अक्तूबर 1947 की ही बात है। तारीख मुझे ठीक से स्मरण नहीं है। मैंने तत्कालीन महाराजाधिराज महाराजा हरिसिंह के 'कर्ण महल' में एक महापुरुष को निजी वाहन में प्रवेश करते देखा। वे यहाँ महाराजा से मिलने आए हुए थे। बाद में हमें पता चला कि उनका नाम श्री माधवराव सदाशिवराव गोलवलकर है और वे राष्ट्रीय स्वयंसेवक संघ के सरसंघचालक हैं। उन्हें सभी श्री गुरुजी के नाम से पुकारते हैं। दूसरी बार भी मैंने श्री गुरुजी को जम्मू के एक कार्यक्रम में देखा था। मैं उनके प्रभावशाली व्यक्तित्व से काफी प्रभावित रहा हूँ।

उस दिन कश्मीर में महाराजा हरिसिंह और श्री गुरुजी के मध्य में क्या बातचीत हुई इसकी जानकारी नहीं मिल पाई, लेकिन इतना अवश्य है कि दोनों के मध्य काफी समय तक विचार-विमर्श हुआ था।

—कैप्टन दिवान सिंह

महाराजा हरिसिंह के ए.डी.सी

The Accession oh the J&K State and Maharaja Hari Singh

—Dr. D.C. Sharma

Sardar Patel, the iron man of India, who achieved the integration of almost all the princely states with India, wanted an early accession of the State of Jammu and Kashmir as well. He got a person of his choice Mehar Chand Mahajan, appointed as the Prime Minister of the State. So, in order to wean away the influence of Ram Chand Kak over the Maharaja, Sardar Patel wanted to remove him from the post of Prime Minister. The second step Sardar Patel took was engaging Guru Golwalker, the then R.S.S. Chief with a request to press upon Maharaja Hari Singh to join the Indian dominion. Air travel was arranged for **Guruji** from Delhi to Srinagar by the Home Minister of India. In the opinion of Sardar Patel, Guru Golwalker was very close to the Maharaja and commanded respect in the ruling family. However, efforts of certain R.S.S. men from Jammu and Kashmir State and Punjab had already been made to persuade the Maharaja to accede to the Indian Union. In 1947, Pt. Prem Nath Dogra was the district organiser of R.S.S. in Jammu. He met Maharaja Hari Singh and submitted to him a memorandum on behalf of the citizens of Jammu requesting him to join the Indian Union under the powers vested in him by the Indian Independence Act of 1947. *The Stand Still Agreement* with Pakistan by the Maharaja was not liked by the R.S.S. and pro-India lobby of the State. Badri Nath, the then R.S.S. organiser of Punjab, who was very well connected with Maharaja Hari Singh rushed to Srinagar by air, met the Maharaja and requested him to join the Indian Dominion at the earliest, but in vain.

Guru Golwalker reached Srinagar on Oct. 17, 1947. He met Maharaja Hari Singh in his palace next day. In the meeting which took place between the two, 16-year old Prince Karan Singh was also present. The fourth person who also attended this meeting was Mehar Chand Mahajan. Guru Ji apprised the Maharaja of the purpose of his visit. After some discussion, the Maharaja said—"My state is totally dependent on Pakistan because all the communications of my state are with the Indian Sub-continent and through the cities of Sialkot and Rawalpindi which are both in Pakistan. For me the only aerodrome is of Lahore. What kind of relations I can have with Indians?" **Guru Ji** then told the Maharaja—"You are a Hindu Raja. To accede to Pakistan means your Hindu subjects will have to struggle for their existence. It is correct that at present there is no rail, road and air link with India but within a short time these will be available to your state. It is in your interest as well as in the interest of your state that you should join the Indian Union." Meanwhile Mehar Chand Mahajan also intervened in the talk and pleaded with the Maharaja to accede to India. At the end of the meeting the Maharaja presented the Guruji a Pashmina shawl.

No doubt, the advice of the Guruji was not acted upon by the Maharaja immediately but certainly, it had changed his rigid thinking to remain independent or to join Pakistan. All this shows that the Government of India was very much interested in the accession of the state to India inspite of the fact that the Prime Minister of India Pandit Jawahar Lal Nehru was personally hostile to Maharaja Hari Singh who was naturally apprehensive of the attitude of the Indian National Congress.

Maharaja Hari Singh
(1895-1961)
Edited by Prof. M.L. Kapur
Formorly Head of the History Department
Jammu University Jammu
P. 135-136

□

In Saving Kashmir

—H.V. Seshadri

Immediately thereafter, a more serious challenge to the freedom and integrity of Independent Bharat was posed in Kashmir.

Briefly, the Declaration of 3rd June 1947 had left all the princely rulers of undivided Bharat free to join either Bharat or Pakistan or even remain independent. However, Hari Singh, the Maharaja of Jammu and Kashimr was in an ashul fix. The Maharaja, a devout and patriotic Hindu, could not think of joining Pakistan. In view of the marked Muslim majority in the State, he felt hesitant to straightway join Bharat either. Mountbatten specially flew to Kashmir in the third week of June in a bid to persuade the Maharaja to join Pakistan. The Maharaja, however, resisted the pressure and as a stop-gap arrangement executed a 'Stand-Still Agreement' with Pakistan and wanted to have a similar link with Bharat. But the Indian leaders would not consent to that proposal. Inside the State itself, the Muslim Conference began pressing the Maharaja to opt for Pakistan. R.C.Kak, the then Prime Minister of Kashmir, however, advised him to remain independent.

Amidst these conflicting pulls, the Sangh leaders in the State began exerting every possible influence to persuade the Maharaja to declare his accession to Bharat before the deadline of 15th August 1947. The State Sanghachalak, Pandit Prem Nath Dogra, submitted several memoranda and followed them up with personal interviews with the Maharaja. Several social and political organisations in the province were also persuaded to pass resolutions urging the Maharaja to join Bharat without delay. Thousands of telegrams were sent to him from all parts of Kashmir and other neighbouring states. Badrinathji, Sanghachalak of Punjab whom the Maharaja held in high esteem, hastened to Srinagar to meet and advise him.

However, forces inimical to Bharat would not let the Maharaja have his way. When 14th August came, the postal authorities in Srinagar hoisted the Pakistani flag on their office because the post offices within the State came under Sialkot circle which now formed part of Pakistan. Promptly, the Sangh Swayamsevaks and sympathisers saw to it that the postal authorities pulled down the Pakistani flag. On the next day, i.e., the 15th of August, the Indian Tricolour flew atop most of the houses and shops in Srinagar. The flags had been prepared in hundreds in the Sangh Karyalaya and distributed to the people.

In the meanwhile, the pro-Pakistani elements inside Kashmir intensified their propaganda to pressurise the Maharaja to join Pakistan. Large-scale smuggling of arms into the State to foment internal rebellion was on. Economic blockade from outside was clamped by Pakistan. The Sangh leaders were the first to realise the gravity of the situation and again they sent memoranda to the Maharaja. A Sangh Swayamsevak in the guise of a Muslim had wormed himself into the camp of the Muslim personnel of the State's Armed Forces at Srinagar and secured detailed plans of the projected Pakistani invasion. A prominent Sangh worker of Kashmir personally informed the Commander of the State Forces about the plan and the impending tragedy. Later developments tallied word to word with the details of that plan.

At the diplomatic level at the Centre too, Sangh had made certain moves in the crucial mid-October days. 'Sardar Patel, knowing the mind of the Maharaja, had pitched upon Shri Guruji to talk to him. Shri Guruji, he knew, commanded the implicit confidence of the Maharaja. Shri Guruji flew to Srinagar on 17th October 1947. He brought home to the Maharaja the futility of harbouring any idea of retaining Kashmir as an independent kingdom and advised him to join Bharat straight-away. Finally, the Maharaja expressed his readiness to sign the Instrument of Accession to Bharat. Shri Guruji returned to New Delhi on 19th October and reported to Sardar Patel about the Maharaja's readiness to accede to Bharat.

The sudden and massive invasion of Kashmir on 23rd October by

Pakistani tribesmen, the SOS to Delhi by the Maharaja for help, agreeing to the acession of the State to Bharat and the flying of Indian troops to save Kashmir—all these followed in lightning succession.

R.S.S, A Vision in Action
Jagarana Prakashana, Banglore, India
P. 25, 26, 27

□

Accession of Kashmir Sangh's Efforts

—Manik chandra vajpayee

The Sangh had tried from the very beginning for the accession of Jammu-Kashmir to India, and that too as early as possible. At first it exposed Kak, Prime Minister of the state, who was instigating the Maharaja to dream of an independent Kashmir. It held meetings and demonstrations at various places, sent delegations to the Maharaja and placed before him solid evidence of Kak's treachery. It got him dismissed and then made multi-dimensional efforts to persuade the Maharaja for accession. It launched a mass awakening campaign and then carried out a signature campaign in the Jammu region in support of accession. Under the leadership of Jammu Sanghchalak Pt. Prem Nath Dogra the signed memorandum was submitted to the Maharaja and he was urged to accede to India without harbouring any doubts in his mind, as the good of the state and his own good lay in his doing so.

Rai Bahadur Badirdas was Punjab Prant Sanghchalak. He was a well-known lawyer and had special influence on the Maharaja. In important legal matters he represented the Maharaja in court. He came down to Srinagar in September to see the Maharaja and forcefully urged him to accede.

A leading Dewan of the Maharaja was the father-in-law of U.P. Sanghchalak Barr. Narendrajit Singh. In this way he too was close to the Maharaja and he too tried to influence him.

All these efforts were made at the instance of Sarsanghchalak Shri Guruji, because the Sangh and every pro-Indian section of the Society felt that in all circumstances the State of Jammu-Kashmir should remain with India. So all such elements were making these efforts. Senior workers like Balraj Madhok, who had close contacts with the Maharaja, were constantly trying to dispel the doubts in his mind. They acquainted him with the dangerous intentions of Pakistan, and even kept him informed about Pakistan's invasion plan and of the conspiracy of Muslim officers and men of the State's army to desert and go over to the Pakistani side at the time of the invasion.

Accepting the arguments of the Sangh and other pro-India sections the Maharaja sent his own proposal for merger. For this purpose he sent Harnam Singh as his envoy to Delhi, but the mission failed because of Nehru's antagonism. The Maharaja made the final effort during October 10-13, 1947. Harnam singh was again sent to Delhi, but again he failed.

Finally, it was decided that Shri Guruji should go to Srinagar and meet the Maharaja to persuade him. Accordingly he reached Srinagar by plane on October 17, 1947. He was put up to stay with Barr. Narendrajit Singh's in-laws. He too had accompanied Guruji. In addition Delhi Prant Pracharak Vasantrao Oke was with him and Punjab Prant Pracharak Madhavrao Muley was there. Pracharak Harish Bhanot was entrusted the responsibility of Shri Guruji's security. Bhanot said, on September 26, he was in Jalandhar, where he was informed that Guruji was to travel to Srinagar, so he reached there in the first week of October. Jammu-Kashmir Vibhag Pracharak Jagdish Abrol was also sent a wire and called.

The next day, that is, on October 18, Shri Guruji arrived at Karna Mahal, the Maharaja's residence, by car. Both the Maharaja and Maharani had great respect for Guruji. The Maharaja had great faith in the Sangh and he was confident that in times of danger Swayamsevaks of the Sangh would help protect the State. So Maharaja Hari Singh and Maharani Tara were personally present at the gate to receive Guruji.

No proper account of what transpired is available, as Guruji did not tell anybody anything in detail. However that they were hopeful was proved by the fact that while seeing Shri Guruji off, the Maharaja said he would certainly consider his suggestion.

While returning the next day October 19th Guruji asked prominent Sangh office-bearers to keep in constant touch with the Maharaja and keep assuring him of the Sangh's full cooperation so that he may not feel alone and depressed. He said 'the talks were cordial. I see a ray of hope, but nothing definite can be said yet.

Sardar Patel knew that Shri Guruji had considerable influence on the Maharaja and the latter had respect for Guruji and the Sangh. He cooperated with Guruji on this visit. Shri Guruji also acquainted the Sardar with the Maharaia's positive attitude. Fortunately by this time Shri Mehar Chand Mahajan had assumed charge as Prime Minister of Jammu-Kashmir. He too was a forceful advocate of Kashmir's merger with India and had great respect for Guruji. He was well aware of what Swayamsevaks had done in Punjab to protect the Society. He too cooperated. He kept telling the Maharaja that Shri Guruji had given the right advice.

Because of this meeting and also other factors the Maharaja finally decided to accede and the instrument of accession was signed on Oct. 20. So it can be said without hesitation that Sangh Swayamsevaks and especially Shri Guruji played a prominent role in persuading the Maharaja. It can also be said that the meeting with Guruji was decisive in the Maharaja's decision to accede, because it was after this meeting that the process of accession got going. The invasion by Pakistan was the final stamp on the decision. (Based on memoirs of Balraj Madhok, Harish Bhanot, Vasantrao Oke, late Jagdish Abrol, Madhavrao Muley and Abasaheb Thatte.)

PARTITION-DAYS

The Fiery Saga of RSS, P. 256, 257, 25, 259, 260

□

महाराजा का सरदार पटेल को पत्र

'सरदार पटेल का पत्र-व्यवहार'' (प्रथम भाग) के अनुसार, महाराजा हरिसिंह ने 31 जनवरी, 1948 को सरदार पटेल के नाम एक लंबे पत्र में अपनी व्यथा-कथा लिख भेजी।

''भारतीय सेनाएँ 27 अक्तूबर को घाटी में पहुँचीं। उस समय हमारे अधिकार में पुंछ का लगभग तीन चौथाई भाग और मीरपुर का पूरा जिला था। तब तक, हमारे हाथ से केवल पुंछ का छुट-पुट भाग तथा मुजफ्फराबाद जिला निकला था। बारामूला और उड़ी पर पुन: अधिकार करने के बाद, चुप्पी बनी हुई है। दो महीने गुजर चुके हैं और भारतीय सेनाएँ अभी उड़ी में हैं। उन्होंने पुंछ नगर तक पहुँचने का प्रयास किया और वहाँ तक पहुँचने के बावजूद, यह कार्य बड़ा महँगा पड़ा और सड़क लगभग खत्म हो गई। पुंछ जागीर के एक-एक इंच भाग को राज्य की सेनाओं ने बचाए रखा था, हमें वहाँ से हटना पड़ा और कस्बे के सिवा हम सारी जागीर ही गँवा बैठे। कस्बे में लगभग 40,000 लोग घिरे हुए हैं, 4 बटालियनों (3 रियासती और एक भारतीय) सहित। स्थिति किसी भी ढंग से संतोषजनक नहीं है। मैं बताना चाहूँगा कि अगस्त के उपद्रवों में, रियासती सैनिकों की दो बटालियनों सहित, हमने पूरी पुंछ जागीर खाली करवाई, शांति स्थापित की गई, सारा राजस्व जमा किया गया और प्रशासन सामान्य रूप से कार्य कर रहा था। अक्तूबर के दूसरे सप्ताह में ही पुंछ में दुबारा मुसीबत आ गई। हमारे सैनिकों ने लगभग दिसंबर के अंत तक विपत्ति को रोके रखा। परंतु, कोई सहायता न मिलने पर, उन्हें आखिर पुंछ कस्बे से हटना पड़ा…।''

हरिसिंह आगे कहते हैं, ''जिला मीरपुर में, भारतीय सेनाओं की पहुँच तक, मंगला और झेलम नहर के किनारे तक के क्षेत्र हमारे पास थे, परंतु दो महीनों के दौरान हमने मंगला, अलीबेग, गुरुद्वारा, मीरपुर कस्बा, भिम्बर कस्बा, देवा-बटाला गाँव, राजौरी कस्बा और छम्ब व नौशहरा के आस-पास के सारे क्षेत्र, खो दिए हैं। मीरपुर और को कोटली का मुख्य-स्थल झंगड़ एक पराजय के बाद, खो दिया है।'

''यह पराजय हमारे लिए बहुत बड़ा आघात हैं और इन्होंने भारतीय सेनाओं की प्रतिष्ठा

को चोट पहुँचाई है। अब तक भारतीय सेनाओं ने एक कस्बा तक वापस नहीं लिया है। जनता सेना संबंधी प्रचार-प्रसार से नहीं, उसकी उपलब्धियों से उसे परखती है। कठुआ-रियालकोट सीमा पर, आक्रमण बढ़ने लगे हैं। प्रतिदिन एक-दो हमले होते रहते हैं।'

''बाकी गाँव जला दिए गए हैं। लोगों को लूटा गया है। महिलाओं के अपहरण हुए और हत्याएँ भी हुई हैं। परिणामस्वरूप, सभी सीमांत-गाँव खाली हो चुके हैं और जम्मू शहर में सत्तर से अस्सी हजार तक शरणार्थी हैं। फसलें, घर और जायदाद नष्ट हो चुके हैं। अधिकांश लोग जम्मू और आस-पास के क्षेत्र खाली करके, पश्चिमी पंजाब की ओर जा रहे हैं। अतएव हालात दिन-ब-दिन बदतर होते चले जा रहे हैं।

''शानदार रिकॉर्ड के बावजूद, भारतीय सेना का नाम मिट्टी में मिलता जा रहा है। मैं 'वार-कैबिनेट' का एक सदस्य था। ग्रेट वॉर के दौरान मैंने युद्ध-खंडों की यात्रा की। भारतीय सेना का नाम सर्वोच्च शिखर पर था। मुझे यह देखकर दु:ख होता है कि भारतीय सेना का नाम हर जुबान का विषय है, इन दिनों और यह प्रतिदिन प्रतिष्ठा खो रही है। कई लोग सोचते हैं कि यह सेना का नहीं, अपनाई जा रही नीति का दोष है। कई लोग अनुभव करते हैं कि यह नए कमांडरों का कसूर है, जिनके लिए यह बिलकुल नया काम है। जिन लोगों को 15-15 वर्षों तक जनरल बनने की प्रतीक्षा करनी थी, उन्हें युद्ध-अभियानों का इंचार्ज बनाया गया है। मत अलग-अलग हो सकते हैं, परंतु सच्चाई यह है कि सेना का नाम धूल में है। सरदार बलदेव सिंह एक रोज के लिए यहाँ आए थे। उन्होंने जनता की आवाज को हमारे राजनीतिज्ञों, जन सदस्यों, मुझसे और मेरे प्रधानमंत्री के मुँह से सुना है। उन्होंने मुझे गुप्त रूप से बताया कि उन्होंने कुछेक कार्यवाहियों के आदेश दिए हैं। मैंने उन्हें कहा कि कार्य-रूप के बिना, आदेश का कोई महत्त्व नहीं है। जब आपने कृपा करके हमारे साथ यहाँ दो दिन गुजारे थे, अनेक फैसले किए गए थे और आपने कुछेक मामलों में निर्देश भी दिए थे। आपकी विदाई से अब तक, कुछ भी नहीं किया गया है और जैसा कि मैं कह चुका हूँ, हम पर और भी भीषण आक्रमण हुए हैं। पाकिस्तान के कुप्रयास दिन-ब-दिन सफल हो रहे हैं। सफलता के कारण, उनका मनोबल बढ़ता जा रहा है। वे जायदाद लूटते हैं, पशु और स्त्रियाँ उठा ले जाते हैं और पाकिस्तान वापस जाकर, वे लोगों को यह कहकर उकसाते हैं कि हमारे क्षेत्र पर छापा मारकर लूटपाट और दूसरे लाभों के कितने अवसर मौजूद हैं। दूसरी ओर, हमारा मनोबल तेजी से गिर रहा है। जहाँ तक लोगों का संबंध है, वे पूरी तरह निरुत्साहित हो चुके हैं। हमले की अफवाह तक से, लोग भागना शुरू कर देते हैं। दूरस्थ स्थानों के निवासी तक, गाँव से पाँच-छह मील दूर लगी आग देखकर, भाग खड़े होते हैं। जहाँ तक भारतीय सैनिकों का संबंध है, छापामारों का सामना करने के लिए वे अपने निर्दिष्ट स्थान नहीं छोड़ते। उनके साथ मिलनेवाली चलती-फिरती सैनिक-टुकड़ियाँ नहीं हैं। यह काम कुछेक होम-गार्डों या रियासत की थकी सेनाओं की एकाध पलटन के

जिम्मे छोड़ दिया गया है। पाँच सौ या एक हजार हमलावरों को रोक पाना, उनके लिए कैसे संभव है? पिछली बार आपने गुरिल्लों को रियासत में आने और यह काम सँभालने के आदेश दिए थे। जहाँ तक मैं जानता हूँ, अभी तक कोई गुरिल्ला नहीं पहुँचा है···।

"अतएव ऐसी परिस्थिति में एक शासक के रूप में मेरी स्थिति बड़ी अव्यवस्थित और अत्यंत व्याकुल होने लगी है। रियासत के लोग मुझे लगातार तारें भेज रहे हैं और सहायता की माँग कर रहे हैं। हमारा असैनिक प्रशासन इस समय नेशनल कॉन्फ्रेंस के हाथों में है और सैनिक अभियान भारतीय संघ के हाथों में है। असैनिक या सैनिक दिशा में, मेरे पास कोई शक्ति नहीं है। रियासती सेनाएँ भारतीय सेनाध्यक्ष के अधीन हैं। फलस्वरूप, मुझे यह भीषण स्थिति असहाय रूप में देखनी पड़ती है—किसी भी प्रकार की सहायता दिए बिना, मुझे महिलाओं के अपहरण और जनता की क्षति व हत्या को देखना पड़ रहा है। लोग प्रतिदिन मेरे पास आते हैं। वे सोचते हैं कि उनकी सहायता या क्षति-पूर्ति, अभी भी मेरे हाथ में है। अब हमारे लिए सैनिक स्थिति शोचनीय है, शरणार्थी लगातार शहर में पहुँच रहे हैं, और जब तक दैनिक पाकिस्तानी हमले (बिना किसी जवाब के) जारी हैं, आप अनुभव करेंगे कि मेरी स्थिति प्रतिदिन अत्यधिक भद्दी होती जा रही है।

"सैनिक स्थिति के अलावा संयुक्त राष्ट्र संघ के हवाले और वहाँ अधर में लटकी कार्यवाही से न केवल मेरे लिए अनिश्चितता व अव्यवस्था का सामना है, बल्कि रियासत के हर हिंदू, हर सिख और नेशनल कांफ्रेंसवाले को भी चिंता है। यह एहसास तेजी से बल पकड़ता जा रहा है कि संयुक्त राष्ट्र सुरक्षा परिषद् जरूर कोई प्रतिकूल फैसला करके, रियासत का विलय पाकिस्तान के साथ कर देगी। अतएव रियासत से हिंदू और सिख बाहर जाने लगे हैं, क्योंकि वे सोचते हैं कि संयुक्त राष्ट्र संघ का फैसला पश्चिमी पंजाब की घटनाओं जैसा होगा—इसलिए ऐसी स्थिति आने से पहले, रियासत से निकल जाना ही बेहतर है। नेशनल कॉफ्रेंस के नेता भी यह महसूस करते हैं कि सुरक्षा परिषद् का निर्णय स्वीकार करके, उन्हें भी नीचा देखना पड़ेगा और वह उनके लिए विनाशकारी होगा।

"इस मामले में मेरी स्थिति भी संकटपूर्ण है। आप जानते हैं कि मैंने पूर्णतया भारतीय संघ का साथ दिया है, इस विचार के साथ कि, भारत संघ हमें झुकने नहीं देगा, रियासत भारत के साथ मिली रहेगी और मेरी व मेरे राजवंश की स्थिति सुरक्षित रहेगी। यही कारण था कि मैंने आंतरिक प्रशासन संबंधी भारत संघ का सुझाव मान लिया। यदि हमें पाकिस्तान में जाना होता, तो भारत के साथ मिलने या भारत संघ की इच्छानुसार आंतरिक प्रशासन को मोड़ने की, कतई जरूरत न होती। मैं अनुभव करता हूँ कि आंतरिक प्रशासन या विलय का प्रश्न, सुरक्षा परिषद् के अधिकार क्षेत्र के लिए, पूरी तरह भिन्न है। भारतीय संघ ने सुरक्षा परिषद् को केवल एक सीमित प्रश्न ही निर्णय के लिए भेजा है। परंतु पूरे मामले को तूल दिया गया है और सुरक्षा परिषद् द्वारा न केवल एक साम्राज्य के दूसरे साम्राज्य पर हमले

पर ही विचार किया जा रहा है, बल्कि अंतरिम सरकारों के गठन के आंतरिक प्रश्नों और विलय का मामला भी, उनके विचाराधीन है। सुरक्षा परिषद् में जाना और उक्त परिषद् के सम्मुख विस्तृत मुद्दों पर सहमत हो जाना, एक गलत कदम था। परिषद् से निर्णायक मामला वापस लेकर, बात खत्म कर देनी चाहिए थी।

''उपर्युक्त परिस्थितियों में, एक कोरी स्लेट की तरह यदि मुझे संभव उपाय करने होते, तो मेरे मन में एक विचार आता है। कई बार मैं सोचता हूँ कि मुझे भारत संघ के साथ किए गए विलय को, वापस ले लेना चाहिए। संघ ने अस्थायी तौर पर, गठजोड़ स्वीकार किया था और यदि संघ हमारे खोए इलाके वापस नहीं ला सकता और सुरक्षा परिषद् के भावी निर्णय के अधीन हमें पाकिस्तान को सौंपने तक को तैयार होगा, तो फिर रियासत को भारतीय संघ के साथ मिलाए रखने में कोई तुक नहीं है। कुछ समय के लिए, पाकिस्तान की ओर से बेहतर शर्तें भी संभव हैं। परंतु वे नगण्य हैं, क्योंकि अंत में इसका मतलब है रियासत से राजवंश, हिंदुओं और सिखों का सफाया। मेरे लिए एक विकल्प यह भी संभव है कि मैं विलय को वापस ले लूँ और संयुक्त राष्ट्र संघ में भेजे गए मामले को इसी के साथ, खत्म कर दूँ। क्योंकि, विलय वापस लिए जाने के बाद, भारत संघ को परिषद् के पास कार्यवाही जारी रखने का, कोई अधिकार नहीं रहेगा। परिणामस्वरूप, रियासत विलय से पहलेवाली स्थिति में आ जाएगी। उस हालत में, कठिनाई यही होगी कि भारतीय सेनाओं को रियासत में रियासती स्वयंसेवकों के रूप में रहना पड़ेगा। मैं अपनी सेनाओं तथा भारतीय सेना की (रियासती वालटिंयरों के रूप में) कमांड सँभालने को तैयार हूँ। मैं अपनी सेना और (यदि भारतीय संघ सहमत हो तो) भारतीय सेना का मार्गदर्शन करने व उन्हें आदेश देने के लिए तैयार हूँ। जिस देश को आपके जनरल महीनों और वर्षों में भी नहीं जान सकते, उसे मैं बहुत बेहतर ढंग से जानता हूँ—और मैं चुपचाप बैठा रहने और निठल्ला रहने के बजाय, युद्ध अभियान को निर्भीकता पूर्वक चलाने के लिए तैयार हूँ। यह बात आपको देखनी है कि भारतीय संघ दोनों स्थितियों में इसे स्वीकार करेगा या नहीं—विलय वापस लेने के बाद या विलय जारी रखते हुए? मैं अपने वर्तमान जीवन से तंग आ चुका हूँ, और अपनी जनता के हृदयविदारक दुःख देखने से बेहतर तो यही है, कि मैं लड़ता-लड़ता काम आऊँ!

''मुझे एक और विकल्प यह दिखाई देता है कि जब मैं कुछ कर ही नहीं सकता, तो मुझे रियासत त्यागकर कहीं बाहर रहना चाहिए, ताकि लोग यह न सोचें कि मैं उनके लिए कुछ कर सकता हूँ। अपने दुःखों के लिए वे असैनिक प्रशासन या भारतीय सेनाओं को ही जिम्मेवार करार दे सकते हैं, जो रियासत की सुरक्षा के प्रहरी हैं। तब जिम्मेवारी स्पष्ट रूप से भारतीय संघ की होगी या शेख अब्दुल्ला-प्रशासन की। यदि कोई आलोचना होगी, तो जिम्मेवार लोगों की ही होगी, जनता के कष्टों की जिम्मेवारी मुझ पर नहीं आएगी। निस्संदेह, मैं अच्छी तरह सोच सकता हूँ कि, लोग तो उसी तरह बातें करेंगे, जैसे (श्री मेनन

की सलाह पर ही) मेरे कश्मीर छोड़ने के बाद लोगों ने कहा था कि मैं कश्मीर से भाग आया था, अब वे कहेंगे कि मैंने उन्हें संकट की घड़ी में छोड़ दिया है। परंतु जहाँ आलोचना टालने के लिए भी कोई कुछ नहीं कर सकता हो, तो उस स्थिति पर बने रहना, बेकार है। हाँ, यदि मैं रियासत के बाहर चला जाऊँ, तो मुझे जनता को विश्वास में लेना पड़ेगा। उन्हें मेरे बाहर जाने के कारण बता दीजिएगा।

"इस परिस्थिति में तीसरा विकल्प यही है, कि भारतीय सरकार सैनिक दिशा में अपनी ड्यूटी प्रभावी ढंग से निभाए। पाकिस्तानी हमलों को रोकने के लिए, बहुमुखी प्रयास करे। रियासत के भीतर से छापामारों को ही नहीं, बल्कि सभी विद्रोहियों को भी निकाल बाहर करे। यह तभी हो सकता है, जब सरकार सचमुच लड़ाई करे। अब तक यह लड़ाई को टालती चली आ रही है। दो या तीन साहसपूर्ण लड़ाइयाँ ही, इस स्थिति को थोड़ी-बहुत खत्म कर देंगी और यदि इस काम में देरी की गई, तो विपत्ति आ जाएगी। कश्मीर के विरुद्ध पाकिस्तान भारतीय उपनिवेश से अधिक संगठित है, और जैसे ही बर्फ पिघलेगी, पाकिस्तान कश्मीर पर हर ओर से हमला शुरू कर देगा। लद्दाख-प्रांत भी शत्रु के हाथ आ जाएगा और घाटी व पूरी सीमा पर, हमला होगा और फिर जम्मू-कश्मीर स्थित सैनिकों की दुगुनी संख्या भी, स्थिति को बचा नहीं पाएगी। एक मास पहले जो कुछ किया या पाया जा सकता था, उसे अभी भी पाया जा सकता है। परंतु यदि इसमें देर की जाएगी और यदि संयुक्त राष्ट्र संघ के निर्णय व सहमति के अभाव के कारण स्थिति अधर में लटकी रही, तो मास के अंत तक यह भयानक रूप से घातक हो जाएगी। अतएव जब तक भारतीय संघ पूर्णतया और प्रभावी ढंग से युद्ध करने का निश्चय नहीं करता, मुझे उपर्युक्त दो विकल्पों में से, निर्णय करना है…।"

सरदार पटेल की सलाह

इस पत्र के उत्तर में सरदार पटेल ने 9 फरवरी, 1948 को पत्र लिखा। अपने पत्र में एक जगह उन्होंने कहा—"मैं पूरी तरह महसूस करता हूँ कि आप कितना चिंतापूर्ण समय काट रहे हैं। मैं आपको आश्वासन दे सकता हूँ कि मैं भी कश्मीर की स्थिति और घटनाओं से, संयुक्त राष्ट्रसंघ की घटनाओं से, कम चिंतित नहीं हूँ। परंतु वर्तमान स्थिति चाहे कैसी भी हो, किसी निराशाजनक सम्मति का प्रश्न ही नहीं उठता।"

□

महाराजा का भारत में विलय का प्रस्ताव

(जम्मू-कश्मीर के महाराजा हरिसिंह द्वारा भारत के गवर्नर जनरल लॉर्ड माउंटबेटन को 26 अक्तूबर, 1947 को लिखा गया पत्र)

प्रिय माउंटबेटन,

मैं महामहिम को अवगत कराना चाहता हूँ कि मेरे राज्य में गंभीर आपात्स्थिति उत्पन्न हो गई है तथा मैं आपकी सरकार से त्वरित सहायता के लिए प्रार्थना करता हूँ।

महामहिम जानते ही हैं कि जम्मू-कश्मीर राज्य का भारत या पाकिस्तान किसी भी अधिराज्य में विलय नहीं हुआ। भौगोलिक दृष्टि से मेरा राज्य दोनों अधिराज्यों से संलग्न है। इसके दोनों के साथ अत्यावश्यक आर्थिक व सांस्कृतिक संबंध हैं। इसके अतिरिक्त सोवियत संघ और चीन के साथ मेरे राज्य की संयुक्त सीमा है। भारत व पाकिस्तान दोनों अधिराज्य अपने वैदेशिक संबंधों में इस तथ्य की उपेक्षा नहीं कर सकते।

मैं यह निश्चय करने के लिए समय चाहता हूँ कि मैं किस अधिराज्य में सम्मिलित होऊँ अथवा क्या दोनों के साथ ही मित्रता और सौहार्दपूर्ण संबंध बनाए रखते हुए (मेरे राज्य का) स्वतंत्र रहना दोनों अधिराज्यों तथा मेरे राज्य के सर्वोत्तम हित में नहीं है?

इसी दृष्टि से मैंने दोनों अधिराज्यों को अपने राज्य के साथ 'यथास्थिति संधि' करने के लिए कहा था। पाकिस्तान सरकार ने इस संधि को स्वीकार कर लिया। भारतीय अधिराज्य ने मेरी सरकार के प्रतिनिधि के साथ वार्त्ता करने की इच्छा व्यक्त की। नीचे इंगित घटनाओं को देखते हुए मैं इसकी व्यवस्था नहीं कर पाया। वास्तव में पाकिस्तान सरकार (मेरे) राज्य में डाक व तार व्यवस्था का संचालन कर रही है।

यद्यपि पाकिस्तान सरकार के साथ हमारी यथास्थिति संधि है फिर भी वह सरकार मेरे राज्य के लिए भोजन, नमक व पेट्रोल जैसी वस्तुओं की आपूर्ति को निरंतर और उत्तरोत्तर अधिक-से-अधिक अवरुद्ध करती चली आ रही है।

आधुनिक शस्त्रों से सज्जित घुसपैठियों, सादी वेशभूषा में सैनिक और आततायियों को राज्य में पहले पुंछ, फिर सियालकोट और अंततः हजारा जिले से जुड़े रामकोट की ओर से क्षेत्र में घुसपैठ करने की अनुमति दी गई है। परिणामस्वरूप राज्य के पास जो सीमित सेना थी, उसको छितरा देना पड़ा और इस प्रकार एक ही साथ अनेक केंद्रों पर शत्रु का सामना करना पड़ा। इससे वहाँ जान-माल के भारी विनाश व लूटमार को रोकना कठिन हो गया है। महोरा विद्युत उत्पादन गृह, जिससे संपूर्ण श्रीनगर में बिजली की आपूर्ति होती है, जला दिया गया है। भारी संख्या में महिलाओं के अपहरण व बलात्कार की घटनाओं ने मेरा हृदय चीर दिया है। इस प्रकार राज्य पर टूट पड़ी ये बर्बर जंगली फौजें संपूर्ण राज्य पर अधिकार करने की दृष्टि से पहले मेरी सरकार की ग्रीष्मकालीन राजधानी श्रीनगर पर कब्जा करने के उद्देश्य से आगे बढ़ रही हैं।

मानसहारा-मुजफ्फराबाद मार्ग से लगातार ट्रकों द्वारा उत्तर-पश्चिम सीमाप्रांत के सुदूर क्षेत्रों से लाए गए कबाइलियों की व्यापक स्तर पर घुसपैठ और उनका नवीनतम हथियारों से लैस होना उत्तर-पश्चिम सीमाप्रांत की प्रांतीय सरकार व पाकिस्तान सरकार की जानकारी के बिना संभव नहीं है। मेरी सरकार द्वारा बार-बार निवेदन किए जाने के बावजूद इन छापामारों को नियंत्रित करने या मेरे राज्य में घुसने से रोकने के लिए कोई प्रयास नहीं किए गए। पाकिस्तान रेडियो ने तो यह कहानी भी फैलाई कि कश्मीर में एक अस्थायी सरकार स्थापित हो चुकी है। मेरे राज्य की सामान्य मुसलिम और गैर-मुसलिम जनता ने इसमें किसी भी प्रकार भाग नहीं लिया है।

इस समय मेरे राज्य में उत्पन्न परिस्थिति और गंभीर आपात्स्थिति को देखते हुए मेरे पास भारतीय अधिराज्य से सहायता माँगने के अतिरिक्त और कोई विकल्प नहीं है। स्वाभाविक है कि मेरे राज्य का भारतीय अधिराज्य में विलय हुए बिना मेरे द्वारा माँगी गई सहायता वे भेज नहीं सकते, तदनुसार मैंने ऐसा करने का निश्चय कर लिया है, और मैं आपकी सरकार की स्वीकृति के लिए विलय-पत्र संलग्न कर रहा हूँ। दूसरा विकल्प यह हो सकता है कि अपने राज्य व जनता को लुटेरों के हवाले छोड़ दूँ। जब तक मैं राज्य का शासक हूँ और अपने देश की रक्षा हेतु जीवित हूँ, इस विकल्प को कदापि घटित नहीं होने दूँगा।

मैं महामहिम की सरकार को यह भी सूचित कर दूँ कि मैं तुरंत एक अंतरिम सरकार स्थापित करने और इस आपात्काल में शेख अब्दुल्ला से यह कहने का इच्छुक

हूँ कि वे मेरे प्रधानमंत्री के साथ मिलकर राज्य के उत्तरदायित्वों को निभाएँ।

यदि मेरे राज्य को बचाना है, तो श्रीनगर को तुरंत सहायता प्राप्त होनी चाहिए। श्री मेनन इस स्थिति से पूर्णतः अवगत हैं, यदि और व्याख्या की आवश्यकता हुई तो वे आपको बताएँगे।

शीघ्रता में हार्दिक सम्मान के साथ,

जम्मू प्रासाद,

भवदीय

26 अक्तूबर, 1994

हरिसिंह

□

26 अक्तूबर, 1947 को महाराजा हरिसिंह द्वारा कार्यान्वित विलय-पत्र

क्योंकि भारतीय स्वतंत्रता अधिनियम 1947 प्रावधान करता है कि अगस्त 1947 के पंद्रहवें दिन से स्वतंत्र अधिराज्य 'भारत' की स्थापना होगी तथा गवर्नर जनरल के आदेश द्वारा यथानिर्दिष्ट कुछ छोड़कर, जोड़कर, आत्मसात कर या संशोधन कर, भारत शासन अधिनियम, 1935 भारत अधिराज्य में लागू होगा, क्योंकि गवर्नर द्वारा अंगीकृत भारत शासन अधिनियम, 1935 प्रावधान करता है कि भारतीय राज्य अपने शासक द्वारा कार्यान्वित विलय-पत्र द्वारा भारतीय अधिराज्य में शामिल हो सकते हैं।

अत: अब मैं श्रीमान् राजराजेश्वर महाराजाधिराज श्री हरिसिंह जम्मू एवं कश्मीर नरेश तथा तिब्बत आदि देशाधिपति, जम्मू-कश्मीर राज्य का शासक, अपने उक्त राज्य में तथा उसके ऊपर अपनी संप्रभुता का उपयोग करते हुए एतद् द्वारा भारत अधिराज्य में विलय हेतु अपने इस लिखित विलय-पत्र को कार्यान्वित करता हूँ, तथा

1. मैं एतद् द्वारा घोषित करता हूँ कि मैं भारत अधिराज्य में इस उद्देश्य से सम्मिलित होता हूँ कि भारत के गवर्नर जनरल, अधिराज्य का विधानमंडल, संघीय न्यायालय और अधिराज्य के प्रयोजनों से स्थापित अन्य कोई भी अधिराज्यीय अधिकरण, मेरे इस विलय-पत्र के आधार पर किंतु सदैव इसमें विद्यमान आबंधों के अनुसार, और केवल अधिराज्य के प्रयोजनों से ही, जम्मू-कश्मीर राज्य के संबंध में (जिसका उल्लेख इसके पश्चात् 'यह राज्य' कहकर किया जाएगा) कार्यों का निष्पादन करेंगे जो 15 अगस्त, 1947 को भारत अधिराज्य में लागू हुए रूप में भारत शासन अधिनियम, 1935 के द्वारा या उसके अंतर्गत उनमें निहित हों।
2. मैं एतद् द्वारा यह आश्वासन देने का दायित्व स्वीकार करता हूँ कि इस राज्य में अधिनियम के प्रावधानों को प्रभावी रूप में लागू किया जाएगा जहाँ तक वे मेरे विलय-पत्र के आधार पर यहाँ लागू हो सकते होंगे।

3. मैं अनुसूची में दिए गए विषयों को उन विषयों के समान ही स्वीकार करता हूँ, जिनके बारे में अधिराज्य विधानमंडल इस राज्य के लिए कानून बना सकता है।
4. मैं इस आश्वासन पर भारतीय गणराज्य में विलय करने की घोषणा करता हूँ कि यदि गवर्नर जनरल और राज्य के शासक के मध्य कोई समझौता होता है—जिससे अधिराज्य विधानमंडल के किसी विधान के अंतर्गत राज्य के प्रशासन से संबंधित कोई भी कार्य राज्य के शासक द्वारा किया जाएगा, तब ऐसा कोई भी समझौता इस विलय-पत्र का भाग माना जाएगा और तदनुसार भाषित एवं प्रभावी होगा।
5. मेरे इस विलय-पत्र की शर्तें भारतीय स्वतंत्रता अधिनियम, 1947 के किसी संशोधन द्वारा परिवर्तित नहीं की जाएँगी, जब तक कि मैं ऐसे संशोधन को इस विलय-पत्र के पूरक में स्वीकार नहीं करता।
6. यह विलय-पत्र अधिराज्य के विधानमंडल को किसी भी उद्देश्य के लिए भूमि के अनिवार्य अधिग्रहण के लिए कानून बनाने की शक्ति नहीं देता, परंतु मैं यह घोषणा करता हूँ कि यदि अधिराज्य इस राज्य में लागू होने वाले अधिराज्य के कानून के अंतर्गत किसी भूमि की प्राप्ति आवश्यक मानेगा तो मैं उसके निवेदन पर, उनके खर्च पर, भूमि का अधिग्रहण करूँगा और यदि भूमि मेरी है, तो मैं उस भूमि को मान्य शर्तों पर अथवा किसी समझौते के अभाव में भारत के मुख्य न्यायाधीश द्वारा नियुक्त किसी मध्यस्थ द्वारा निर्धारित शर्तों पर हस्तांतरित कर दूँगा।
7. भारत के किसी भावी संविधान को किसी भी रूप में स्वीकार करने का वचन देने अथवा ऐसे किसी भावी संविधान के अंतर्गत भारत सरकार के साथ कोई ऐसा समझौता करने से मेरे स्वविवेक की शक्ति को नियंत्रित करनेवाली किसी भी प्रकार की प्रतिबद्धता इस विलय-पत्र में शामिल नहीं है।
8. इस विलय-पत्र में ऐसा नहीं है, जो इस राज्य में व इस पर मेरी संप्रभुता की निरंतरता, अथवा इस विलय-पत्र के द्वारा या इसके अंतर्गत किए गए प्रावधानों के अतिरिक्त राज्य के शासक के रूप में मेरे द्वारा अभी प्रयोग की जा रही शक्तियों, सत्ता या अधिकारों के संपादन अथवा राज्य में इस समय विद्यमान किसी विधान की वैधता को प्रभावित करता हो।
9. मैं एतद् द्वारा यह घोषणा करता हूँ कि मैं इस राज्य की ओर से इस विलय-पत्र का क्रियान्वयन करता हूँ तथा इस प्रपत्र में मेरे या इस राज्य के शासक के किसी भी उल्लेख में मेरे वारिसों व उत्तराधिकारियों का उल्लेख भी अभिप्रेत है।

    26 अक्तूबर, 1947 को मेरे द्वारा किया गया।

हरिसिंह

जम्मू-कश्मीर के महाराजाधिराज

भारत के गवर्नर जनरल द्वारा विलय की स्वीकृति

मैं एतद् द्वारा इस विलय-पत्र को स्वीकार करता हूँ।

दि. अक्तूबर उन्नीस सौ सैंतालीस का सत्ताईसवाँ दिन। (27 अक्तूबर, 1947)

हस्ताक्षर

बर्मा के माउंटबेटन/भारत के गवर्नर जनरल

□

भारत के संविधान की धारा-370

जम्मू-कश्मीर के संबंध में अस्थायी प्रावधान

1. इस संविधान की व्यवस्थाओं के बावजूद

(क) धारा 238 के प्रावधान जम्मू-कश्मीर में लागू नहीं होंगे।

(ख) इस राज्य के लिए संसद् की कानून बनाने की शक्तियाँ निम्नांकित मामलों तक सीमित रहेंगी—

(अ) संघीय सूची और समवर्ती सूची के वे विषय जिनका भारतीय संघ में जम्मू-कश्मीर के विलय संबंधी समझौते में उल्लेख है और जिन्हें राष्ट्रपति ने राज्य सरकार के साथ विचार-विमर्श के बाद बाकायदा घोषित कर रखा है। अन्य विषयों पर कानून राज्य सरकार बनाएगी।

(ब) इन सूचियों के ऐसे अन्य विषय जिन्हें राष्ट्रपति राज्य सरकार की सहमति से घोषित करें।

व्याख्या—इस धारा के संदर्भ में राज्य सरकार का अर्थ राष्ट्रपति द्वारा तात्कालिक तौर पर मान्यता प्राप्त व्यक्ति से है जैसे जम्मू-कश्मीर के महाराजा अपनी 5 मार्च, 1948 की घोषणा के अंतर्गत अपनी मंत्रिपरिषद् की सलाह से राजकाज चलाते रहे।

(ग) धारा-1 तथा इस धारा के प्रावधान इस राज्य पर लागू होंगे;

(घ) इस संविधान के ऐसे अन्य प्रावधान भी राज्य पर प्रभावी होंगे जिन्हें राष्ट्रपति अपवाद स्वरूप संशोधित रूप में लागू करने का आदेश दें।

इसके लिए शर्त यह है कि भारत में जम्मू-कश्मीर के विलय संबंधी समझौते के उपखंड (ख) के पैराग्राफ (अ) में वर्णित विषयों के लिए राष्ट्रपति कोई भी आदेश राज्य सरकार के साथ विचार-विमर्श के बगैर जारी नहीं करेंगे।

एक और शर्त यह है कि समझौते में उल्लिखित विषयों के अतिरिक्त किसी भी विषय पर कानून बनाने के लिए राष्ट्रपति को राज्य सरकार की सहमति अनिवार्यत:

प्राप्त करनी होगी।

2. यदि इस धारा के खंड (1) उपखंड (ख) के पैराग्राफ (ब) या उपखंड (घ) की दूसरी शर्त के अनुरूप कानून बनाने के लिए राज्य सरकार की सहमति राज्य का संविधान बनाने के लिए संविधान सभा के गठन से पूर्व ली गई तो उसे राज्य विधानसभा के समक्ष रखना होगा, फिर वह चाहे जो फैसला करे।
3. इस धारा के समस्त पूर्ववर्ती प्रावधानों के बावजूद राष्ट्रपति सार्वजनिक अधिसूचना के जरिए यह घोषणा कर सकते हैं कि यह धारा अधिसूचना जारी किए जाने की तिथि के तत्काल प्रभाव से निरस्त कर दी गई है या इस धारा के वे आपवादिक और संशोधित प्रावधान प्रभावी रहेंगे जिनका उल्लेख अधिघोषणा में किया गया है।

इसके लिए शर्त यह है कि राष्ट्रपति द्वारा ऐसी अधिसूचना जारी किए जाने से पूर्व खंड (2) में वर्णित राज्य की संविधान सभा की सिफारिश अनिवार्य होगी।

राष्ट्रपति ने धारा 370 के जरिए प्रदत्त अधिकारों का इस्तेमाल करते हुए जम्मू-कश्मीर की संविधान सभा की सिफारिशों के आधार पर घोषणा की कि 17 नवंबर, 1952 से धारा 370 राज्य में एक संशोधन के साथ प्रभावित होगी। उक्त संशोधन यह है कि खंड (1) में उल्लिखित राज्य सरकार का आशय ऐसे व्यक्ति से है जिसे राष्ट्रपति ने राज्य विधानसभा की सिफारिश पर अस्थायी रूप से मान्यता दी है जैसे जम्मू-कश्मीर के सदर-ए-रियासत मंत्रिपरिषद् की सलाह पर शासन चलाते रहें।

□

शिमला समझौता

भारत और पाकिस्तान के बीच द्वि-पक्षीय संबंधों पर प्रधानमंत्री श्रीमती इंदिरा गांधी और पाकिस्तान के राष्ट्रपति श्री जेड.ए. भुट्टो ने शिमला में 3 जुलाई, 1972 को शिमला समझौते पर हस्ताक्षर किए।

भारत सरकार और पाकिस्तान सरकार दोनों देशों के संबंध में टकराव और संघर्ष को खत्म करने तथा मैत्रीपूर्ण एवं सद्भावपूर्ण संबंध बनाने व उपमहाद्वीप में स्थायी शांति कायम करने का संकल्प लेती हैं, ताकि भविष्य में दोनों देश अपने संसाधनों और शक्ति का उपयोग जनता के कल्याण कार्यों को तेज करने के लिए कर सकें।

इस उद्देश्य की प्राप्ति के लिए भारत सरकार तथा पाकिस्तान सरकार के बीच यह सहमति हुई—

1. कि दोनों देशों के संबंध संयुक्त राष्ट्र प्रस्ताव के सिद्धांतों व उद्देश्यों के अनुरूप चलेंगे।
2. कि दोनों देश अपने तमाम मतभेदों को आपसी बातचीत या आपसी सहमति के किसी भी अन्य तरीके से खत्म करने का संकल्प लेते हैं। दोनों देशों के बीच किसी भी समस्या का अंतिम समाधान होने तक हर पक्ष यथास्थिति बनाए रखेगा और दोनों देश शांतिपूर्ण व सद्भावनापूर्ण संबंधों को बिगाड़नेवाला कोई काम न तो खुद करेंगे और न ही ऐसी किसी गतिविधि को सहायता या प्रोत्साहन प्रदान करेंगे।
3. कि दोनों देश समानता और आपसी लाभ के आधार पर शांतिपूर्ण सह-अस्तित्व बनाए रखेंगे, पारस्परिक क्षेत्रीय अखंडता और प्रभुसत्ता के प्रति सम्मान रखेंगे और एक-दूसरे के आंतरिक मामलों में हस्तक्षेप नहीं करेंगे। दोनों देश आपसी मतभेदों को सुलह-सफाई से खत्म करके स्थायी शांति के वास्ते अच्छे पड़ोसी की तरह अपने संबंधों को बनाए रखने के प्रति प्रतिबद्ध रहेंगे।
4. कि पिछले 25 वर्षों से दोनों देशों के आपसी संबंधों को बिगाड़े रखनेवाले तमाम

बुनियादी मसलों को शांतिपूर्ण ढंग से हल किया जाएगा।

5. कि दोनों देश एक-दूसरे की राष्ट्रीय एकता, क्षेत्रीय अखंडता, राजनैतिक स्वतंत्रता और संप्रभु समानता का सदैव सम्मान करेंगे।
6. कि दोनों देश संयुक्त राष्ट्र प्रस्ताव के अनुरूप एक-दूसरे की क्षेत्रीय अखंडता या राजनैतिक स्वतंत्रता के खिलाफ ताकत का इस्तेमाल करने या उसकी धमकी देने से बचेंगे। दोनों सरकारें एक-दूसरे के खिलाफ शत्रुतापूर्ण प्रचार को रोकने के लिए अपनी तमाम शक्तियों का इस्तेमाल करेंगी। दोनों देश आपसी दोस्ताना संबंधों को बढ़ाने में सहायक सूचनाओं के प्रसार को प्रोत्साहन देंगे।

दोनों देशों के संबंधों को बहाल करने और उन्हें सामान्य बनाने की दिशा में उत्तरोत्तर प्रयास जारी रखने के लिए निम्न बिंदुओं पर सहमति हुई—

1. संचार, डाक-तार व जल-थल परिवहन सेवाओं को बहाल करने की दिशा में कदम उठाए जाएँगे। सीमाएँ खोलने व आपसी अंतरराष्ट्रीय उड़ानों को बहाल करने का प्रयास भी किया जाएगा।
2. एक-दूसरे के नागरिकों को अधिकाधिक यात्रा सुविधाएँ प्रदान करने के लिए समुचित कदम उठाए जाएँगे।
3. व्यापार और आर्थिक व आपसी सहमति के अन्य क्षेत्रों में सहयोग को यथासंभव बहाल किया जाएगा।
4. विज्ञान एवं संस्कृति के क्षेत्र में आदान-प्रदान बढ़ाया जाएगा।

इस संबंध में दोनों देशों के प्रतिनिधिमंडल समय-समय पर मिलते रहेंगे, ताकि आवश्यक ब्योरे जुटाए जाते रहें।

स्थायी शांति कायम करने की प्रक्रिया शुरू करने के लिए दोनों देशों के बीच तीन बातों पर सहमति हुई—

1. भारतीय और पाकिस्तानी सेनाएँ अंतरराष्ट्रीय सीमा पर वापस बुला ली जाएँगी।
2. जम्मू-कश्मीर में 17 दिसंबर, 1971 की युद्धबंदी के बाद की नियंत्रण रेखा का दोनों पक्ष बिना किसी पूर्वग्रह के सम्मान करेंगे। दोनों में से कोई पक्ष इस स्थिति को नहीं बदलेगा, भले ही दोनों के बीच आपसी मतभेद और दोनों की कानूनी व्याख्याओं में बराबर अंतर बरकरार रहे। दोनों देश इस नियंत्रण रेखा का उल्लंघन करने के लिए ताकत का इस्तेमाल नहीं करेंगे और न ही उसको धमकी देंगे।
3. सेनाओं की वापसी और युद्धबंदियों की अदला-बदली की प्रक्रिया समझौते के अमल में आते ही शुरू हो जाएगी तथा 30 दिन के भीतर-भीतर पूर्ण हो जाएगी।

दोनों देशों की सरकारें अपनी-अपनी संवैधानिक व्यवस्थाओं के अनुरूप इस समझौते की पुष्टि करेंगी और यह समझौता पुष्टि के बाद संबंधित दस्तावेजों के आदान-

प्रदान के साथ ही अस्तित्व में आ जाएगा।

दोनों सरकारें इस बात पर सहमत हैं कि उनके अध्यक्ष आपसी सुविधा के अनुसार उपयुक्त समय पर फिर मिलेंगे और इस बीच दोनों पक्षों के प्रतिनिधि स्थायी शांति कायम करने और आपसी संबंधों को सामान्य बनाने के उपायों और जरूरी व्यवस्थाओं पर विचार करने के लिए मिलते रहेंगे। दोनों पक्षों के प्रतिनिधि युद्धबंदियों व एक-दूसरे के जेलों में कैद नागरिकों की अदला-बदली, जम्मू-कश्मीर समस्या के समाधान तथा कूटनयिक संबंधों की बहाली से जुड़े सवालों पर भी विचार-विमर्श करेंगे।

□

कश्मीर समझौता (फरवरी 1975)

निम्नांकित बिंदुओं पर सहमति के बाद प्रधानमंत्री इंदिरा गांधी के साथ शेख मोहम्मद अब्दुला का एक समझौता हुआ जिसके परिणामस्वरूप फरवरी 1975 में उन्होंने राज्य के मुख्यमंत्री का पद सँभाला—

1. जम्मू और कश्मीर भारतीय संघ का अविभाज्य अंग है और संघ के साथ उसके संबंधों का निर्धारण भविष्य में भारतीय संविधान की धारा 370 के अंतर्गत ही होगा।
2. यद्यपि कानून बनाने की अवशिष्ट शक्तियाँ राज्य के पास रहेंगी तथापि संघीय संसद् को ऐसे तमाम विषयों पर कानून बनाने का अधिकार होगा जिनमें प्रभुसत्ता को भंग करने, चुनौती देने या नकारने के किसी प्रत्यक्ष अथवा अप्रत्यक्ष प्रभाव और भारतीय क्षेत्र के किसी भाग को उससे अलग करने या भारत के किसी क्षेत्र को संघ से अलग करने अथवा भारतीय राष्टीय ध्वज, भारतीय संविधान का अपमान करने की किसी भी गतिविधि को रोकने से हो।
3. यदि जम्मू-कश्मीर राज्य में भारतीय संविधान के किसी प्रावधान को अनुकूलित और संशोधित अवस्था में लागू किया गया हो तो ऐसे अनुकूलनों और संशोधनों को धारा 370 के अंतर्गत राष्ट्रपति के आदेश के जरिए बदला या निरस्त किया जा सकता है। तथा इस बारे में हर निजी प्रस्ताव को उसके गुणावगुणों के आधार पर देखा जाएगा, लेकिन जम्मू-कश्मीर राज्य में पहले से ही लागू संविधान के उन प्रावधानों, जो संशोधित या अनुकूलित अवस्था में लागू किए गए थे, को बदला नहीं जाएगा।
4. कल्याण कार्यों, सांस्कृतिक मामलों, सामाजिक सुरक्षा, वैयक्तिक कानून तथा व्यावहारिक कानून आदि के मामलों में अपने खुद के कानून बनाने की जम्मू-कश्मीर की स्वतंत्रता को, राज्य की विशेष परिस्थितियों के अनुरूप, सुनिश्चित करने की गरज से इस बात पर सहमति व्यक्त की जाती है कि राज्य सरकार

1953 के बाद संसद् द्वारा राज्य के लिए बनाए गए या राज्य में लागू किए गए समवर्ती सूची के विषयों से जुड़े किसी भी कानून की समीक्षा कर सकती है, उसमें संशोधन कर सकती है या चाहे तो उसे रद्द कर सकती है। लिहाजा संविधान की 254वीं धारा के अंतर्गत समुचित कदम उठाए जाएँ। ऐसे मामलों में राज्य सरकार राष्ट्रपति की सहमति लेने के बारे में सहानुभूतिपूर्वक विचार करेगी। यही दृष्टिकोण उक्त धारा की उपधारा-2 के अंतर्गत संसद् द्वारा भविष्य में बनाए जानेवाले कानूनों के बारे में भी अपनाया जाएगा। राज्य में ऐसा कोई भी कानून लागू करने से पहले राज्य सरकार से विचार-विमर्श किया जाएगा और राज्य सरकार के विचारों पर अधिकतम ध्यान दिया जाएगा।

5. जैसा कि संविधान की धारा 368 के अंतर्गत पारस्परिक प्रावधान है, राज्य में लागू इस धारा को राष्ट्रपति के आदेश के जरिए संशोधित करके ऐसी व्यवस्था की जाए कि निम्नलिखित विषयों को प्रत्यक्षत: या अप्रत्यक्षत: प्रभावित करने की मंशा से जम्मू-कश्मीर के संविधान में संशोधन हेतु राज्य विधायिका द्वारा बनाया जानेवाला कोई भी कानून तब तक लागू न हो जब तक कि उस कानून, विधेयक पर राष्ट्रपति की स्वीकृति नहीं ले ली जाती। वे विषय हैं—

(अ) राज्यपाल की नियुक्ति, उसकी शक्तियाँ, उसके कार्य, कर्तव्य, विशेषाधिकार व उन्मुक्तियाँ, तथा,

(ब) चुनावों से जुड़े मामलों पर भारत के चुनाव आयोग का पर्यवेक्षण, दिशा निर्देशन, नियंत्रण व बिना किसी भेदभाव के मतदाता सूचियों में प्रविष्टियाँ, बालिग मताधिकार का सुनिश्चितीकरण और विधान परिषद् का गठन, जिसका जम्मू-कश्मीर के संविधान की धाराओं-138, 139, 140 व 150 में प्रावधान है।

6. राज्यपाल और मुख्यमंत्री के सवाल पर कोई समझौता संभव नहीं था लिहाजा इस मामले को छोड़ दिया जाता है।

मिर्जा मुहम्मद अफजल बेग — जी. पार्थसारथी

नई दिल्ली, 13 नवंबर, 1974

□

संदर्भ-ग्रंथ

1.	माई फ्रोजन टर्बुलैंस इन कश्मीर	जगमोहन
2.	कश्मीर अवेक्स	बी.एल. शर्मा
3.	द टेस्टामेंट ऑफ शेख अब्दुल्ला	वाई.डी. गुणदेविया
4.	माई इयर्स विद नेहरू	बी.एन. मलिक
5.	ए हिस्टरी ऑफ कश्मीरी पंडित्स	जस्टिस जिया लाल कलिम
6.	जैनोसाइड ऑफ हिंदूज इन कश्मीर	जे.के. सहायता समिति
7.	क्राइसिस इन कश्मीर	प्यारे लाल कौल
8.	द कश्मीरी पंडित	आनंद कौल
9.	हिंदू एथिक्स	जान मैकेजी
10.	मुसलिम डिलेमा इन इंडिया	आरिफ बेग
11.	ऑक्सफोर्ड हिस्टरी ऑफ इंडिया	विंसेट स्मिथ
12.	द कश्मीर हिस्टरी	सर फ्रांसिस यंग हस्बैंड
13.	द वैली ऑफ कश्मीर	लारेंस
14.	द मिथ्स ऑफ हिंदूज ऐंड बुद्धिस्ट्स	सिस्टर निवेदिता
15.	बियॉन्ड द पीर पंजाल	डॉ. अर्नेस्ट
16.	कश्मीर : द क्राइसिस इन पर्सपेक्टिव	एम.एल. रैना
17.	द हिंदू हिस्टरी ऑफ कश्मीर	एच.एच. विल्सन
18.	ए हिस्टरी ऑफ मुसलिम रूल इन कश्मीर	आर.के. पारमू
19.	द कश्मीर कॉन्स्परेसी केस	गुलाम रसूल कोचक
20.	ए स्टडी इन इंडिया-पाकिस्तान रिलेशंस	शिशिर गुप्ता
21.	मॉडर्न इसलाम इन इंडिया	डब्ल्यू.सी. स्मिथ
22.	द इंडियन मुसलिम्स	डब्ल्यू.डब्ल्यू. हंटर
23.	द कम्युनल ट्रैंगिल	मेहता ऐंड पटवर्धन
24.	द डिस्कवरी ऑफ इंडिया	जवाहरलाल नेहरू
25.	इंडिया विंस फ्रीडम	मौलाना आजाद
26.	द ट्रेजेडी ऑफ कश्मीर	डॉ. एच.एल. सक्सेना
27.	किंग्डम ऑफ कश्मीर	एम.एल. कपूर

28.	हिस्टरी ऑफ कश्मीर	बामजाई
*29.	हिस्टरी ऑफ कश्मीर	मुहम्मद दीन फाक
*30.	हिस्टरी ऑफ कश्मीर	हस्सन
31.	हिस्टरी ऑफ कश्मीर	बीरबर काचरू
32.	कश्मीर, समस्या और पृष्ठभूमि	गोपीनाथ श्रीवास्तव
33.	कश्मीर, जम्मू और लद्दाख	बलराज मधोक
34.	जिंदगी का सफर	बलराज मधोक
35.	हिंदू राज्य	बलराज मधोक
36.	हमारा कश्मीर	डॉ. गौरीनाथ रस्तोगी
37.	हिंदू-मुसलिम एकता : भ्रम और वास्तविकता	ब.न. जोग
38.	धर्मांतरण अथवा राष्ट्रांतरण	कु.सी. सुदर्शन
39.	और देश बँट गया	हो.वे. शेषाद्रि
40.	श्री गुरुजी समग्र दर्शन खंड-1	भारतीय विचार साधना
41.	कश्मीर की वेदना	द्वारकानाथ मुंशी
42.	इकबाल काव्य दर्शनम्	पं. मोतीलाल पुष्कर
43.	चिरंतन कश्मीर	पं. मोतीलाल पुष्कर
44.	महाश्री शिर्य भट्ट	डॉ. त्रिलोकीनाथ गंजू
45.	पुराण कथा कौमुदी	पं. रघुनाथ दत्त बंधु
46.	सरदार पटेल्स कॉरसपौंडेंस वाल्यूम—1	सं. दुर्गादास
47.	कल्हण, जोनराज, श्रीवर एवं शुक कृत राजतरंगिणी का हिंदी रूपांतर एवं भाष्य	डॉ. रघुनाथ सिंह
48.	कश्मीर का कड़वा सच	मेहरचंद महाजन
49.	प्राच्य धर्म और पाश्चात्य विचार	डॉ. राधाकृष्णन्
50.	कश्मीर : फैक्ट्स स्पीक	पनुन कश्मीर पब्लिकेशन
51.	हमारे राष्ट्र निर्माता	डॉ. श्याम सुंदर त्रिपाठी

□

* इतिहासकार फाक और हस्सन के सभी उद्धरण जस्टिस जिया लाल कलिम की पुस्तक 'ए हिस्टरी ऑफ कश्मीरी पंडित्स' में से लिए गए हैं।

पत्र-पत्रिकाएँ

1.	धर्मयुग साप्ताहिक विशेषांक (संपूर्ण स्वतंत्रता संग्राम—भाग एक-दो)	अगस्त 1988
2.	धर्मयुग साप्ताहिक (आज का पाकिस्तान)	अप्रैल 1992
3.	राष्ट्रधर्म मासिक (हमारा नंदनवन विशेषांक)	मई 1987
4.	पांचजन्य साप्ताहिक (शिखर पर शोले विशेषांक)	अप्रैल 1990
5.	पांचजन्य साप्ताहिक (नववर्षांक)	अप्रैल 1984
6.	तवी दीपिका मासिक	
	(क) डॉ. हेडगेवार जन्मशताब्दी विशेषांक	अक्तूबर 1988
	(ख) विजयादशमी विशेषांक	अक्तूबर 1985
	(ग) श्रीनगर अंक	अप्रैल 1986
	(घ) कोटली शहीद स्मृति अंक	अगस्त 1987
7.	द मार्तंड साप्ताहिक	15 जनवरी, 1992
8.	दैनिक नवभारत टाइम्स	11 फरवरी, 1990
9.	संडे मेल साप्ताहिक	22 जुलाई, 1990
10.	जनसत्ता दैनिक लेखमाला— राम बहादुर राय	24 से 31 दिसंबर, 1990
11.	कोशर समाचार मासिक	दिसंबर 1990
12.	दिनमान टाइम्स साप्ताहिक	23 सितंबर, 1990
13.	इंडियन एक्सप्रेस दैनिक	14 मार्च व 15 मई, 1990
14.	टाइम्स ऑफ इंडिया	7 फरवरी, 1991
15.	द हिंदू दैनिक	11 जनवरी, 1981
16.	हिंदुस्तान टाइम्स	17 दिसंबर, 1981
17.	उत्तम हिंदू समाचार-पत्र	17 मई, 2006
18.	स्मारिका : ठाकुर जगदेव चंद स्मृति शोध संस्थान	अक्तूबर 2006
19.	तवी दीपिका मासिक पत्र, जम्मू	दिसंबर 1988

□□□